글로벌 정치의 이해 _{개정판}

이 도서의 국립중앙도서관 출판예정도서목록(CIP)은 서지정보유통지원시스템 홈페이지(http://seoji.nl.go.kr)와
국가자료종합목록 구축시스템(http://kolis-net.nl.go.kr)에서 이용하실 수 있습니다. (CIP제어번호: CIP2020023019)

글로벌 정치의 이해 개정판

Understanding Global Politics

안문석 지음

한울
아카데미

개정판 머리말

2020년 초 우리는 세계의 흐름과 관련한 두 가지 대형 사건을 접할 수 있었다. 하나는 영국의 유럽연합(EU) 탈퇴, 다른 하나는 코로나19의 세계적 확산이다. 그런데 둘의 양상은 대조적이다. 앞의 것은 세계가 하나가 되어가는 현상, 즉 세계화의 조류에 역행하는 것 같은 모습이었고, 뒤의 것은 국경이 사라져가는 세계화의 모습을 여실히 보여주는 것이었다. 혼란스럽기도 했다. 세계화 현상이 좀 약해지는 것인가, 아니면 더 분명해지는 것인가?

하지만 이후 두 가지 사건이 세계에 끼친 영향, 그 파장의 크기와 깊이는 세계의 흐름을 명료하게 말해주었다. 영국의 EU 탈퇴는 영국과 유럽에 일부 영향을 주는 정도였다. 코로나19의 확산은 세계를 공포와 공황으로 몰아넣었고, 세계경제에도 엄청난 파장을 몰고 왔다. 중국 우한에서 시작된 코로나19는 홍콩, 마카오, 한국, 일본은 물론이고 이탈리아, 프랑스, 독일, 미국, 그리고 아프리카, 남미 국가들에까지 순식간에 확산되었다. 세계경제도 한꺼번에 얼어붙게 만들었다. 세계화 역행보다는 세계화에 따라 좁아진 지구의 모습이 지금의 세계이며, 이것이 훨씬 더 큰 여파를 미칠 수 있음을 여실히 보여준 것이다.

상품과 자본, 사람의 이동을 자유롭게 해 세계의 부를 증대시키는 세계화는 선진국과 능력 있는 기업, 뛰어난 개인에게는 활동 공간을 무한대로 확대해 주지만, 그 때문에 피해를 입는 국가, 기업, 개인에게는 두려움의 대상이 될 수 있다. 게다가 전염병까지 실시간으로 전해주는 존재로서의 세계화는 공포가 아닐 수 없다. 그런 면에서 코로나19 사태는 지구가 하나가 되어가는 현상에 대한 깊은 성찰을 촉구하는 것이기도 했다. '세계가 하나가 되어야 한다고 강조하지만 말고, 그에 따른 부작용, 그로 인한 피해도 생각해 봐야 돼. 그런 문제에 대한 대응책을 세우는 데도 세계가 하나가 되어야 해'라고 얘기하는 것이었다.

그런가 하면 심지어 전염병을 앓는 것마저도 세계가 같이 가는 모습은 이제 세계인 모두가 어디에서 무엇을 하든 늘 지구적인 문제에 관심을 갖지 않을 수 없음을 여실히 보여주는 현상이기도 하다. 특히 우리는 중국, 미국, 일본, 러시아라는 세계적으로 크고 영향력 있는 나라들과 깊은 관계를 맺고 있고, 그래서 외부 세계에 관심을 기울일 수밖에 없다. 미국의 행정부가 미국 우선주의를 내세워 엄청난 방위비 인상을 요구하면서 한국은 힘든 협상을 계속해야 하는 상황이 되었다. 미국과 소련이 맺었던 중거리핵협정이 폐기되면서 한반도에 중거리미사일 배치 압력이 오지 않을까 걱정도 해야 한다. 일본이 갑자기 어떤 무역규제를 들고 나올지도 신경 써야 하고, 중국이 러시아와 협력관계를 더 강화해 미국-일본과 맞서게 되면 그 불똥이 우리에게 튀지 않을까 염려도 해야 한다. 한스 모겐소Hans Morgenthau가 지적한 것처럼 동북아 강대국이 세력균형을 이루느냐 아니면 한쪽으로 힘이 쏠리느냐에 따라 우리의 운명도 크게 달라질 수 있기 때문에 그런 역학 구도도 잘 관찰해야 한다. 세계를 바라보는 동시에 동북아를 더 깊이 보면서 대처해 가야 하는 상황인 것이다.

개정판은 통계숫자 등 구체적인 부분들을 최신 자료들도 보완했을 뿐만 아니라 최근의 세계정세와 동북아 상황을 반영해 대폭 수정했다. 새로운 정보로 세계질서와 동북아질서를 더욱 명료하게 파악하는 데 도움을 주기 위해서이다. 어려운 표현은 쉽게, 어려운 용어는 평이하게, 긴 문장은 짧게 다듬어 누구나 쉽게 다가갈 수 있게 했다. 아무쪼록 이 책이 세계와 세계 속의 한국을 이해하는 데 도움이 되었으면 하는 마음이다.

2020년 8월
안문석

초판 머리말

우리가 사는 지금의 세계는 매우 아이러니한 모습을 보이고 있다. 세계화와 함께 신냉전의 현상을 동시에 보여주고 있는 것이다. 세계화는 지구상에서 국경이 없어져 가는 현상이다. 자본과 사람이 자유롭게 이동하고, 모든 나라가 상호의존관계를 형성하면서 발전해 가는 것이 세계화이다. 전체적인 흐름에서 그런 모습이다. 실제로 우리는 인류 역사의 어느 시점보다도 국가와 국가 사이가 가까운 시대에 살고 있다. 세계 200여 개의 나라 중 어느 하나도 독자적으로 살아가기 어려운 시대에 살고 있는 것이다. 중동에서 전쟁이 일어나면 당장 우리 주변에 있는 주유소의 휘발유 가격이 올라간다. 지구 반대편 아프리카 나이지리아에서 에볼라 바이러스 사망자가 나타나는 경우 서울에서도 방역 비상이 걸린다.

그런가 하면 러시아가 우크라이나의 크림반도를 합병하고, 이를 두고 유럽연합·미국이 합세해 러시아에 경제제재를 가하면서 냉전 분위기가 심화되고 있다. 이는 동아시아에서 일본·미국과 중국 사이에 형성된 긴장과 연계되어 갈등구조가 세계적 규모로 확대되고 있다. 러시아와 중국이 공조하고, 미국과 유럽연합, 일본이 합세하면서 양 진영 사이에 신냉전이 시작되었다고 할 수 있는 것이다. 이와 같은 현상은 지구가 세계화 일변도로만 가고 있는 것은 아님을 단적으로 보여준다.

그렇다면 이러한 모순적인 현상은 왜 생기는 것일까? 간단히 말한다면 국가들이 세계 차원의 협력을 통해 경제를 발전시키고 싶은 욕구를 가지고 있는 동시에, 안보는 스스로의 힘을 키워 또는 가까운 나라들끼리 동맹을 만들어 확보하려 하기 때문이다. 경제 영역에서는 세계적 협력을 통해 공동의 이익을 추구하지만, 안보 영역에서는 여전히 서로를 의심하고 협력을 쉽게 하지 못하고 있는 것이다.

이처럼 국제정치는 안보와 경제를 두 축으로 움직이는데, 국제정치학 연구 분야도 크게 보면 국제안보 international security 와 국제정치경제 international political economy 로 나누어진다. 이 책은 국제정치학 전반에 대한 개괄적인 설명을 목적으로 쓰였는데, 국제분쟁과 핵무기 등 국제안보 문제를 중심으로 하면서 세계화와 국제무역, 금융질서 등 국제정치경제 문제도 충분히 서술했다. 최근 일부 저술들이 지나치게 세계화나 국제정치경제

관점에서 세계를 설명하려는 경향을 보이는 것과는 달리, 이 책은 국제안보와 국제정치경제를 균형 있게 다루어 세계를 더욱 객관적으로 이해할 수 있도록 했다. 이것이 이 책의 첫 번째 특징이다.

두 번째 특징은 국제정치 공부의 핵심을 이론과 역사, 현실에 대한 분명한 이해로 설정하고, 국제정치이론의 장에서 각 이론의 핵심, 이론들 사이의 상호관계를 명료하게 서술한 뒤 주요 이슈를 국제정치의 맥락에서 설명했으며, 세계외교의 역사도 핵심적인 부분을 요약해 실었다는 것이다. 세 번째로는 주요 이슈들을 설명할 때도 수시로 국제정치이론을 적용함으로써 이론을 바탕으로 세계를 이해할 수 있도록 했다는 것이다. 이론을 기반으로 현실을 관찰하면 세계가 더 명료하게 보이는데, 이 책은 독자들을 그런 길로 안내하는 역할을 하려 한다. 네 번째로는 되도록 쉬운 문체를 쓰려 했다는 것이다. 누구나 쉽게 국제정치에 접근할 수 있도록 하기 위해서이다. 전문용어가 나오지 않을 수는 없지만, 되도록 풀어서 썼다. 하나 덧붙이자면, 필요한 통계나 사례는 가장 최근의 것을 사용해 생동감을 느끼면서 책을 읽을 수 있도록 했다.

국제정치는 하루가 다르게 변화하면서 우리 생활 구석구석에 직접 영향을 주고 있다. 이러한 국제정치에 대한 이해를 확대하는 것은 국가나 기업을 경영하는 사람뿐만 아니라 현재를 사는 우리 모두에게 반드시 필요한 일이 되었다. 이 책을 통해 많은 사람들이 별로 힘 안 들이고 국제정치에 다가갈 수 있었으면 하는 마음이다. 교양으로 국제정치를 접하는 일반인이나 대학생, 시험을 위해서 국제정치를 공부해야 하는 수험생 등 모두에게 '국제정치 재미있네'라는 마음을 가지게 했으면 좋겠다. 특히 책을 읽고 난 뒤 '이제 세계가 좀 보인다'는 느낌을 갖게 해서 좁은 땅의 젊은이들이 진취적 세계인으로 나아가는 데 일조할 수 있다면 더 바랄 것이 없을 것 같다.

2014년 8월
안문석

차례

제1장
국제정치는 무엇인가?

1. 국제정치란?

국제정치 international politics 는 기본적으로 국가와 국가 사이의 정치를 말한다. 국가를 비롯한 국제정치의 행위자 actor 들이 자신이 필요한 것을 얻어내기 위해 다른 행위자와 하게 되는 교류, 협력, 갈등 등의 상호작용이 국제정치이다. 상호작용의 상대는 다른 국가가 될 수도 있고, 또는 국제기구, 다국적기업, 국제비정부기구 등 다양한 형태의 행위자가 될 수 있다. 국제정치는 행위의 주체 측면에서는 국가에, 관심 영역의 측면에서는 정치와 군사, 안보 등 상위정치 high politics 에 중점을 두고 있는 용어이다. 그러한 의미를 담아서 도널드 푸찰라 Donald Puchala 는 국제정치를 "가치와 보상을 추구하는 행위자들 사이의 협력과 경쟁의 과정"이라고 표현했고,[1] 퀸시 라이트 Quincy Wright 는 "어떤 세력이 다른 세력의 반대를 무릅쓰고 자신의 목적을 실현하기 위해 세계의 주요 그룹에 대해 영향을 미치고 조종하고 통제하는 행위"라고 정의했다.[2] 국제정치라고 말할 때그 개념 안에는 국가가 각기 다른 목적을 가지고 있으면서, 생존을 비롯한 다양한 목적을 실현하기 위해 서로 경쟁하기도 하고 협력하기도 한다는 의미를 내포하고 있는

---

[1] Donald Puchala, *International Politics Today* (New York: Harper & Row, 1971), p.73.

[2] Quincy Wright, *The Study of International Relations* (New York: Appleton-Century-Crofts, 1955), p.130.

것이다.

　국제정치와 유사한 개념으로 국제관계 international relations 와 세계정치 world politics 도 널리 사용되고 있다. 국제관계는 국가 사이의 상호작용뿐만 아니라 민간 차원의 경제와 문화, 정보 등의 하위정치 low politics 영역의 교류와 거래를 포함하는 개념이다. 다시 말해 국제정치가 국가 간의 정치적 관계를 주로 이르는 반면, 국제관계는 개인과 기업, 비정부기구 등의 관계까지 포괄하고 있는 것이다. 국제관계는 행위의 주체 측면에서는 국가와 다양한 비국가행위자 non-state actor 를, 관심 영역의 측면에서는 정치뿐만 아니라 경제와 문화, 정보 등의 광범위한 영역을 아우르는 용어이다.

　세계정치는 좀 더 포괄적인 개념이다. 세계정치는 일정한 국가의 다른 국가와의 관계보다는 세계적으로 전개되는 제반 현상들에 중점을 둔 용어이다. 즉, 세계정치는 국가와 국제기구, 비정부기구, 다국적기업, 테러단체 등이 다양한 형태로 어우러지면서 교류하고 협력하고 경쟁하고 갈등하는 현상을 이르는 것이다. 특히 통신과 정보기술의 발달에 따른 세계 통합의 현상, 즉 세계화에 주목하면서 세계를 관찰하고 분석할 때 주로 사용하는 용어이다. 세계정치는 행위의 주체 측면에서는 세계화 현상에 참여하는 국가와 비국가행위자 모두에, 관심 영역의 측면에서는 세계화 현상이 활성화되어 있는 경제와 무역, 금융, 정보, 문화 등의 영역에 더욱 중점을 두고 있는 용어이다. 최근에는 글로벌 정치 global politics 란 용어도 사용되고 있다. 글로벌 정치는 세계정치라는 용어보다도 더 민감하게 세계화 현상을 반영하면서 안보와 경제, 문화, 정보, 기술 등 다양한 문제영역을 포괄하는 이미지를 가지고 있다.

　이와 같이 국제정치와 국제관계, 세계정치, 글로벌 정치를 개념적으로 구별할 수 있지만, 실제 국제정치 연구에서는 이러한 용어를 상호 교환해서 사용한다. 문맥상 엄밀히 구분해서 사용해야 하는 경우를 제외하고는 일반적으로 혼용하고 있는 것이다. 이 책에서는 국제정치란 용어가 주로 사용되는데, 문맥에 따라서는 국가뿐만 아니라 비국가행위자의 행위도 포함하고, 정치적 관계뿐만 아니라 경제, 무역, 금융, 정보, 문화 등에 관련된 상호작용을 아우르는 개념으로 사용된다. 실제로 현대의 국제정치 개념은 이러한 다양한 주체와 다양한 영역을 포괄하고 있다.

2. 국내정치와 국제정치

1) 국내정치와 국제정치 구분의 기준

국내정치와 국제정치가 어떤 차이가 있는지를 논리적으로 명료하게 설명하려 한 학자가 케네스 월츠Kenneth Waltz이다. 월츠는 국제정치의 구조를 설명하기 위해 먼저 정치의 구조(정치기구들의 질서와 배열)를 결정하는 요소 세 가지를 제시한다.[3] ① 질서의 원칙ordering principle, ② 기능의 분화specification of functions, ③ 능력의 분포distribution of capabilities가 그것이다. 질서의 원칙은 사회나 조직이 움직이는 질서를 세워나가는 원칙을 말한다. 이는 상명하복식으로 위계적hierarchical일 수도 있고, 그와 반대로 상하관계 없이 무정부적anarchical일 수도 있다. 기능의 분화는 사회의 다양한 부문들이 일정한 역할을 맡아 스스로의 기능을 수행하면서 사회의 전체적인 운영에 나름의 기여를 해나감을 이른다. 능력의 분포란 말 그대로 능력이 일정 부문에 쏠려 있는지, 아니면 여러 부문으로 나뉘어 있는지를 말하는 것이다.

이 세 가지 기준으로 보면, 국내정치는 질서의 원칙 측면에서는 위계질서hierarchy를 가지고 있고, 기능의 분화 측면에서는 국내의 다양한 부문들이 나름의 역할을 지속적으로 하고 있다. 능력의 분포 측면을 보면, 국내 각 기관의 능력은 다르고, 시대에 따라 그 판도는 변화한다. 국제정치는 질서의 원칙 측면에서는 무정부상태anarchy이고, 기능의 분화 측면에서는 국가들이 각각 다른 기능들을 분담해 지속적으로 수행하는 구조는 결코 아니다. 능력의 분포 측면에서 보면, 각국의 능력은 다르고, 시대에 따라 단극, 때로는 양극, 어떤 때는 다극의 양상을 보인다. 따라서 국내정치는 위계질서 속에서, 기능이 분화된 상태로, 능력의 분포도 변화하는 양상을 가지고 있다. 반면에 국제정치는 무정부상태하에서, 기능이 분화되지 않은 상태이면서, 능력의 분포는 나라별로 다르고 시기별로 변화하는 양태를 보이고 있는 것이다. 결국 국내정치와 국제정치에서 ① 질서의 원칙과 ② 기능의 분화는 확연히 다른 모습으로, ③ 능력의 분포는

---

3   이에 대한 더욱 상세한 설명은 Kenneth N. Waltz, *Theory of International Politics*(Long Grove, Illinois: Waveland Press, 1979), pp.81~99를 참조했다.

비슷한 양상으로 나타나는 것이다.

2) 국내정치와 위계질서

위에서 살펴본 대로 국내정치의 첫 번째 특성은 질서의 원칙이 위계질서라는 것이다. 즉, 국내정치는 국제정치와 달리 위계질서가 분명해 상하관계가 명료하게 구분되어 나타난다. 국가의 최고통치자가 가장 큰 권력과 권한을 가지고 있고, 그 아래로 행정과 군, 경찰 등을 통할하는 책임자들이 존재한다. 행정부는 총리와 각 부처의 장관, 차관 등의 직제를 가지고 있고, 군은 참모총장 – 군사령관 – 군단장 – 사단장 등의 체계를, 경찰은 경찰청장 – 각 도 경찰청장 – 경찰서장 등의 체계적인 계급구조를 가지고 있다. 그러한 위계질서에 따라 국내적인 질서는 비교적 수월하게 유지될 수 있다.

국내정치의 두 번째 특성은 기능의 분화가 분명하다는 것이다. 입법부는 법을 만들고, 행정부는 법을 집행하며, 사법부는 법을 해석하고 이를 바탕으로 분쟁에 대한 판단을 내리는 기능을 한다. 입법부·행정부·사법부가 각각 다른 기능을 수행하고 있으며 이들은 각각의 역할로 국내정치 운영에 기여한다. 행정부 내에서도 대통령의 기능과 각 부처의 기능들이 나뉘어 있고, 이들의 총합으로 행정부는 나름의 정체성을 유지하면서 국내정치에서 주요 역할을 해나간다. 이와 같은 공적영역뿐만 아니라 사적영역에서도 기업과 시민사회, 개인 등의 다양한 행위자들이 스스로의 역할 범주에서 주요 기능들을 행하고 있다. 정당은 공적영역과 사적영역 사이에서 중요한 매개의 역할을 수행한다. 선거와 정치활동을 통해 공적인 부문에 대한 인력 충원의 역할과 시민들에 대한 홍보와 교육을 통해 정치사회화의 기능을 수행함으로써, 역시 국내정치가 자연스럽고 지속적으로 운영되는 데 공헌한다.

국내정치의 세 번째 특징은 능력의 분포 측면에서, 기관마다 능력이 다르고, 시대에 따라 능력 분포의 양태가 변화한다는 것이다. 미국과 같이 대통령제를 취하고 있는 나라에서는 대통령에 힘이 집중되어 있다. 부통령이나 하원의장, 대법원장 등이 존재하지만 이들은 일정 부문의 수장 역할을 할 뿐 국가 전반에 대한 통치의 권한을 가지고 있는 대통령에 미치지는 못한다. 대통령의 강력한 권한의 기초는 국민의 직접선거에 의한 선출, 그리고 확정 임기의 보장이다. 직접선거로 당선되어 보장된 임기를 가지고 있는 대통령이라는 직분이 그와 같은 큰 권력과 권한으로 나타나는 것이다.

반면에 영국처럼 의원내각제를 택하고 있는 나라에서는 권력집중 현상이 약화되어 나타난다. 총리가 정부의 수반 역할을 하지만 그의 권력은 의회의 신임이 없어지는 순간 사라진다. 의회가 내각을 불신임할 수 있기 때문이다. 따라서 총리는 임기를 보장받지 못하는 상태로, 주요 정책 결정 과정에서 의회와 철저히 협의하지 않으면 안 된다. 이와 같이 국내정치에서 각 기관은 각기 다른 능력을 가지고 있다.

한 나라 안에서도 시기별로 능력의 분포는 다르게 나타난다. 미국의 경우도 마찬가지인데, 이는 시대 상황이나 대통령의 통치 스타일과 관련이 깊다. 전쟁이나 대공황과 같은 위기 상황에서는 대통령에게 힘이 쏠리고, 경제적·안보적으로 평온한 시기에는 권력이 분산되는 현상이 나타난다. 통치 스타일과 관련해서는 루이스 쾨니히Louis W. Koenig의 연구가 잘 알려져 있다. 그의 분석에 따르면 미국의 대통령은 자유주의적 대통령liberalist President과 강력한 대통령strong President으로 나뉜다. 제임스 매디슨James Madison, 제임스 뷰캐넌James Buchanan, 윌리엄 태프트William Taft, 드와이트 아이젠하워Dwight Eisenhower는 자유주의적 대통령이다. 이들은 헌법의 문구에 충실해 대통령으로서의 권한 행사도 소극적으로 했다. 강력한 대통령은 조지 워싱턴George Washington과 앤드루 잭슨Andrew Jackson, 에이브러햄 링컨Abraham Lincoln, 우드로 윌슨Woodrow Wilson, 프랭클린 루스벨트Franklin Delano Roosevelt 등인데, 이들은 헌법상의 대통령 권한을 적극적으로 해석해 스스로의 권한을 강화하고 이를 통치에 활용했다.[4]

능력과 힘의 분포 측면에서 보면, 자유주의적 대통령 당시에는 힘이 여러 부문으로 분산되었고, 반대로 강력한 대통령의 임기 동안에는 힘이 대통령에게 집중되는 모습을 보여주었다. 이처럼 미국이라는 나라 안에서도 시기에 따라 능력의 분포는 다르게 관찰되고 있는 것이다.

월츠의 세 가지 기준을 중심으로 국내정치의 특성을 살펴보았지만, 이 밖에도 국내정치는 몇 가지 특성을 더 가지고 있다. 먼저 위계질서적 특징에서 파생하는 국내정치의 또 다른 특성은 무력force에 대한 통제와 관리가 가능하고, 이를 관장하는 주체가

---

4 Louis W. Koenig, *The Chief Executive*(New York: Harcourt, Brace & World, 1964), pp.13~14.

분명하다는 것이다. 경찰·군과 같은 무력에 대한 통제가 이루어지고 있고, 이를 효과적으로 관리하는 중앙정부가 존재한다. 여기서 무력의 의미를 살펴볼 필요가 있는데, 정치학에서 중요한 개념 가운데 하나인 힘은 크게 세 가지이다. 첫째는 권력power으로, 이는 다른 사람의 마음과 행동을 통제하는 능력을 말한다. 매우 포괄적인 개념이다. 국제정치에서도 국제관계의 본질, 국가들이 기본적으로 추구하는 바 등을 논할 때 중요한 개념으로 사용된다. 둘째는 영향력influence인데, 상대를 설득할 수 있는 능력을 이른다. 불이익으로 위협한다든지 이익을 약속하는 형태의 강제력이 아니라 자연스럽게 상대가 자신을 따르게 하는 힘이 영향력이다. 셋째는 무력force으로, 군사적 행동이나 경찰력의 동원, 투옥 등으로 나타나는 물리적 폭력을 가리킨다.[5] 이 세 가지 힘의 주요 분류 가운데 무력은 국내정치에 대한 논의에서 중요한 의미를 가지는데, 국내정치는 이에 대한 통제가 실질적으로 이루어지고 있다는 특징을 갖고 있는 것이다. 국제정치의 영역에서 세계정부나 국제기구에 의한 무력의 통제가 어려운 점과는 대조되는 부분이다.

3) 국제정치와 무정부상태

국제정치는 국내정치와는 달리 질서의 원칙이 무정부성이다. 그래서 국제정치의 첫 번째 특성은 무정부상태anarchy이다. 무정부상태란 국가들을 통제하는 상위의 권위체authority가 없는 상황을 말한다. 'anarchy'는 그리스어에서 부정否定의 전치사로 쓰이는 'an'에다가 '통치자'의 의미를 가진 인도유럽어족의 어근 'arkh'가 합성되어 만들어진 용어이다.[6] 어원적 의미로 보면 '통치자가 없는 상태'가 되는 것이다. 조지프 나이Joseph Nye와 데이비드 웰치David Welch가 국제정치를 "공동의 군주가 존재하지 않은 상태의 정치", "통치자가 없는 상태에서의 독립체들 사이의 정치"라고[7] 정의하는 것은 무

---

5 세 가지 힘에 대한 구분은 Hans Morgenthau, *Politics Among Nations: The Struggle for Power and Peace*, 7th edition(New York: McGraw-Hill, 2006), pp.30~31을 참조했다.

6 Joseph T. Shipley, *The Origins of English Words: A Discursive Dictionary of Indo-European Roots* (London: The Johns Hopkins University Press, 1984), pp.8, 18~19.

정부성의 어원적 의미를 십분 반영한 것이라고 할 수 있다. 국제정치에서 왜 갈등과 분쟁, 전쟁이 끊임없이 계속되는 것인지, 국제평화라는 것이 가능한 것인지 등 국제정치의 핵심 논제들의 출발점이 바로 이 무정부상태이다. 로버트 아트[Robert Art]와 로버트 저비스[Robert Jervis]의 표현을 빌리면, 무정부상태는 어떤 주권적 권력도 주권국가 위에서 법률 제정과 분쟁 해결을 할 수 없고, 약속과 조약에 대한 위반도 처벌을 할 수 없는 상태를 말하는 것이다.[8] 이 같은 무정부상태라는 국제정치의 속성, 즉 국가들의 상부에서 권위와 권한을 가지고 이들을 관리하고 통제할 수 있는 조직이나 기관이 존재하지 않는다는 국제정치의 기본적인 특성 때문에 갈등과 분쟁이 계속되고, 이런 상황의 개선에 대한 전망도 어려운 것이다.

무정부상태의 기본적인 개념은 일찍이 17세기에 토머스 홉스[Thomas Hobbes]도 파악하고 있었다. 그는 무정부상태를 '모두를 위압할 수 있는 힘의 부재'라고 일컬으며, 국가들끼리 갈등하고 투쟁하는 '전쟁의 상태[state of war]'의 원인으로 보았다.[9] 20세기 초 유럽의 분쟁을 관찰한 로즈 디킨슨[G. Lowes Dickinson]은 유럽의 모든 전쟁의 궁극적 책임소재로 무정부상태를 지목했다.[10] 1970년대 월츠[Kenneth Waltz]에 이르러 무정부상태는 국제체제의 본원적 성격을 규정하는 중핵 개념으로 자리 잡았다.[11]

국가 상위의 권위체 부재를 이르는 것이지만 그렇다고 무정부상태가 무질서[disorder]나 혼돈[chaos]과 같은 의미는 아니다. 무질서와 혼돈은 앞뒤가 뒤죽박죽되어 갈피를 잡을 수 없는 혼란을 이르지만, 무정부상태는 상위의 통치 주체가 없는 상태 그 자체를 이르는 것이다. 국제정치이론의 분화도 이 무정부상태의 의미와 성격을 어떻게 파악하느냐에 따라 이루어져 왔다고 할 수 있다. 현실주의는 무정부상태를 경쟁과 갈등의 구조로 파악하고, 국제정치의 핵심적 요소로 규정한다. 반면에 자유주의는 무정부상

---

7   Joseph S. Nye, Jr. and David A. Welch, *Understanding Global Conflict and Cooperation: An Introduction to Theory and History*, 9th edition(New York: Pearson, 2013), p.4.

8   Robert Art and Robert Jervis, *International Politics: enduring concepts and contemporary issues*, 3rd edition(Boston: Harper Collins, 1991), p.1.

9   Thomas Hobbes, *Leviathan*, edited by Marshall Missner(New York: Pearson Longman, 2008), p.82.

10   G. Lowes Dickinson, *The European Anarchy*(New York: Macmillan, 1916), p.10.

11   Waltz, *Theory of International Politics*, pp.88~89.

태가 국제체제의 성격이나 국가의 선호를 결정하는 단 하나의 요소가 될 수는 없고, 첨단기술과 지식, 국내적 이익 등도 국가의 행위에 영향을 미치는 중요한 요인들이라고 주장한다. 구성주의는 무정부상태 자체는 갈등적이지도, 협력적이지도 않은 중립적 상태이며, 국가 간의 사회적 상호작용에 의해서 그 성격이 변화한다고 본다. 국가 간의 교류를 통해 무정부상태는 협력적 성격이 될 수도 있고, 그 반대로 갈등적 성격이 될 수도 있다고 보는 것이다. 이처럼 국제정치에 대한 설명과 해석의 핵심 요소를 쥐고 있다는 점에 주목해 찰스 립슨Charles Lipson은 무정부상태를 국제정치의 로제타스톤Rosetta Stone이라고 칭했다.[12] 로제타스톤이 고대 이집트 문명 이해의 열쇠임에도 그 해석이 매우 어려웠던 것처럼, 무정부상태도 국제정치 이해의 기본 문법이면서 그에 대한 해석이 다양하기 때문에서 둘이 비슷하다는 의미이다.

무정부상태는 실증주의 입장에서는 쉽게 관찰되지 않은 현상이다. 19세기 후반에 등장한 실증주의는 관찰이나 실험으로 검증 가능한 지식만을 인정하는 인식론이기 때문이다. 무정부상태는 눈에 보이거나 실험으로 보여줄 수 있는 것은 아니다. 하지만 1970년대 과학적 실재론scientific realism에 대한 관심이 확산되면서 무정부상태에 대한 논의도 활성화되었다. 과학적 실재론은 우리의 의식과는 별개로 현실 세계는 존재하고 있으며, 우리의 사고의 대상은 현실 세계 자체가 된다는 것이다. 국제정치와 관련해서 과학적 실재론은 무정부상태라는 것이 눈에 보이진 않지만 사회적 실재social reality로서 일상의 국제적 삶에 들어와 있고, 국제관계에 대한 실질적 영향요인으로 존재하고 있다고 본다.[13] 이러한 인식론이 바탕이 되어 무정부상태에 대한 논의와 연구가 현재에도 활발하게 진행되고 있다.

기능의 분화 여부와 관련해서 국제정치는 기능 미분화의 양상을 특징으로 한다. 이것이 국제정치의 두 번째 특징이다. 국내정치에서 입법부·행정부·사법부가 따로 존재

---

12 Charles Lipson, "International Cooperation in Economic and Security Affairs," in David A. Baldwin(ed.), *Neorealism and Neoliberalism: The Contemporary Debate*(New York: Columbia University Press, 1993), p.80.

13 Milja Kurki and Colin Wight, "International Relations and Social Science," in Tim Dunne, Milja Kurki and Steve Smith(eds.), *International Relations Theories: Discipline and Diversity*(Oxford: Oxford University Press, 2010), pp.25~27.

하면서 독자적 기능을 수행하는 모습을 국제정치에서는 볼 수 없다. 다시 말해 '미국은 세계의 경찰 역할을 맡아서 하고, 중국은 세계경제를 책임진다'는 식의 기능적 분화가 불가능하다는 것이다. 반대로 미국은 안보, 경제, 과학기술, 문화, 정보 등 모든 영역에서 나름의 정책을 가지고 있고, 중국도 이러한 모든 영역에서 자신의 독립적 정책을 수립해 놓고 있다. 국제기구들이 발달하면서 국제연합^{UN}은 국제평화 문제, 국제통화기금^{IMF}은 국제경제 문제, 국제원자력기구^{IAEA}는 핵확산 방지 문제를 다루고 있지만, 이들은 여전히 많은 한계가 있다. 다양한 영역에서 다양한 국제기구가 나오더라도 세계정치의 모든 문제를 체계적으로 나누어 해결할 수는 없는 것이고, 국가들이 국제기구에 문제 해결을 위한 모든 권한을 넘기지도 않는다. 그래서 국제사회에서 기능의 분화는 나타나지 않고 있고, 미래에도 분화 현상을 기대하기는 어렵다.

국제정치에서 능력의 분포는 시대별로 다른 모습을 보여왔다. 그래서 국제정치의 세 번째 특성인 능력의 분포는 나라별로 다르고, 분포 양상도 시대에 따라 변하며, 그에 따라 국제정치의 구조도 변화한다는 것이다. 국제정치의 구조란 국가들이 어떻게 배열되어 있느냐 하는 것인데, 제2차 세계대전 이후에는 미국과 소련의 양극, 탈냉전 시대에는 미국의 단극, 21세기 초에는 미국·유럽연합^{EU}·중국의 3극, 이후 미국과 중국의 양극(G2)으로 역사의 흐름에 따라 변화하는 모습을 보이고 있다. 능력의 분포가 변화하는 것은 국내정치에서나 국제정치에서나 공히 관찰되는 것으로 양자의 유사성을 보여주는 대표적인 특성이 된다.

무정부상태에 연원을 둔 국제정치의 또 다른 성격은 자발주의^{voluntarism}이다. 자발주의는 스스로의 판단에 따라 결정하고 행동하는 것을 말한다. 이 자발주의가 다양한 행위자들의 국제사회에 대한 참여와 행동의 양태를 특징짓고 있다. 세계는 기본적으로 평등한 주권^{equal sovereignty}을 가진 국가들의 집합으로 구성되어 있고, 이 국가들을 통할하는 권위체가 없기 때문에, 국가들이 선호를 결정하고 실행할 때 강제나 압력보다는 스스로의 판단과 결정에 따라서 한다. 스스로의 판단에 따라 행동하면서 그에 따른 책임도 스스로 진다. 행위의 자율성과 책임 부담을 내용으로 하는 자발주의 원칙이 국제사회에서는 제대로 적용되고 있는 것이다.

자발주의 원칙에 따라 국가들은 스스로의 이익과 손실을 계산하면서 때로는 타국과 협력하고, 때로는 갈등하고, 때로는 전쟁도 한다. 자발주의의 현실적인 모습은 경제제재와 관련한 각국의 행태를 통해서 확인된다. 국제정치에서 경제제재는 오랜 역사를 가지고 있다. 경제제재는 지켜지기 매우 어려운 것임도 국제정치의 역사는 보여주고 있다. 19세기 초 유럽 지배에 나선 나폴레옹은 영국 점령에 실패하자 1806년 대륙봉쇄령을 내렸다. 영국에 대한 경제제재였다. 하지만 러시아가 이를 어겼다. 러시아는 영국에 밀을 수출하고 영국의 값싼 공산품을 수입해 와야 국가를 지탱할 수 있었다. 그래서 대륙봉쇄령을 따를 수 없었고, 이를 알아챈 나폴레옹은 1812년 러시아를 침공했다. 결국 이 전쟁에서 패배해 나폴레옹은 몰락한다. 1959년 사회주의 혁명에 성공한 작은 나라 쿠바에 대해 미국은 오랫동안 경제제재를 해오고 있지만 쿠바는 나름의 국가체제를 여전히 유지하고 있다. 이라크도 1979년 사담 후세인 집권 이후 미국과 UN의 지속적인 경제제재를 당했지만 굴복하지 않고 오히려 미국에 대항하는 정책을 취하다가 2003년 미국의 군사공격을 받게 되었다.

이와 같이 많은 경제제재가 효과를 보지 못하는 것은 바로 국제정치의 자발주의 때문이다. 경제제재를 제창하는 나라가 있는가 하면, 이에 반대하는 나라도 있다. 오히려 제재 대상국가와 협력하기도 한다. 이를 강제하는 수단도 마땅치가 않다. 그래서 국제사회는 일사불란할 수 없고, "국제정치에서는 영원한 친구도, 영원한 적도 없으며 오직 국가이익만이 있다"는 파머스턴 자작Viscount Palmerston(19세 중반 영국의 총리)의 말이 여전히 설득력 있게 받아들여지고 있는 것이다. 국내정치에서는 본인의 의사와 관계없이 위계적 법질서에 따라 의무와 책임으로 주어진 사안이 많다. 국방과 납세, 교육, 근로의 의무가 대표적이다. 국내정치는 국제정치와는 달리 비자발주의의 원칙이 적용되고 있는 것이다.

국제정치를 특징짓는 또 하나의 특성은 불개입non-intervention이다. 국제사회에서는 다른 행위자에 대해 가져야 하는 태도가 기본적으로 불개입인 것이다. 이는 위에서 설명한 자발주의와 동전의 앞뒤를 이룬다. 스스로 알아서 행동하면서 다른 나라의 국내 사안에 대해 개입해서는 안 되는 것이다. 또한 타국에 대해 내 일에 개입하지 말라고 언제든지 요구할 수도 있다. 막스 베버Max Weber는 국가를 '조직화된 폭력의 정당한 사용' 권한을 바탕으로 주권sovereignty과 영토적 지배territorial dominance를 확보하고 있는 조직으로 정의했다.[14] 조직화된 폭력의 정당한 사용 권한은 국내적 통치에 대한 권위를, 주권은 타국으로부터의 완전한 정치적 독립성을, 영토적 지배는 영토에 대한 완전성

〈표 1-1〉 국내정치와 국제정치의 특성

	국내정치	국제정치
질서의 원칙	위계질서(hierarchy)	무정부상태(anarchy)
기능의 분화	분화	미분화
능력의 분포	분포 변화	분포 변화
무력의 통제	가능	불가능
참여·행동의 양태	비자발주의	자발주의
다른 행위자에 대한 태도	개입의 여지 존재	불개입

확보를 말한다. 이러한 권위와 권한들을 다른 나라로부터 침해받지 않고 완전하게 지켜나갈 수 있어야 하는 것이 국제사회의 기본적인 원칙이다. 특히 정치적 독립성을 의미하는 주권은 어떠한 강대국도 쉽게 침해하지 못하고, 어떠한 약소국도 쉽게 양보를 요구받지 않아야 하는 높은 가치를 지닌 것으로 국제사회에서 인정된다.

이러한 불개입 원칙은 어느 나라나 국제사회에 주장할 수 있다. 좀 더 쉽게 말하면 타국의 주권을 침해하지도 않고, 자국의 주권이 침해받는 것도 막겠다는 것이 불개입의 원칙이다. 영국학파(영국에서 발전한 국제정치이론의 분파)의 거두 헤들리 불[Hedley Bull]은 불개입의 원칙이 국제사회의 근간을 이루고 있기 때문에 어떤 국가가 다른 국가의 국내정치에 개입하려 할 때 국제사회는 위태롭게 된다고 강조했다.[15] 이 불개입 원칙의 출발점은 국가 간의 상호인정[mutual recognition]이다. 다른 나라의 존재와 주권을 인정할 때 비로소 불개입의 개념이 형성될 수 있는 것이다. 그런 점에 주목해 배리 뷰전[Barry Buzan]은 국가들이 서로를 동등한 독립적 존재로 생각할 때 국제사회는 비로소 시작된다고 말한다.[16] 주권의 상호인정이 국제사회의 최소한의 조건으로 기능한다는 의미

---

14 Max Weber, *Economy and Society*(Berkeley: University of California, 1978), p.54.

15 Hedley Bull, "The Emergence of a Universal International Society," in Hedley Bull and Adam Watson(eds.), *The Expansion of International Society*(Oxford: Oxford University Press, 1984), pp.117~126.

16 Barry Buzan, "From International System to International Society: Structural Realism and Regime Theory Meet the English School," *International Organization*, Vol.47, No.3(1993), p.345.

이다. 국내정치에서도 불개입의 일반적인 원칙은 적용된다. 국가라고 하더라도 기업이나 개인에 대해 자유롭게 개입하는 것이 허용되지는 않는다. 하지만 국가가 기업의 운영에, 개인의 사적인 영역에 개입하는 경우가 있다. 물론 공적인 필요에 의한 경우로 법률적 근거가 존재할 때만 가능하다. 여하튼 국내정치에서는 개입의 가능성이 국제정치보다는 높다고 할 수 있다.

3. 국제정치의 행위자

국제정치에서 상호작용의 주체가 되는 것은 국제정치 행위자이다. 물론 국가가 가장 중요한 행위자이다. 국가가 국제사회나 다른 국가에 어떤 행위를 하고, 그들과 어떤 교류와 거래를 하느냐가 인간의 삶에 매우 중요한 영향을 미친다. 하지만 현대의 세계정치에서 국가만이 홀로 중요한 행위자는 아니다. 국가 못지않게 중요한 기능을 하는 행위자들이 많다. 국제기구와 다국적기업, 국제비정부기구, 개인, 심지어 테러단체까지 국제정치에서 중요한 역할을 수행한다. 이러한 현상은 국가와 국가 사이의 교류가 증가하고 상호의존의 정도가 심화되면서, 또 세계가 하나 되어가는 현상, 즉 세계화가 가속화되면서 더 분명하게 나타나고 있다. 이 절에서는 국제정치의 행위자를 국가와 비국가행위자로 대별해 주요 의미를 설명하고, 비국가행위자와 그 가운데 하나인 국제기구에 대해서는 제7장에서 더욱 상세하게 다룬다.

1) 국가

국가state는 정부에 의해 통제되고 국민이 그 내부에서 삶을 영위하는 영토적인 실체이다.[17] 국가는 국제정치에서 여전히 가장 중요한 행위자의 지위를 점하고 있다. '국가가 국제정치의 가장 중요한 행위자이다'는 제2차 세계대전 이후 강력한 이론으

---

17 Joshua S. Goldstein and Jon C. Pevehouse, *International Relations*, 8th edition(New York: Pearson Longman, 2009), p.12.

로 자리 잡은 현실주의의 제1 명제이다. 현실주의에 대한 비판으로 1950년대 등장하는 자유주의는 국가 이외에 다양한 행위자가 국제정치에서 기능하고 있음을 강조했다. 현실주의의 제1 명제에 대해 부정적인 입장을 가진 것이다. 하지만 1980년대 나오는 커헤인Robert Keohane 중심의 신자유주의적 제도주의neoliberal institutionalism는 국제정치의 무정부성과 함께 "국가가 국제정치의 가장 중요한 행위자"임을 인정한다. 이후로 대부분의 자유주의자들도 이 명제는 인정하고 있다.

유럽을 중심으로 근대적인 의미의 국제정치가 시작된 것은 영토와 민족을 바탕으로 한 근대적 국가의 개념이 형성되면서부터이다. 30년전쟁을 종결하는 1648년 베스트팔렌 조약이 근대 영토국가의 출발점이 되었다. 이 조약이 유럽에서 교황과 신성로마제국의 지배를 종결시킴으로써 각국은 완전한 주권을 갖게 되었다. 이러한 과정을 통해 형성된 근대국가는 영토와 국민, 정부, 주권을 네 가지 기본 구성요소로 갖고 있다. 근대적 주권국가 사이의 상호작용도 이러한 근대국가의 형성으로 가능하게 되었다.

국제정치에서 국가의 제1차적 목표는 영토와 국민, 정부, 주권을 완전하게 그리고 지속적으로 지키는 것이다. 이것이 다음 절에서 설명하는 국가이익의 핵심적인 부분이기도 하다. 국가는 이 목표를 실현하기 위해 다양한 국제정치적 행위를 하는데, 다른 나라와 외교를 하기도 하고, 공작을 하기도 하고, 때로는 전쟁도 한다. 국제정치에서 국가는 국제평화에 기여하기 위한 활동을 하기도 한다. 제1차 세계대전 직후 미국과 영국, 프랑스를 중심으로 한 국제연맹League of Nations 창설, 제2차 세계대전 직후 미국, 영국, 소련, 중국이 중심이 된 국제연합United Nations 창립 활동이 대표적이다. 이 국제기구들은 국가들이 협의하고 협력하면 전쟁을 예방하고 평화를 이룰 수 있다는 국가들의 인식과 이를 바탕으로 한 활동으로 인해 설립될 수 있었다. 이와 같은 활동은 국제정치에서 국가가 항상 자국의 이익만을 위해서 행동하는 것은 아니라는 것을 보여준다. 국제정치에서 국가들의 의도와 행위가 여전히 중요한 이유가 이런 것이다.

국제정치에서 특히 중요한 역할을 하는 존재가 강대국great power이다. 실제로 세계의 역사는 강대국의 주도로 진행되어 왔고, 그들의 의도와 이익에 따라 세계가 때로는 협력하고, 때로는 전쟁의 소용돌이에 휩싸이기도 했다. 강대국이 세계정치에서 주요 역할을 할 수 있는 것은 그들의 능력이 상대적으로 강하기 때문이다. 따라서 현대 국제정치에서도 강대국은 자신의 힘을 기반으로 지도력을 행사하고 국제질서를 유지하는 데도 많은 역할을 할 수 있다. 헤들리 불Hedley Bull이 이런 점에 주목했는데, 그는 강대국이 그들이 가진 우월한 지위preponderance를 이용해 두 가지 방법으로 국제질서 유지에 기여할 수 있다고 생각했다. 첫째는 국가들 사이의 관계를 정리해 낼 수 있다는 것이다. 둘째는 국제사회에서 발생하는 사안에 대해 방향을 제시해 줄 수 있다는 것이다.[18] 이러한 방법으로 강대국은 국제정치의 위기를 통제하거나 세력균형을 유지해 결국 전쟁을 막을 수 있다는 것이 불의 주장이다. 그래서 불은 강대국의 역할을 국제법과 외교, 세력균형, 전쟁과 함께 국제질서를 유지할 수 있는 중요한 제도로 간주했다.[19]

그렇다고 해서 국제정치에서 약소국이 의미 없는 것은 아니다. 지구상의 대부분의 국가들은 약소국이고, 이들도 여전히 국제정치에서 나름의 다양한 역할과 기능을 수행하고 있다. 1국 1표 제도를 채택하고 있는 유엔총회를 통해 국제사회에서 그들에게 유리한 '합의 형성consensus-building'에 나서기도 하고, 그들의 결집된 목소리를 내면서 선진국 중심의 세계경제체제를 비판하기도 하며, 환경 문제에 대한 선진국의 더 많은 관심을 촉구하기도 한다. 그들이 가진 자원asset을 활용해서 강대국들을 조종manipulation하기도 한다. 두 개의 강대국이 경쟁관계에 있을 때, 그 중간에서 강대국들이 필요로 하는 것을 활용해 약소국이 상당한 주도권을 행사할 수 있는 것이다. 약소국이 가진 자원도 유형·무형의 것이 모두 활용될 수 있다. 예를 들어 미국과 중국의 경쟁이 심화되고 있는 지금의 세계 상황에서 한국은 미국이 필요로 하는 군사기지를 자원으로 적극 활용할 수 있고, 중국이 필요로 하는 국제사회에서의 중국에 대한 외교적 지원도 이용할 수 있다. 군사기지, 외교적 지원 같은 것이 모두 약소국의 자원이 될 수 있는 것이다.

자원을 매개로 약소국이 연대를 형성하는 경우 더욱 큰 힘을 발휘한다. 석유수출국기구OPEC가 이를 잘 보여준다. OPEC은 1960년 설립 이후 석유라는 자원을 활용해 강

---

18 Hedley Bull, *The Anarchical Society: A Study of Order in World Politics*, 3rd edition(New York: Columbia University Press, 2002), p.200.

19 헤들리 불은 전쟁도 때로는 국제법을 실행하거나 세력균형을 유지하거나 국제법의 변화를 촉진하는 수단이 된다는 점에서 국제질서 유지를 위한 제도가 된다고 주장한다(같은 책, 181쪽).

대국의 경제정책과 대외정책에 직접적으로 영향을 주어왔다. 약소국은 또 약한 것 자체를 활용해 강대국에 영향력을 행사할 수도 있다. 북한이 붕괴되는 경우 중국은 실제로 미국과의 경쟁관계에서 완충지대 buffer zone를 상실하게 되는 것이어서 중국은 이를 바라지 않고 있다. 그래서 매년 식량 10만 톤, 석유 50만 톤 정도를 북한에 무상 지원한다. 만약 북한이 상황이 더 어려워져서 '우리가 망하면 중국도 곤란할 텐데'식으로 위협을 하면 이를 통해 더 많은 지원을 얻어낼 수도 있다. 이런 경우를 '약자들의 독재 tyranny of the weak'라고 한다.[20] 어쨌든 약소국도 여전히 국제정치의 중요한 행위자임은 분명하다.

20세기 전반까지만 해도 국제정치는 국가 사이의 정치적·군사적 관계를 중심으로 운영되어 왔다. 하지만 제2차 세계대전이 끝나고 20세기 후반에 들어서면서부터는 정치적·군사적 관계 못지않게 경제적 관계가 국제정치에서 차지하는 비중도 커지고 중요성도 증대된다. 다국적기업이 급속하게 증가하고 국가 간의 경제거래가 더욱 활성화되면서 발생한 현상이다. 국제거래가 많아지고 중요해지는 현상은 국가의 주권에 중대한 변화를 야기한다. 주권에 대한 제한이 그것이다. 한 국가의 경제는 타 국가의 경기침체에 바로 영향을 받게 되고, 그 영향이 심한 경우 국가의 경제정책에 대한 자율성도 제한을 받게 되는 것이다. 요컨대 경제정책을 마음대로 수립하지 못하고 다른 나라의 영향을 받는 것이다. 이러한 현상은 국제정치에서 국가중심성이 약화되고 다국적기업과 같은 비국가행위자들의 영향력이 강화되는 현상과도 연결되어 있다.

2) 비국가행위자

비국가행위자 non-state actor는 국가를 제외한 국제정치의 행위자를 말한다. 이 가운데 현실 세계정치에서 중요한 역할을 하는 것은 정부간기구 IGO: Intergovernmental Organization, 국제비정부기구 INGO: International Nongovernmental Organization, 다국적기업 MNC: Multinational Corporation, 국제테러단체 등이며, 개인도 주요 행위자이다.

---

20 Astri Suhrke, "Gratuity or Tyranny," *World Politics*, Vol.25(1973), pp.508~509.

정부간기구는 국가들이 모여서 구성한 국제조직으로 국제정부기구^{IGO: International} Governmental Organization 라고 부르기도 한다. 대표적인 것이 유엔이다. 유엔은 현재 193개 국이 회원국으로 가입해 국제평화와 남북문제, 빈곤문제 등의 해결에 많은 기여를 하고 있다. 국제원자력기구^{IAEA}와 화학무기금지기구^{OPCW}, 북대서양조약기구^{NATO} 등과 같이 안보·군사적인 문제를 다루는 기구, 아랍연맹^{AL}과 아프리카단결기구^{OAU} 같은 정치적 조직, 국제통화기금^{IMF}, 세계은행^{IBRD}, 세계무역기구^{WTO} 등의 경제문제 해결을 위한 기구 등 다양한 성격을 가진 기구들이 세계에서 활동 중이다.

국제비정부기구는 국제적인 네트워크를 가지고 세계를 활동 무대로 하는 비영리기구를 말한다. 인권과 환경, 빈민, 질병, 범죄 등의 문제에서 군축과 평화 등의 문제까지 다양한 영역을 국제비정부기구들이 다루고 있다. 국제적십자연맹, 옥스팜, 국경없는의사회, 국제사면기구, 그린피스, 국제올림픽위원회 등 실제로 국제정치에서 국가 못지않은 역할을 하는 국제비정부기구는 많이 있다. 비정부기구가 무엇인지에 대해서는 다양한 정의가 있을 수 있지만 유엔 경제사회이사회^{ECOSOC}가 비교적 명쾌하게 정리해 놓고 있다. ECOSOC는 정관에 비정부기구가 되려면 이윤을 추구할 수 없고, 폭력을 사용하거나 지지할 수 없으며, 국가의 내정에 간섭할 수 없고, 정부 간 합의에 의해 만들어지면 안 되도록 정해놓고 있다.[21] 이 책도 이 기준을 따르면서 이윤을 추구하는 다국적기업, 폭력을 사용하는 테러단체는 비정부기구와 구분해서 다룬다.

국제생활에 직접 영향을 주는 것은 주로 국제비정부기구이지만 국내비정부기구 가운데서도 국제적 활동을 적극적으로 펼치고 있는 단체들이 있다. 영국의 파퓰레이션 컨선^{Population Concern}, 미국의 시에라클럽^{Sierra Club} 등이 대표적인데, 전 세계적으로는 이러한 단체가 1만여 개에 이른다. 또한 국내비정부기구들도 활동은 국내에서 하지만 그 영향은 국제관계에 미치는 경우가 많다. 실제로 미국이 한국과 자유무역협정^{FTA}을 체결하는 과정에는 미국의 자동차 노조의 입김이 많이 작용했다. 미국이 자동차 시장을 개방하는 속도를 늦추도록 한 것이다. 이런 역학관계 때문에 2007년에 협상이 타

---

21 이와 관련한 자세한 내용은 John Baylis, Steve Smith and Patricia Owens, *The Globalization of World Politics: An Introduction to International Relations*, 8th edition(New York: Oxford University Press, 2020), pp.335~339를 참조했다.

결되었다가 2010년에 재협상을 하게 된 것이다. 이처럼 국내비정부기구들도 국가 간의 관계와 국제정치에서 중요한 행위자로 역할을 하고 있다.

다국적기업은 국가 단위를 초월해서 활동하는 기업이라는 의미로 초국적기업 TNC: Transnational Corporation 이라고도 칭한다. 본사가 위치한 국가는 있지만 이와 상관없이 세계를 구매와 생산, 판매의 영역으로 활용하는 기업이다. 엑슨모빌 Exxon Mobil, 셸 Shell, 월마트 Wal-Mart, 미쓰비시 Mitsubishi 등 8만 2,000여 개의 다국적기업이 그 아래 81만여 개의 자회사를 거느리고 지구상에서 영업을 하고 있다. 세계 곳곳에 지사와 생산공장, 자회사를 두고 있어 세계의 경제와 정치에 미치는 영향이 매우 크다.

그 밖의 비국가행위자로 국제테러단체는 특히 2001년 9·11 테러 이후 국제사회의 우려와 관심의 대상이 되었다. 최근에는 테러뿐만 아니라 대량살상무기 WMD 확산과 관련해서도 그들의 활동이 주목을 받고 있다. 국제사회에서 다양한 채널의 교류와 협력, 거래가 활성화되면서 시민 개인들의 기능도 증대하고 있다. 이와 같은 상호작용이 기업이나 집단 차원뿐만 아니라 개인 차원에서 진행되는 경우도 많기 때문이다. 특히 국제적인 영향력이 큰 정치인이나 기업인, 시민운동가, 국제법학자, 국제정치학자들의 세계정치에서의 역할은 매우 크다. 중동평화협상이나 북한 핵문제 해결에서 미국의 전 대통령 카터 Jimmy Carter 가 보여준 영향력은 잘 알려져 있다. 아직까지 국제사법재판소 ICJ는 국가에게만 제소권을 인정하고 개인에게는 인정하지 않고 있지만, 유럽인권재판소는 개인도 소송을 제기할 수 있도록 하고 있다. 국제법의 주체로서 개인의 입지가 확장되고 있는 것이다.

이처럼 국제정치에서 비국가행위자는 다양하며, 국가 간의 경계가 엷어지는 세계화 현상이 심화되면서 이들의 활동 영역이 더욱 확대되어 가고 있다. 현대 국제관계에서 국가의 역할이 여전히 많은 비중을 차지하고 있지만 비국가행위자의 지위는 점차 강화되고 있고, 그만큼 국가의 중심성은 잠식되어 가고 있다. 정보기술은 그 한계를 모른 채 발전을 계속하고 있고 그에 비례해 국가 간의 벽은 더 약화되어 가고 있다. 세계화의 끝이 어디인지 아직은 아무도 모른다. 이러한 현상이 지속되는 한 국가의 경계를 초월해 활동하는 비국가행위자들의 영역은 더욱더 확장될 것이고, 국제정치에서 가지는 의미도 더욱 깊고 커질 것이다.

4. 국제정치와 국가이익

1) 국가이익의 정의

국제정치에서 또 하나의 기본적이면서 중요한 개념이 국가이익national interest이다. 모든 국가는 실제로 국가이익을 위해서 움직인다. 국가 간에 협력과 갈등, 쟁투가 발생하는 원인은 국가이익의 추구에 있다고 해도 과언이 아니다. 그렇다면 이 국가이익이라는 것은 구체적으로 무엇을 말하는 것인가? 여기엔 많은 개념적 정의가 있다. 그 가운데 가장 널리 알려진 것이 도널드 푸찰라Donald Puchala의 설명이다. 그는 국가이익은 자기보존self-preservation과 안보security, 번영prosperity, 위신prestige, 평화peace로 구성된다고 본다.[22]

자기보존은 망하지 않고 생존survival하는 것 자체를 말한다. 주권을 유지하고, 국가의 자율성과 정부의 권위, 내부적 문제에 대한 통제권을 지속적으로 잃지 않고 확보하는 것을 이른다. 좀 더 구체적으로 보면, 영토를 보전하고, 그 영토에서 삶을 영위하는 국민의 생명과 복지, 문화적 가치를 보전하는 것을 자기보존이라고 한다.

안보, 즉 국가안보는 생존이 위협받지 않는 국제환경을 조성하는 것을 말한다. 다른 나라의 침략을 받지 않고 안전이 확보된 상태를 유지할 수 있도록 국제 여건을 만들어나가는 것을 가리킨다. 다시 말하면 국민의 이익과 가치에 대한 위협을 최소화시키는 것을 이른다. 국가들이 국제정치에서 되도록 현상유지를 원하는 것은 현상변경의 상황에서 위협이 커지는 것을 막기 위해서이다. 국가는 안보를 확보하기 위해서 상비군을 가지려 하고, 때로는 다른 국가와 군사적 동맹을 맺는다.

그런데 위에서 언급한 자기보존과 안보라는 것은 실제로 현실 세계정치에서 확보하기가 매우 어렵다. 한국이 북한과의 관계에서 안보를 더욱 분명하게 확보하기 위해 군비를 강화했다고 하자. 이는 곧 북한에게는 안보 약화를 의미하게 된다. 북한은 군대를 더 늘린다. 그러면 결국 한국의 안보는 약화된다. 이것이 안보딜레마security dilemma

---

22 Puchala, *International Politics Today*, pp.73~90.

이다. 한 나라의 안보 증진이 곧 안보 약화라는 결과를 가져오는 것이다. 기원전 431년 시작된 아테네와 스파르타의 펠로폰네소스전쟁도 이 안보딜레마 때문에 발발했다. 아테네가 주변국과 힘을 합쳐 델로스동맹을 강화하자 여기에 불안을 느낀 스파르타가 주변 세력을 모아 먼저 아테네를 공격하면서 전쟁이 시작되었다. 물론 직접적인 원인은 케르키라(지금의 코르푸섬)와 코린토스(펠로폰네소스반도 북부의 코린트 지협地峽에 있던 도시국가)의 싸움에 있었다. 아테네는 양자의 싸움에 개입해 케르키라를 지원했다. 위기에 처한 코린토스는 주변의 메가라 등을 끌어들이고 스파르타를 부추겨 전쟁을 하게 했다. 전쟁의 직접 원인은 케르키라와 코린토스의 전쟁, 코린토스의 설득이지만 실제 원인은 강해지는 아테네에 대한 스파르타의 안보 불안이었다. 이와 같은 안보딜레마를 극복하고 국가안보를 안정적으로 확보한다는 것은 매우 어려운 일이고, 그래서 국가들은 더욱 국가안보에 관심을 기울이고 있는 것이다.

번영은 국민의 경제적 복지에 필요한 자원을 확보하는 것을 말한다. 경제력의 강화를 이르는 것이다. 경제력은 군사력 못지않게 중요한 국력의 요소이다. 미국의 신현실주의 국제정치학자 존 미어샤이머John Mearsheimer는 국력은 군사력military power과 잠재력latent power으로 구성되며, 잠재력은 부wealth와 인구population로 구성된다고 분석한다. 또한 부, 즉 경제력은 군대를 훈련시키고, 군의 장비를 갖추게 해주고, 군의 현대화도 시켜주는 자원을 제공하며, 이를 통해 군사력을 강화할 수 있도록 해주기 때문에 경제력은 매우 중요하다고 설명한다. 그가 말하는 경제력의 핵심은 돈과 기술이다.[23]

경제력은 군사력 증강을 가능하게 하는 핵심 요소일 뿐만 아니라 전쟁의 상황에서는 전방의 전력에 대한 지원 능력을 형성하면서 전쟁의 수행 능력을 향상시킬 수 있는 기능도 한다. 특히 장기전에서 경제력의 역할은 매우 커서 전쟁의 성패와도 직결되는 문제가 된다. 무기와 식량, 의복, 의약품 등 전쟁에 필요한 물자를 지속적으로 지원할 수 있는 힘이 장기전에서는 매우 중요하기 때문이다. 경제력은 국민의 복지 증진과 그에 따른 국민의 만족감 향상에 반드시 필요한 요소이기 때문에 평시에도 중요한 역할을 담당한다. 이런 연유로 국가는 항상 경제력의 확대를 추구한다.

---

23 국력에 대한 미어샤이머의 자세한 설명은 John Mearsheimer, *The Tragedy of Great Power Politics* (New York: W. W. Norton, 2001), pp.55~67, 특히 pp.55, 61을 참조했다.

위신은 다른 나라들로부터 받는 관심attention과 존중deference, 존경respect을 말한다. 국제적인 긍정적 평판을 가리키는 것이다. 달리 말하면 국가에 대한 신뢰감을 이르는 것이다. 정치이념이나 제도, 국제규범의 준수, 인도주의의 실천 등 정신적이고 이념적·규범적인 측면이 주로 국가 위신의 향상에 영향을 준다. 한국전쟁이 발발하자마자 트루먼Henry Truman 미국 대통령이 UN과의 협조를 통해 한국에 군을 파견하고 북한과 전쟁을 수행한 것도 자본주의 진영의 지도국가로서의 사명과 역할을 다함으로써 미국의 국가 위신을 지키려는 의도가 작용했다고 볼 수 있다. 이와 같은 국가 위신은 강대국뿐만 아니라 약소국에게도 중요하다. 그래서 국가들은 강대국과 약소국을 불문하고 국가 위신을 지킬 뿐만 아니라 이를 향상시키기 위해 부단히 노력한다. 국가 위신의 향상이 곧 이를 구성요소로 하는 국가이익의 증대를 의미하기 때문이다.

평화는 폭력적 충돌이 없는 상태를 말한다. 국가 간의 분쟁이나 전쟁이 일어나지 않는 상태를 이르는 것이다. 자유주의자들은 국가 간의 협의를 통한 군축으로 평화를 이룰 수 있다고 생각한다. 반면에 현실주의자들은 상대국과 균형을 맞출 수 있는 힘을 확보함으로써 평화를 달성할 수 있다고 본다. 국가와 정부가 어떤 방향으로 움직이느냐에 따라 실현 방식은 다르겠지만, 결국 평화를 지향하고 이를 얻으려 하는 점에서는 차이가 없다.

푸찰라 외에도 국가이익에 대한 설명은 많은 학자들에 의해 시도되어 왔다. 20세기 초 활약한 미국의 정치학자 찰스 비어드Charles Beard는 국가이익을 물질적 이익material interest으로 규정했다.[24] 물질적 이익 가운데서도 경제적 이익, 즉 경제적 번영을 국가이익의 가장 중요한 요소로 보았다. 대표적인 현실주의 국제정치학자 한스 모겐소 Hans Morgenthau는 국가의 생존survival of a political unit, 즉 국가안보를 국가가 확보해야 하는 최소한의 국가이익으로 파악하면서, 영토territory와 정치제도political institutions, 문화culture의 완전성integrity 보전이 국가안보의 구체적 내용이라고 분석했다.[25] 국가는 힘으로 정의되

---

24 Charles A. Beard, *The Idea of National Interest: An Analytical Study in American Foreign Policy* (Chicago: Quadrangle Books, 1996), p.26.

25 Hans Morgenthau, "Another Great Debate: The National Interest of the United States," *American Political Science Review*, Vol.46, No.4(1952), p.973.

는 이익을 항상 추구하게 되어 있다고 하는 그의 현실주의 철학은 이러한 인식을 바탕으로 하고 있다.

로버트 오스굿Robert Osgood은 국가이익을 '국가의 자기이익 national self-interest'이라고 표현하면서 여기에 가장 기본적인 요소가 되는 것은 생존survival 또는 자기보존self-preservation이라고 주장했다. 오스굿은 생존 그 자체뿐만 아니라 생존을 위한 능력을 확보하는 것이 국가이익의 기초가 된다고 생각했다. 또한 국가이익의 기초를 자기보존이라고 할 때 그 보존의 대상이 되는 것은 영토의 완전성territorial integrity과 정치적 독립성political independence, 정부의 기본적 제도fundamental governmental institutions라고 지적했다. 그는 또 안보는 공포fear가 없는 상태를 이르기 때문에 국가안보라는 것을 확보하기 위한 근본 동기가 되는 것은 '죽음에 대한 공포'와 '삶에 대한 의지'라고 강조했다.[26]

이상에서 살펴본 대로 국가이익 개념을 논할 때 가장 우선적으로 거론되는 요소는 국가안보이다. 실제로 국가의 생존 없이는 다른 요소들이 의미가 없고 무정부성을 기초로 하는 국제정치의 현실에서 안보를 확보하는 것은 그 어떤 것보다 우선순위가 앞서야 한다는 공통적인 인식 때문이다. 국가안보라고 하는 정치적 측면과 함께 국민의 복지와 직결된 경제적 측면, 국민의 자긍심과 명예에 관련된 문화적 측면의 가치를 보호하고 증대하는 데 국가들의 관심이 집중되어 있음을 국가이익 논의를 통해서 알 수 있다.

2) 국가이익의 우선순위

국가이익은 우선순위에 따라 몇 가지로 분류된다. 가장 순위가 앞서는 것부터 국가존망이익 survival interest, 핵심이익vital interest, 중요이익 major interest, 주변이익peripheral interest 으로 나누어진다.[27] 국가존망이익은 그야말로 국가의 생존과 멸망이 달린 국가이익을 이

---

26 Robert E. Osgood, *Ideas and Self-Interest in America's Foreign Relations*(Chicago: University of Chicago Press, 1953), p.5.

27 Donald E. Nuechterlein, *America Recommitted: United States national Interest in a Reconstructed World*(Lexington: University of Kentucky Press, 1991), p.56; 구영록, 『한국의 국가이익: 외교정치의 현실과 이상』(법문사, 1995), 31쪽; Dennis M. Drew and Donald M. Snow, *Making Twenty-First Century Strategy*(Maxwell AFB, AL: Air University Press, 2006), pp.32~35.

르는 것이다. 예컨대 전쟁에서의 승패, 타 국가와의 합병 등과 같이 국가 존립에 직접적으로 영향을 주는 이익이 여기에 해당한다. 국가존망이익은 두 가지 특징이 있다. 첫째, 국가존망이익을 두고는 절충이나 타협^{compromise}이 있을 수 없다. 둘째, 국가존망이익을 지키기 위해서는 전쟁도 정당화된다. 즉, 국가존망이익은 국가가 양보할수 없고 이를 위해서는 전쟁도 불사해야 하는 이익이다. 핵심이익은 곧 군사행동이 요구될 만큼 국가안보에 치명적 영향을 줄 만한 국가이익을 말한다. 전쟁 직전과 같은 상황이지만 전쟁 이외에 협상에 의해서도 문제해결의 가능성이 존재하는 경우이다. 중요이익은 국가가 위험 방지책을 세우지 않으면 심각한 손해를 입게 되는 경우를 말한다. 이를 지키기 위해 무력을 사용하는 것은 지나친 대응책으로 간주된다. 주변이익은 국가의 작은 손해 또는 이득이 달린 사안으로 이에 대한 조치를 취하는 데에도 시간적 여유가 있는 경우이다. 주로 문화적·도덕적 선호와 관련된 것이다.

이상에서 국가이익의 정의와 우선순위에 따른 분류를 알아보았지만, 국가이익은 고정된 상태로 있는 것이 아니라 변화하는 특징을 가지고 있다. 국가가 외교정책을 수립하고 시행하는 시점의 정치적 상황에 따라 국가이익이 달라지는 것이다. 2001년 미국이 9·11 테러를 경험한 직후 미국의 국가이익 가운데 가장 우선적인 순위는 국가안보였다. 테러 발생을 막고 장기적으로 테러를 예방하는 것이 무엇보다 중요한 이익이 되었다. 하지만 2008년 금융위기 직후에는 미국 국가이익의 우선순위가 경제회복이 되었다. 한국의 경우도 남북한의 대치가 계속되는 상황에서는 국가안보 확보가 선순위의 국가이익이라고 할 수 있다. 하지만 통일이 완성되고 동북아 국제환경이 안정의 단계에 이르게 되면 경제성장이 더 높은 우선순위를 차지할 수 있을 것이다. 어쨌든 국가는 이러한 변화하는 환경 속에서 국가이익의 개념과 우선순위를 정립해 가면서 각국에 가장 우선적인 국가이익부터 실현해 나가기 위해 노력한다.

5. 국제정치는 우리 일상과 관계있는가?

한국의 주요 텔레비전 방송사의 뉴스는 보통 아침 6시에 시작된다. 이틀이 멀다 하고 이 아침뉴스의 헤드라인을 장식하는 것이 뉴욕 증시이다. 오르면 오르는 대로 내리면 내리는 대로 뉴스가 된다. 왜일까? 뉴욕 증시가 바로 한국의 증시에 영향을 주기 때문이다. 증권사 직원만이 아니라 주식투자를 하는 시민들도 뉴욕 증시가 관심사이다. 한국 증시가 뉴욕 증시와 직접 연동되는 현상은 세계가 국가의 경계를 넘어 직접적으로 연결되어 있음을 단적으로 보여준다.

세계가 이렇게 연결되어 있는 모습은 다양한 형태로 확인된다. 커다란 사안으로는 2008년 미국의 금융위기와 그것의 세계적인 영향을 들 수 있다. 미국의 서브프라임 모기지 회사들의 부도로 시작된 이 위기는 미국의 금융뿐만 아니라 실물경제에 심대한 타격을 가했다. 미국 금융의 위기는 여기에 투자한 세계 각국의 위기로, 미국 실물경제의 침체와 소득수준 저하는 미국에 수출하는 세계의 많은 나라들의 침체로 이어졌다. 이보다 작은 사례들은 매일 수시로 관찰된다. 볼리비아의 구리광산에서 파업이 발생하면 한국의 구리 값이 올라가고, 미국이 베네수엘라의 석유 수출에 대한 제재를 강화하면 세계의 유가가 바로 급등한다. 이렇듯 세계는 이제 서로 떼려야 뗄 수 없는 긴밀한 상호연결interlocking, 상호의존interdependence 의 관계에 있다.

한국이 한국만으로 존재할 수 없고 우리의 일상이 늘 세계와의 연결 속에서 진행되기 때문에, 우리는 항상 세계를 알기 위해 애를 쓰고 세계에 대한 정보를 수집하는 데 많은 비용을 들인다. 외교부가 존재하고, 산업통상자원부의 통상 조직이 있고, 국가정보원이 해외 파트를 두고 있는 이유가 여기에 있다. 기업들 역시 수많은 해외지사를 세워 국제정세를 파악하는 이유가 여기에 있는 것이다. 심지어는 중소기업들도 해외시장을 공략하지 않으면 생존하기 어렵기 때문에 이런 대열에 참여하지 않을 수 없다. 개인적인 차원으로 본다면 한국 사람이 영어를 배우는 데 정열을 바치고, 미국 사람도 중국어나 스페인어를 하지 않으면 중요한 위치에 올라가기 어려운 것도 같은 이유에서이다.

우리가 세계정세에 영향을 받는 측면을 영역별로 본다면, 우선 정치·안보적인 측면이 있다. 미국에서 테러가 일어나면 미국 여행이 어려울 것은 뻔한 일이다. 그뿐만 아니라 이란이 핵개발을 본격화하면 한반도는 긴장이 고조된다. 이란에 대한 제재가 강화되고 그러면서 북한의 핵과 미사일 개발 움직임에 대한 제재도 함께 강화된다. 그에 대한 반발로 북한은 국제사회와 한국에 대한 위협을 강화한다. 그렇게 되면 한반도의 위기지수가 올라가는 것이다.

다음이 경제적인 측면이다. 우리가 피부로 가장 많이 느끼는 부분이기도 하다. 2007년 미국에서 화제가 된 책이 있었다. 『메이드 인 차이나 없이 살아보기A Year Without "Made in China"』였다. 세라 본지오르니Sara Bongiorni라는 미국의 여성 저널리스트가 1년 동안 중국산을 사지 않고 사는 실험을 해보고 이를 기록한 책이다. 그녀의 1년은 고통의 연속이었다. 운동화도 중국산을 피하다 보니 5배를 더 내고 사야 했고, 진공청소기도 다른 나라 제품을 사봤지만 필터가 온통 중국산이어서 무용지물이 되어버렸다. 그녀의 결론은 중국산 없이 정상적인 생활을 할 수 없다는 것이었다. 이런 사정은 한국이나 일본도 비슷하다. 그런데 세계의 공장 중국에 대규모 지진이나 태풍이 닥쳐 공장 밀집 지대에 큰 피해가 났다고 가정해 보자. 이는 그야말로 세계적으로 재앙과 같은 일이 일어날 것이다. 세계경제의 흐름은 이렇게 우리에게 곧바로 영향을 주는 식으로 짜여 있다.

다음으로 문화적인 측면이 있다. 문화선진국의 문화상품은 정보기술의 발달로 빠른 시간에 세계로 확산될 수 있다. 이러한 환경을 이용해 미국의 대중문화는 세계를 시장으로 확산되어 왔다. 그에 따라 미국의 문화는 러시아의 사할린에서도, 아프리카 말리에서도 대중의 삶 깊숙한 곳까지 들어가 있다. 지금 이 시간에도 할리우드 영화는 지구 구석구석에서 관람되고 있고, 미국의 케이블채널 CNN은 24시간 미국 중심의 소식을 지구촌 전체에 전하고 있다. 한국의 한류도 중국과 동남아를 비롯한 많은 나라에서 관심의 대상이 되고 있다. 이러한 문화의 흐름 속에 노출되어 있는 세계인은 자연스럽게 외국의 문화에 영향을 받는다. 한국의 젊은이가 미국의 레이디 가가의 음악을 들으면서 맥도널드에서 햄버거를 즐기는 것도 미국 문화의 영향이다. 영국의 청년이 BTS의 노래를 듣고 미국의 주부가 봉준호 감독의 영화 〈기생충〉을 보는 것도 문화의 세계적 흐름과 영향 때문이다.

이와 같이 세계는 서로 영향을 주고받는 관계로 얽혀 있다. 그래서 우리는 다른 나라의 정치와 경제, 문화, 언어를 적극적으로 배우고, 세계정세의 흐름을 실시간으로 파악하기 위해 노력하고 있는 것이다.

제2장

국제정치이론

1. 국제정치이론의 흐름

국제정치이론은 국제정치를 보는 이론적이며 체계적인 시각이다. 국제정치라는 것이 기본적으로 무엇으로 움직이는 것이고, 그 속에서 협력과 평화는 가능한 것인지, 아니면 갈등과 전쟁이 계속되는 것인지, 그런 것들을 줄일 수 있는 방안은 무엇인지 등에 대한 생각을 정합성 있는 논리와 체계로 설명해 놓은 것이 국제정치이론이다.

국제정치에 대한 연구가 20세기 초부터 이루어진 만큼 국제정치이론도 이 시기부터 형성되기 시작해 지금까지 발전해 오고 있다. 제1차 세계대전이 종료될 무렵에는 이상주의idealism가 세계정치에 대한 논의를 주도했다. 국제법과 국제기구의 발전으로 전쟁이 예방되고 세계평화도 이루어질 수 있다는 이론이다. 그래서 국제연맹이 만들어졌다. 제2차 세계대전의 발발은 이러한 믿음을 크게 흔들어놓았다. 국제연맹과 국제조약들(국제법)에도 불구하고 세계대전이 일어났기 때문이다. 이러한 배경에서 나온 것이 현실주의realism이다. 국제정치에서 모든 국가들은 힘을 추구하고, 그렇기 때문에 갈등하고 쟁투하고 전쟁도 일어난다는 것이다. 인간은 본능적으로 힘을 추구하고, 인간들의 집합인 국가도 그렇다는 것이 현실주의의 생각이다.

현실주의는 아주 강력한 이론이었지만 그렇다고 그에 대한 반론이 없을 수는 없었다. 1950년대 후반에 이르면 자유주의liberalism가 힘을 얻게 된다. 자유주의는 수많은 행위자들이 나름의 목표와 목적을 갖고 움직이는 것이 국제체제이지만 그런 가운데서도 국가 간의 협력이 얼마든지 가능하다는 생각이다. 이러한 자유주의 이론 중에서도 1950년대 후반에 나온 것이 기능주의 functionalism 이다. 국가와 국가 사이에 경제와 문화 등 기능적인 부문에서 협력이 계속되면 이 협력이 정치와 군사 부문으로 전이되어 국가 간 협력뿐만 아니라 통합도 가능하다는 주장이다.

1970년대 중반에는 마르크스주의 marxism 가 등장했다. 전통적 마르크시즘에 기반을 둔 국제정치이론이다. 이 이론은 세계가 자본주의라는 하나의 체제로 이루어져 있는데, 그 구조 속에서 선진국은 후진국을 착취하고, 세계정치는 이러한 기본적인 구조 하에서 진행된다고 분석한다. 1970년대 말에 나오는 것은 상호의존론 interdependence theory 이다. 국가 간의 경제거래가 활성화되면 서로 의존의 관계가 깊어지고 그러다 보면 서로 공격할 수 없는 상태가 된다는 논리이다.

기능주의와 상호의존론 같은 자유주의의 흐름에 반기를 든 것이 1970년대 끝 무렵에 등장하는 신현실주의 neorealism 이다. 인간이 본능적으로 힘을 추구하기 때문에 국제정치가 갈등적인 것이 아니라 국제정치의 성격 자체가 무정부상태이기 때문에 국가들이 각자 스스로의 생존을 추구하고, 그러다 보니 세계가 항상 긴장과 갈등으로 점철되어 있다는 주장이다. 1980년대가 되어서는 여기에 반론을 제기하면서 신자유주의적 제도주의 neoliberal institutionalism 가 나온다. 세계가 무정부상태인 것은 인정하지만 그렇다고 해서 협력이 그렇게 힘든 것은 아니고 국가들이 지킬 수 있는 원칙이나 규칙, 즉 제도 institution 를 만들어나가면 협력은 얼마든지 가능하다는 이론이다. 이 역시 자유주의의 한 분파이다.

1980년대 들어서면 기존의 신현실주의와 신자유주의적 제도주의 같은 실증주의적 시각에 대한 비판으로 탈실증주의 post-positivism 이론이 나온다. 비판이론과 탈근대론, 역사사회학 등이 그것이다. 세계를 분석할 때 관찰을 통해 검증 가능한 것에만 주목하는 태도를 버리고, 역사적·철학적 담론을 통한 해석으로 세계 전체를 종합적으로 이해해야 한다는 생각이다.

1980년대 말에 이르러서는 민주평화론 democratic peace theory 이 등장해 한동안 주목을 끌었다. 민주국가 사이에는 전쟁을 하기 어렵다는 것이다. 그러니 결국 세계 국가들이 민주체제를 갖추어가게 되면 전쟁보다는 협력의 세계가 도래한다는 생각이다. 1990년대의 특징은 구성주의 constructivism 의 등장이다. 구성주의는 국제정치에서 중요한 것은 관념idea이라는 것이다. 국가들이 상호작용하면서 상대에 대해서 어떤 생각을 갖느냐 하는 것이 국제정치의 성격을 결정한다는 것이다.

이러한 역사적 과정을 통해서 발전을 거듭해 온 국제정치이론들은 지금도 역동적인 진화의 과정을 거듭하면서 세계에 대한 설명 도구로 기능하고 있다. 현실주의, 자유주의, 구조주의, 구성주의는 하나가 없어지고 다른 것이 나오는 성격이 아니기 때문에 이들 주요 이론은 지금도 나름의 설명력을 가지면서 서로 맞서 있는 것이다. 이상에서 시대적 흐름에 따라 이론의 흐름을 설명했는데, 이제 주요 이론을 중심으로 그 틀 속에 들어가는 분파들은 어떤 것들이 있는지, 이들의 구체적인 내용은 무엇인지 등을 자세히 알아보자.

2. 현실주의

현실주의는 여전히 국제정치를 설명하는 강력한 이론으로 상당한 영향력을 발휘하고 있다. 로버트 커헤인Robert Keohane의 설명에 의하면, 현실주의는 기본적으로 세 가지 주장을 가지고 있다. 커헤인 자신은 자유주의 학자이지만 현실주의를 다음 세 가지 주장을 가진 이론으로 설명한다. 첫째, 국가가 행위의 가장 중요한 단위이다. 둘째, 국가는 힘을 추구한다. 셋째, 국가는 이성적으로 행동한다.[1] 이 세 가지 주장을 포함하고 있으면 현실주의인 것이다. 현실주의의 핵심 요소를 명료하게 정리해 놓은 것이라고 할 수 있는데, 이 세 가지는 현실주의의 몇 가지 분파들이 모두 공유하고 있는 주장이다. 이 세 가지 주장을 가진 것이 현실주의이지만 그 분파는 몇 가지로 나뉜다. 제2차 세계대전을 계기로 나오는 것이 고전적 현실주의classical realism, 이에 대한 보완 이론으로 1970년대 등장하는 것이 신현실주의neorealism이며, 초기 신현실주의를 다시 비판·보완하는 이론이 공격적 현실주의offensive realism이다. 공격적 현실주의와 대비해 초기 신현실주의를 방어적 현실주의defensive realism라고 부른다. 월츠의 초기 신현실주의를

---

1   Robert O. Keohane, "Realism, Neorealism and the Study of World Politics," in Robert O. Keohane (ed.), *Neorealism and Its Critics* (New York: Columbia University Press, 1986), p.7.

또 다른 시각에서 비판하면서 등장하는 것이 신고전적 현실주의neoclassical realism이다. 공격적 현실주의, 신고전적 현실주의 모두 고전적 현실주의와는 구분된다는 점에서 큰 틀의 신현실주의 범주에 포함되는 것이라고 할 수 있다.

1) 고전적 현실주의

제2차 세계대전을 전후해서 나타나는 초기 현실주의를 고전적 현실주의라고 한다. 고전적 현실주의의 시조始祖는 펠로폰네소스전쟁의 원인을 안보딜레마로 파악한 투키디데스Thucydides나 국가를 지키기 위해서 군주는 일반인보다 낮은 도덕적 기준을 가질 수 있다고 강조한 니콜로 마키아벨리Niccolo Machiavelli, 세상을 만인의 만인에 대한 투쟁으로 관찰한 토머스 홉스Thomas Hobbes 등이다. 제1차 세계대전 직후 근대 국제정치학 확립에 기여한 에드워드 카Edward H. Carr와 제2차 세계대전 이후의 한스 모겐소Hans Morgenthau를 중심으로 고전적 현실주의는 발전했다. 카는 "국제질서에서 힘의 역할은 크고, 도덕의 할 일은 적다"라는 주장을 그의 저서 『20년의 위기: 1919~1939The Twenty Years' Crisis: 1919-1939』에서 명시적으로 제기하면서 고전적 현실주의의 체계적 정립을 위한 단초를 제공했다.[2]

카의 영향을 받아 현실주의를 더욱 과학적이고 체계적으로 집성한 학자가 모겐소이다. 그의 주장은 "인간은 끝없이 권력을 추구한다"라는 그의 인간탐구의 결론에 근거하고 있다.[3] 모겐소는 이러한 기본적인 인식을 바탕으로 과학적인 국제정치학을 정립하려 했다. 인간은 권력에의 의지will to power와 지배욕구animus dominandi를 본성적으로 지녔고, 그러한 인간들로 이루어진 국가도 당연히 권력을 추구하게 되어 있다는 것이 모겐소 주장의 핵심이다. 그래서 그의 현실주의를 인간본성 현실주의라고도 한다.

분석 수준으로 보면 모겐소의 이론은 국가 수준의 분석이다. 국제정치의 여러 현상

---

2   Edward H. Carr, *The Twenty Years' Crisis, 1919-1939*(London: Macmillan, 1946), p.168.

3   Hans Morgenthau, *Scientific Man and Power Politics*(Chicago: University of Chicago Press, 1946), p.194.

들에 대한 원인을 찾기 위한 분석 수준 level of analysis 에는 개인 수준individual level, 국가 수준 domestic level, 국제체제 수준systemic level, 범지구 수준global level 등 네 가지가 있다. 개인 수준은 국가행위의 원인을 개인에서 찾는 것이다. 인간의 본성, 대통령의 특성을 통해 국가를 분석하는 것이다. 국가 수준은 국가행위의 원인을 국내적 속성을 중심으로 설명하는 것이다. 민주정치 또는 전제정치 등의 국내 정치체제의 성격, 국내 압력단체의 기능 등을 통해 국가행동을 관찰하는 것이다. 국제체제 수준은 강대국의 권력관계나 동맹체제 등 국제체제의 특성으로 국가행동을 설명하려는 것이다. 범지구 수준은 세계화나 세계적 평화운동, 인권존중 등 지구 차원의 사조나 가치를 중심으로 국가행위를 분석하는 것이다. 고전적 현실주의는 힘을 추구하는 국가의 본성을 국제정치 현상의 원인으로 파악하기 때문에 국가 수준의 분석이 된다.

모겐소의 인간과 국가행동에 대한 천착의 결론은 국가는 항상 권력으로 표현된 국가이익을 추구하고, 그런 국가들로 구성된 세계는 권력투쟁의 장이 된다는 것이다.[4] 그렇다면 국가는 어느 정도의 권력을 추구하는가? 모겐소 논리의 귀결은 국가는 무한대의 권력을 추구한다는 것이다. 국가는 본성적으로 권력을 좇게 되어 있기 때문에 그 국가가 없어지지 않는 한 끝없이 권력을 추구하는 것이다. 요컨대 국가가 권력을 추구하는 원인은 국가본성이고, 추구하는 권력의 양은 무한대가 되는 것이다.

이처럼 국가가 무한대의 권력을 추구한다는 고전적 현실주의자들은 외교정책의 목표도 국가이익의 입장에서 결정되어야 하고 적절한 힘으로 뒷받침되어야 한다고 생각한다.[5] 모겐소는 이런 차원에서 외교가 실제로 수행해야 하는 과제를 네 가지로 분석했다. 첫째, 이용 가능한 힘을 고려해 외교의 목표를 설정해야 한다. 둘째, 다른 나라의 목표와 그것을 위해 이용 가능한 힘을 평가해야 한다. 셋째, 자국과 타국의 이러한 목표들이 서로 얼마나 양립할 수 있는 것인지 판단해야 한다. 넷째, 목표를 추구하기 위한 적절한 수단을 찾아야 한다.[6] 한마디로 상대국의 외교 목표와 이를 추진하기 위한 힘을 정확히 평가하고, 그에 대응해 충분한 힘을 갖춘 가운데 자국의 외교 목표

---

4   Morgenthau, *Politics among Nations: The Struggle for Power and Peace*, p.29.
5   같은 책, 561쪽.
6   같은 책, 539쪽.

를 설정하고 추진해야 한다는 것이다.

고전적 현실주의는 국가의 무한대 권력 추구, 국가이익 추구를 위한 외교를 가정하기 때문에 국가 간의 협력 가능성도 낮게 본다. 국제관계는 경쟁과 갈등, 쟁투가 상존하는 전쟁의 상태 state of war 에 있게 되고, 그런 상태에서는 협력이 불가능하지는 않지만 이루어지기 어려운 것이 된다. 협력이 발생하더라도 일시적일 뿐이고, 그것이 지속되기는 난망하다는 것이다.

국제정치의 행위자와 관련해서 현실주의는 국가가 가장 중요한 기능을 한다고 주장한다. 국제기구나 국제비정부기구들이 일정한 역할을 하고 있지만 역시 가장 중요한 역할을 하는 행위자는 국가이고 그 외의 행위자들은 부차적인 지위를 가지고 있을 뿐이라는 것이다. 국제기구의 성격과 관련해서도 국가 간의 협력과 각국 이해가 조화를 이루는 공간이라기보다는 강대국의 힘이 작용하는 구체적인 장으로서의 기능을 강조한다. 국제기구라는 것도 강대국들이 자국의 이익을 실현하기 위해서 설립한 것이라는 주장이다.

현실주의는 전쟁의 상태와 같은 국제정치에서도 안정과 평화가 가능한데, 이는 세력균형 balance of power 을 통해서 이루어질 수 있다고 주장한다. 세력균형은 한 국가의 힘이 다른 국가의 힘에 의해 상쇄되는 경우를 말한다. 다시 말해 몇 개의 강대국 사이에 힘의 분포 상태가 대등해 어느 쪽도 힘을 섣불리 사용하지 못하는 상태이다. 힘을 제한할 수 있는 것은 오직 힘밖에 없고, 힘이 힘을 제한하는 상태만이 국제적 안정을 가져올 수 있다는 권력 중심의 사고가 세력균형론에 깊숙이 자리하고 있다. 두 개 또는 세 개의 국가들이 세력균형을 이루는 경우가 많지만 그 이상의 국가들이 균형을 형성하기도 한다. 국가들 사이의 동맹이 균형을 만드는 경우도 있다.

2) 신현실주의

제2차 세계대전 이후 국제정치를 설명하는 패러다임으로 크게 힘을 얻었던 현실주의는 1950년대 후반부터 자유주의의 공격을 받게 되었고, 이후 1970년대 말에 나타나는 것이 신현실주의이다. 고전적 현실주의를 수정해서 등장한 것인데, 대표적 학자는 케네스 월츠 Kenneth Waltz 이다. 월츠의 이론을 중심으로 신현실주의의 주장들을 정리해

보면 다음과 같다.[7]

국제정치의 가장 큰 특징은 두 가지이다. 첫째는 국제정치가 기본적으로 무정부상태로 되어 있다는 것이다. 둘째는 국제체제의 성격과 특성은 국제체제의 구조에 의해 결정된다는 것이다. 무정부상태는 국가들의 상위에 존재하는 권위체authority가 없는 상태이며, 이 때문에 국가들이 스스로를 돕는 행위, 즉 자조self-help 행위를 스스로 해야 한다. 중앙권위체 부재 상태에서 국가는 타국의 의도를 알 수 없고, 보호를 해주는 누군가를 기대할 수 없기 때문에 자신을 보호하는 방안을 자기 능력으로 찾아야 한다는 것이다. 국제체제의 구조가 국제체제의 성격을 결정한다는 주장은 모겐소의 인간본성 현실주의에 대한 비판적 대안이다. 모겐소는 인간본성이 힘을 추구하는 것이기 때문에 국가도 힘을 추구하게 되어 있다고 보았는데, 이는 잘못된 것이라는 게 신현실주의의 입장이다. 커헤인도 지적했지만, 모겐소는 인간의 본성으로 너무 많은 것을 설명하려다가 실제로는 설명하는 것이 없는 우를 범했다고 신현실주의는 지적하고 있다.[8]

국제체제의 구조가 국제정치의 성격을 결정한다고 했기 때문에 월츠의 신현실주의를 구조적 현실주의structural realism라고도 한다. 그렇다면 국제체제는 무엇이고 구조는 무엇인가? 체제system는 행위의 규범과 정체성을 갖고 상호 교류하는 단위들의 집합을 말한다. 체제의 구조structure는 체제를 구성하는 부분들, 즉 국가들의 배열 상태 또는 질서를 말한다. 구조를 결정하는 요소는 세 가지이다. 질서의 원칙ordering principle과 구성분자들의 기능의 분화specification of functions, 그리고 능력의 분배distribution of capabilities가 그것이다. 그런데 국제관계는 기본적으로 무정부상태라는 특성이 있기 때문에, 질서의 원칙은 항상 무정부성으로 정해져 있다. 때로는 무정부상태, 때로는 위계질서로 변화하는 것이 아니라는 말이다. 또 국제정치에서 국가들은 기능에 따라 분화할 수 없다. 미국은 전쟁을 막는 일을 하고, 중국은 생산만을 담당하는 식으로 기능적 분업이 안 되는 것이다. 국제정치는 기능의 미분화를 특징으로 하고 있다. 그래서 기능의 분화

---

7 신현실주의에 대한 내용은 Waltz, *Theory of International Politics*, pp.79~101(Chapter 5. Political Structures)을 주로 참조한 것이다.

8 Keohane, "Realism, Neorealism and the Study of World Politics," p.13.

라는 원칙도 국제정치 구조를 정하는 데는 영향을 주지 못한다. 능력의 분배는 힘이 하나의 국가에 기울어 있는지, 아니면 2개 또는 3개의 국가에 분산되어 있는지를 의미하는 것이다. 분산 정도에 따라 단극, 양극, 3극 체제가 되는 것이다. 이는 국제정치에서 얼마든지 일어날 수 있는 것이다. 결국 구조를 결정할 수 있는 요소 가운데 힘의 분배만이 국제체제의 구조를 정하는 데 영향을 준다. 다시 말해 국제체제의 구조는 힘의 분배에 의해서 결정되는 것이다.

이러한 신현실주의의 특성은 고전적 현실주의와는 많은 차이를 나타낸다. 첫째, 힘을 추구하는 기제가 다르다. 고전적 현실주의에서는 국가의 목적이 힘의 추구였다. 국가의 본성이 힘의 추구이니 힘의 추구 그 자체가 국가의 목적이 되었다. 하지만 신현실주의에서 국가의 목적은 무정부상태하에서 생존survival을 영위하는 것이다. 즉, 안보security가 목적이다. 고전 현실주의가 국가의 권력 추구 동인을 인간의 본능에서 찾은 반면에, 신현실주의는 무정부상태에서 나오는 안보 불안이 국가가 권력을 추구하는 동인이 된다고 보았다. 고전 현실주의에서 그 자체가 목적이었던 힘은 신현실주의에서는 생존을 위한 하나의 수단으로 위치가 내려온다.

둘째, 추구하는 힘의 양이 다르다. 고전 현실주의에서 국가가 추구하는 힘의 양은 무한대였다. 본성적으로 권력을 추구하는 만큼 그 한계가 없다. 하지만 신현실주의에서는 국가는 '적절한 양의 권력appropriate amount of power'을 추구한다.[9] 안보를 확보하는 데 필요한 양만을 추구하는 것이다. 이런 이유 때문에 월츠의 신현실주의를 방어적 현실주의defensive realism라고 한다. 지나친 권력을 추구하면 상대 국가들의 동맹을 유발하게 되고, 그렇게 되면 오히려 자국의 안보를 해치게 된다는 인식이다. 따라서 국가는 일정한 양의 힘만을 추구하면서 세력균형의 유지에 힘을 쓰는 것이다. 국가는 적절한 양의 권력을 가지려 한다는 월츠의 방어적 현실주의 입장에 동조하는 학자로는 로버트 저비스Robert Jervis와 배리 포젠Barry Posen, 조지프 그리코Joseph Grieco, 잭 스나이더Jack Snyder, 찰스 글레이저Charles Glaser, 스티븐 밴 에버라Stephen Van Evera 등이 있다.

---

9 Kenneth N. Waltz, "The Origins of War in Neorealist Theory," *The Journal of Interdisciplinary History*, Vol. 18, No. 4(1988), p. 616.

3) 공격적 현실주의

월츠의 방어적 현실주의에 대해 반박하고 나선 학자가 존 미어샤이머[John Mearsheimer]이다. 2001년 발간한 그의 유명한 저서 『강대국 국제정치의 비극[The Tragedy of Great Power Politics]』을 통해서이다. 미어샤이머의 방어적 현실주의에 대한 불만의 핵심은 국가가 '적절한 양의 힘'을 추구하는 것이 가능하지 않다는 것이다. 그 대신 그는 국가는 상대적 권력의 최대화[maximization of relative power]를 추진한다고 주장한다. 즉, 국가는 자신보다 강한 나라가 없는 상태까지 계속 힘을 증강한다는 것이다. 그래서 그의 이론을 공격적 현실주의[offensive realism]라고 한다.

미어샤이머는 우선 국제체제는 기본적으로 다음의 다섯 가지 속성을 가지고 있다고 분석한다. 첫째, 국제체제는 무정부상태이다. 둘째, 국가는 어느 정도의 공격적 군사력을 가지고 있다. 셋째, 국가는 상대 국가의 의도를 정확히 알 수 없다. 넷째, 국가의 가장 중요한 목표는 생존이다. 다섯째, 국가는 합리적 행위자이다.[10]

왜 국가가 권력을 추구하느냐, 즉 권력 추구의 동인이 무엇이냐 하는 질문에 국가의 본성이 아니라 생존이라고 답변하고(국가의 가장 중요한 목표는 생존이다) 있기 때문에 미어샤이머도 신현실주의자임은 분명하다. 하지만 국가가 어느 정도의 힘을 추구하느냐라는 질문에는 월츠와 다르게 답한다. 즉, 국가가 힘을 추구하는 목적은 안보를 확보하는 것이지만, 위의 다섯 가지 국제체제의 속성이 함께 작용하기 때문에 국가는 무한의 두려움을 가지게 되고 자연스럽게 공격적 성향을 가지게 되며 힘의 상대적 최대화를 추구하게 된다는 것이다.[11]

다시 말해 국가는 어떠한 나라보다도 강한 국력을 보유하려 한다는 것이다. 현실

---

10 Mearsheimer, *The Tragedy of Great Power Politics*, pp.30~31; John Mearsheimer, "The False Promise of International Institutions," *International Security*, Vol.19, No.3(1994/1995), p.10.

11 John Mearsheimer, "Conversation in International Relations: Interview with John J. Mearsheimer (Part II)," *International Relations*, Vol.20, No.2(2006), p.231; John Mearsheimer, "Back to the Future: Instability in Europe After the Cold War," *International Security*, Vol.15, No.1(1990), p.12; Mearsheimer, *The Tragedy of Great Power Politics*, p.36; Mearsheimer, "The False Promise of International Institutions," pp.11~12.

세계에서 실제로 이를 실현하기 위해 국가들은 지역적 패권국^{regional hegemon}을 추구한 다는 것이 미어샤이머의 설명이다. 세계적 패권국^{global hegemon}이 가장 이상적이겠지만, 이것은 해양의 저지력^{stopping power of water} 때문에 불가능하고, 그 대신 아시아 대륙이나 아메리카 대륙 등 지역 내에서 패권국이 되기 위해 노력한다는 것이다.[12] 나아가 국가 는 어떤 나라가 다른 지역에서 패권국으로 등장하는 것도 저지하려는 역외균형 ^{offshore balancing}을 추진한다고 미어샤이머는 주장한다.[13] 아메리카 대륙에서 패권을 행사하고 있는 미국은 중국이 아시아의 패권국으로 등장하는 것을 막으려 한다는 말인데, 미주 의 패권국으로 세계에 영향력을 행사하는 데 방해가 되기 때문이라는 것이다.

이러한 주장을 담고 있는 공격적 현실주의는 따라서 갈등과 경쟁, 전쟁의 가능성과 관련해서 방어적 현실주의보다 더 많은 가능성을 예상하고 있다. 무정부의 경쟁적 성 격에 대한 고전적 현실주의의 주장을 강화하는 입장이 되는 것이다. 미어샤이머의 공 격적 현실주의에 동조하고 있는 학자로는 로버트 길핀^{Robert Gilpin}, 에릭 랩스^{Eric Labs} 등이 있다.

공격적 현실주의의 상대적 권력 최대화 주장은 고전적 현실주의의 주장과 유사한 측면이 있지만 다르다. 양자가 모두 국가의 권력 최대화를 주장하지만, 전자는 어느 상대국보다 권력이 강한 상태까지 권력을 추구한다는 것이고, 후자는 국가가 본성적 으로 권력을 추구하기 때문에 그 끝을 알 수 없다는 것이다. 또 권력 추구의 동기와 관 련해서는 전자가 안보 불안을, 후자는 국가의 권력욕구 본능을 들고 있다.

4) 신고전적 현실주의

초기 신현실주의에 대해 또 다른 시각에서 비판하면서 1990년대 등장한 이론이 신 고전 현실주의이다. 랜들 스웰러^{Randall Schweller}를 중심으로 한 신고전적 현실주의자들

---

12 Mearsheimer, *The Tragedy of Great Power Politics*, p.41; John Mearsheimer, "Conversation in International Relations: Interview with John J. Mearsheimer (Part I)," *International Relations*, Vol.20, No.1(2006), p.110.

13 Mearsheimer, *The Tragedy of Great Power Politics*, p.41.

은 국제정치가 무정부상태로 되어 있고, 국제체제의 특성이 국제체제의 구조에 의해 결정된다는 월츠의 주장에는 동의한다. 하지만 특정 국가의 외교정책이나 구체적 사건에 대해서는 제대로 설명을 하지 못한다는 문제의식을 가지고 있다.[14] 특정 국가의 행위는 무정부상태나 국제체제의 구조에 의해 우선적으로 좌우되지만, 국내 정치적 요소, 즉 국가의 선호preference, 국가구조state structure, 정책결정자의 인식perception 등에 의해서도 많은 영향을 받는다는 것이다. 각국이 외교정책을 결정할 때 국제체제의 구조가 중요한 영향을 미치지만, 매개변수로서 그 구조를 해석하는 정책결정자의 인식도 그에 못지않게 중요하다는 말이다.[15] 제2차 세계대전 발발 당시 국제체제의 구조, 즉 힘의 배분 상태는 독일이 초강대국이거나 독일 중심의 단극체제는 아니었다. 하지만 아돌프 히틀러Adolf Hitler는 공격 행위를 서슴지 않았다. 이는 국제체제의 구조보다는 히틀러의 선호(공격적 대외정책 선호)가 독일의 국가행위를 결정하는 데 더 영향을 미쳤기 때문이라고 신고전적 현실주의자들은 분석하고 있다.

월츠의 신현실주의가 국가의 기본적인 목표를 생존으로 파악한 것과는 달리 신고전적 현실주의는 생존, 팽창, 정복, 침략 등 각국이 나름대로 상정한 자국의 이익이 개별 국가의 목표가 된다고 주장한다. 권력을 추구하는 동인은 이러한 국가의 이익(목표)을 실현하는 것이 되고, 추구하는 권력의 양은 이 이익(목표)들이 무엇이냐에 따라 달라진다. 생존이 목표인 국가는 생존에 필요한 정도만, 정복이 목표인 국가는 정복에 필요한 정도의 힘을 추구하는 것이다. 이처럼 국가 차원을 중시하면서 각국의 특성이 국가행위를 결정하는 데 중요한 역할을 하는 것으로 본다는 점에서는 신고전적 현실주의는 고전적 현실주의의 요소를 가지고 있다. 그러면서도 무정부상태와 국제체제의 구조를 중시한다는 점에서 신현실주의의 요소도 보유하고 있다. 이렇게 양측의 요소를 모두 가지고 있어서 신고전적 현실주의라는 이름이 붙었다.

스웰러 외에도 퍼리드 자카리아Fareed Zakaria, 윌리엄 월포스William Wohlforth, 토머스 크리

---

14 Randall L. Schweller, "The Progressiveness of Neoclassical Realism," in Colin Elman and Miriam Fendius Elman (eds.), *Progress in International Relations Theory*(Cambridge, Massachusetts: MIT Press, 2003), p.317.

15 Gideon Rose, "Neoclassical Realism and Theories of Foreign Policy," *World Politics*, Vol.51(1998), p.152.

〈표 2-1〉 현실주의 이론의 주요 주장

	국제체제의 특성 결정자	국가의 목표	권력 추구의 동인	추구하는 권력의 양
고전적 현실주의	국가	권력 추구	권력 추구 본능	무한대
방어적 현실주의	국제체제의 구조	생존	안보 불안	생존에 필요한 적절한 양
공격적 현실주의	국제체제의 구조	생존	안보 불안	상대적 권력의 최대화
신고전적 현실주의	국제체제의 구조	국가이익 (생존, 팽창, 정복, 침략 등)	국가이익 실현	각국의 목표에 따라 상이

스텐슨Thomas Christensen, 애런 프리드버그Aaron Friedberg 등이 신고전적 현실주의 학파에 속한다. 네 가지 현실주의의 주장을 일목요연하게 표로 정리하면 〈표 2-1〉과 같다.

3. 자유주의

자유주의는 기본적인 세계관과 이에 기반을 둔 주요 주장이 현실주의와는 매우 다르다. 자유주의의 핵심 주장들을 정리해 보면 다음과 같다.[16] 첫째, 국제협력과 국제평화가 얼마든지 가능하다. 현실주의가 세계는 본성적으로 갈등적·쟁투적인 특성을 가지고 있는 것으로 파악하고 있는 것과 대비된다. 현실주의의 이러한 인식은 국가의 힘 추구를 갈등의 원인으로 파악하기 때문이다. 하지만 자유주의는 국제적 갈등의 원인을 인간 세상이 처하고 있는 조건으로 돌린다. 먹을 것, 입을 것, 돈 등 인간에게 필요한 것들이 모자라기 때문에 갈등이 생긴다는 말이다. 따라서 이러한 조건들을 해결해 주면, 단기적으로 또는 장기적으로 국제평화는 달성될 수 있다는 것이다. 둘째, 국

---

16 자유주의의 주요 주장은 다음의 자료들을 참고해 정리한 것이다. Charles W. Kegley, Jr. and Shannon L. Blanton, *World Politics: Trend and Transformation*, 12th edition(Boston, MA: Wadsworth, 2010), pp.32~34; Robert Jackson and Georg Sørensen, *Introduction to International Relations*(Oxford: Oxford University Press, 1999), pp.107~110.

가는 가장 중요한 행위자가 아니다. 현실주의의 국가중심성을 부인하는 것이다. 국가 이외에도 국제기구와 국제비정부기구, 다국적기업, 개인 등 다양한 형태의 초국가적 행위자transnational actor들이 존재하는데, 이들의 역할이 현대 국제관계에서는 국가 못지 않게 중요하다는 것이다.

셋째, 국가가 항상 힘을 추구하지는 않는다. 현대의 국가는 힘과 안보 못지않게 국민의 복지 향상에 관심을 기울이고 있다. 그래서 국가는 복지 증진에 필요한 경제적인 능력과 균등한 부의 분배, 국민의 문화 향유 여건의 향상 등 다양한 부분에 관심과 노력을 기울이게 된다는 것이다. 넷째, 국가는 합리적 행위자가 아니다. 현실주의는 국가가 스스로 이익과 손해를 계산해서 손해를 피하고 이익의 방향으로 행동하는 합리성을 갖춘 존재로 인식하지만, 자유주의는 그렇지 않다. 국가 안에는 다양한 관료 세력, 이익단체, 시민단체, 연구단체, 개인 등 많은 행위자들이 존재하고, 이들은 각각의 이해에 따라 국제정치적으로 의미 있는 행위들을 독립적으로 할 수 있기 때문에 국가가 합리적으로 행동하기는 어렵다. 이처럼 많은 행위자들의 집합체이기 때문에 국가가 단일한 행위자unitary actor라는 현실주의의 개념도 자유주의는 받아들이지 않는다.

자유주의의 초기 형태가 이상주의이다. 이상주의는 제1차 세계대전 직후 등장한 자유주의의 초기 형태로, 국제법과 국제제도가 잘 정비되면 전쟁을 막고 평화를 유지할 수 있다는 주장이다. 미국의 대통령 우드로 윌슨Woodrow Wilson이 대표적인 이상주의자이다. 그가 1917년 제1차 세계대전에 참전하면서 제시한 14개 조항Fourteen Points에 주요 내용이 담겨 있다. 윌슨은 제1차 세계대전 발발의 핵심 원인을 비밀외교와 세력균형으로 파악했다. 유럽 국가들이 비밀외교에 의한 동맹으로 세력균형을 유지하려 했지만 그 균형이 깨지면서 유럽이 한꺼번에 전쟁에 휩싸이게 되었다는 생각이었다. 그래서 14개 조항의 첫 번째로 공개외교를 주장했다.

또한 윌슨은 집단안전보장체제collective security system를 설립하면 전쟁을 막을 수 있다고 보고, 14번째 조항으로 국제연맹의 창설을 제의했다. 한 나라가 침략을 받으면 다른 모든 나라가 공동으로 대응하는 체제를 제안한 것이다. 윌슨은 이와 같은 국제기구(일종의 국제제도)를 통해 전쟁의 예방이 가능하다고 보았다. 이상주의는 제2차 세계대전의 시작과 함께 그 힘을 잃고, 현실주의가 미국을 중심으로 한 국제정치학계의 주요한 흐름이 되었다. 그런 와중에 1950년대 말에 이르러 현실주의에 대한 비판적 입장인 자유주의가 나타난다.

자유주의는 그 성격에 따라 네 가지로 나눌 수 있다. 첫째, 상업적 자유주의이다. 국가 간 무역을 통해 협력관계가 형성될 수 있음을 강조한다. 둘째는 민주적 자유주의인데, 공화정의 영향을 강조한다. 셋째는 규범적 자유주의로 이는 국가 간 관계에서 규정과 제도의 역할을 강조한다.[17] 조지프 나이 Joseph Nye는 여기에 사회학적 자유주의를 더해 4분류법을 주장한다. 사회학적 자유주의는 초국가적인 교류의 사회변동에 대한 영향에 주목한다. 국가 간 교류(인적·물적 교류)가 확대되면 국가의 태도나 국가이익에 대한 개념이 변화할 수 있고 협력은 더욱 증진될 수 있다는 주장을 담고 있다.[18] 이와 같은 성격을 가진 구체적인 형태의 이론들을 찾아본다면, 상업적 자유주의는 기능주의, 민주적 자유주의는 민주평화론, 규범적 자유주의는 신자유주의적 제도주의, 사회학적 자유주의는 상호의존론을 이르는 것이라 할 수 있다.

1) 기능주의

역사적인 진행 과정에 따라 자유주의는 조금씩 다른 분파들로 나타나는데, 그 가운데 먼저 등장하는 것이 기능주의 functionalism이다. 기능주의는 경제와 과학, 문화, 기술 등의 하위정치, 즉 기능적인 영역에서 국가 간의 협력이 지속적으로 이루어지면 그러한 협력이 정치와 군사 등의 상위정치 분야로 전이되어 국가들 간의 전반적인 협력이 이루어지고, 이것이 확대되면 평화도 이루어질 수 있다는 주장이다. 1940년대 말에 태동해 1950년대 말 본격적으로 국제정치학계의 주목을 받게 되었다. 대표적인 학자는 데이비드 미트라니 David Mitrany인데, 그는 우선 현대의 국가는 경제와 정보, 문화, 스포츠 등 다양한 기능적 영역들이 통합되어 있는 형태이고, 이러한 형식을 갖고 있는

---

17 Robert O. Keohane and Joseph S. Nye, Jr., "Neorealism and Neoliberalsim," *World Politics*, Vol.40, No.2(1988), p.241. 자유주의를 상업적·민주적·규범적 자유주의로 나누는 것은 로버트 커헤인의 분류이다.

18 같은 글, 246쪽.

국가들은 다른 나라와의 관계를 확대해 가면서 자국 국민의 복지 증진을 확대하는 데 주력하고 있다는 기본적인 인식을 가지고 있었다.[19]

이러한 인식을 바탕으로 한 미트라니의 기능주의는 세 가지의 구체적인 주장으로 정리할 수 있다. 첫째, 국가를 구성하고 있는 각 기능 영역들을 중심으로 국가 간의 협력은 증진될 수 있다. 정치나 군사 영역보다 기능적 영역은 협력이 훨씬 쉽다. 정치·군사 영역은 국가의 사활이나 주권 문제와 직결되어 있는 부분이 많은 반면, 기능적인 부분들은 그러한 요소가 적다. 그런 만큼 기능적 영역에서는 양보도 가능하다. 둘째, 기능적 영역은 서로 독립적이거나 상호보완적인 경우가 많아 영역별 국제교류는 지속성이 높다. 구체적인 영역에서 교통과 관광, 문화와 스포츠 등은 서로 보완관계 또는 독립적인 관계를 유지하기 쉽고, 정치나 군사 영역에 비하면 갈등적 성격이 낮다. 따라서 기능 영역별 교류는 시작되면 오랫동안 지속될 가능성이 높다. 셋째, 기능적 영역의 협력과 통합은 정치·군사 영역으로 확대될 수 있다. 경제와 문화의 영역에서 이루어지는 협력은 학습효과를 일으키고, 협력이 어려웠던 정치·군사 부문에서도 점차 협력이 일어날 수 있다. 단계에 따라 점진적으로 협력은 확장된다.

이와 같은 협력 지향의 주장을 담은 기능주의는 '국가가 가장 중요한 행위자이며 모든 국가는 힘을 추구한다'는 현실주의의 핵심 주장을 정면으로 반박하는 것으로 이후 자유주의 이론의 발달에 많은 영향을 끼쳐왔다. 1950년 말에서 1960년대에 걸쳐 에른스트 하스Ernst Haas를 중심으로 한 유럽통합론에 지대한 영향을 주었고, 1970년대 말에 등장하는 상호의존론에도 이론적 기초를 제공했다.

2) 상호의존론

상호의존론은 화폐나 상품, 사람, 정보 등이 국가 사이에서 다양한 형태로 교류되면 상호의존관계를 만들어내고, 이러한 관계가 강화되면 국제관계에서 안보딜레마가

---

19 미트라니의 주장은 주로 다음의 자료를 참조했다. David Mitrany, "The Functional Approach to World Organization," *International Affairs*, Vol. 24, No.3(1948), pp.350~363; 박재영, 『국제정치 패러다임: 현실주의·자유주의·구조주의』(법문사, 2008), 326~327쪽.

완화되고 신현실주의가 강조하는 자조self-help도 약화된다는 이론이다. 일반적으로 의존dependence은 외부의 힘에 크게 영향을 받는 상태를 말하고, 상호의존interdependence은 서로 크게 영향을 받는 상태를 이르며, 국제정치에서 상호의존이라 하면 국가와 국가 사이 또는 행위자와 행위자 사이의 상호 간 영향이 두드러지게 나타나는 상황을 일컫는다.[20]

이 같은 핵심 주장을 바탕으로 하고 있는 상호의존론은 그 외에도 세 가지 주요 주장을 제시한다. 첫째, 국가와 국가 사이는 다중채널multiple channels로 연결되어 있다. 정부와 정부 사이의 채널interstate channel뿐만 아니라 정부 엘리트 사이의 비공식적 채널intergovernmental channel, 비정부기구나 비정부 엘리트 간의 채널transnational channel 등 다양한 연결통로가 국가 사이에는 존재한다. 둘째, 국제관계에서 문제 영역 사이의 서열은 없다. 군사적인 문제뿐만 아니라 자원, 환경, 에너지, 우주, 해양 등 수많은 영역들에서 국제관계는 형성되고 국가들은 외교를 수행하고 있다. 이들 영역 사이에 어느 것이 앞서고 어느 것이 뒤에 오는 것이라고 분명히 말할 수 없을 만큼 이러한 이슈들은 나름의 중요성을 가지고 있다. 셋째, 군사력의 역할이 그렇게 크지 않다. 현대의 국가들은 산업화되고 다원화되면서 군사력을 사용하려는 의도는 많이 약해졌다. 군사력을 사용한 갈등과 전쟁보다는 현대의 국가들은 경제력 확대, 복지의 증진 등에 더 관심을 가지고 있다.[21]

이들 상호의존론의 주요 주장들은 현실주의의 명제들과 역시 대조를 이룬다. 다중채널 주장은 현실주의의 국가중심성을 공격하고, 이슈 간 서열 부재 주장은 현실주의의 군사·안보 중시론과 대비된다. 또한 군사력의 부차적 역할론은 갈등의 세계 상황에서 전쟁은 언제든지 일어날 수 있고 군사력은 언제든 사용될 수 있다는 현실주의의 가정과 많이 다르다.

그런 측면에서 상호의존론은 앞서 설명한 기능주의와 유사한 점이 많지만 다르다. 기능주의는 기능적 영역에서의 교류가 정치·군사 영역으로 전이된다고 주장함으로써

---

20 Robert O. Keohane and Joseph S. Nye, Jr., *Power and Interdependence*, 4th edition(New York: Longman, 2012), p.7.
21 같은 책, 20~24쪽.

기능적·정치적 영역을 구분해서 이원적으로 다루고 있다. 반면에 상호의존론은 다채 널이긴 하지만 모든 영역이 동시에 개입되어 국가 간 교류가 일어나고 있다고 관찰함 으로써 국가 간의 상호작용을 일원적으로 분석하고 있다.

커헤인과 나이는 상호의존론을 현실주의 이론을 대체할 수 있는 하나의 패러다임 보다는 현실주의를 보완할 수 있는 보완이론으로 제시하고 있다.[22] 다중채널이지만 국가가 여전히 중요한 기능을 할 수 있고, 이슈 간 서열이 없고, 군사력 사용 가능성이 적어졌지만 경쟁적 동맹들 사이에서는 군사력이 사용될 가능성이 여전히 남아 있음 을 상호의존론은 인정한다.

3) 신자유주의적 제도주의

국가는 국가이익을 추구하고 국가이익이 국제정치에서 중요한 의미를 가지는 만큼 국제정치이론들도 국가이익 개념에 관심을 가져왔다. 국가의 이익을 어떻게 정의할 것인가, 국가이익은 어떻게 변하는가 등의 질문들에 대해서 현실주의자들도 주목해 왔다. 협력에 대한 보상이 크다면 국가는 그들이 이익을 추구하는 데 유리하기 때문 에 협력을 선택할 것이다. 그래서 현실주의자들도 협력의 가능성을 인정해 왔다. 다 만 국가이익이 무엇이고 어떻게 형성되는지에 대해서는 현실주의자들이 깊이 천착하 지 않았다.

자유주의자들은 이 '어떻게'에 관심을 가져왔는데, 국내 또는 국제적인 요인들이 국 가이익을 형성하고 변화시키기 위해 어떻게 상호 연관을 맺어가는지에 주목한다. 자 유주의자들은 국가 간의 관계와 상호의존관계를 관찰함으로써 국가이익이 어떻게 학 습되고 어떻게 변화하는지를 파악하려 노력해 왔다. 그 과정에서 공식적인 국제기구 뿐만 아니라 눈에 보이지 않는 규범이나 관습 같은 제도의 역할에 더 관심을 기울이는 쪽을 신자유주의적 제도주의라고 한다. 1980년대 나타나는 신자유주의적 제도주의 는 자유주의 가운데서도 새로운 형태이면서 제도에 관심을 기울이는 분파이다.

---

22 같은 책, 20쪽.

이 이론의 핵심적 주장은 제도institution가 국제정치에서 매우 중요한 역할을 하고 국가 간의 협력을 증진시킨다는 것이다.[23] 제도는 인간 행동의 결과로 변화하고, 변화된 제도는 국가행위에 심대한 영향을 미치면서 국제협력에 유리한 역할을 한다는 것이 커헤인 등 신자유주의적 제도주의자들의 주장이다. 그렇다면 제도는 무엇이고, 어떤 메커니즘으로 제도가 협력을 이끌어내는가? 제도는 '행위의 역할을 규정하고 행동을 제약하면서 어떤 기대를 형성하는, 지속적이면서 연결되어 있는 공식·비공식 규칙들의 집합'을 말한다. 즉, 국제관계에서 국가들이 지키고 있거나 지키기로 약속한 유형·무형의 원칙과 규칙들을 이르는 것이다.

제도에는 세 가지 종류가 있다. 첫째는 정부 간 공식조직formal intergovernmental organization과 국가 간 비정부조직cross-national nongovernmental organization이다. 국제연합UN, 세계무역기구WTO 등 정부 간 공식조직들은 명시적인 규칙들을 가지고 있으며, 이를 실제로 적용하면서 국제관계 속에서 중요한 기능들을 수행한다. 국제사면위원회Amnesty International나 국제적십자위원회ICRC와 같은 국가 간 비정부조직들도 분명한 조직들을 갖추고 국제사회에서 적극적으로 활동하고 있다.

둘째는 국제레짐international regime이다. 레짐은 국제관계의 일정한 이슈와 관련되어 있으면서 정부로부터 인정받는 명시적인 규칙들을 이른다.[24] 다시 말하면 국가들이 협상을 통해서 만들어놓은 규칙과 질서를 말하는 것이다. 1944년 브레턴우즈 협상에서 만들어진 국제통화레짐, 미국과 소련 사이에 전략무기 감축협상에 따라 형성된 군비통제레짐 등이 여기에 해당한다. 셋째는 관습convention이다. 관습은 행위자들의 기대를 형성하는 무언의 규칙과 이해를 말한다. 명시적인 형태의 규칙은 없지만 행위자들 사

---

23 신자유주의적 제도주의의 주요 내용은 Robert O. Keohane, *International Institutions and State Power: Essays in International Relations Theory*(Boulder: Westview Press, 1989), pp.1~20을 요약·정리한 것이다.

24 커헤인Robert Keohane은 레짐을 이렇게 정의하는데, 크래스너Stephen Krasner는 레짐을 "국제관계의 일정한 영역에서 행위자들의 기대가 수렴하는, 명시적 또는 묵시적 원칙principles, 규범norms, 규칙rules, 의사결정의 절차decision-making procedures들의 집합"이라고 정의한다[Stephen D. Krasner, "Structural causes and regime consequences: regime as intervening variables," in Stephen D. Krasner(ed.), *International Regimes*(Ithaca: Cornell University Press, 1983), p.2].

이의 이해를 조정해 주는 역할을 하는 것을 이른다. 1961년 비엔나 협약으로 공식화되기 이전의 외교관 면책특권이 여기에 해당된다. 외교관 면책특권은 협약이 맺어지기 이전부터 수백 년 동안 국제관계에서 인정되는 하나의 관습이었다.

이 세 가지 형태의 제도들이 나름의 역할을 하면서 국가 간의 협력을 가능하게 만들어준다는 것이 신자유주의적 제도주의의 주장이다. 그런데 이 제도들이 구체적으로 어떤 기능을 하기에 협력을 증진한다는 것인가? 제도의 기능은 세 가지이다. 첫째, 제도는 국가들에게 정보를 제공한다. 국제관계에서 국가들을 더욱 불안하게 하는 것은 불확실성uncertainty이다. 상대국의 의도에 대해 알 수 없기 때문에 불안한 것이다. 그런데 이러한 제도가 제대로 기능을 하게 되면 그 제도의 틀에 모이는 국가들 사이에는 일정 정도의 정보 교환이 가능하고, 이로써 국가의 불안감을 덜어주고, 국가들이 정보 수집에 들이는 비용도 줄여준다. 둘째, 국가 간의 약속을 더욱 믿을 수 있게 해준다. 제도가 작동하면 배신cheating이 어렵게 된다. 제도가 가지고 있는 규칙에 따라 배신에 대해 보복이 가해지기 때문이다. 따라서 제도는 약속을 좀 더 잘 지키게 해준다. 셋째, 국가 간 조정과 상호주의적 작용을 쉽게 해준다. 제도의 틀 내에서 활동하게 되면 서로의 핵심 과제를 알 수 있게 되어 협의와 조정을 더욱 원활하게 하고, 서로 주는 만큼 받고 받는 만큼 주는 것에 대한 기대를 정착시켜 협력이 활성화될 수 있는 것이다.[25]

제도를 통한 협력을 중시하는 신자유주의적 제도주의는 현실주의와는 대척점에 있다. 그러면서도 특히 신현실주의와는 두 가지 공통점을 가지고 있다. 첫째는 국제정치의 기본적인 특성을 무정부상태로 보는 점이다. 신현실주의자들처럼 신자유주의적 제도주의자들도 국가들 위에 상위의 권위체가 없는 무정부상태와 그에 기인한 국가들의 자조self-help라는 성격을 국제정치의 기초로 인정하는 것이다. 하지만 신자유주의적 제도주의자들은 이 자조 시스템 안에서도 국제제도를 통한 국제적 협력의 가능성을 충분히 인정한다는 점이 신현실주의자들과의 근본적인 차이이다. 두 번째 공통점은 국가를 가장 중요한 국제정치 행위자로 인정하는 점이다. 신자유주의적 제도주의

---

25 Robert O. Keohane and Lisa L. Martin, "The Promise of Institutionalist Theory," *International Security*, Vol. 20, No. 1(1995), p. 42.

는 국제정치의 다양한 행위자들을 인식하면서도 그 가운데 가장 중요한 행위자는 역시 국가라고 본다. 그래서 국가 간의 협력을 촉진할 수 있는 제도의 중요성을 강조하는 것이다. 신자유주의적 제도주의라는 긴 호칭 가운데 신자유주의라는 용어는 이처럼 신현실주의의 주요 주장을 인정하기 때문에 기존의 자유주의와 구분하기 위해 붙여진 것이다.

4) 민주평화론

자유주의의 분파 가운데 비교적 최근인 1980년대에 형성되는 것이 민주평화론이다. 핵심 주장은 민주주의 국가들 사이에서는 전쟁을 하지 않는 '민주평화현상democratic peace phenomenon'이 일어나고, 따라서 국가들이 민주적 체제를 갖추게 되면 국제평화는 달성될 수 있다는 것이다. 마이클 도일Michael Doyle이 민주평화론 발달에 선구적 역할을 했고, 브루스 러셋Bruce Russett도 이 이론의 대표적인 학자이다. 1980년대 제3세계 국가들의 민주화 바람, 1980년대 말 동유럽의 민주화와 1990년 초 소련의 붕괴 등 민주주의 확장이라는 국제환경을 배경으로 발달한 이론이다.

민주평화론의 내용을 구체적으로 살펴보면, 민주국가 간의 전쟁 부재를 설명하는 논거는 다양하다. 첫째, 제도적·구조적 설명이다. 민주주의 국가들은 전쟁을 하기 어려운 제도들을 갖추고 있다. 우선 민주적 대표성이 정착되어 민주적 선거제도가 마련되어 있기 때문에 전쟁으로 갈 가능성이 농후한 지도자는 당선되기 어렵다. 전쟁을 원하는 유권자는 없기 때문이다. 또한 권력분립과 견제·균형 제도를 갖추고 있다. 행정부가 전쟁을 결정하려 하면 의회가 막고, 언론이 견제할 수 있다. 상대 민주국가도 견제와 균형의 제도를 갖추고 있음을 알기 때문에 기습을 걱정하지도 않고, 선제공격도 하지 않게 된다. 그래서 민주국가끼리는 전쟁을 하지 않는 것이다.[26] 둘째, 문화적·규범적 설명이다. 우선 민주국가들은 분쟁보다는 평화를 애호하는 문화를 가지고 있다. 또한 갈등과 분쟁을 외교적 수단이나 국제기구의 중재 등을 통해 평화적으로

---

26 Michael W. Doyle, "Kant, Liberal Legacies, and Foreign Affairs, Part I," *Philosophy and Public Affair*, Vol. 12, No. 3(1983), p. 228.

해결해 나가는 민주적 문화와 규범을 가지고 있다. 게다가 민주국가들은 상대 국가의 민주주의적 과정과 절차를 존중하는 문화도 가지고 있다. 따라서 민주국가들 사이에서는 전쟁이 일어나기 어려운 것이다.[27] 셋째, 제도와 규범을 합성한 설명이다. 민주국가의 국민은 상대 민주국가와 이념적 유대감을 가지고 있어서 분쟁을 평화적으로 해결하려 하고, 그런 국민들이 민주적 제도를 통해 정책결정권자를 통제해 전쟁이 발생하기 어렵다.[28] 이러한 세 가지 모형을 가지고 민주평화론은 민주체제와 전쟁의 관계를 설명하고 있다.

국체제제보다는 국가나 국가 내부의 다양한 행위자를 중시하는 것이 자유주의 이론의 특징이지만, 특히 민주평화론은 국가 차원의 변수, 즉 제2 이미지second image를 가지고 국제관계를 관찰하고 국제적 평화가 가능하다고 주장한다. 신현실주의가 국제체제 차원의 변수, 즉 제3 이미지third image로 세계를 설명하고 국제체제의 구조가 무정부상태와 힘의 분배라는 특성으로 결정되는 속성을 갖고 있기 때문에 갈등적이라고 본 것과는 크게 대비된다.

실제적인 면에서 민주평화론은 통계적으로 그 근거가 매우 탄탄한 이론이다. 도일은 19세기 이후 민주주의 국가들끼리 전쟁을 한 적이 없음을 통계로 제시했고, 러셋도 1945년부터 1986년까지 전쟁을 분석해 민주국가 사이에 전쟁이 일어나기 어려움을 보여줬다. 그렇기 때문에 민주평화론에 대한 비판론자들도 민주국가들 사이에 전쟁이 발생하기 매우 어렵다는 민주평화 현상에 대해서는 대체로 인정하고 있다.

4. 마르크스주의

국제정치이론의 발달 과정에서 1970년대 중반에 나타나는 마르크스주의 국제정치

---

27 Bruce Russett, *Grasping the Democratic Peace*(Princeton: Princeton University Press, 1993), pp. 5~11; Doyle, "Kant, Liberal Legacies, and Foreign Affairs, Part I," p.213.

28 John M. Owen, "How Liberalism Produces Democratic Peace," *International Security*, Vol.19(1994).

이론은 사회체제의 변화에 대한 마르크스의 분석을 국제정치에 원용하는 이론으로 구조주의structuralism, 급진주의radicalism로도 불린다. 1950년대 정치학 연구방법론의 중심은 행태주의behaviouralism였다. 정치학을 자연과학과 같은 엄밀한 방법으로 연구해야 하고, 이를 위해서는 사실을 가치로부터 분리해야 하며, 구체적인 방안으로 인간과 집단의 행동을 계량적인 방법으로 연구해야 한다고 강조했다. 하지만 이러한 행태주의는 1970년대 후기행태주의post-behaviouralism의 비판을 받게 된다. 사실과 가치를 엄격히 구분하기는 불가능하고, 가치 평가적 정책연구가 실제의 세계에 대해 주는 의미는 더욱 크다는 것이 후기행태주의의 입장이었다. 마르크스주의는 이러한 후기행태주의의 국제정치 연구에 대한 영향으로 등장한 것이다. 그래서 마르크스주의는 인간의 행동에 대한 계량적 관찰이 아니라 인류 역사에 대한 철학적 관찰을 중심으로 그 주장을 전개한다.

마르크스주의 국제정치이론의 핵심적 주장 가운데 첫 번째는 국제정치의 본질적인 특성을 계급갈등으로 본다는 것이다. 두 번째는 선진 산업국과 후진적 제3세계 국가 사이에 지배와 종속의 관계가 존재한다는 것이다. 전자는 후자를 착취하고 이 구조는 변화하기 어렵다는 주장이다.

마르크스주의 가운데 가장 대표적인 이론이 이매뉴얼 월러스틴Immanuel Wallerstein의 세계체제론world system theory이다. 그의 중심적 주장을 살펴보자. 첫째, 세계는 자본주의라는 단일한 경제체제capitalist world-economy로 이루어져 있다. 자본주의는 16세기에 출현해 19세기에 세계체제가 되었다.[29] 따라서 세계를 국가 중심으로 관찰하는 것은 의미가 없으며, 세계 자본주의의 총체적 특성과 그에 따른 국제관계의 속성을 살피는 것이 세계질서를 올바르게 파악하는 길이다. 둘째, 자본주의 세계체제는 중심부core와 반주변부semi-periphery, 주변부periphery로 나뉜다. 이와 같은 3분 체제는 1640년경에 이루어졌다. 중심부는 높은 기술과 생산력을 지닌 세계경제의 중심지역이다. 북서유럽이 여기에 해당한다. 반주변부는 중심부에서 더 이상 이익을 창출하지 못하는 산업에 대한 새로운 기지 역할을 하는 지역이다. 지중해 주변 유럽이 그런 지역이다. 주변부는 주로 면

---

29 Immanuel Wallerstein, "The Rise and Future Demise of the World Capitalist System: Concepts for Comparative Analysis," *Comparative Studies in Society and History*, Vol. 16, No. 4(1974), p. 390.

화나 목재, 곡물 등 일차산업의 산물들을 수출하는 지역이다. 낮은 수준의 기술과 생산력을 보유한 곳으로 동유럽과 남미 등이 여기에 해당한다.[30] 셋째, 중심부와 주변부 사이에는 불평등교환이 발생하고, 그에 따라 중심부는 주변부의 잉여가치를 수탈해 간다.[31] 불평등교환이란 가치가 다른 상품을 같은 가격으로 교환한다는 것이다. 고도의 기술과 고임금, 고이윤 체제인 중심부의 높은 노동생산성은 낮은 기술과 저임금, 저이윤 체제인 주변부의 낮은 노동생산성보다 많은 가치를 생산한다. 중심부의 한 시간의 노동생산량은 주변부의 한 시간 노동생산량보다 많다. 그래서 중심부 상품은 가격이 낮게 매겨져야 한다. 그럼에도 주변부 상품과 같은 가격이 책정되어 있다. 주변부 상품은 훨씬 많은 노동력이 투입되어 이에 대한 가격이 높게 매겨져야 한다. 그런데도 같은 종류의 생산물 가격은 같다. 이렇게 같은 가격이 매겨진 상품은 일대일로 교환된다. 이것이 불평등교환이다.

결국 이러한 세계경제체제의 구조적 성격 때문에 세계정치의 운영도 강대국 중심으로 될 수밖에 없고, 약소국은 강대국과 강대국이 형성하는 국제환경에 휘둘리게 되어 있다는 것이 월러스틴의 생각인데, 이를 좀 더 직접적으로 설명한 학자가 브루스 문Bruce Moon이다. 그는 세계체제론의 경제 구조적 설명에 동의하면서, 이러한 구조 때문에 중심부 국가들이 주변부 국가들의 외교정책을 실제로 결정한다고 주장한다. 그는 1946년부터 1975년까지 미국과 88개 약소국의 유엔 투표 양태를 분석했다. 결론은 미국이 이들의 투표를 사실상 결정했다는 것이다. 미국은 원조와 조약, 무역관계, 무기 거래 등 다양한 수단을 동원해 약소국들이 미국이 원하는 쪽으로 투표하도록 했다는 것이다.[32]

브루스 문은 이와 같은 종속모델이 형성되는 메커니즘을 3단계로 설명한다. 종속관계dependent relations – 의견일치consensus – 제한된 자율성limited autonomy이라는 3단계를 거쳐 그런 강대국 중심의 국제관계가 구축된다는 것이다. 먼저 강대국과 약소국의 지속적

---

30 같은 글, 400~401쪽.

31 같은 글, 401쪽.

32 Bruce E. Moon, "The Foreign Policy of the Dependent State," *International Studies Quarterly*, Vol. 27, No. 3(1983), pp. 318~319.

인 무역·투자 관계는 경제와 문화, 정치 분야에서 약소국이 강대국에 종속되는 관계를 형성한다. 이 종속관계는 약소국의 정치·사회 부문에 심각한 왜곡distortion을 가져온다. 약소국의 엘리트들이 강대국 엘리트들과 같은 가치와 인식을 갖게 되는 것이다. 요컨대 강대국과 약소국 엘리트 사이에 의견 일치가 생기는 것이다. 이 현상은 곧바로 외교정책 형성에도 영향을 미친다. 약소국 나름의 외교정책을 수립하지 못하고 강대국의 정책 정향에 따른 정책이 나오게 되는 것이다.[33] 이와 같은 기제에 의해 강대국들은 세계를 꾸준히 지배해 나간다는 것이 마르크스주의의 기본적인 입장이다.

5. 탈실증주의

탈실증주의는 실증주의에 대한 비판이 그 출발점이다. 실증주의는 기존의 현실주의와 자유주의를 모두 이르는 것으로, 크게 두 가지 특징을 가지고 있다. 첫째는 관찰자가 관찰 대상으로부터 완전히 분리될 수 있고, 객관적 분석과 지식이 가능하다는 것이다. 둘째는 자연현상과 같이 사회현상도 규칙성을 확인할 수 있고, 따라서 설명과 예측도 그 규칙에 따라서 과학적으로 할 수 있다는 것이다. 탈실증주의는 이와 같은 실증주의를 정면으로 비판하면서 등장했다. 특히 신현실주의의 세계질서에 대한 단순하면서도 현상유지적인 설명에 대항하고 나선 것이다. 탈실증주의는 기존의 이론을 비판하고 새로운 질서에 대한 탐구를 주장한다. 비판이론critical theory, 탈근대론postmodernism, 역사사회학historical sociology, 페미니즘feminism 등이 모두 탈실증주의에 속한다. 하지만 이들 모두 검증 가능한 가설들을 제시하면서 세계에 대한 설명과 예측력을 강화하려는 이론의 요건을 충실히 갖추지 못하고 있고, 다만 기존 이론을 비판하면서 새로운 접근법을 제시하는 정도에 그치고 있다. 그 가운데 비판이론과 탈근대론이 국제정치이론 논쟁에 더욱 활발하게 참여하면서 현대 국제정치 분석에 새로운 시각을 제시하려 하고 있다.

---

33 같은 글, 320~322쪽; Bruce E. Moon, "Consensus of compliance?: Foreign Policy change and external dependency," *International Organization*, Vol.39, No.2(1985), p.30.

비판이론은 1980년대 초부터 로버트 콕스Robert Cox와 앤드루 링클레이터Andrew Linklater를 중심으로 발전해 왔다. 비판이론의 출발은 역시 실증주의에 대한 비판이다. 특히 관찰자와 관찰 대상의 엄격한 분리가 가능하다는 실증주의의 주장을 반박한다. 즉, 지식은 항상 관찰자의 주관이 개입될 수밖에 없다는 것이다. 콕스의 유명한 말, "이론은 항상 누군가를 위한 것이고 어떤 목적을 가지고 있다Theory is always for someone and for some purpose"가 이를 잘 표현해 준다.[34] 그 연장선상에서 비판이론은 세계질서도 비판적 시각으로 관찰한다. 기존의 실증주의 이론, 특히 신현실주의는 현 질서를 유지하면서 제도의 운영을 통해 문제를 해결하려는 문제해결이론problem-solving이라고 폄하한다. 이에 비해 비판이론은 현상변경을 위한 이론이라고 강조한다. 기존의 질서가 어떻게 구성되었는지 역사적으로 관찰하고 진정한 인간해방을 위한 지식을 구축해야 한다는 것이 비판이론의 주장이다.

비판이론의 주요 주장은 다음 네 가지로 요약된다.[35] 첫째, 인간의 지식은 이미 존재하는 사회적 목적과 이익을 반영해서 형성된다. 지식은 인식 대상에 대한 관찰자의 가치중립적인 연구로 생겨나는 것이 아니다. 관찰자가 이미 가지고 있는 지식이 새로운 지식을 생산해 내는 데 일정한 역할을 하고 있다. 둘째, 현재 존재하는 구조는 바뀔 수 있다. 구조의 불변성 주장은 권력과 부의 구조적 불평등을 지지하기 위한 것일 뿐이다. 마르크스가 주장하는 것처럼 인간의 역사는 인간 스스로 만들어갈 수 있다. 사회적 합의를 재단할 수 있는 불변의 보편적 기준은 없으며, 신현실주의처럼 국가들의 힘의 배분(국제체제의 구조)에 모든 것을 맡기는 식의 인식은 피해야 한다.

셋째, 사회 변화에는 다양한 요소들이 관여한다. 마르크시즘은 계급으로 사회와 역사의 변혁을 설명하려 했지만, 실제로는 계급 외에도 국가 간의 교류, 비정부단체의 운동, 종교의 변화, 인종 간 역학관계의 변화 등 다양한 요소들이 변화에 관여한다. 넷째, 부당한 차별과 불평등이 없는 정치공동체가 형성될 수 있다. 이를 위해서 세계를

---

34 Robert Cox, "Social forces, states and world orders: beyond international relations theory," *Millennium: Journal of International Studies*, Vol.10(1981), p.128.

35 비판이론의 네 가지 주장은 Andrew Linklater, "The Achievement of Critical Theory," in Steve Smith, Ken Booth and Marysia Zalewski(eds.), *International Theory: Positivism and Beyond* (Cambridge: Cambridge University Press, 1996), pp.279~280의 내용을 요약한 것이다.

형성하고 있는 크고 작은 공동체들은 다른 공동체와 열린 대화를 해야 한다. 현실주의자들이 말하는 것처럼 군사력을 중심으로 다른 공동체를 다루는 것은 배제되어야 한다. 그 대신 국가 간에 설정해 놓은 국경이 도덕적으로 얼마나 정당화될 수 있는 것인지, 주권 개념을 벗어난 정치체계가 가능한 것인지 등에 대한 자유로운 담론이 지속되어야 한다. 담론은 쉽게 말하면 사람들의 이야기이다. 이런 담론이 계속되면 국경이 분명한 주권국가체계가 극복되고 하나의 인류공동체가 형성될 수도 있다.

비판이론의 주장을 지나친 단순화의 위험을 무릅쓰고 간단히 정리해 본다면, 세계를 구성하고 있는 다양한 행위자들이 인식의 상대성을 인정하면서, 계급과 종교, 문화, 정보 등 다양한 요소들이 개입된 상태에서 서로 교류하고 자유롭게 대화를 해나가면, 국제체제의 구조는 하나의 모습으로 고정된 것이 아니기 때문에 변화하게 될 것이며, 그 형태는 인간해방이 실현되는 세계시민사회가 될 수 있다는 것이다.

탈근대론은 구조에 대한 해체 deconstruction 를 핵심적 주장으로 제기한다.[36] 그래서 탈구조주의 또는 해체주의로도 불린다. 이미 형성되어 있는 국제체제의 구조도 해체의 대상이다. 신현실주의는 구조를 변하기 어려운 것으로 간주하지만 탈근대론은 구조가 얼마든지 해체될 수 있고, 해체되어야 한다고 주장한다. 해체하는 방법은 국제정치의 행위자들이 스스로 해석에 의해 해체하는 것이다.

해체한다는 것은 감추어져 있거나 아예 ·빠뜨렸거나 또는 묵시적으로만 내포되어 있는 의미를 찾아내기 위해 단어들을 풀어 헤친다는 의미이다. 행위자들은 스스로 주체적으로 국제체제의 구조라는 말을 풀어 헤쳐서 그것의 진정한 의미를 찾아내고 새롭게 정의할 수 있다는 것이 탈근대론의 입장이다. 탈근대론의 입장에서 보면 현실주의는 국제정치 분석에서 개인과 국내정치, 경제적 계급, 다국적기업 등의 역할을 빠뜨린 것이다. 또 강대국과 군사력에 초점을 맞추면서 약소국과 문화, 윤리 같은 소프트파워 측면을 빠뜨린 것이다. 탈근대론은 이러한 현실주의의 주장을 해체해 국제정치의 진정한 실체를 찾아내고자 한다.

해체를 통해 다양한 의미를 노정露呈해보려는 탈근대론은 그 연장선상에서 단일한,

---

36 탈근대론에 대해서는 Goldstein and Pevehouse, *International Relations*, pp.96~97을 주로 참조했다.

객관적인 실체는 없다고 생각한다. 다만 대상에 대한 수많은 경험과 관점이 존재할 뿐이라는 것이다. 그런 점에서 국가를 단일한 행위자unitary actor로 보고 국가를 가장 중요한 행위자로 보는 현실주의 관점이 탈근대론자에게 받아들여질 여지는 없다. 나아가 이들은 국가라고 하는 것의 실체도 인정하지 않는다. 국가는 단지 수많은 개인들의 행동을 이해하기 위해서 사람들이 구성해 놓은 허구fiction에 불과하다는 것이다. 소련의 예를 보자. 냉전시대에는 하나의 국가로 인정되었다. 하지만 탈냉전과 함께 15개의 조각으로 나누어졌다. 각각의 민족에 따라 나누어진 것이다. 결국 국가 개념 아래에는 민족, 개인이 따로 존재했던 것이다. 결국 국가를 관찰할 때는 국가라는 개념 아래에 숨어 있는 수많은 경험과 실체들에 주목해야 한다는 것이 탈근대론자들의 주장이다. 요컨대 탈근대론은 이처럼 현실주의 비판에 중점을 두면서, 현실주의처럼 국제관계를 구성하는 다양한 경험들을 단순화해서 이해하려 하지 않고, 경험적인 실체들의 다양성을 그대로 인정하면서 있는 그대로를 보는 것이 세계를 올바르게 파악하는 것이라고 역설하고 있는 것이다.

모든 것이 행위자들에 의해 해체되고 구성될 수 있다고 주장함으로써 탈근대론은 심각한 상대주의 입장을 취한다. 이런 입장이기 때문에 보편적인 진리란 있을 수 없고, 국제체제의 구조도 행위자들의 시각과 해석에 따라 달리 보이고 또 그 해석은 변화한다는 것이다. 그래서 국가의 행위를 결정하는 것도 관념과 담론이라고 간주한다. 이런 부분에서 비판이론과 맥을 같이하는데, 국가의 다른 국가에 대한 태도, 대외정책의 방향 등이 인간들의 대화를 통해 형성된다는 것이다. 탈근대론은 이제까지 현실주의가 국제정치 담론을 지배해 왔기 때문에 힘을 중심으로 국가들이 행동하고 외교정책을 추진해 왔다고 간주하고, 새로운 담론이 국제정치를 지배하게 되면 국제정치의 성격도 달라진다고 주장한다.

6. 구성주의

구성주의는 실증주의와 탈실증주의의 대립을 극복하기 위한 하나의 통합적 패러다임의 성격을 가지고 있다. 우선 구성주의의 기본적인 주장들을 알아보고 이를 통해 통합적 성격을 생각해 보자. 구성주의는 기존의 현실주의와 자유주의가 국제관계에서 관념적인 영역ideational realm을 무시했다는 비판에서 이론적 논의를 시작한다. 현실주의의 경우 힘을 중시하는데, 물리적 힘이 국제관계를 규정한다고 보는 것이 옳은 것인가 하는 질문을 던지는 것이다. 또 신현실주의가 주장하는 것처럼 국제체제의 구조가 변화하기 어렵다는 주장에 대해서도 구성주의는 반론을 제기한다. 국제관계는 변화하는 성격을 갖고 있고, 국가와 국가 간의 관계, 국가와 세계와의 관계 모두 얼마든지 변화할 수 있다는 것이다.

대표적인 구성주의자로는 알렉산더 웬트Alexander Wendt, 존 러기John Ruggie, 프리드리히 크라토크빌Friedrich Kratochwil, 니컬러스 오누프Nicholas Onuf, 크리스천 류스스미트Christian Reus-Smit 등이 있다. 이 가운데 1990년대 이후 구성주의가 체계성을 갖추는 데 크게 기여해 온 웬트의 이론을 중심으로 구성주의의 핵심적인 주장들을 정리해 보면 다음과 같다.

첫째, 국제관계의 성격은 관념idea에 의해 결정된다.[37] 다시 말해 국제체제의 구조는 신현실주의가 주장하는 것처럼 능력의 분배로 결정되는 것이 아니라 '관념의 분배distributions of ideas'에 의해 결정된다.[38] 물리적인 능력보다는 한 국가가 다른 국가를 어떻게 인식하는지가 더 중요하다. 북한이 가진 10개의 핵무기가 미국이 가진 5,000개의 핵무기보다 한국에게 더 위협적으로 다가오는 것은 북한은 적대국으로, 미국은 우방국으로 생각하기 때문이다. 힘 자체가 국가의 정책방향에 직접 영향을 주는 것이 아니라 힘에 대한 인식이 영향을 주는 것이다. 관념을 중시한다고 해서 힘이나 물질적인 실재를 무시하는 것은 아니다. 물질적인 실재를 어떻게 인식하고 해석하느냐가 중요하다는 것이니까 물질적인 실재 자체도 무시되어서는 안 되는 것이다. 핵무기 자체가 의미 없다는 것이 아니라 어떤 나라가 가진 핵무기를 어떻게 인식하고 그것에 어떤 의미를 두느냐가 중요하다는 말이다. 결국 국가행위에 가장 많은 영향을 주는 것은 이념과 문화, 열망과 같은 관념적 요소들이 되는 것이다.

---

37 Alexander Wendt, *Social Theory of International Politics*(Cambridge: Cambridge University Press, 1999), p.20.
38 같은 책, 309쪽.

둘째, 국가 간의 상호주관적 교류intersubjective interaction에 의해 국가의 정체성identity과 이익interest이 형성되고, 국제체제의 구조적 성격도 결정된다. 이렇게 형성된 국제체제의 구조는 다시 국가의 정체성과 이익에 영향을 미친다.[39] 이 정체성과 이익은 고정된 것이 아니라 변화한다. 상호주관적 교류라는 것은 서로 주체를 인정하고 인식하면서 교류한다는 것이다. 정체성은 일정한 역할과 관련한 자신에 대한 이해와 기대를 말한다. 자주적인 국가, 자유세계의 지도국가, 제국주의 국가 등이 정체성이 된다. 이익은 이러한 정체성을 바탕으로 국가가 하고 싶어 하는 행동과 관련한 입장을 말한다. 자유세계의 지도자로서의 정체성을 가진 나라라면 그에 따라 우방국의 공산화를 막고 때로는 전쟁도 수행할 수 있다는 입장을 가지고 있다. 이러한 입장이 그 나라의 이익이 되는 것이다. 그런데 이 정체성과 이익은 외부에서 주어지는 것이 아니라 국가가 다른 국가 또는 국제사회와 거래하고 교류하는 상호작용을 하면서 자연스럽게 형성된다. 그래서 고정된 상태로 머물러 있지 않고 상호작용의 내용에 따라 변화하는 것이다.

셋째, 자조self-help와 권력정치power politics는 무정부상태 때문에 당연히 발생하는 것이 아니라 상호작용의 과정에서 생기는 것이다.[40] 신현실주의는 무정부상태의 기본적인 속성이 갈등적인 것이라고 가정하지만, 실제로 무정부상태 자체는 갈등적인 것도 협력적인 것도 아니다. 다만 국가들 간의 상호작용에 따라 그 성격이 규정되는 것이고, 자조와 권력정치도 얼마든지 완화되거나 강화될 수 있는 것이다. 즉, 국가 간의 교류와 거래 등의 진행에 따라 국가들 사이의 관계가 적대관계가 될 수도 있고, 우호관계가 될 수도 있으며, 때로는 동맹관계로 발전할 수도 있는 것이다. 따라서 무정부상태는 국가들이 만들기에 따라 성격이 달라지는 것이다(Anarchy is what states make of it).

구성주의의 기본적인 주장 가운데 첫 번째인 관념 중시는 탈실증주의의 주장을 수용한 것이다. 두 번째, 정체성과 이익이 사회적으로 구성되어 국제체제의 구조를 규

---

39 같은 책, 372쪽.

40 Alexander Wendt, "Anarchy is What States Make of it: The Social Construction of Power Politics," *International Organization*, Vol. 46, No. 2. (1992), pp. 394~395.

정하고 이 구조가 다시 국가의 정체성과 이익에 영향을 미친다는 주장 가운데 구조가 정체성과 이익에 영향을 준다는 부분은 실증주의의 전체론을 수용한 것이다. 신현실주의가 국체제제의 구조가 국가행위를 규정한다고 주장하는 것처럼 구성주의도 구조의 실체와 기능을 인정한 것이다.

구성주의가 중시하는 상호주관적 교류는 국가를 비롯한 국제정치의 행위자들이 일정한 신호를 보내고signaling, 상대의 신호를 해석하고interpreting, 상대의 신호에 대해 반응하는responding 과정으로 구성된다. 이런 과정을 통해서 행위자 자신이나 상대 국가, 또는 국제체제의 성격에 대한 상호주관적인 의미intersubjective meaning가 형성되는 것이다. 한 국가가 군비를 증강시키면 상대 국가는 군비를 더 확대해 결국 자신의 안보를 위험한 지경에 빠뜨리는 안보딜레마security dilemma 상황도 이러한 신호의 주고 받기, 해석, 반응의 과정을 효율적으로 진행하게 되면 훨씬 완화된다는 것이 구성주의의 관점이다.

웬트는 정체성과 이익이 변화하는 방식을 세 가지로 설명한다.[41] 첫째, 주권 행위에 의한 설명이다. 주권은 기본적으로 상호주관적인 이해와 기대 덕분에 존재한다. 국가가 주권을 주장하고 다른 국가들이 주권을 인정해 줄 때 주권이 의미가 있게 된다. 주권을 주장하고 독립성을 내세우는 행위를 지속적으로 하고 이 행위들이 상대국으로부터 일정한 반응을 얻어내면서 정체성이 형성되고, 또 변화한다. 즉, 이런 과정을 통해 한 국가가 때론 주권국가로 행동하고, 때론 비주권적 국가가 되기도 한다.

둘째, 협력의 진전에 의한 설명이다. 상호 주고 받기가 지속적으로 진행되면 한 국가에 대해 상대 국가는 일정한 안정적 기대를 갖게 되고, 이러한 기대는 정체성과 이익의 형성으로 이어진다. 즉, 협력이 계속되면 다른 국가로부터의 안정적 기대를 통해 협력적 정체성과 이익이 형성되는 것이다. 물론 비협력의 관계가 계속되고 다른 국가로부터의 기대가 비협력적인 것이라면 비협력적 정체성과 이익이 형성되는 것이다.

셋째, 국가의 의식적인 노력에 의한 설명이다. 국가가 의식적으로 노력하면 이기적 정체성이 집단적 정체성으로 바뀔 수 있다는 것인데, 정체성은 4단계를 거쳐 변화하게 된다. 첫 번째 단계는 기존의 정체성 공언에 대한 파기이다. 미하일 고르바초프

---

41 정체성과 이익 변화의 세 가지 방식에 대해서는 같은 글, 412~422쪽을 요약한 것이다.

Mikhail Gorbachev의 신사고 New Thinking 외교를 예로 들면, 기존의 레닌의 제국주의론에 기초한 외교 원칙을 버리는 것이다. 두 번째 단계는 자국과 상대국에 대한 구관념을 재정립하는 것이다. 소련의 입장에서 미국과의 관계를 원점에서 다시 생각해 보는 단계이다. 세 번째 단계는 정체성을 변화시키기 위해 노력하는 것이다. 소련은 정체성을 변화시키기 위해서 아프가니스탄과 동유럽에서 철군하겠다고 결정했고, 핵무기와 재래식 무기의 감축안도 발표했다. 네 번째는 상대국이 반응을 보이는 단계이다. 고르바초프의 조치는 결국 미국의 경제협력과 핵무기 감축이라는 반응을 가져왔다.

존 러기는 구성적 규칙 constitutive rule 이라는 개념으로 구성주의를 설명한다. 그는 신자유주의는 이미 형성된 세계에서 국가행위를 조정하는 규제적 규칙 regulatory rule 에 얽매여 있다고 주장한다. 그러면서 그는 사회적 행위를 구성하는 행동의 집합을 구성적 규칙이 만들어낸다고 말한다.[42] 교통질서와 포커 게임을 생각하면 규제적 규칙과 구성적 규칙의 구분이 쉬워진다. 교통이라는 것은 옛날부터 있었다. 한적한 길을 사람과 마차만이 다닐 때는 특별한 규칙이 필요 없었다. 하지만 자동차가 생기면서 길이 혼잡해졌다. 규칙이 필요하게 된 것이다. 그래서 차는 오른쪽으로 가고 신호등에서는 일단 멈추고 파란불인 경우만 진행한다는 등의 규칙이 생긴다. 이것이 규제적 규칙이다. 이미 진행되고 있는 상황을 규제하고 통제하기 위한 규칙이다. 포커 게임은 다르다. 카드 몇 장을 가지고 게임을 하려고 한다. 그런데 이때 규칙이 없으면 게임 자체가 시작이 안 된다. 처음에 어떻게 카드를 분배하고, 어떤 경우에 누가 이기고 지는지에 대한 분명한 규칙이 있어야 게임 자체가 성립되는 것이다. 아이들이 하는 단순한 딱지치기도 한쪽이 다른 쪽의 딱지를 쳐서 뒤집으면 그 딱지를 가져간다는 규칙이 있어야 게임을 시작할 수 있다. 복잡한 카드놀이는 말할 것도 없다. 이와 같이 규칙이 없이는 게임 자체가 불가능한 성격의 규칙을 구성적 규칙이라고 한다. 러기는 국가 간의 교류와 거래에 따라 형성되는 국가의 정체성과 이익은 구성적 규칙으로 국제체제의 성격을 새로이 규정한다고 본다. 구성적 규칙이 바뀔 수 있는 것처럼 정체성과 이익도 사회적으로 새롭게 형성되면서 국제체제의 성격을 바꿔나간다고 생각하는

---

42 John Ruggie, "What Makes the World Hang Together? Neo-Utilitarianism and the Social Constructivist Challenge," *International Organization*, Vol.52, No.4(1998), p.863.

것이다.

구성주의는 관념을 중시하기 때문에 경성권력hard power과 연성권력soft power 가운데에서 연성권력을 더 중요하게 생각한다. 연성권력은 좀 더 쉽게 표현하면 매력attraction이다.[43] 다른 나라의 관심의 대상이 되면서 다른 나라를 설득할 수 있는 힘이 연성권력인 것이다. 따라서 다른 국가가 자국을 어떻게 보고 어떻게 인식하는지, 즉 다른 나라의 자국에 대한 관념이 연성권력의 주요 요소가 된다. 실제 국제정치에서 일정한 이슈를 둘러싼 지속적인 의사소통의 과정에서 상대국이 자국을 어떻게 인식하는지는 매우 중요한 부분이며, 이러한 인식은 외교정책과 외교적 협상에 매우 큰 영향을 준다.

최근의 국제정치이론 논의에서 구성주의는 매우 큰 비중을 차지하고 있다. 주권 국가들로 구성된 국제체제의 특성을 사회적 속성을 통해서 파악하려 한 것이 기존의 국제정치 연구 경향에 매우 큰 충격을 주었기 때문이다. 또한 세계화의 흐름 속에서 국가와 비국가행위자들이 공동으로 세계 문제를 해결해 나가려는 지구적 협치, 즉 글로벌 거버넌스global governance 형성과 관련해서도 구성주의는 중요한 의미를 가진다. 기아, 빈곤, 인권, 환경 등 지구 전체의 문제를 해결하기 위해서는 국가뿐만 아니라 국제비정부기구, 기업, 개인 등 다양한 행위자들이 세계 차원의 거버넌스를 만들고, 문제 해결을 위한 방안을 공동으로 찾아가는 것이 중요하다. 이들이 모여서 소통하며 문제를 해결하는 것은, 서로의 정체성과 이익을 접근시키면서 국제체제의 성격을 보다 협력적인 것으로 변화시켜 나가는 방식, 즉 더욱 근본적인 문제 해결의 방식이 되는 것이다.

국내외의 안보환경을 분석하고 설명하는 안보학 분야에서도 전통적으로는 현실주의 시각으로 힘의 분배와 변화에 중점을 두었지만 최근 들어서는 구성주의 시각이 적극 도입되고 있다. 국가가 일정한 외부의 위협에 봉착했을 때 위협의 정도보다는 그것이 형성된 배경에 관심을 집중하면 해결이 더욱 쉬워진다. 또 상대국의 힘이라는 것도 그 자체보다는 그 이면에 작용하는 상대국의 의도를 잘 파악하면 자국에 결코 위

---

43 Janice Bially Mattern, "Why 'Soft Power' Isn't So Soft: Representational Force and the Sociolinguistic Construction of Attraction in World Politics," *Millennium: Journal of International Studies*, Vol.33, No.3 (2005), pp.584~585.

협이 아니라고 판단할 수도 있는 것이다. 이처럼 물질적인 면 자체보다는 이에 관련된 생각과 의도에 주목하는 구성주의적 안보학은 실제로 국가안보정책을 수립하고 한정된 자원을 효율적으로 분배하는 데 매우 유용하기 때문에 국가들이 점점 이에 대한 관심을 확대하고 있다.

제2부

국제안보

제3장
국제안보와 안보전략

1. 안보, 국제안보란?

일상생활 속에서 안보란 말을 우리는 자주 쓴다. 대통령이 관련 장관들을 모아놓고 회의를 하면서 '안보에 만전을 기하라'고 당부했다든지, 북한 정세의 변동 가능성이 높아짐에 따라 우리 군이 안보태세를 강화했다든지 등의 소식이 수시로 우리들에게 전해진다. 안보는 말 그대로 '국민과 국가가 외부세력으로부터 침략 또는 위협을 당하지 않도록 하는 것'을 이른다. 인간은 누구나 평온하고 행복한 삶을 추구하기 때문에 안보는 이러한 삶의 기본 요건으로 인식되어 왔고, 그래서 국제정치에서 여전히 중요하게 다루는 주제이다. 실제로 핵무기와 테러, 군축, 평화, 기후변화 등 대부분의 국제정치 이슈들이 국가와 국민들의 안보를 어떻게 하면 효과적으로 확보할 것인지를 두고 논의하는 것이라고 할 수 있다.

물론 안보는 확보하기 쉬운 것이 아니지만 확보되지 않으면 안 되는 것이기도 하다. 안보가 확보되지 않은 상황에서는 국가도 국민도 그 존재 자체가 위협받기 때문이다. 그래서 안보는 눈에 보이지 않으면서도 사람이 사는 데 없어서는 안 되는 것이다. 조지프 나이가 말하는 것처럼 안보는 공기와 같고, 그것이 없어지기 시작해야 비로소 그것의 가치를 깨닫게 된다. 그리고 안보가 사라지기 시작하는 상황이 되면 우리는 다른 어떤 것도 생각할 여유가 없게 된다.[1] 공기가 그런 것처럼 안보도 평소에는 사람들이 귀중함을 잘 인식하지 못하지만, 일단 없어지기 시작하면 바로 사람의 생명을 위협하는 치명적인 성격을 가지고 있다.

안보security는 쉽게 말하면 불안insecurity이 없는 상태이다. 불안은 두 가지 조건이 만족될 때 발생한다. 첫째는 외부의 위협이 존재해야 한다. 둘째는 이 위협이 자신의 능력capability으로 막을 수 없는 상태여야 한다. 위협threat은 상대에게 손상과 손해를 유발하려는 의도적 행동을 이른다. 이러한 위협이 자신의 능력보다 강할 때 불안 상태가 되는 것이다. 거꾸로 생각하면 이 두 가지 조건 중에 하나가 없으면 안보가 확보된 상태가 된다. 다시 말하면 외부의 위협이 없으면 안보 상태가 된다. 또한 외부의 위협이 있더라도 자신의 능력이 이를 넘어설 수 있으면 안보가 확보된다. 따라서 개념적으로 안보는 '외부의 위협이 존재하지 않거나 자국의 능력으로 위협을 극복할 수 있는 상태'를 말한다. 국제안보international security는 국가 차원이 아니라 국제 차원에서 위협이 없거나 극복된 상태를 이른다. 따라서 공동의 안보 확보를 위한 국가들의 협력방안이 국제안보의 주요 논제가 된다. 세계정치에서 어떤 형태로든 위협은 존재해 왔고, 이러한 위협을 모두 극복할 만큼의 능력을 갖추는 것은 매우 어려운 일이다. 세계 최고의 국방력을 자랑하는 미국도 테러단체의 위협과 공격을 완전히 넘어서지는 못한 상태로 자국의 안보를 걱정하고 있는 것이 국제정치의 현실이다.

국가가 안보를 얻기 위해서는 외부 위협이 존재하더라도 능력을 키우면 되는 것인데, 이 능력의 의미를 좀 더 구체적으로 확인하기 위해 유용한 개념이 취약성vulnerability이다. 취약성은 불안을 극복하기 위한 능력의 한계를 말한다. 외부의 변화에 쉽게 대응해 나갈 수 없는 것이 취약성이다. 외부의 변화에 대응하기 위해 들어가는 비용과 이를 감당하려는 정치적 의지에 따라 취약성이 큰지 작은지를 판단할 수 있다.[2] 위협에 대응하는 데 많은 비용이 드는 상태가 취약성이 큰 상태이고, 적은 비용으로 위협을 극복할 수 있으면 취약성이 작은 것이다. 국가들이 모든 위협을 극복할 수 있는 능력을 완전하게 갖추는 것은 불가능하기 때문에, 실제로 국가들의 안보정책은 이 취약성을 최소화시켜 외부의 위협이 있더라도 그로 인한 손상을 적은 비용으로 극복할 수

1   Joseph S. Nye, Jr., "The Case for Deep Engagement," *Foreign Affairs*, Vol. 74. (July-August 1995), p.91.

2   Keohane and Nye, *Power and Interdependence*, p.12.

있도록 하고, 따라서 불안을 최소화하는 데에 맞추어져 있다.

안보는 또한 객관적인 측면뿐만 아니라 주관적인 측면까지도 관여된 개념이다. 아널드 울퍼스Arnold Wolfers는 이러한 객관적·주관적 측면 모두를 통찰해 안보에 대한 유명한 정의를 제시한다. 국가이성에서 외교정책론까지 폭넓은 내용을 소화하고 있는 저서 『불화와 협력: 국제정치에 대한 논문들Discord and Collaboration: Essays on International Politics』에서 그가 내린 안보에 대한 정의는 "안보는 객관적 의미에서는 이미 가지고 있는 가치에 대한 위협이 없는 상태이며, 주관적 의미에서는 그러한 가치가 공격당할 우려가 없는 상태이다"라는 것이다.[3] 좀 더 쉽게 말하면, 영토와 같은 가치 있는 것에 대한 위협이 현실적으로 없고, 영토가 공격당할 걱정도 없는 상태가 안보라는 말이다.

어원적으로 보면 이러한 주관과 객관 모두를 포괄하는 성격은 더 명확해진다. 안보를 의미하는 영어 'security'는 라틴어 'securus'에서 왔다. 'securus'는 '~가 없다'는 뜻의 'se', 위험을 의미하는 'cura'가 합성된 것이다. '위험이 없는 상태'가 '안보'인 것이다. 이는 외부로부터 직접 침입을 당하지 않고, 생명에 대한 위협을 경험하지 않는 객관적인 여건이 확보된 상황이 안보가 보장된 상태라는 의미이다. 그런데 'cura'는 그러한 실제 드러난 상태만을 의미하는 것이 아니라 불안uneasiness도 의미한다. 이는 주관적인 측면이다. 적의 침입 가능성에 대한 불안, 생명이 위협당할 가능성에 대한 불안까지도 포함하는 것이 'cura'이기 때문에 이러한 심리적 불안까지 없는 상태가 안보 상태가 된다.

안보는 누구에게나 필요한 것으로 경제학적 개념으로는 치안이나 소방과 함께 공공재의 대표적인 예에 해당한다. 모든 사람이 공동으로 이용할 수 있는 서비스인 것이다. 공공재로서의 안보는 네 가지 특성을 보여준다. 첫째는 비배제성이다. 안보 확보를 위해서 어떤 대가를 지불하지 않더라도 모든 사람이 확보된 안보의 혜택은 누릴 수 있는 것이다. 컴퓨터나 자동차와 같은 사유재는 시장에서 돈을 주고 사야 하지만 안보는 그렇지 않다. 국가가 확보해 준다. 돈을 내지 않은 사람도 안보가 주는 혜택은 자유롭게 누릴 수 있다. 둘째는 비경쟁성이다. 안보를 사기 위해 서로 경쟁할 필요가 없는 것이다. 일반적인 재화나 서비스는 사람들이 소비를 늘리면 그 양이 줄어들고 그에 따라 소비자들

---

3   Arnold Wolfers, *Discord and Collaboration: Essays on International Politics*(Baltimore: Johns Hopkins University Press, 1962), p.150.

사이에 경합관계가 형성된다. 하지만 안보는 그렇지 않다. 그래서 경쟁성이 없다.

셋째는 세금 의존성이다. 안보는 국민 개개인이 혜택을 누리는 만큼 돈을 내는 형태가 아니라 국가가 국민 모두로부터 걷는 세금으로 확보된다. 그래서 사유재에 적용되는 수익자 부담의 원칙이 적용되지 않는다. 넷째는 국가 의존성이다. 안보의 공공재 성격 때문에 안보를 어느 정도 확보할지, 안보 확보에 어느 정도의 자산을 투입할지 등의 중요한 결정을 국가가 한다. 그래서 국가안보뿐만 아니라 국제안보, 인간안보까지도 주요 요소에 대한 결정을 국가에 의존한다.

2. 전통적 안보와 현대적 안보

1) 국가안보와 인간안보

국제체제, 국가, 개인이라는 분석 수준에 따라 구분하면 안보는 국제안보, 국가안보, 인간안보로 구분된다. 동서양을 불문하고 전통적으로는 국가안보가 국가들의 가장 우선적인 관심이었다. 국가의 영토와 주권을 외부 위협으로부터 보호하는 것이 주권국가의 최우선 과제였다. 하지만 국가들 사이의 교류와 상호의존이 증대되면서 국제체제 전체에 대한 위협에도 대응할 필요를 국가들이 실감하게 되었다. 지역 안보질서 붕괴에 따른 세계대전, 지구온난화에 따른 환경재앙, 테러의 확대에 따른 세계 불안 가중 등 국제체제 전반에 영향을 미칠 수 있는 문제들에 대해 국가들이 대처하지 않으면 안 되게 되었다. 이에 따라 국제체제 자체를 보호하려는 국제안보에 대한 국가들의 관심도 확대되어 왔다. 또한 개개인의 생명과 존엄성의 보장이 국가의 안위 못지않게 중요하다는 인식이 생겨나면서 인간안보가 현대 국제정치에서 중요한 개념으로 등장했다. 특히 인간안보에 대한 관심은 냉전기가 지나고 1970년대에 들어서서 지구환경 악화, 인권침해, 질병, 빈곤 등에 대한 문제의식이 심화되면서 점점 세계적으로 확산되기 시작했다.

인류 역사가 오랫동안 진행되어 오면서 국가들 사이에 갈등과 전쟁은 끊이지 않았고, 국가를 지키는 일은 국가 최고지도자의 최우선 과제가 되어왔다. 즉, 전통적인 개념의 안보는 국경을 잘 지키는 일이었다. 그래서 전통적인 국가안보 개념에서 중요한 것은 상대국의 군사적 위협이었다. 상대국 군사력의 증강, 침입의 가능성, 침입의 의도 등을 정확히 파악하고 이에 대해 효율적으로 대응하는 것이 국가안보에서 가장 중요한 요소였다. 위에서 본 것처럼 전통적 안보에서 안보의 대상은 국가였다. 국가를 어떻게 하면 침략당하지 않게, 무너지지 않게 보호할 것인가가 가장 중요한 주제였던 것이다. 안보를 위협하는 요소는 군사적 위협으로 한정되어 있었다. 안보의 객체인 국가를 외부의 군사적 위협으로부터 안전하게 보호하는 것이 전통적 안보 개념의 핵심이었다.

하지만 현대적인 인간안보 개념은 이보다 훨씬 포괄적이다. 개개인이 모두 기아와 빈곤, 질병, 인권침해, 실업 등의 위협으로부터 벗어나 더욱 안전한 상태에 놓이도록 해야 한다는 것이 인간안보이다. 국가안보가 안보의 대상을 국가로 상정하고 있는 데 반해 인간안보는 개개의 인간을 안보의 대상으로 하고 있다는 점이 양자의 가장 큰 차이이다. 또한 국가안보가 군사적 위협의 제거를 안보의 주요 목표로 하고 있는 것과는 달리 인간안보는 인간이 실제의 생활 속에서 맞닥뜨릴 수 있는 다양한 실제적 위협에 대한 감소와 제거를 안보의 목표로 삼고 있다는 점도 커다란 구분점이다.

인간안보 개념은 1970년대에 확산되기 시작해 탈냉전기 동유럽과 아프리카, 중앙아시아 등지에서 분쟁이 심화되고 이로 인한 직접적인 피해자가 양산되면서 세계적인 이슈로 발전했다. 여기에 많은 공헌을 한 것이 유엔개발계획 UNDP 이 1990년부터 매년 발행해 온 「인간개발보고서 Human Development Report」 이다. 이 보고서는 세계의 빈곤과 질병, 불평등, 인권침해 등 인간안보의 침해 현상을 조사·보고함으로써 인간안보에 대한 세계의 주의를 환기해 왔다. 특히 1993년 보고서는 "안보 개념은 국가안보만을 강조하던 것으로부터 인간의 안보를 강조하는 쪽으로 변화해야 한다. 또한 무장을 통한 안보에서 인간개발을 통한 안보로, 영토안보에서 음식, 고용, 환경 안보로 바뀌어야 한다"라면서 안보 개념의 근본적 변화를 촉구하기도 했다.[4]

하지만 한편으로 보면 21세기가 되어서도 최빈국 국민들의 삶은 그다지 개선되지

---

4   UNDP, "Human Development Report 1993"(http://hdr.undp.org/en/reports/global/hdr1993).

않고 있고, 강대국들은 여전히 국가안보 중시 경향을 견지하고 있다. 세계 주요 선진국들은 후진국에 대한 원조보다 10배나 많은 돈을 군사비에 지출하고 있다. 이러한 현실 세계정치의 모습은 인간안보에 더 많은 관심을 기울여야 함을 말해주고 있다.

이처럼 국가안보에 대한 관심 일변도에서 국제안보, 인간안보로 관심이 확대되어 가는 현상은 국제정치이론의 발전사와도 맞물려 있다. 제2차 세계대전 직후부터 1970년대 초반까지는 현실주의의 위력이 강했다. 국가가 국제정치에서 가장 중요한 행위자이고 국가는 힘을 추구하도록 되어 있다는 현실주의가 국제정치를 관찰하는 주요 프레임으로 기능한 것이다. 현실주의적인 인식이 국제정치의 실제와 분석에서 주요 흐름을 형성하고 있는 가운데에서 국가안보 개념은 중시될 수밖에 없었다. 현실 국제정치의 가장 중요한 행위자인 국가를 보호하고 국가를 안보의 우선적 대상으로 고려하는 것은 그러한 상황에서 아주 당연한 것이었다.

그러다 1970년대 중반 마르크스주의 국제정치이론이 등장해 국제체제를 하나의 분석단위로 간주하게 되고, 안보학은 국제안보에 대한 관심을 증대시킨다. 물론 관심의 방향은 다르다. 마르크스주의는 국제체제를 하나의 단위로 여기고 분석하는 것이 국제관계를 가장 잘 이해하는 것이라는 생각이었고, 국제안보에 대한 관심은 국가 스스로를 보호하는 것도 중요하지만 국제체제 자체가 위협받는 상황을 막아야 한다는 생각이었다. 이처럼 관심의 방향은 다르지만 국가 하나하나보다는 국제체제 전체를 하나의 단위로 간주한 점에서는 유사한 경향이라고 할 수 있다.

1970년대 말 상호의존론이 나오고 자유주의에 대한 관심이 높아지는 상황은 인간안보에 대한 주목의 현상과 맞물려 나타난다. 자유주의는 기본적으로 국가를 국제관계의 가장 중요한 행위자로 인정하지 않고 있고(물론 신자유주의적 제도주의는 다르지만), 국가뿐만 아니라 개인이나 다국적기업 같은 비국가행위자도 주요 행위자가 될 수 있다고 생각한다. 이러한 자유주의의 속성은 국가보다는 인간의 보호에 관심을 두어야 한다는 인간안보 개념의 인식적 바탕이 되었다.

요약하자면, 전통적으로는 국가안보 개념이 주류를 이루었지만 현대적 안보 개념은 국가보다는 인간에 관심을 두는 인간안보도 주목해야 한다는 것이다. 실제로 현실 국제정치에서 영향력이 강한 강대국들은 국가안보에 여전히 많은 관심과 비중을 두고 있지만, 유엔 등 국제기구와 개발도상국들은 인간안보에 대한 세계의 더 많은 관심을 지속적으로 촉구하고 있는 상황이다.

2) 자조안보와 공동안보, 협력안보

전통적인 안보는 국가안보이면서 자조 self-help 적인 것이었다. 외부의 위협을 스스로 막고 스스로 군사력과 경제력을 강화하는 것이 안보 확보였다. 스스로가 스스로의 안보를 추구한다는 점에서 자조안보 self-help security 라고 이름 붙일 수 있을 것이다. 그런데 이 자조안보는 곧 이웃 국가의 안보 불안으로 연결된다. 이것이 안보딜레마이다. 한 나라의 군비 강화는 상대국의 안보 불안을 야기하는 것이다. 펠로폰네소스 전쟁의 원인도 아테네의 안보 강화가 스파르타의 안보 불안과 침략 의지를 불러일으킨 것이었다. 특히 국제정치는 상대국의 의도를 정확히 알 수 없는 불확실성 uncertainty 을 특징으로 하고 있기 때문에 어떤 나라가 안보를 강화할 때 이 나라가 추구하는 바를 명료하게 알 수 있는 길이 없다. 따라서 상대국은 그보다 더 많은 군비를 갖추는 방식으로 대응하게 된다. 이러한 상황은 결국 양국 사이의 군사적 충돌로 발전하기 십상이다. 결국 자조안보는 결코 완전한 안보가 될 수 없고, 오히려 매우 불안한 안보가 될 수밖에 없다.

이처럼 자조안보는 안정성이 떨어지기 때문에 국가들은 점차 공동안보를 추구하게 되었다. 공동안보는 국가가 스스로의 안보만을 추구하는 것이 아니라, 상대국의 존재를 인정하면서 상대국의 안보도 보장하고 우발전쟁의 가능성을 줄임으로써 자국의 안보를 확보하는 것을 말한다.[5] 아이러니하게도 공동안보의 개념은 1980년대 신냉전이 시작되던 시기에 등장했다. 1980년 스웨덴 전 총리 올로프 팔메 Olof Palme 가 군축·안보문제위원회 Independent Commission on Disarmament and Security Issues 를 만들었고, 1982년 이 위원회는 핵전쟁의 위험을 경고하는 보고서 「공동안보: 군축을 위한 프로그램 Common Security: A Programme for Disarmament」을 유엔 특별군축총회에 제시했다. 이 보고서는 군비증강을 통한 안보 추구의 오류를 지적하고, 상대 국가의 안보욕구를 인식하고 인정하면서 안보정책을 추진할 때 진정한 안보가 확보될 수 있음을 말하고 있다. 공동안보 개념을 제시한 것

---

5   김열수, 『국가안보: 위협과 취약성의 딜레마』(법문사, 2012), 386쪽.

이다. 미국의 레이건 행정부 이후 미국과 소련의 관계가 매우 경색되어 있는 상태에서 오히려 이러한 냉전 위험성의 극복 필요성에 대한 인식이 증대되었고, 그래서 이전과는 다른 공동안보 개념이 나오게 된 것이다.

실제로 상호 간의 안보욕구를 인정하면서 자국의 안보를 추구하는 경우는 군축협상을 통해서 종종 현실적으로 확인된다. 탈냉전 초기 미국과 소련이 그런 모습을 보여줬다. 양국은 1991년 7월 전략무기감축협정 START-I 에 서명했다. 전략핵무기와 전략폭격기 등을 7년 이내에 절반으로 줄인다는 내용이었다. 이어 9월 말 미국이 전술핵무기 폐기를 선언했고, 일주일 후 소련도 이미 독립한 독립국가연합 CIS 국가들로부터 전술핵무기를 철수시켜 모든 전술핵무기를 폐기하겠다고 선언했다. 이로써 미국과 소련 양측이 모두 공격 위주에서 방어 위주로 안보태세를 완화하게 되었다. 이와 같은 군축과 안보태세의 완화가 이루어진 것은 미국이 소련의 안보 불안을, 소련은 미국의 안보 불안을 인정하면서, 상대의 안보도 보장하려는 공동안보 의식 때문에 가능했다.

공동안보에서 한 걸음 더 나아가는 개념이 협력안보이다. 상호 간의 신뢰를 바탕으로 안보문제를 더욱 근본적으로 해결하는 실천적인 개념이 협력안보이다. 관련 국가들이 상호 신뢰구축의 단계를 거쳐 군사적인 문제뿐만 아니라 환경, 빈곤, 질병 등 다양한 이슈들을 함께 관리하고 해결해 나가는 것을 말한다. 협력안보의 강조점은 세 가지이다. 첫째는 안보위협의 공통성이다. 안보를 위협하는 원인을 국가들이 서로 공유할 때 협력안보가 형성될 수 있는 것이다. 둘째는 안보이익의 공통성이다. 생존, 지역의 안정 등 일정한 이익을 관련국들이 공동으로 느끼고 이를 서로 보장해 주려 할 때 협력안보가 이루어질 수 있는 것이다. 셋째는 안보달성의 협력성이다. 국가들이 공유하고 있는 안보적 이익이 상호 간의 협조를 통해서만 이루어질 수 있다는 인식을 가지고 있을 때 협력안보가 될 수 있는 것이다.[6]

협력안보의 대표적인 사례는 유럽의 유럽안보협력기구 OSCE: Organization for Security and Co-operaton in Europe 이다. 1972년 유럽 국가들의 안보협력을 위한 회의체 창설을 위해 준비회의를 개최한 이래 3년간의 협력 과정을 거쳐 1975년 헬싱키 정상회의가 개최되었

---

6   유현석, 『국제정세의 이해』(한울, 2009), 153쪽.

고, 여기서 유럽안보협력회의CSCE: Conference on Security and Cooperation in Europe가 구성되었다. 유럽 35개 국가가 참여하는 안보레짐이 만들어진 것이다. 이후 1990년대 초 탈냉전의 시기를 맞아 다양한 안보 이슈에 대해 구체적으로 논의하고 실질적으로 협력을 추진해 나가기 위한 유럽안보기구가 요구되었다. 그래서 1994년 유럽의 모든 국가와 미국, 캐나다를 포함한 55개 나라가 OSCE를 창설하게 되었다.

OSCE는 서유럽과 동유럽 지역이 상호 간의 주권 존중, 무력 사용 금지, 내정불간섭 등 신뢰구축을 위한 기본적인 원칙을 바탕으로, 군사훈련 사전 통보, 상호 훈련 참관 등 군사적 협력은 물론, 경제와 과학기술, 환경 분야의 협력도 실행하고 있다. 그뿐만 아니라 정보의 교류, 문화 협력, 인권 협력 등도 지속적으로 진행하고 있어 상호 신뢰의 바탕 위에서 안보문제를 해결하려는 협력안보의 대표적 사례로 꼽히고 있다. 최근 OSCE는 동유럽의 민주주의 증진과 인권보호, 인신매매 방지, 국경분쟁 방지, 테러 예방, 무기 통제 등에 특히 중점을 두면서 활동하고 있다. 사무국은 오스트리아 빈에 두고 있고, 네덜란드 헤이그에는 소수민족문제 해결을 돕는 고등판무관실이 있으며, 폴란드 바르샤바에는 부정선거 감시와 인권 증진 활동을 주관하는 민주단체·인권사무소가 있다. 유럽과 북미, 중앙아시아 국가 57개국이 현재 회원국이며, 한국과 일본 등 11개 나라를 협력국가로 두고 있다.

3. 안보 확보를 위한 전략

실제 국가들의 입장에서 중요한 것은 현실적으로 어떻게 스스로의 안보를 확보할 것인가 하는 것이다. 여기에는 현실주의와 자유주의, 구성주의가 나름의 전략을 가지고 있다. 현실주의는 국가 사이에 세력균형이 이루어지면 평화와 안보가 보장된다고 본다. 더 구체적으로는 스스로의 군비를 강화하는 내적 균형, 외부 세력과 동맹을 맺는 외적 균형의 전략이 있다. 패권과 편승 전략도 힘을 중심으로 한 것이어서 현실주의의 범주에 들어가는 방안이다.

자유주의는 국가 간의 협력을 강화해 안보가 증진될 수 있다는 입장인데, 상거래의 확대와 민주체제의 확장, 국제제도의 증진 등 다양한 전략이 제시되고 있다. 그 가운데서도 국제제도는 최근 자유주의자들의 주요 관심사이면서 현실 국제정치에서 그 적실성이 매우 높은 것으로 평가되고 있다. 유화 전략도 대화를 통한 안보 확보 전략이어서 자유주의로 분류할 수 있을 것이다. 구성주의는 정체성과 이익의 접근을 통한 관념의 변화, 이를 통한 협력의 증진을 안보 확보의 근원적인 방안으로 제시한다.

안보의 적대 개념인 불안의 두 가지 요소는 외부의 위협과 국가가 가진 취약성인데, 안보 확보 전략들은 이 가운데 하나에 초점을 맞추고 있다. 세력균형은 내적·외적 균형 모두 자국의 취약성 감소에 중점을 둔 전략이다. 패권전략도 취약성을 감소시키는 전략이다. 편승전략은 자국의 취약성을 감소시키면서 동시에 상대국의 위협을 약화시키는 전략이다. 유화전략과 국제제도, 구성주의 방안 등은 모두 상대국의 위협을 감소시키는 데 초점이 있는 방안이다.

1) 균형전략

균형전략balancing strategy은 세력균형을 통해 안보를 확보하려는 전략이다. 세력균형balance of power은 문자 그대로 보면 힘이 평형equilibrium 상태를 유지해 어느 쪽으로도 기울지 않는 상태를 말한다. 두 개 이상의 국가가 비슷한 힘을 가지고 있으면서 어느 쪽도 우위를 차지하지 못하는 상태이다. 문자 그대로 보면 그렇지만 정치적으로는 매우 깊은 의미를 지니고 있다. 어느 한쪽이 우월한 지위를 가지고 있는 것이 아니기 때문에 어느 쪽도 쉽게 상대를 침략하지 못하고 전쟁을 스스로 억제하면서 평화 상태를 유지하는 것이 바로 세력균형이다. 현실주의가 세력균형을 매우 중시하는 이유가 바로 여기에 있다. 비슷한 힘을 가지게 되면 서로 전쟁을 일으키지 못한다는 것이다. 한 국가의 입장에서 보면 서로 전쟁을 못 일으키고 평화를 유지하는 세력균형 속에서 안보를 확보할 수 있는 것이다.

세력균형은 좀 더 깊이 보면 네 가지 의미를 가지고 있다.[7] 첫째는 '힘의 분산distribution of power'을 묘사하는 용어로 세력균형을 사용한다. 그저 사람들이 'A라는 나라

---

7   Nye and Welch, *Understanding Global Conflict and Cooperation: An Introduction to Theory and History*, pp.82~86.

와 B라는 나라가 현재 균형 상태에 있다'라고 말하고 싶을 때 세력균형이라는 말을 쓴다. 국제정치의 주요 행위자들 사이에 힘이 비슷하게 나뉘어져 있어서 어느 쪽도 다른 쪽을 침략할 수 없는 상태 자체를 세력균형이라고 일컫는다.

세력균형의 두 번째 의미는 '균형을 위한 의도적인 정책deliberate policy of balancing', 즉 세력균형 정책이다. 주변에 지배적인 세력이 존재하는 경우 국가들은 독립과 안보를 확보하기 어렵다. 그래서 국가들은 세력 불균형 상태라면 이를 세력균형 상태로 전환하려 하고, 세력균형 상태에 있다면 이것이 붕괴되는 것을 막으려 한다. 세력균형을 중요한 정책 목표로 상정·추진하는 것이다. 1914년 영국의 외무장관 에드워드 그레이Edward Grey가 "전쟁을 원하지는 않았지만 하게 되었다. 독일이 유럽을 지배하고 유럽에서 우위를 점할 것을 우려했기 때문이다"라고 제1차 세계대전의 참전 이유를 설명했다. 독일의 지배를 막기 위한 정책으로 세력균형을 추구했다는 말이다. 정책적 의미로서의 세력균형은 국가들의 안보정책과 직접 관련된다.

세력균형의 세 번째 의미는 '어느 정도 자동적인 힘의 평형화more or less automatic equilibration of power'를 말한다. 세력균형을 하나의 이론으로 간주하는 것이다. 현실주의자들에 의하면, 국제정치는 기본적으로 무정부성을 가지고 있고, 그 속에서 국가들은 자조self-help를 추구한다. 다른 국가가 힘의 우위를 점하는 것도 막는다. 한 나라가 지나치게 약해져서 균형이 깨지는 것도 막는다. 이러한 원리가 국가들의 행동에서 자연스럽게 나타난다. 다시 말하면 세력균형이 국제정치에서 하나의 중요한 이론으로 적용되고 있는 것이다. 이러한 이론을 이르는 용어로 세력균형을 사용한다는 것이다.

세력균형의 네 번째 의미는 '다극체제의 역사적 사례historical cases of multipolarity'이다. 역사적으로 존재했던 다극체제를 가리킬 때 세력균형이라는 용어를 사용하는 것이다. '고전적 세력균형'이라고 말하면 나폴레옹전쟁 전 안정을 이루었던 18세기 유럽의 다극체제를 이른다. '19세기 세력균형'이라고 말하면, 나폴레옹전쟁이 끝나고 1815년부터 제1차 세계대전이 발생하는 1914년까지 대규모 전쟁 없이 영국과 프랑스, 독일, 러시아, 오스트리아-헝가리 제국이 균형관계를 유지했던 경우를 말한다.

이처럼 세력균형은 다양한 의미로 사용된다. 안보와 관련해 중시되는 세력균형의 의미는 정책으로서의 세력균형이다. 국가의 안보를 확보하기 위해서 세력균형이 국가의 주요 정책수단의 하나로 논의되고 시행될 수 있음을 의미하기 때문이다. 정책으로서의 세력균형 전략은 크게 내적 균형과 외적 균형 두 가지로 나뉜다.

(1) 내적 균형

국제정치에서 균형 balancing 이라고 하는 것은 세력균형이 아닌 상태를 세력균형 상태로 만들거나 세력균형을 깨려는 국가에 대해 맞서 현상 status quo 을 유지하려는 행위를 말한다. 즉, 침략을 하려는 국가에 대해 직접 나서 세력균형을 만들거나 기존의 세력균형의 파괴를 막는 것을 말한다. 이는 내적 균형 internal balancing 과 외적 균형 external balancing 두 가지가 있다. 내적 균형은 스스로의 능력을 강화하는 것이고, 외적 균형은 동맹을 형성하는 것이다.[8] 내적 균형은 쉽게 말하면 자국의 군비를 강화하는 것이다. 국방비를 늘리고 병력을 증가시키고 새로운 무기를 개발해 스스로의 능력을 증대시키는 것을 말한다. 다시 말하면 자조 self-help 의 방법으로 안보를 추구하는 것이다.

군사력과 경제력을 증대시켜 국가의 안보를 확보하는 전략은 가장 전통적이면서 매우 현실적인 방안이다. 현재의 모든 국가들은 실제로 자국의 군비를 강화하고 있고 이를 위해 예산과 기술을 확보하려고 노력한다. 전통적으로 국력의 개념 가운데에서 군사력은 중시되어 왔고, 현대의 국제관계에서도 군사력은 여전히 중요한 개념으로 자리를 잡고 있다. 결국 내적 균형은 외부 위협과 내부 취약성이라는 불안의 두 가지 요소 가운데 내부 취약성을 감소시킴으로써 안보를 증진하려는 전략이라고 할 수 있다.

문제는 국제정치는 상대가 있는 게임이라는 것이다. 내적 균형은 안보를 위해 자국의 능력을 확대하는 것이지만 상대국은 이에 대해 불안을 느낀다. 주변국 사이에서 '안보딜레마' 현상이 발생하게 되는 것이다. 내가 대포를 만들면 상대는 미사일을, 내가 미사일을 만들면 상대는 핵무기를 만든다. 그래서 케네스 월츠나 로버트 저비스, 조지프 그리코 같은 방어적 현실주의자들은 안보를 확보하는 데 필요한 적절한 양의 힘만을 추구해야 한다고 주장한다.

실제 국가들의 군비 강화 정책을 자세히 관찰하면, 절대적인 능력의 최대화를 추구하기보다는 적절한 힘을 추구하는 모습을 보이고 있다. 국가들은 국방정책을 발표하면서 '공격능력 최대화'를 말하지 않는다. 그 대신 '방어능력' 또는 '안보능력' 최대화

---

8   Waltz, *Theory of International Politics*, pp.118, 168.

를 말한다. 국방부라는 이름도 국가를 방어한다는 의미이고 공격의 의미는 없다. 외국의 사례도 'department of defense'라고 쓰지 'department of offense'라고 쓰지는 않는다. 이러한 모습이 세계의 국가들이 실제로 가능하지도 않은 능력의 최대화를 추구하기보다는 안보 확보에 필요한 만큼의 능력을 확보하는 데 주안점을 두고 있음을 보여주고 있다. 다른 표현으로 하면 능력capability 그 자체의 최대화보다는 취약성vulnerability 감소에 초점을 맞추어 문제가 있어도 곧바로 회복할 수 있는 정도의 능력 확보에 관심을 두고 있는 것이다.

(2) 외적 균형

외적 균형은 외부의 세력과 동맹alliance을 형성해 외부의 위협을 막고 안보를 확보하려는 전략이다. 한마디로 동맹전략이다. 기본적으로 3국 이상이 경쟁하는 국제체제에서 가능한 것이다. '위협을 공유하는sharing threat' 두 개 이상의 국가가 그 위협에 대응하는 체제로 연대를 형성해 외적 균형을 실행한다. 이렇게 해서 결국 내적 균형과 마찬가지로 스스로의 능력을 강화하고 취약성을 줄이는 전략이다. 이 역시 그리스시대에도, 춘추전국시대에도, 현대의 세계정치에서도 국가들이 안보 증진의 수단으로 즐겨 사용하는 방안이다.

동맹은 안보적 성격을 기본적인 전제로 가지고 있다. 단순한 국가 사이의 협력은 동맹이라고 부르지 않는다. 가장 잘 알려진 동맹에 대한 정의가 스티븐 월트Stephen Walt의 정의인데, 그는 "동맹은 두 개 또는 그 이상의 주권국가들 간의 안보협력을 위한 공식 또는 비공식 협정이다"라고 했다.[9] 안보를 확보하고 증진하기 위한 국가 간의 합의를 동맹이라고 한 것이다. 글렌 스나이더Glenn Snyder는 군사적 성격을 더욱 명확하게 밝힌다. 즉, 스나이더는 "동맹은 특정 국가에 대항해 안보 또는 권력 강화를 목적으로 한, 국가들의 무력 사용(또는 불사용)을 위한 공식적 연합이다"라고[10] 정의해 군사력을 사용하기 위한, 또는 사용하지 않기 위한 국가 간의 합의만이 동맹임을 분명히 했다.

---

9   Stephen Walt, *The Origins of Alliances*(Ithaca: Cornell University Press, 1987), p.12.

10   Glenn H. Snyder, "Alliance Theory: A Neorealist First Cut," *Journal of International Affairs*, Vol.44, No.1(1990), p.104.

자유무역협정FTA을 맺은 양국관계를 '경제동맹'이라고 부르는 경우가 있지만 이는 언론용일 뿐이고, 국제정치에서 동맹이라고 할 때는 상호방위조약 등의 합의를 바탕으로 한 안보·군사협력의 관계를 말한다.

동맹 구성국 사이의 관계를 중심으로 보면, 동맹은 대칭동맹symmetric alliance과 비대칭동맹asymmetric alliance으로 나뉜다. 대칭동맹은 서로 주고받는 이익의 규모가 비슷한 것을 말하는데, 주로 교환하는 이익의 종류가 같은 경우이다. 대부분의 대칭동맹은 서로 안보이익security benefits을 주고받는다. 반대로 비대칭동맹은 대부분 주고받는 이익의 종류가 다르다.[11] 결과적으로 교환하는 이익의 규모도 다르다. 한 나라가 안보이익을 주고 다른 나라는 자율성 이익autonomy benefits을 내놓는 경우가 여기에 해당한다. 비대칭동맹은 보통 국력이 차이 나는 나라들 사이에서 맺어진다.[12] 강대국이 약소국에 군대를 파견해 주고 약소국의 내정에 간섭하는 경우가 대표적인 사례이다. 이 경우 강대국은 안보를 제공하고 약소국은 자신의 국가 자율성을 내놓는다. 안보를 제공하는 강대국보다는 국가 자율성을 제약받는 약소국이 훨씬 불리한 위치이다. 일반적으로 강대국과 약소국이 동맹을 맺는 경우, 강대국이 이익분배와 정책결정에서 유리한 위치에 있다. 그래서 니콜로 마키아벨리는 약소국은 되도록 강대국과 동맹을 맺지 말아야 한다고 경고한다.[13]

한미동맹도 대표적인 비대칭동맹이다. 미국은 주한미군을 주둔시키면서 한국의 안보를 증진하는 데 기여해 왔고, 그 대신 한국은 안보정책 결정에서의 자율성을 일부 양보해 왔다. 하지만 오랫동안 지속되어 왔던 한미 간의 이러한 비대칭동맹 관계는 한국의 경제성장과 군사력의 증가, 그에 따른 한국 국민들의 자의식 강화로 인해 이제 변화의 요구를 받고 있다.

외적 균형은 두 개 이상의 국가 사이의 긴밀한 연대 속에 가능한 것이어서 실제에서는 실행에 많은 어려움이 따르게 마련이다. 동맹의 단점을 몇 가지로 정리해 보자.

---

11 James Morrow, "Alliances and Asymmetry: An Alternative to the Capability Aggregation Model of Alliances," *American Journal of Political Science*, Vol.35, No.4.(1991), pp.914~915.

12 같은 글, 914쪽.

13 Morgenthau, *Politics among Nations: The Struggle for Power and Peace*, p.196.

첫째, 동맹국 사이에 위협을 공유하는 것이 쉽지 않다. 초기에는 공유하다가도 시간이 지나면서 달라질 수 있다. 한미동맹이 유지되는 것은 북한이라는 위협을 공유하고 있기 때문이다. 하지만 한국과 북한이 적대관계를 해소하고 평화의 분위기로 간다면 북한은 더 이상 한국에게 위협이 되지 않는다. 그렇게 되면 한미동맹은 약화될 수밖에 없다.

둘째, 동맹은 느리고 비효율적이다. 행위자가 하나가 아니고 둘 이상이기 때문에 무엇을 어떻게 해야 할지 조율이 필요하고, 그러다 보니 의사결정은 늦어진다. 따라서 특히 위협이 급박한 경우 동맹은 매우 유용하지 못한 수단이 될 수도 있다. 제1차 세계대전이 끝날 무렵 프랑스의 한 장군은 이런 말을 한 적이 있다. "동맹이 운영되는 것을 본 다음 나는 나폴레옹에 대한 존경심을 좀 잃었다."[14] 나폴레옹은 동맹 없이 홀로 여러 동맹국들을 상대로 싸웠는데, 이 장군의 말은 나폴레옹이 동맹 없이 혼자 싸웠기 때문에 그토록 효율적으로 전쟁을 할 수 있었다는 이야기이다. 그 어렵다는 동맹을 잘 운영해서 승전을 거듭했다면 더 존경했을 텐데 그렇지 않고 단독으로 비효율적인 동맹들을 상대로 전쟁을 해서 이긴 것이니 존경심이 좀 떨어진다는 의미이다. 그만큼 동맹은 운영하기가 복잡하고 어렵다는 뜻을 담고 있다.

셋째, 책임 분담의 문제가 발생한다. 동맹 내에서 무엇을 어떻게 할지를 결정한 이후에도 실제로 전쟁이나 안보활동을 전개할 때 책임을 구체적으로 어떻게 나눌지에 대해 합의하기가 쉽지 않다. 국가들은 침략을 저지하고 위협을 제거하고 싶어 하면서도 되도록 희생을 적게 치르려 한다. 그래서 책임은 동맹 내 다른 국가에게 전가하고 싶어 한다. 그러면서도 동맹 내에서 지도력을 행사하고 싶어 한다. 이와 같은 동맹 내부의 갈등과 알력을 동맹정치 alliance politics 라고 한다. 이처럼 동맹국끼리 충돌하는 이해관계를 조정해 협력관계를 지속한다는 것은 결코 쉬운 일이 아니다.

2) 편승전략

편승전략 bandwagoning strategy 은 강한 세력의 편에 가담해 안보를 확보하려는 전략이다.

---

14 Mearsheimer, *The Tragedy of Great Power Politics*, p.156.

균형이 침략국에 저항해 세력균형을 유지하려는 전략인 데 반해, 편승은 세력이 강한 강대국의 편에 서는 것을 말한다. 힘을 가진 강대국은 세력균형을 파괴하려는 현상변경세력revisionist power에 대해 균형을 구사할 수 있고, 그렇게 함으로써 안보를 확보할 수 있다. 실제로 균형자balancer의 역할을 하기 위해서는 우선 스스로가 강대국이어야 하고, 균형을 구사하려는 대상국가와 지리적으로 근접해 있어야 한다는 두 가지 조건을 갖추어야 한다.

하지만 약소국은 사정이 다르다. 균형을 추구하려다가는 오히려 상대 강대국에게 집중공격의 대상이 될 수 있다. 그래서 약소국은 오히려 강대국에 편승하려는 경향이 있다. 강대국도 경우에 따라서는 균형보다는 편승을 택한다. 강대국 A와 강대국 B가 전쟁을 벌일 때, 강대국 C가 A, B 중 힘이 더 강한 A와 연합하는 것이다. 그럼으로써 C는 안보를 얻고 승전에 따른 이익도 챙기는 것이다. 하지만 이러한 강대국의 편승전략에 대해 존 미어샤이머는 좋은 전략이 아니라고 지적한다. 편승으로 우선 나의 힘을 증가시킬 수는 있겠지만, 동시에 위험한 침략국이 더 강화되는 결과를 낳는다.[15] 종국에 이 침략국과 관계가 악화되는 경우 국가안보는 위기를 맞게 된다.

편승은 불안의 조건 가운데 우선은 취약성을 감소시키려는 전략이다. 침략국 편에 가담해 자신의 능력을 증대하고 취약성을 약화시키려는 방안이다. 하지만 편승은 상대의 위협을 감소시키는 측면도 있다. 침략국의 우군이 되면서 적대관계의 구조를 180도 전환시킴으로써 침략국의 적대성과 위협을 의미 없게 만드는 전략이다. 하지만 이는 어디까지나 힘을 배가시킨 침략국이 선의를 가지고 있을 때까지만 국가안보 전략으로 유효한 방안이다.

3) 패권전략

패권전략hegemony strategy은 국가가 패권을 확보해서 안보를 안정적으로 유지하려는 전략이다. 패권은 너무 강해서 누구도 그에 대해서 심각한 저항을 할 수 없는 정도의 힘을 말한다. 쉽게 말하면 감히 도전하거나 넘볼 수 없는 권력을 말하는 것이다. 이러

---

15 Mearsheimer, *The Tragedy of Great Power Politics*, pp.139~140.

한 패권을 갖게 되면 국가의 안보는 가장 효율적이고 안정적으로 보장된다.

문제는 이러한 패권을 달성하기가 매우 어렵다는 것이다. 독일도 제1·2차 세계대전을 통해 패권을 얻으려 했지만 실패했다. 세계의 패권을 얻는 것은 물론이고, 지역의 패권을 달성하는 것도 어렵다. 패권국이 되기 위해 나서면 상대국들이 동맹을 결성해 균형으로 맞서기 때문이다. 그뿐만 아니라 패권전략은 많은 비용을 필요로 한다. 때로는 상대국을 압박해야 하고, 때로는 전쟁도 해야 한다. 강대국들이 패권국의 욕망을 가지고 있지만 설불리 시도하지 못하는 것은 이 때문이다. 하지만 안보를 확보하기 위해 강대국은 패권국이 되고 싶어 하고, 약소국은 강대국이 되고 싶어 하는 모습은 무정부상태의 국제체제에서 불가피한 현상이기도 하다.

패권국이나 초강대국이 다른 나라와의 관계에서 사용하기 쉬운 봉쇄정책containment policy은 상대국을 봉쇄해서 세력의 확장을 방지하고 약화시키려는 정책이다. 이는 상대국을 약화시키려는 목적을 가지고 있다는 점에서 방어적 안보 확보 전략이라기보다는 공격적인 고사전략·압살전략의 일종으로 보는 것이 옳을 것이다.

패권전략은 불안의 조건인 취약성과 외부의 위협 가운데, 취약성에 초점을 두는 전략이다. 누구도 넘볼 수 없는 강력한 힘을 확보해 스스로의 취약성을 현저하게 약화시킴으로써 외부 위협의 종류와 정도에 상관없이 안보를 보장하려는 정책이 패권전략이다.

4) 유화전략

유화전략strategy of appeasement은 양보를 통해 상대국의 의도를 변화시켜 보려는 전략이다. 상대가 원하는 것을 제공해서 침략의 의도를 약화시키거나 없애려는 전략이다. 유명한 예가 네빌 체임벌린Neville Chamberlain 영국 총리의 유화정책이다.

1933년 1월 집권한 아돌프 히틀러Adolf Hitler는 그해 10월 국제연맹에서 탈퇴한다. 제1차 세계대전 직후의 베르사유 조약에 따라 군비제한과 배상금 지불의 의무를 지고 있었는데 이를 지킬 수 없게 되자 국제연맹에서 탈퇴한 것이다. 이후 히틀러는 군비확장에 적극 나선다. 1936년에는 독일 서부 국경지역의 현상유지와 라인란트의 영구 비무장화를 규정한 로카르노 조약을 파기하고 라인란트에 군대를 진주시킨다. 1938년 3월 오스트리아를 병합한 히틀러는 9월 체코슬로바키아에 수데텐Sudeten 지방 할양을 요구한다. 독일계 주민이 많은 지방이었다. 9월 29일 독일 뮌헨에서 회담이 열린다. 결과는 수데텐 지방을 독일에 할양하는 것이었다. 체임벌린이 회담에서 양보를 주도하고 프랑스도 찬성했다.

체임벌린은 영국으로 돌아와 "영광스런 평화를 가지고 돌아왔다. 이것이야말로 우리 시대의 평화라고 믿는다"라고 호언했다. 체임벌린은 히틀러에게 양보하면 더 이상의 요구가 없고 유럽 질서를 해치는 행위를 하지 않을 것으로 기대하고 양보했다. 전형적인 유화전략이다. 하지만 히틀러는 1939년 9월 1일 폴란드를 침공하면서 제2차 세계대전을 일으켰다. 뮌헨회담 직후 "그와 같은 굴복이 평화를 가져다줄 리 없다. 이리 떼에게 고기 한 덩이를 던져주고 안심할 수 있다고 생각하는 것은 착각이다"라고 했던 윈스턴 처칠^{Winston Churchill}의 비판이 그대로 현실화된 것이다. 뮌헨회담은 유화정책이 안보를 확보하는 데 매우 불확실한 정책임을 여실히 보여주었다.

뮌헨회담은 뮌헨증후군^{Munich syndrome}을 낳았다. 뮌헨증후군은 외교정책결정자들이 뮌헨회담을 알고 있기 때문에 상대국이 일정한 요구를 해올 때 이 요구를 들어주기보다는 오히려 강경정책을 구사하는 현상을 말한다. 1956년 이집트의 가말 압델 나세르^{Gamal Abdel Nasser} 대통령이 수에즈운하 국유화를 발표했다. 그동안 수에즈운하는 영국과 프랑스가 공동으로 소유해 왔었다. 당시 영국의 앤서니 이든^{Anthony Eden} 총리는 나세르를 히틀러에 비유하여 유화적 수단을 배제한 채 프랑스, 이스라엘과 함께 이집트 공격 계획을 세우고 곧 공격에 나섰다. 하지만 미국과 유엔의 개입으로 전쟁을 중단했다. 이후 수에즈운하는 이집트 소유가 되었다. 이 당시 나세르와의 협상을 배제한 채 강경정책을 앞세운 이든의 정책이 뮌헨증후군의 대표적인 사례이다.

뮌헨증후군은 한국의 대북정책을 논할 때도 자주 거론된다. 북한이 식량 지원을 요청할 때, 이를 들어주면 북한은 계속 더 많은 것을 요구하기만 할 것이라고 말하는 것이 일종의 뮌헨증후군이다. 이든의 정책이 결국은 영국의 위상을 추락시켰듯이 협상을 배제하고 강경정책만을 고집하는 것은 부정적인 결과를 낳을 가능성이 높다. 북한 문제도 강경정책만으로 모든 것이 해결되는 것은 아니며, 남북한의 상황과 국내외의 여론 등을 고려하여 적절한 정책을 구사하는 것이 남북관계를 개선하는 길이 될 것이다.

지금까지 살펴본 대로 유화전략은 자신의 능력을 증대시키거나 취약성을 감소시키는 정책이 아니라 상대국의 요구를 들어줌으로써 위협을 감소시키려는 전략이다. 문제는 이것도 편승과 마찬가지로 상대의 선의에 안보의 성패를 맡기고 있다는 것이다. 그런 점에서 유화전략은 안보의 확보 수단으로는 불확실성이 매우 높은 전략이 아닐 수 없다.

5) 국제제도의 전략

국제제도 international institution는 국제사회에서 국가들이 지키고 있거나 지키기로 약속한 유형·무형의 원칙과 규칙들을 말하는 것인데, 이것들이 제대로 기능하면 국가들은 그 속에서 안보를 얻을 수 있다. 국제연합이나 국제연맹 같은 국제기구, 국가들이 합의해 만들어놓은 국제레짐, 국제관계에서 일반적으로 지켜지는 관습 등이 모두 국제제도에 포함되는 것으로, 자유주의자, 그 가운데서도 신자유주의적 제도주의자들은 국제제도를 국제협력을 달성할 수 있는 가장 유용한 수단으로 믿고 있다. 한 국가의 입장에서 보면 국제제도는 그를 통해 다른 국가와 협력하여 자신의 안보를 확보할 수 있는 주요 방안이 된다.

국제제도는 지속성과 확장성을 가지고 있다. 제도가 형성되는 과정에 상당한 시간과 비용이 소요되고, 그런 과정을 통해 만들어진 제도는 쉽게 사라지지 않는다. 또 제도가 운영되는 과정에서 나름의 규칙과 행위의 절차가 정립되어 가기 때문에 제도는 지속성을 갖게 된다. 그뿐만 아니라 한번 형성된 제도는 규모의 경제를 추구하기 때문에 관할 범위를 확장하고 참여자를 확대하는 성질을 가지고 있다. 유엔이 1945년 창설된 이래 지금까지 회원국을 최초 51개국에서 현대 193개국으로 확대해 놓은 것을 보면 이를 쉽게 알 수 있다. 핵확산금지조약 NPT: Nuclear Non-proliferation Treaty도 1970년 발효 이후 지금까지 존속하고 있으며, 발효 당시 43개였던 가입국이 지금은 190개국으로 늘었다.

이와 같이 지속성과 확장성을 가지고 있는 국제제도는 국가안보 정책에서 중요한 위치를 차지할 수밖에 없다. 국가들은 국제적으로 인정받는 국제기구나 국제조약에 가입하고, 또 이러한 국제제도의 발전에 기여함으로써 지속적으로 국제사회와 협력을 증진하고 스스로의 지속적인 안전도 보장받으려 하는 것이다. 균형과 편승, 유화 등의 전략이 일시적인 전략의 성격을 가지고 있다면, 국제제도는 장기적이고 지속적인 특성을 가진 전략이라고 할 수 있다.

또한 국제제도는 주로 약소국이 선호하는 방안이다. 약소국은 물리적인 능력에서 강대국에 뒤진다. 그런 만큼 국제정치에서 주로 국제기구와 국제법 등 국제제도에 의지하려는 경향이 있다. 국제제도는 다자가 관여하고 그 속에서 구성된 규칙과 원칙을 모든 참여자에게 부과한다. 국제제도는 또한 행위자들이 형성하지만 그 이후에는 국제제도가 행위자를 규제한다. 이러한 운영 메커니즘은 약소국과 강대국의 구분을 모호하게 한다. 따라서 약소국은 국제제도를 통해 국제관계가 운영되는 것을 원하고 그 속에서 스스로의 안보도 보장받으려는 성향을 가지고 있다.

국제제도는 불안의 요인 가운데 외부의 위협을 줄이는 전략이다. 제도의 형성과 발달이 직접 자국의 능력을 확대시키거나 취약성을 감소시켜 주는 것은 아니다. 하지만 제도의 발달은 상대국의 위협을 감소시켜 준다. 다양한 형태의 국제제도가 발달하고 제도의 규정력이 강해지면 이를 통해 침략국의 침략이 상당 부분 예방되고 위협이 될 만한 국가들의 행동도 제약을 받게 됨으로써 국가들의 안보는 그만큼 증진되는 것이다.

6) 구성주의적 전략

구성주의의 가장 큰 특징은 국제정치에서 가장 중요한 것이 물질적인 것이 아니라 관념이라고 보는 것이다. 군사력이나 경제력 등 물리적 힘을 어느 나라가 얼마나 차지하고 있는지가 가장 중요하고, 그래서 모든 나라는 이 힘을 더 얻기 위해 노력한다는 것이 현실주의의 사고이다. 이에 반해 구성주의는 이러한 물리력이 중요하지 않은 것은 아니지만 더 중요한 것은 국가들의 생각이라는 것이다. 국가들의 국제체제에 대한 인식, 다른 국가에 대한 생각 등이 중요하고, 이런 것이 국제체제의 성격, 국가 간의 관계의 특성을 결정짓는다는 것이 구성주의이다. 현실주의 관점에서 보면 한국은 일본보다는 국력이 더 강한 미국을 더 경계해야 한다. 하지만 실제는 일본을 더 경계한다. 이는 한국의 일본에 대한 생각이 부정적이기 때문이다. 이런 점에 중점을 두고 국제정치를 보아야 한다는 것이 구성주의의 입장이다.

구성주의는 그러면서 국가의 정체성과 이익은 만들어지는 것이고 또 변한다고 주

장한다. 국가와 국제체제, 국가와 국가 사이의 교류와 상호작용에 따라 국가의 정체
성과 이익이 변화한다는 것이다. 한국과 중국은 과거 적대관계였지만 교류와 거래를
거듭하면서 지금은 동반자의 관계가 되었다. 이처럼 국제체제의 특성도 현실주의가
가정하는 것처럼 항상 경쟁과 쟁투가 상존하는 갈등적 성격이라고 말할 수는 없는 것
이며 국가들의 상호작용 여하에 따라 협조적 관계로 얼마든지 변할 수 있다는 것이 구
성주의적 인식이다.

이러한 구성주의 입장에서 국가가 안보를 확보하는 데 가장 중요한 것은 경쟁국가들
의 의식을 바꾸어놓는 것이다. 경쟁국가들이나 위협이 되는 국가들의 정체성과 이익
이 상호작용을 통해서 비슷해지도록 하는 것이 가장 중요한 것이다. 구성주의는 이런
것이 충분히 가능하다고 보고 있고, 현실 국제정치의 세계에서도 그런 현상은 늘 나타
난다. 미국의 클린턴 행정부가 추진했던 관여정책 engagement strategy 도, 적대국에 대해 정
치, 경제, 사회 등 다방면으로 관계를 강화해 적대국 체제의 성격 자체를 변화시키려 했
다는 점에서 일종의 구성주의 전략이라고 할 수 있다.

동북아의 중심 이슈인 북한 핵문제를 해결하는 방안을 생각해 보면, 현실주의는 북
한이 핵무기를 개발했으니 여기에 대한 대응력을 강화하는 데 초점을 맞춘다. 한미군
사훈련을 강화하고 미국의 핵우산 정책을 명확화하려 한다. 하지만 구성주의는 북한
의 인식이 무엇인지, 즉 북한이 핵을 개발한 원인이 무엇인지, 북한의 대외 위협 인식
은 구체적으로 어떤 것인지, 그에 따른 북한의 대미, 대한국 정체성과 이익은 무엇인
지 등을 파악하는 데 중점을 둔다. 이러한 인식을 제대로 분석하면 접근 방안은 현실
주의와는 다른 양태가 될 수도 있다.

북한의 핵실험과 군사적 도발은 우선 외관상으로는 위협으로 다가오기 십상이다.
하지만 핵실험과 군사적 도발이 실은 피포위의식에서 나올 수도 있고, 긴밀한 협상과
대화를 위한 북한식의 신호인 경우도 있다. 이런 경우 북한의 의도를 파악하고 접촉
을 강화하면 일정 부분 정체성과 이익의 접근도 볼 수 있을 것이다. 결국 위협은 줄고
안보는 증진되는 것이다. 구성주의적 안보 확보 전략도 결국은 불안의 요인 가운데
외부의 위협을 감소시키는 방안이 되는 것이다.

제4장
국제분쟁

1. 국제분쟁이란?

　인간의 역사는 분쟁의 역사라고 할 만큼 분쟁은 오래전부터 있었고, 지금도 계속되고 있다. 지구촌 어딘가에서는 이 시간에도 국제분쟁이 진행되고 있다. 그만큼 세계와 국제정치에 주는 영향도 크다. 우리도 실제 많은 영향을 받고 있다. 우리가 직접 겪고 있는 일본과의 역사분쟁만이 우리에게 영향을 주는 것이 아니다. 2003년 미국이 이라크와 전쟁을 시작했을 때 우리에게도 파병을 요청했고, 이는 국내에 많은 논란을 불러일으켰다. 결국은 우리도 파병을 해야 했다. 2011년 나토군이 리비아를 공격했을 때는 국제유가가 급등했다. 지구 반대편에서 일어나는 소수민족 간의 분쟁이 구리 값을 폭등하게 해 우리 주식시장에 바로 영향을 줄 수도 있다. 이처럼 국제분쟁은 우리의 생활과 밀접한 관계에 있다.

　국제분쟁 international conflicts 은 국제사회의 정치, 경제, 문화 등 다양한 영역에 걸쳐 발생하는 다툼을 말한다. 분쟁은 일정한 이익을 주장하는 행위자와 이를 방어하려는 행위자 사이의 다툼이다. 국제분쟁은 분쟁이 개인 사이에서 또는 국가 내부에서 일어나는 것이 아니라 국제적인 영역에서 발생하는 경우를 이르는 것이다. 다시 말하면 국제분쟁은 국제정치의 행위자들이 일정한 이익을 주장하고, 이에 반대되는 주장을 제기함으로써 발생하는 다툼이라고 할 수 있다.

　좁은 의미의 국제분쟁은 국제적 갈등상태가 일정한 단계에 이르러 다툼이 된 경우이다. 전쟁과 구분해서 전쟁 직전까지만을 분쟁으로 부르는 것이다. 이때 국제분쟁이 이 단계에서 해결되지 못하면 전쟁으로 발전한다. 넓은 의미의 국제분쟁은 전쟁을 포함하는 개념이다. 따라서 이때의 국제분쟁은 국제사회에서 발생하는 다양한 이슈 영역에서의 다툼과 전쟁을 말하는 것이다. 일반적으로 국제분쟁이라고 하면 이 넓은 의미의 국제분쟁을 이른다.

그렇다면 이와 같은 국제분쟁이 끊임없이 발생하는 이유는 무엇인가. 크게 두 가지로 볼 수 있다. 첫째는 국제사회의 행위자들의 요구와 가치가 다양하기 때문이다. 지구상 200개가 넘는 나라들은 그 나름의 정체성과 그 나름의 국가이익을 가지고 있으며 이를 실현하기 위해 노력한다. 국가뿐만 아니라 비국가행위자들의 역할과 비중도 점점 증대되고 있다. 그에 따라 국제분쟁은 더 복잡다기한 양태를 보인다. 국제테러가 이러한 모습을 잘 보여주고 있다. 환경분쟁도 국제환경단체라는 비국가행위자가 주요 행위자로 관여하고 있으며, 소수민족이나 종교 단체 등도 중요한 비국가행위자들이다. 국제정치에서 국가 이외의 행위자의 비중이 점차 증대되는 현상이 국제분쟁에도 자연스럽게 반영된 모습이라고 하겠다.

국제분쟁이 계속되는 두 번째 이유는 효과적인 분쟁조정기구가 없기 때문이다. 이는 국제사회의 가장 두드러진 특징인 무정부성 anarchy 의 당연한 귀결이기도 하다. 국가들을 통제할 수 있는 상위의 권위체가 없다. 그러니 분쟁이 발생해도 쉽게 조정해 낼 수 없다. 그 결과 분쟁이 더 큰 분쟁을 낳고, 또 다른 분쟁으로 이어져도 특별한 대응책이 나오지 않는 것이다. 국제연합과 같은 국제기구가 국제평화를 위해 어느 정도 기여를 하고 있지만 이는 매우 제한적이다. 국제연합도 국제사회에서 힘을 독점할 수는 없기 때문이다.

역사적 추이를 보면 국제분쟁은 냉전 이전의 시대에는 주로 국가들이 일정한 이익을 놓고 경쟁하면서 발생했다. 그러던 것이 냉전시대가 되면서 국제분쟁은 동서 양 진영의 경쟁을 반영하는 모습으로 나타나게 된다. 한국전쟁과 베트남전쟁 등이 대표적인 진영 간 다툼이 반영된 국제분쟁이다. 냉전이 끝나고 1990년대에 들어서면서 국제분쟁은 진영 이익보다는 개별 국제정치 행위자들의 이익을 반영하는 양상으로 바뀌었다. 냉전 이전과 다른 점은 비국가행위자들의 활동이 훨씬 활성화되었다는 것이다. 역사의 진행 과정에 따라 새로운 형태의 분쟁도 나타난다. 과거에는 영토·민족·종교분쟁이 주를 이뤘지만 최근에는 이런 형태의 분쟁 외에도 자원분쟁, 환경분쟁 등 다양한 형태의 분쟁이 나타나고 있다.

2. 국제분쟁의 종류

국제분쟁은 다양한 모습으로 나타나는데, 우선 행위자가 국가뿐만 아니라 민족집단, 인종집단, 종교집단, 테러단체 등으로 다양해졌고, 이들이 관여하는 이슈 영역도 정치적인 문제뿐만 아니라 경제, 문화, 인권, 환경 등으로 확대되었기 때문이다. 국제분쟁을 분쟁의 원인에 따라 분류하면 영토분쟁, 민족분쟁, 종교분쟁, 이념분쟁, 자원분쟁, 환경분쟁 등 여섯 가지로 나눠볼 수 있다. 물론 하나의 원인이 배타적으로 관여해서 발생하는 분쟁은 드물다. 따라서 이들 분쟁의 원인은 하나가 주로 작용할 수도 있고, 여럿이 복합적으로 작용할 수도 있다.

1) 영토분쟁

영토분쟁은 일정한 지역을 두고 벌어지는 국제 행위자 사이의 다툼이다. 주로 국가와 국가 사이에서 발생한다. 국경선을 놓고 벌이는 분쟁이기 때문에 국경분쟁이라고도 할 수 있다. 국제분쟁 가운데 역사가 매우 깊고 현대에도 자주 발생하는 분쟁의 형태이다. 중국-일본 갈등의 핵심도 동중국해에 있는 댜오위다오釣魚島(일본명: 센카쿠) 열도를 둘러싼 영토분쟁이다. 요즘도 종종 국제뉴스에 등장하는 이스라엘-팔레스타인 분쟁은 기본적으로 영토를 놓고 싸우는 영토분쟁이다. 인도와 파키스탄 사이의 카슈미르 분쟁도 같은 성격이다.

이스라엘-팔레스타인 문제는 오랜 역사적 기원을 가지고 있는 데다가 강대국까지 개입해 해결의 실마리를 찾지 못하고 있다. 팔레스타인 지역은 기원전 2000년경부터 유대인의 조상 히브리족의 생활 근거지였다. 그러다 유대인은 72년 로마의 박해를 받고 이 지역에서 쫓겨난다. 이때부터는 팔레스타인 사람들이 자리를 잡았다. 그런데 19세기 말 유럽에 거주하던 유대인들이 "시온Zion(예루살렘 성지의 언덕)으로 돌아가자"

는 시오니즘Zionism 을 일으킨다.

곧 제1차 세계대전이 발생했다. 영국은 독일 측에 가담한 오스만 제국(터키의 전신으로 오토만 제국, 오스만 튀르크, 터키 제국이라고도 불린다)을 붕괴시키기 위해 오스만 제국 내부의 아랍인들로 하여금 반란을 일으키도록 부추겼다. 그러면서 나온 것이 맥마흔의 편지이다. 영국의 이집트 총독 헨리 맥마흔Henry McMahon 이 1915~1916년에 아라비아 반도의 통치자 후세인에게 보낸 편지이다. 이 편지에서 맥마흔은 아랍인들이 연합국 편으로 참전해 오스만 제국의 주요 지역을 공격해 주면 전쟁이 끝난 후 아랍인의 독립 국가 건설을 지지해 주겠다고 약속했다.

한편 1917년 영국의 외무장관 제임스 밸푸어James Balfour 는 유대인으로 시오니즘 운동에 앞장섰던 영국의 대자본가 라이어널 로스차일드Lionel Rothschild 에게 역시 편지를 보냈다. 팔레스타인 땅에 유대국가 건설을 지지하며 영국은 이를 위해 최선을 다하겠다는 내용이었다. 전쟁을 치르는 데 유대인들의 지원을 얻고, 특히 미국 유대인들의 지원으로 미국의 제1차 세계대전 참전을 이끌어내기 위한 목적에서 나온 것이었다. 형식은 편지였지만 영국 정부의 주요 사안에 대한 약속이었기 때문에 '밸푸어 선언'으로 불린다. 맥마흔의 편지도 마찬가지로 지금은 맥마흔 선언으로 불리고 있다. 맥마흔 선언과 밸푸어 선언은 서로 모순되는 것이었는데, 영국은 제1차 세계대전 이후 맥마흔 선언을 무시하고 이스라엘 건국으로 방향을 잡는다. 영국은 1920년 위임통치를 시작하면서 유대인 국가 건설을 승인한다. 제2차 세계대전 후 영국은 이 문제를 유엔으로 넘겼고, 유엔은 1947년 11월 총회결의안 181호를 통해 팔레스타인을 팔레스타인인 지역과 유대인 지역으로 나누도록 권고했다. 인구는 유대인이 60만 명, 팔레스타인인이 129만 명이었지만 영토는 56 대 44로 유대인이 많이 차지하도록 나누었다. 팔레스타인의 불만에 따른 충돌이 계속되었다. 그런 와중에 유대인은 유엔이 권고한 지역에 1948년 5월 이스라엘을 건국했다.

이후 이스라엘과 팔레스타인은 네 차례의 전쟁을 겪으면서 지금도 분쟁을 계속하고 있다. 특히 팔레스타인 자치지역인 요르단강 서안지역에 유대인 정착촌 확대를 둘러싸고 충돌이 끊이질 않고 있다. 이스라엘-팔레스타인 분쟁은 기본적으로 영토분쟁이지만 유대인과 아랍인 사이의 민족분쟁, 유대교와 이슬람교가 개입된 종교분쟁의 성격을 동시에 지니고 있어 해결이 더욱 어려운 상태이다.

맥마흔의 네 번째 편지

　이슬람력 1333년(1915년) 10월 29일에 보내온 당신의 편지를 잘 받았으며, 우정과 정성이 담긴 당신의 편지 덕분에 이루 헤아릴 수 없을 정도로 만족감을 느낍니다. 제가 최근에 보낸 편지를 읽으시고, 당신은 마치 제가 냉담하고도 머뭇거리는 자세로 경계선과 국경선에 관한 문제를 다루고 있는 듯한 인상을 받았다고 하는데, 저는 그 점에 대해 유감스럽게 생각합니다. 사실은 그렇지 않습니다. ……

　메르시나(터키 중남부 항구도시 메르신의 옛 이름)와 알렉산드레타(터키 동남부 항구도시 이스켄데룬의 옛 이름) 두 지역과 다마스쿠스, 홈스, 하마, 알레포의 서쪽에 위치한 시리아의 일부 지역은 순수하게 아랍 지역이라고 볼 수 없으므로 요구하고 있는 경계선으로부터 배제되어야 합니다. 앞서 언급한 수정 사항을 감안함과 동시에 아랍의 지도자들과 우리 사이에 체결된 현행 조약들의 권리를 침해하지 않고 우리는 그 경계선들을 인정합니다.

　영국이 동맹국 프랑스의 이익을 손상하지 않으면서 자유로이 조치할 수 있는 그 국경선 내에 위치한 지역들에 관해 저는 영국 정부로부터 위임을 받아 다음과 같은 내용을 보장하면서 당신의 편지에 대한 답신을 보내드립니다.

1. 앞서 언급한 수정 사항에 따라 영국은 메카의 셰리프 Sheriff of Mecca (메카 지역 통치자) 후세인이 요구한 경계선들 내에 있는 모든 지역에서 아랍 국가들의 독립을 인정하고 지지할 각오가 되어 있다.
2. 영국은 외부로부터의 모든 침략에 맞서 성지들을 보호할 수 있는 권리를 보장함과 동시에 성지들의 불가침권을 인정한다.
3. 조건이 허용할 경우 영국은 그러한 다양한 영토 내에서 가장 적당한 형태의 정부가 수립되도록 아랍인들에게 조언하고 도움을 줄 것이다.
4. 한편, 아랍인들은 오로지 영국에게만 조언과 도움을 요청하기로 결정했고, 이는 바람직한 형태의 정부를 구성하기 위해 요구되는 유럽의 고문관과 관리는 영국인이 맡을 것이라는 의미로 해석된다.
5. 바그다드주와 바스라주와 관련하여 외국의 침략으로부터 이 영토를 지키고, 그 지역 주민의 복지를 증진하고, 우리들 사이의 경제적 이해관계를 보장하기 위한 목적에서 영국의 확고부동한 지위와 이해관계가 특별한 행정제도를 필요로 한다는 것을 아랍인들은 받아들일 것이다.

　저는 다음과 같이 확신합니다. 이 선언이 영국의 호의적인 자세에 대한 모든 의구심을 불식시키면서 영국과 우의를 다져온 아랍인들의 염원을 보장하고, 확고부동하고도 지속적인 동맹관계를 강화하고, 마침내 아랍 국가들 사이에서 터키 사람들을 추방함과 동시에 오랜 세월 동안 심각하게 억압해 왔던 터키의 속박으로부터 아랍 민족을 해방시키는 결과를 낳을 것입니다. ……

저는 이 편지를 믿음직하고 탁월한 능력을 지닌 당신의 심부름꾼 셰이크 모하메드 이븐 아리프 이븐 우라이판의 손을 빌려 보내드립니다. 또한 그는 당신에게 그다지 중요하지는 않지만 제가 이 편지에 언급하지 않았던 다양한 관심사를 전달할 것입니다.

1915.10.24

밸푸어의 편지

로스차일드 경에게

저는 내각에 제출되어 승인된 유대인의 시오니즘에 공감하는 다음과 같은 선언을 폐하의 정부(영국 정부)를 대신하여 당신에게 전달하게 됨을 매우 기쁘게 생각합니다.

폐하의 정부는 유대 민족을 위한 국가 본거지를 팔레스타인에 수립하는 것을 적극적으로 찬성하며, 이러한 목적을 실현하기 위해 최선의 노력을 기울일 것입니다. 그로 인해 팔레스타인에 현존하고 있는 비유대인 사회의 시민권과 종교의 권리, 다른 국가에서 유대인들이 누리는 권리와 정치적 지위는 전혀 침해되지 않을 것으로 확실하게 믿습니다.

저는 당신이 이 선언을 시오니스트 동맹에 전달하길 바랍니다.

제임스 밸푸어 드림

카슈미르 분쟁도 오래된 영토분쟁 가운데 하나이다. 인도 북부, 파키스탄과 경계 지역에 위치한 카슈미르를 두고 인도와 파키스탄이 오랫동안 영유권 분쟁을 벌이고 있다. 인도와 파키스탄은 지금까지 세 차례나 전쟁을 치러 모두 4만 명 이상이 사망했다. 이 분쟁으로 양국은 오랜 숙적 관계를 유지해 왔고, 그래서 두 나라는 강대국이 아닌데도 핵무기를 만들어냈다. 지금도 간헐적으로 양측이 교전을 벌이고, 폭탄테러도 발생하고 있다.

한반도 정도의 크기인 카슈미르 지방은 이슬람교도가 많다. 인구 1,300만 명 가운데 70%가 이슬람교도이고, 22%가 힌두교도이다. 그런데 1846년부터는 힌두교 세력이 정권을 잡고 다스렸다. 1947년 영국이 인도를 떠나면서 인도와 파키스탄이 분리 독립할 때 카슈미르의 인도 편입을 결정했다. 지도자 하리 싱이 힌두교도였기 때문이다. 주민 대다수를 차지하는 이슬람교도들은 이에 반대하며 폭동을 일으켰다. 이에 파키스탄은 이슬람교도를, 인도는 힌두교도를 지원하며 개입하여 양국의 전쟁으로 발전했다. 1949년 유엔이 개입해 카슈미르를 파키스탄령과 인도령으로 나누는 협정을 맺어 분할 점령하게 되었지만, 양국은 카슈미르 전체에 대한 영유권을 주장해 분쟁이 되고 있는 것이다.

1965년과 1971년 두 차례 전쟁이 더 일어났고, 그 와중에 중국은 1962년 카슈미르 동쪽 일부를 영토로 편입시켰다. 그래서 카슈미르는 70년 이상 분쟁이 계속되면서 인도, 파키스탄 외에도 중국까지 개입된 분쟁지역이 되었다. 현재 양국이 주장하는 해법을 보면, 파키스탄은 기본적으로 카슈미르 전체가 자신의 영토라고 주장하면서 주민투표를 통해 최종적으로 영유권을 결정하자고 제안하고 있다. 인구 대다수가 이슬람교도이기 때문이 투표를 하면 유리하다는 판단 때문이다. 이에 대해 인도 역시 카슈미르 전체가 자신의 영토임을 기본 입장으로 하고 있지만 양국이 협상을 통해 문제를 해결해 보자고 주장한다. 투표를 통해서는 승산이 없기 때문에 양국의 조정을 통해 영토분할을 결정하자는 생각이다. 하지만 양국의 의견 차이는 좀처럼 좁혀지지 않고 있고, 문제 해결의 기미는 여전히 보이지 않고 있다.

2) 민족분쟁

인간이 오랜 역사를 살아오면서 언어와 문화, 관습 등을 공유하게 된 집단이 민족이다. 사람들의 민족에 대한 귀속의식은 현대의 인간 생활에서도 매우 중요한 요소로 기능하고 있다. 현재 세계에는 3,000여 민족이 살고 있다. 이들은 대부분 스스로의 독립된 국가를 원한다. 그런데 지구상에 존재하는 국가는 200여 개에 불과하다. 그래서 민족 간의 분쟁은 지구 곳곳에서 끊이지 않고 발생하고 있다. 이와 같은 현상은 경제적인 거래나 인적 교류의 측면에서는 세계화 현상의 촉진으로 국경이 점점 없어져 가면서도, 정치적 측면에서는 민족주의가 오히려 심화되고 민족적 경계가 점점 세분화되는 모습으로 이어지고 있다.

민족분쟁은 많은 경우 영토분쟁과 연결되어 있다. 민족 간에 영토를 놓고 싸우는 경우가 많은 것이다. 이스라엘-팔레스타인 분쟁, 카슈미르 분쟁 등이 그런 경우이다. 영토를 놓고 싸우기보다는 분리독립, 국가운영의 주도권, 역사 속에서 심화된 적대감

등의 문제 때문에 민족 간 분쟁이 계속되는 경우도 많다. 중국의 티베트 분리독립운동(한족-티베트족), 러시아의 체첸 분쟁(슬라브족-체첸족), 세르비아의 코소보 분쟁(세르비아인-알바니아인), 르완다 사태(후투족-투치족) 등이 대표적이다.

그 가운데 최근 중국과 서방 사이에 자주 논쟁거리가 되고 있는 티베트의 경우를 좀 더 자세히 보자. 티베트는 중국의 서쪽 끝이다. 한반도 면적의 5배에 이르는 넓은 땅이다. 인구 300만 명 가운데 94%는 티베트족이고, 한족과 회족, 몽골족도 일부 살고 있다. 티베트족은 라마교라고도 불리는 티베트 불교를 믿는다. 이 티베트족과 중국 정부, 즉 한족 사이의 분쟁이 티베트 분쟁이다. 기원전 2세기부터 티베트 지역에는 여러 국가들이 있었지만 티베트의 통일 왕조가 세워진 것은 7세기에 이르러서이다. 티베트족의 지도자 송첸캄포가 663년 수도를 라싸로 하고 티베트 왕국을 창설했다. 이후 티베트족은 줄곧 이 지역에서 살아왔다.

중국의 역대 왕조와 오랫동안 분규를 거듭해 온 티베트는 제2차 세계대전 직후만 해도 독립정부를 구성하고 있었다. 하지만 1949년 중화인민공화국이 건설되면서 티베트는 더 이상 독립을 유지하기 어렵게 되었다. 중국은 1950년 10월 티베트를 침공하여, 이때부터 자신의 지배하에 두었다. 이후 티베트에서는 지속적으로 봉기가 일어났다. 1959년에는 티베트 동부지역 탄압에 항의하면서 수도 라싸에서 대규모 봉기가 발생했다. 이 사태로 티베트인 4만여 명이 사망했다. 1989년, 1993년, 2008년에도 대규모 시위와 탄압으로 유혈사태가 발생했다.

티베트의 지도자 달라이 라마 Dalai Lama 14세는 1959년 충돌사태 당시 해외 망명길에 올라 지금은 인도 북부 다람살라에 있는 티베트 망명정부를 지도하고 있다. 이 망명정부는 입법부·사법부·행정부의 체계를 갖추고 있으며, 뉴욕과 런던, 파리 등에 대표사무소를 두고 있다. 현재 달라이 라마 14세는 종교적 권위를 가진 정신적 지도자로서의 역할을 하고 있고, 망명정부의 총리는 하버드대 로스쿨 출신의 롭상 상가이 Lobsang Sangay가 맡고 있다.

민족분쟁은 서로 다른 민족이 오랜 역사 속에서 적대관계를 형성해 발생하는 경우가 많지만 강대국에 의해 유발되어 비극으로 치닫는 경우도 왕왕 있다. 르완다 사태가 그런 경우이다. 르완다 사태는 1916년 시작된 벨기에의 통치에 그 원인이 있었다. 르완다는 후투족이 토착세력으로 주민의 대다수를 이루고 있었다. 그런데 벨기에는 소수파인 투치족을 중심으로 통치하면서 다수파인 후투족을 탄압했다. 그러면서 두 종족 사이의 분쟁이 시작되어 벨기에가 물러간 이후에도 계속되었다. 1994년 후투족 출신 대통령이 암살된 후 이에 대한 보복으로 투치족 50만 명 정도가 살해되었다. 이에 투치족이 반격하여, 후투족 300만 명 정도가 난민으로 전락하고 그 가운데 100만 명가량이 사망했다. 이처럼 민족 간의 분쟁도 그 나름의 속사정에 따라 여러 가지 형태를 띠면서 지구 곳곳에서 여전히 계속되고 있다.

3) 종교분쟁

기독교와 이슬람교, 힌두교 등 종교집단의 배타성으로 인한 다툼이 종교분쟁이다. 유명한 중세의 십자군전쟁이 기독교와 이슬람교 사이의 종교분쟁이다. 코소보 사태도 기독교(러시아 정교)와 이슬람교 사이의 분쟁이고, 이스라엘-팔레스타인 분쟁은 유대교와 이슬람교 사이의 분쟁이다. 카슈미르 분쟁도 영토분쟁이면서 힌두교와 이슬람교 사이의 다툼의 성격을 가지고 있고, 동티모르 분쟁은 이슬람교와 기독교(가톨릭) 간의 분쟁이며, 스리랑카에는 힌두교와 불교 사이의 분쟁이 오랫동안 존재해 왔다. 같은 종교의 분파 사이에도 분쟁이 발생해 왔다. 북아일랜드 분쟁은 기독교의 가톨릭과 개신교 사이의 분쟁이다. 또한 이라크에서는 이슬람교 내부의 시아파와 수니파가 분쟁 중이다. 후세인이 집권할 당시에는 수니파가 득세했지만 2003년 미국의 이라크 침공 이후에는 시아파가 정권을 잡고 수니파 반군들과 싸우고 있다.

현대 세계사에서 대표적인 종교분쟁은 북아일랜드 분쟁이다. 개신교계의 영국과 영국으로부터 독립을 추구하는 북아일랜드 가톨릭교도 사이의 분쟁이다. 12세기 초부터 아일랜드 문제에 개입하기 시작한 영국은 17세기 초 아일랜드를 식민지화하고, 곧 개신교도들을 아일랜드에 이주시켰다. 그러면서 아일랜드에 정착해 있던 가톨릭 세력과 분쟁이 발생하게 되었다. 오랜 식민생활 끝에 아일랜드는 1921년 독립했지만, 이 당시 북쪽 얼스터 지방의 6개 주는 독립하지 못하고 영국령으로 남았다. 주민투표에 따른 것이었다. 하지만 당시 이 지역에는 영국에서 이주한 개신교도들이 다수를 차지하고 있었기 때문에 투표 결과는 뻔한 것이었다. 이것이 지금의 북아일랜드이다.

영국령으로 남은 북아일랜드에서 다수를 차지하고 있던 개신교 세력은 소수 가톨릭계에 대해 심한 차별정책을 썼다. 선거권에서도, 취업에서도 가톨릭교도들은 차별 대우를 받았다. 이로 인해 양 교파 간의 갈등은 더욱 깊어졌다. 가톨릭교도들은 신페인Sinn Fein당을[1] 중심으로 투쟁하면서 산하에 무장단체 아일랜드공화군IRA: Irish Republican Army도 조직해 정치적·군사적 투쟁을 계속했다. 개신교 측도 얼스터 민병대를 조직해 맞대응하면서 분쟁은 더욱 심화되었다.

1969년 가톨릭계의 평등 참정권 요구 시위를 무력진압하면서 유혈사태가 발생했고, 1972년에는 영국의 자치권 회수에 항의하는 가톨릭교도들에게 영국이 발포하면서 14명의 시민이 사망하는 '피의 일요일Bloody Sunday'이 일어났다. 1980년대 중반까지도 이러한 상황은 계속되었다. 1985년 들어 영국과 아일랜드 사이에 북아일랜드 분쟁의 평화적 해결을 위한 협정이 체결됨에 따라 북아일랜드의 신·구교 사이에도 대화가 시작되었다. 1998년에는 평화협정이 체결되었고, 2005년에는 IRA가 무장해제를 선언했다. 결국 2007년 신·구교 세력의 공동정권이 출범했다. 영국 정부로부터 자치권을 인정받는 자치정부가 성립된 것이다. 이후로 전과 같은 심한 유혈충돌은 발생하지 않고 있다. 하지만 2011년 신·구교 측이 거리에서 충돌하는 사건이 발생했고, 2013년에는 IRA의 후신을 자처하는 신IRA가 구성되어 북아일랜드의 독립을 주장하는 과격 세력의 재결집에 나섰다. 2019년에는 신IRA 대원들이 경찰과 총격전을 벌였고, 이때 여기자가 사망하는 사건이 발생하기도 했다. 북아일랜드 분쟁의 여진은 여전히 남아 있는 것이다.

4) 이념분쟁

이념분쟁은 이념ideology을 두고 정치적 세력이 벌이는 분쟁이다. 인간은 신분이나

---

1 'Sinn Fein'은 '우리 자신' 또는 '우리만으로'라는 뜻의 아일랜드 말이다. 신페인당은 1905년 아일랜드에서 결성되어 아일랜드가 영국으로부터 독립하는 데에 적극 기여했다. 독립 당시 이를 지지한 것은 신페인당의 우파였고, 좌파는 북아일랜드를 제외한 나머지 아일랜드만의 독립에 반대했다. 이후 우파는 신페인당을 이탈해 통일아일랜드당과 공화당을 만들어 아일랜드 정치를 주도했다. 좌파는 신페인당의 이름을 지키면서 북아일랜드에서 독립투쟁을 계속하다 지금은 자치정부 북아일랜드 운영에 참여하며 유력 정당으로 활동하고 있다.

마틴 맥기네스

마틴 맥기네스Martin McGuiness는1970년대 IRA의 유명한 테러리스트였다. IRA의 참모장을 거쳐 사령관을 지냈다. 1990년대에는 북아일랜드의 대표로 영국 정부와의 협상을 주도했다. 2007년 양측의 분쟁을 끝내는 '세인트앤드루스 협정' 체결에도 주도적 역할을 했다. 이후 영국 정부로부터 자치권을 인정받은 북아일랜드의 제1부장관, 제1장관대리를 차례로 맡으면서 2017년 3월 사망할 때까지 북아일랜드 통치의 핵심 역할을 했다. 1997년 영국 하원으로 당선돼 2013년까지 활동했는데, 런던의 웨스트민스터 의회의사당에는 가지 않았다. 의원들은 임기 시작과 함께 여왕에게 충성서약을 하게 되는데 맥기네스는 이를 거부하며 의사당에 가지 않은 것이다. 이렇게 북아일랜드 지역구 의원이 하원의원 당선 이후에도 런던에 가지 않고 지역에서 정치적 활동을 계속하는 것을 '궐석주의'라고 한다.

그랬던 맥기네스가 2014년 4월 8일 아일랜드 대통령의 영국 국빈 방문에 동행해 엘리자베스 2세 여왕이 주최하는 만찬에 특별 초빙객으로 참석했다. 여왕은 사촌 마운트배튼 경을 1979년 IRA가 저지른 테러로 잃기도 했다. 여왕은 이날 건배사를 하면서 "과거에 미래가 저당 잡혀서는 안 된다"고 말했는데, 맥기네스는 여왕에게 고개를 숙이는 모습으로 예를 표했다. 그의 만찬 참석은 영국과 북아일랜드의 화해의 상징이 되었다. 2017년 3월 23일 그의 영결식에 참석한 사람들은 '총알 대신 투표로 평화를 찾은 인물', '위엄과 겸손, 그리고 결단력을 동시에 갖춘 인물'을 보낸다며 한없이 아쉬워했다.

직업을 불문하고 나름의 생각을 가지고 있다. 인간이 스스로 이상적인 것으로 생각하는 것이 이념이다. 특히 정치적인 문제에 대한 이념은 사람들 사이에 많은 차이가 있고, 이러한 차이가 분쟁을 가져온다. 공산주의와 자본주의 세력 사이의 이념분쟁이 대표적이다. 제2차 세계대전 이후 세계질서를 지배해 온 냉전은 가장 큰 규모의 이념분쟁이다. 베트남전쟁, 한국전쟁은 이념에 기반을 둔 냉전이 열전으로 표출된 형태이다. 극좌적 이념을 실현하려는 단체의 테러도 이념분쟁에 속한다. 독일의 '적군파', 일본의 '적군파', 이탈리아의 '붉은 여단' 등이 1970년대 이러한 활동을 벌인 대표적인 단체이다.

이념분쟁은 냉전 종식과 함께 많이 약화되었다. 하지만 완전히 사라진 것은 아니다. 한반도에서는 남북한이 맞서서 서해에서 때때로 교전을 벌이고 있고, 중국과 대만도 여전히 맞서 있고, 미국과 쿠바가 완전 화해의 길에 들어서지 못하고 있는 모습이 모두 이념분쟁의 부분들이다. 한 나라 안에서 이념을 두고 벌이는 분쟁도 그 정도는 약해졌지만 여전히 계속되고 있다. 미국의 백인우월주의 극우단체 'KKK ^{Ku Klux Klan}' 등은 여전히 활동을 계속하고 있는 이념분쟁의 당사자들이다. 마오쩌둥주의를 신봉하는 페루의 '빛나는 길 ^{Sendero Luminoso}'은 지금은 세력이 많이 쇠하긴 했지만 여전히 활동하고 있고, 마르크스레닌주의를 표방하는 콜롬비아의 '콜롬비아무장혁명군 ^{FARC: Fuerzas Armadas Revolucionarias de Colombia, Revolutionary Armed Forces of Colombia}'도 2016년 정부와의 협상 타결로 공식 해체되었지만, 협상에 반대한 일부 대원들은 여전히 반군활동을 계속하고 있다. 콜롬비아의 또다른 좌익 반군인 '민족해방군^{ELN: Ejercito de Liberacion Nacional, National Liberation Army}'도 2,000~3,000명 정도의 조직원을 가지고 정부와 투쟁을 계속하고 있다.

5) 자원분쟁

지난 2003년 미국이 이라크를 침공했을 때 미국이 내세운 명분은 이라크가 테러단체 알카에다^{Al-Queda}와 연계되어 있고, 대량살상무기^{WMD: Weapons of Mass Destruction}를 만들었다는 것이었다. 하지만 실제로 이 둘 다 제대로 증명하지 못했다. 그래서 미국이 이라크를 공격한 첫 번째 이유가 석유 때문이라는 주장이 제기되었다. 이라크는 매장량 세계 3위 수준의 석유 부국이지만 미국과의 관계가 원만하지 않았고, 또 아랍의 리더 역할을 하려는 욕망을 보였기 때문에 미국이 이라크를 공격했다는 말이었다. 후세인을 제거하고 친미정권을 세워 미국이 필요로 하는 석유공급선을 안정적으로 확보하려 했다는 것인데, 결과적으로 미국은 그러한 목적을 달성했다. 따라서 전쟁의 목적이 석유였다는 주장은 상당한 설득력을 가지고 있다고 할 수 있다. 1991년 미국이 이라크를 공격한 걸프전쟁도 미국의 석유 이권을 보호하기 위한 것이었다.

실제로 미국은 1980년 페르시아만에서 미국의 이익을 보호하기 위해서는 군사력을 사용할 수 있다는 '카터 독트린^{Carter Doctrine}'을 발표한 이후, 페르시아만 인근에 대한 통제권을 유지하고 이 지역을 적대적 세력으로부터 보호하는 것을 매주 중요한 전략적 이익으로 삼아왔다. 중동의 산유국을 보호하고, 원유의 수송로를 안정적으로 확보하기 위한 것이었다. 미국의 중동 관리 정책에 맞서 중국과 러시아는 이란과의 친선관계를 지속하면서 시리아 내전에 대한 미국의 개입도 반대하고 있다. 석유를 가진 중동을 두고 강대국들이 심한 경쟁을 벌이고 있는 것이다.

중동뿐만 아니라 석유분쟁은 세계 여러 곳에서 계속되어 왔다. 독립을 주장하는 스코틀랜드는 민족적·역사적 이유 외에도 북해 석유로 인한 부를 독점하려는 욕구를 가지고 있으며, 영국은 북해 석유를 잃지 않겠다는 의도로 독립을 인정하지 않고 있다. 1967년 나이지리아가 독립을 주장하는 비아프라 지역과 전쟁을 한 것도 동부의 석유산지를 지키기 위해서였다. 또 프랑스가 1954년부터 8년 동안이나 전쟁을 하면서 알제리를 식민지로 유지하려고 했던 중요한 이유가 석유였다. 석유 발견에 대한 잘못된 정보가 전쟁을 일으키기도 했다. 1932년 파라과이가 볼리비아의 차코 지역을 공격했는데 그 주요 원인이 이 지역에 석유가 매장되어 있다는 잘못된 정보 때문이었다.

석유뿐만 아니라 세계 국가들이 자원에 쏟는 관심은 지대하다. 일반적으로 자원은 '인간에게 유용한 각종 재화와 용역'을 말하고 이는 자연자원과 인문자원으로 대별된다. 자연자원은 자연 상태로 존재하는 각종 광물과 물 등을 말하고, 인문자원은 노동력, 기술 등 인적 자원과 제도, 전통 등 문화적 자원을 포함하는 개념이다. 국제정치에서 중요하게 다루는 자원분쟁은 자연자원을 두고 벌이는 국제사회에서의 다양한 다툼을 말한다.

이러한 자연자원에 얽힌 분쟁은 지금의 국제상황에서도 끊일 날이 없이 계속되고 있다. 중·일 간의 댜오위댜오 영토분쟁도 주변 해역의 석유를 둘러싼 자원분쟁의 성격을 함께 가지고 있다. 독일과 프랑스 사이에서 오랫동안 계속되었던 알자스-로렌 다툼도 이 지역의 철광석과 석탄을 놓고 벌인 분쟁이었다. 19세기 유럽의 강대국들이 아프리카 식민지 경쟁에 나섰던 것은 아프리카의 자원을 획득하기 위해서였다. 실제로 아프리카는 각종 자원의 보고이다. 북아프리카에는 석유는 물론 천연가스, 인산염 등이 많고, 사하라사막 바로 남쪽 지역에서는 철, 보크사이트, 구리 등이 많이 난다. 남부 아프리카에는 다이아몬드와 금, 코발트, 망간 등이 많다. 최근 중국이 아프리카 국가들과 친선관계를 강화하고 있는 것도 이들 자원 때문이다.

물을 둘러싼 분쟁도 점점 심화되고 있다. 이미 물 부족 현상은 세계 곳곳에서 일어나고 있다. 중동은 물론이고, 아프리카와 중앙아시아, 남아시아, 동남아시아, 남미, 북미에서도 물 부족에 시달리는 지역이 많다. 그런데 현재 물 사용 증가 속도는 인구 증가 속도의 두 배에 이르고, 2050년이 되면 세계 전체에서 45억 명이 물 부족에 시달리게 될 것으로 예상되고 있다.[2] 그래서 각국은 물 확보에 진력하고 있고, 그에 따른 분쟁도 격화되고 있다.

유프라테스강과 티그리스강의 물줄기를 놓고 주변국들의 다툼이 오랫동안 계속되고 있다. 터키에서 발원해 시리아와 이라크를 거쳐 페르시아만으로 들어가는 유프라테스강이 분쟁의 중심에 있다. 1974년 시리아가 물 부족을 해결하기 위해 대규모 댐을 건설했다. 유수량이 줄자 이라크가 강력히 반발했다. 댐을 폭파하겠다며 군을 국경에 집결시켰다. 전쟁으로 가는 길이었다. 이때 주변 국가들이 중재에 나서 유수량을 늘리는 선에서 타협했다. 1980년대에는 터키가 동남부 지역의 물 부족을 해결하기 위해 댐을 건설하기 시작했다. 무려 20여 개를 잇달아 지었다. 시리아와 이라크는 심한 물 부족에 시달리게 되었다. 이라크 바스라 지역에서는 주민 3,000여 명이 물 부족 때문에 다른 곳으로 이주하기도 했다. 당연히 시리아와 이라크는 계속 반발하고 있다. 시리아와 이라크의 요구는 강물의 3국 균등 배분이지만, 터키는 물 분배 개념을 거부하고 있다. 1974년과 같은 준전쟁이 언제든 재연될 수 있는 분쟁의 상황이 계속되고 있는 것이다.

이렇게 석유와 천연가스, 각종 광물자원, 심지어 물과 같은 자원에 대한 국가들의 욕구가 큰 이유는 그에 대한 인간들의 수요가 지속적으로 증가했기 때문이다. 아서 웨스팅 Arthur Westing 은 이렇게 자원에 대한 수요가 증가하는 이유는 세계의 인구가 40년마다 두 배로 증가하고 있고, 선진국은 생활수준이 더 높아지고 있으며, 개도국도 많은 사람이 가난한 가운데서도 자원 소비 욕구가 증가하고 있기 때문이라고 보았다.[3] 특히 국가의 산업과 안보에 꼭 필요한 자원이면서 그 나라에서 생산되지 않거나 매장량이 부족한 자원에 대한 욕구는 더 커지게 된다. 그런데 이렇게 전략적 필요성이 크고 희소가치가 높은 자원은 대체로 모든 국가들에게 공히 필요한 것들이다. 그래서 자원을 두고 국가들이 분쟁을 벌이는 것이다.

---

2 "강수량 많아도 물 부족 국가 될 수 있다", ≪동아일보≫, 2019년 6월 15일 자.

3 Arthur H. Westing, "Global Resources and International Conflict: An Overview," in Arthur H. Westing(ed.), *Global Resources and International Conflict: Environmental Factors in Strategic Policy and Action*(Oxford: Oxford University Press, 1986), p.6.

자원분쟁은 두 가지 양태로 나타난다. 첫째는 자원 소재지를 강제로 차지하는 것이다. 일시적으로 약탈을 하든지, 아예 점령을 하든지 하는 것이다. 둘째는 적대국이 자원을 사용하지 못하도록 방해하는 것이다. 자원 소재지에 적국이 접근하는 것을 막거나, 그곳을 폐쇄 또는 파괴하는 것이다.[4] 19세기 식민지 전쟁을 비롯한 대부분의 자원분쟁은 전자의 형태를 취해왔다. 1991년 걸프전 당시 퇴각하던 이라크가 쿠웨이트 유전을 파괴한 것은 후자의 사례에 해당한다. 자원분쟁의 역사에는 후자보다는 전자의 사례가 훨씬 많다. 그만큼 국가들의 자원 지배와 소유의 욕구는 강하다는 것을 말해주는 것이다.

6) 환경분쟁

환경문제는 이제 더 이상 한 국가의 영역에만 머무르는 문제가 아니다. 최근의 환경문제는 두 가지 특징이 있다. 첫째는 일정 영역에 머무르지 않고 다른 영역으로 확산되는 복합성을 가졌다는 것이다. 둘째는 국가 간 경계를 초월해서 발생하는 경우가 많다는 것이다.[5] 첫 번째 것은 환경문제가 환경문제로 끝나지 않고 경제적·정치적 문제와 연결되어 있다는 뜻이다. 두 번째 것은 현대의 환경문제는 그 규모와 심도가 과거보다 크고 심각해서 한 나라의 환경문제가 다른 나라에 직간접적인 영향을 주는 경우가 많다는 것이다.

국제화되는 환경문제는 국제적 분쟁으로 연결되는 경우가 많다. 환경분쟁은 이처럼 지구환경의 변화로 인한 다양한 문제에 따라 발생하는 국제사회의 분쟁을 말한다. 최근 들어 그 중요성이 더욱 높아지고 있으며, 우리가 생활 속에서 직접 경험하는 국제분쟁이기도 하다. 일본 후쿠시마 원전의 방사능 누출 사고에 따른 해양오염 때문에 우리나라에서까지 해산물에 대한 우려가 높아졌고, 중국 북부와 몽골의 사막화로 인

---

4 Arthur H. Westing, "An Expanded Concept of International Security," in Arthur H. Westing(ed.), *Global Resources and International Conflict: Environmental Factors in Strategic Policy and Action* (Oxford: Oxford University Press, 1986), pp.183~184.

5 Lawrence E. Susskind, *Environmental Diplomacy: Negotiating More Effective Global Agreements* (Oxford: Oxford University Press, 1994), pp.44~45.

한 황사와 중국의 연료용 석탄에서 오는 미세먼지는 우리의 안전을 직접적으로 위협하는 존재가 되었다. 심지어 최근에는 신문이나 방송의 일기예보에서 미세먼지 예상 농도를 눈이나 비가 올 확률보다 더 중시하는 모습까지 나타나게 되었다. 그만큼 국제적 환경분쟁이 우리의 일상 깊숙이 들어온 것이다. 환경과 국제정치에 대한 자세한 내용은 제11장에서 다루기로 하고 여기서는 국제 환경분쟁에 대한 핵심적인 부분만 언급하기로 한다.

국제 환경분쟁은 기후변화를 비롯해 대기오염, 삼림파괴, 폐기물 이동 등 다양한 원인에 의해 발생한다. 현재 세계 환경분쟁의 가장 큰 이슈는 기후변화에 따른 대응의 문제이다. 지구온난화에 대한 문제의식은 세계 국가들 사이에 공유되어 있다. 하지만 이에 대한 대응방안을 두고는 생각이 다르다. 온실가스 배출을 줄이기 위한 파리기후변화협약을 두고도 국가 간의 이견이 계속되고 있다. 지구를 보호해야 한다는 인식은 공유하고 있지만, 각국이 되도록 탄소배출 규제는 적게 받으려 하면서 갈등과 이견이 생기고 있다. 미국이 2019년 파리기후변화협약 탈퇴를 유엔에 통보한 것은 이러한 모습을 잘 보여준다.

지구온난화는 여러 가지 형태의 분쟁을 일으키고 있다. 온난화로 북극해의 얼음이 녹으면서 러시아와 노르웨이, 덴마크, 캐나다 등이 해저의 석유와 천연가스 개발권을 놓고 경쟁을 벌이고 있다. 캐나다와 덴마크는 영토분쟁까지 벌이는 중이다. 북극해에 있는 폭 100미터의 한스섬Hans Island을 놓고 서로 영유권을 주장하고 있다. 이 섬은 캐나다 엘즈미어섬과 덴마크령 그린란드 사이에 있는데, 섬 주변이 꽁꽁 얼어 있을 때에는 이 작은 무인도에 두 나라 모두 관심이 없었다. 하지만 얼음이 녹자 섬이 있는 해협이 대서양과 태평양을 연결하는 중요한 통로가 되었고, 한스섬은 해협 중간에 위치한 전략적 가치가 높은 지역이 되었다. 그래서 영유권 분쟁의 대상이 된 것이다.

대기오염 분쟁도 국제사회의 주요 이슈이다. 유명한 사례가 친밀한 이웃 국가 사이인 미국과 캐나다 간의 산성비 분쟁이다. 1970년대 들어 미국 동북부와 캐나다 남동부에 산성비가 많이 내렸다. 캐나다는 이것이 미국 때문이라고 보고 미국의 책임을 주장했다. 특히 캐나다는 미국 5대호 인근의 공업지대에서 이산화황을 대량으로 배출하는 것이 문제라는 점, 캐나다의 토양이 산성비에 매우 취약하다는 점, 캐나다 경제가 산림에 의존하는 바가 크다는 점을 집중 부각시켰다. 논쟁 끝에 양국 정부는 공동연구를 진행했다. 캐나다 지역 산성비의 50%는 미국에서 발생하는 것이고, 미국 지역 산성비의 15%는 캐나다에서 발생하는 것으로 연구 결과 나타났다. 이런 결과를 바탕으로 양국은 1980년대 지속적으로 대응책을 협의했다. 레이건 행정부 당시에는 미국의 소극적 자세로 진전이 없었다. 그러다 부시 행정부에 들어서서 협상에 박차를 가해 1991년 대기협정Air Quality Agreement을 체결하게 되었다. 양국의 산성비 유발물질을 대폭 삭감하도록 하는 내용이었다. 하지만 그것도 문제를 완전히 해결할 수 있는 방안은 아니어서 유사한 문제가 다시 발생할 여지는 여전히 남아 있다.

지구환경 변화로 인한 많은 이슈 가운데 하나가 환경난민environmental refugees이다. 환경난민은 환경의 변화로 거주지에서의 삶이 심각하게 위협받거나 더 이상 살 수 없어 기존의 터전을 떠나는 사람들을 말한다. 해수면 상승이나 가뭄, 홍수, 폭설, 엘니뇨현상 등이 주요 원인이다. 유엔난민기구UNHCR: UN High Commissioner for Refugees에 의하면, 2008년 이후 1초에 1명이 기후변화로 인한 해수면 상승이나 홍수, 태풍, 산불 등으로 난민이 되고 있고, 이런 사람이 매년 2,500만 명이나 된다.

투발루는 해수면 상승으로 거주지를 잃는 주민이 많아져 2000년대 들어 주변국들에 난민 수용을 요청하지 않을 수 없게 되었다. 하지만 2001년 호주로부터 최종 거절 통지를 받았다. 이에 투발루는 다시 뉴질랜드에 난민 수용을 요청했다. 뉴질랜드는 투발루의 요청을 받아들였고, 2002년부터 주민들을 수용하고 있다. 매년 75명씩을 이주시켜 투발루 전체 인구인 9,000명을 모두 수용할 예정으로 이주가 진행되고 있다. 아프리카의 소말리아와 케냐, 에티오피아에서는 극심한 가뭄 때문에 기존 거주지를 벗어나 이웃 국가로 이주하는 사람들이 매년 수십만에 이른다. 이러한 환경난민들은 물 부족과 기아의 고통에 시달리고 있다.

환경분쟁은 또 하나의 세계의 주요 문제인 선진국과 개도국의 갈등, 즉 남북문제와 연결되어 있다. 환경문제의 주요 유발국가는 통상 선진국이고 이로 인한 부담은 모두가 함께 져야 하는 상황이기 때문에 선진국과 개도국 사이의 갈등이 환경문제 속에 있는 것이다. 파리기후변화협약의 이행문제가 그렇고, 많은 경우 대기오염에 의한 분쟁도 마찬가지이다. 환경난민의 경우는 후진국 난민을 선진국이 수용하느냐의 문제가 중요한 부분인데, 역시 선·후진국 사이의 갈등 소지를 많이 내포하고 있다.

이처럼 환경으로 인한 국제분쟁도 세계정치의 주요 부분을 차지하고 있으며, 이러한 국제환경에서 각국은 새로운 생태학적 패러다임과 지속 가능한 발전의 추구로 지구환경 개선에 기여하고, 주변의 환경분쟁의 해결에도 공헌하려는 태도가 필요하다고 하겠다.

3. 국제분쟁의 해결 방안

분쟁을 해결하는 방법에는 협상negotiation, 설득persuasion, 재판judgement, 테러terror, 전쟁war 등이 있다. 협상과 설득, 재판은 분쟁을 평화적으로 해결하는 방안이고, 테러와 전쟁은 분쟁에 대해 폭력적으로 대처하는 방안이다. 이 가운데 테러와 전쟁은 국제정치에서 매우 중요한 위치를 차지하고 있는 만큼 따로 다루기로 한다.

협상은 분쟁에 관여된 국가들이 대화를 통해 서로의 주장을 확인하고 이를 조정해서 분쟁을 평화적으로 해결하려는 외교적 과정을 가리킨다. 하나를 주고 하나를 받는 식으로 서로의 의견과 이해를 맞추어나가는 방식이 협상이다. 협상은 어떤 기초 위에서 시작해 어떤 과정을 거쳐 어떤 방식으로 결론을 정할지 당사국이 자유롭게 할 수 있다. 당사자들이 직접 협상을 진행하는 경우가 대부분이지만 대립이 심해진 경우 중재자의 중재로 협상을 하는 경우도 많다. 지미 카터Jimmy Carter 전 미국 대통령은 대통령 임기가 끝난 뒤 국제분쟁의 중재 역할을 많이 한 공로로 2002년 노벨평화상을 받기도 했다. 협상은 분쟁을 해결하는 방법 중 가장 평화적인 것이면서 가장 널리 활용되고 있다.

설득은 분쟁 상대의 가치나 신념, 태도를 의사소통을 통해 변화시키는 것을 말한다. 상대를 기존의 입장에서 물러서서 자신의 입장에 가깝도록 만드는 것을 이르는 것이다. 상대가 하고 싶지 않은 것을 하도록 강제하는 것이 힘power이라면, 설득은 상대의 하고 싶지 않은 마음을 바꾸어 하고 싶도록 만드는 것이다. 협상이 양방향적인 외교교섭이라면, 설득은 A국가가 B국가를 향해서 행하는 일방적인 성격의 의사타진이라는 점에서 차이가 있다.

재판은 국제재판소의 판결에 의해 분쟁을 해결하는 방법이다. 국제분쟁을 해결하는 대표적인 재판소는 국제사법재판소ICJ: International Court of Justice와 국제해양법재판소

ITLOS: International Tribunal for the Law of the Sea가 있다. 국제사법재판소는 영토분쟁과 같은 국가 간의 주요 분쟁을 법적으로 해결하는 유엔의 사법기관이다. 한쪽 당사국이 일방적으로 청구한다고 해서 재판이 성립하지는 않고 상대국이 재판에 응할 때 비로소 재판이 성립한다. 판결은 구속력을 가지며 이를 이행하지 않을 때에는 안전보장이사회가 적절한 조치를 취할 수 있다. 그래서 분쟁해결 수단으로 기능할 수 있는 것이다. 국제해양법재판소는 유엔해양법협약에 따라 국가 간 해양 관련 분쟁을 해결하기 위해 설립된 기관이다. 영해와 경제수역, 대륙붕, 해양환경오염, 선박 나포 등 해양 관련 각종 분쟁을 다룬다. 유엔기구들이 대부분 사무총장 관할하에 있지만 국제해양법재판소와 국제사법재판소는 재판소장 책임하에 독립적으로 운영된다. 재판의 독립성과 권위를 확보하기 위해서이다.

4. 테러

1) 테러란?

테러는 "민간인에 대해 의도적으로 또 무차별적으로 가하는 정치적 폭력"을 이른다.[6] 군이 아니라 민간을 상대로 한 것이며 일정한 정치적 목적을 가지고 있어야 하는 것이다. 또 우발적인 것이 아니라 일정한 계획에 따라 무차별한 공격의 형태로 진행되어야 하는 것이다.

좀 더 포괄적인 테러 정의는 유엔의 정의이다. 유엔 안전보장이사회(안보리)는 2004년 테러단체와 테러범에 대한 처벌 강화를 각국에 촉구하는 안보리 결의 1566호를 통과시키면서, 테러를 "일반 대중이나 일정한 집단에 공포 상태를 유발하기 위해, 또는 사람들을 위협하거나 정부·국제기관으로 하여금 어떤 행동을 하거나 하지 말도록 압박하기 위해, 죽음·부상·인질의 목적을 가지고 행하는 범죄행위"라고 정의했다.

---

6   Goldstein and Pevehouse, *International Relations*, p.198. 이 부분의 원문은 다음과 같다.
    "Terrorism refers to political violence that targets civilians deliberately and indiscriminately."

유엔의 정의에 따르면 테러는 크게 두 가지 조건을 갖추어야 한다. 첫째는 살인이나 상해를 저지르거나 인질을 붙잡는 등의 범죄행위가 있어야 한다. 둘째는 정부나 국제기관에 영향을 미칠 목적을 가지고 있거나 사람들에게 공포를 유발할 목적을 가지고 있어야 한다. 테러는 대부분 분쟁의 해결 수단으로 이용되고, 이런 경우 정치적 목적을 가지게 되겠지만, 직접적 목표를 내세우지 않고 공포를 불러 장기적인 정치적 효과를 노리는 테러도 있다. 종합적으로 정리를 해보면, 테러는 '정치적 목적을 위해 또는 사람들의 공포를 불러일으키기 위해 행해지는 민간을 상대로 한 무차별적 범죄행위'라고 할 수 있다.

테러를 하는 주체는 통상 비국가단체들이다. 민족이나 종교 사이의 국제분쟁의 와중에서 분쟁을 평화적으로 해결하지 못하고 폭력적으로 해결하려는 형태로 국가가 아닌 단체들이 수행하는 것이다. 이슬람 근본주의 단체, 바스크 분리주의 단체 등이 대화와 협상으로 자신의 목적을 달성하기 어렵다고 판단할 때 벌이는 것이 테러이다. 국가가 직접 테러를 하는 경우도 있다. 이를 국가테러state terrorism라고 한다. 1988년 리비아 정보당국이 1986년 미국의 리비아 공습에 대한 보복으로 팬암 항공기를 스코틀랜드 상공에서 폭파한 경우가 여기에 해당한다. 제1차 세계대전의 발단이 된 1914년 오스트리아 황태자 페르디난트 암살 사건에 대해 세르비아는 자국의 청년 가브릴로 프린치프Gavrilo Princip가 우발적으로 저지른 사건이라고 했지만, 오스트리아는 세르비아가 계획적으로 저지른 사건이라고 주장했다. 당시 세르비아는 흑수단黑手團, Black Hand이라는 비밀테러단체를 조직해 놓고 있었다. 이 흑수단이 사전계획에 따라 페르디난트를 암살했다는 것이 오스트리아의 주장이었다. 흑수단이 이 암살 사건을 저질렀는지는 분명하게 밝혀지지 않았지만 당시 세르비아가 테러단체를 갖고 있었던 것은 밝혀졌다. 이처럼 국가가 테러를 직접 감행하는 경우가 왕왕 있는 것이다.

국가가 직접 테러를 하지는 않더라도 국가가 테러를 지원하는 경우도 있다. 이런 형태를 국가지원테러state-sponsored terrorism라고 부른다. 1988년 리비아 팬암 항공기 폭파 사건에 대해 최근에 이란 사주설이 제기되었는데, 이란이 시리아의 테러단체 '팔레스타인 인민해방전선총사령부PFLP-GC'에 청부해서 테러를 저질렀다는 것이다. 아랍권 위성방송 알자지라가 보도한 내용인데, 이 사건은 6개월 전 일어난 미국의 이란 여객기 오인 격추 사건에 대한 보복으로 이란이 테러 청부의 방식으로 저지른 것이라고 한다.[7] 이것이 사실이라면 국가지원테러의 사례가 된다. 1988년 테러 이후 미국과 영국의 정밀조사 결과는 리비아의 행위라는 것이었는데, 이 결론이 수정될지는 아직 미지수이지만, 이 테러가 국가가 직접 또는 테러단체를 사주해서 발생한 것임에는 틀림이 없다.

최근에는 독립적인 테러단체보다는 국가의 지원을 받는 테러단체가 많아지는 것이 특징이다. 국제적인 대테러체제의 강화에 따라 테러단체들도 안정적인 은신처를 찾기 위해서는 주권국가의 도움이 필요하고, 자금과 정보, 통신 등의 확보를 위해서도 대규모의 지원이 필요하기 때문에 일정 국가와 연대를 맺는 것이 유리하다. 또한 미국을 중심으로 대테러체제를 강화하고 있지만, 이 체제에 저항하는 나라도 여전히 존재하고 있다. 이란과 수단, 시리아, 북한이 그런 나라인데, 이들이 미국이 지정한 테러지원국state sponsors of terrorism이다. 북한은 1987년 KAL기 폭파 사건 이후 국제테러를 하지 않았다는 점이 평가되어 2008년 테러지원국 목록에서 빠졌지만, 이후 해외 암살 등에 연루되었다는 이유로 2017년 다시 테러지원국으로 지정되었다.

테러는 고대 그리스·로마시대부터 존재해 왔지만 현대적 의미의 테러는 1960년대부터 국제사회의 주목거리가 되었다. 이후 테러의 양태도 조금씩 변해왔다.[8] 1960년대 테러는 주로 항공기를 납치하는 방법을 썼다. 비용과 인력은 적게 들면서 정치적 효과는 매우 컸기 때문이었다. 1970년대에는 항공기 공중 폭파가 많았다. 테러단체와의 협상을 거부하는 국제사회 분위기가 형성되었고, 이에 대해 테러단체들의 테러도 과격한 모습으로 변화한 것이다. 1980년대 전반에는 공항시설 파괴와 공항 이용객 납치가 테러의 주요 수단이 되었다. 항공기 탑승에 대한 검색이 강화되자 상대적으로 쉬운 방법을 택하게 된 것이다. 1980년대 후반에서 1990년대 초반까지는 민간항공기 미사일 공격이 주요 테러행위였다. 소규모 대공미사일을 확보하는 것이 어렵지 않게 되었기 때문이다. 이 시기에는 차량폭탄테러도 많이 발생했다. 1990년대 후반부터는 자살폭탄테러가 주류를 이뤘고 1995년에는 일본에서 처음으로 사린가스를 사용한 독

---

7   "'팬암機 폭파' 26년 만에 진실 밝혀지나 '리비아 아닌 이란 소행' 주장 나와", ≪조선일보≫, 2014년 3월 12일 자.
8   테러 양태의 변화는 조순구, 『국제문제의 이해: 지구촌의 쟁점들』(법문사, 2006), 274쪽을 참조했다.

가스 테러가 발생하기도 했다. 2001년 발생한 9·11 테러는 새로운 형태인 항공기 자살공격에 의한 테러였다. 2000년대 들어서서는 사이버테러도 적지 않게 발생하고 있다. 최근의 테러는 버스나 열차 폭파, 자살폭탄, 납치, 사이버테러 등 다양한 방법을 활용하고 있다.

현대의 테러는 과거와는 다른 특징을 보이고 있는데, 구체적인 특징들을 차례로 본다면, 첫째, 세계화의 영향으로 테러조직의 국제적 네트워크가 확대되고 있다. 테러 단체들 간의 정보교류가 강화되고 있는 것이다. 알카에다Al-Qaeda 와 이슬람국가IS: Islamic State가 지도자를 잃은 뒤 조직이 쇠했지만, 잔존세력들은 시리아와 예멘, 소말리아, 나이지리아, 알제리 등지에서 서로 정보를 교류하면서 나름의 활동을 전개하며 재기를 노리고 있다.

둘째는 사이버 테러의 강화이다. 이 또한 정보기술의 발달과 그에 따라 국경이 없어져 가는 세계화 현상의 반영이다. 국경을 초월해 사이버상에서 다른 나라 주요 기관의 정보통신 통제시스템을 공격하는 것이다. 군과 행정기관, 금융기관 등이 주요 공격목표가 된다. 이는 테러단체 입장에서는 저비용과 소수인력으로 큰 효과를 낼 수 있기 때문에 선호도가 점점 높아지고 있다.

셋째로는 테러단체의 기술 수준의 고도화이다. 과거의 테러리스트들은 조악한 사제 폭탄이나 총기류를 사용했지만 현대의 테러단체들은 첨단의 과학 장비들을 갖추고 있다. 고성능 폭탄을 생산할 뿐만 아니라 폭파하는 기술도 고도화되어 무선전화 등을 이용해 폭파 시간을 마음대로 조절함으로써 피해를 최대화하고 있다. 생화학무기도 만들어 가지고 있는 경우도 있으며 핵무기까지 소유하려는 단체들도 있다. 게다가 테러단체들은 요원들을 기술선진국에 파견해 더욱 첨단의 기술들을 학습시킴으로써 지속적인 기술적 진보를 추구하고 있다.

넷째로는 비정치적 테러의 증가이다. 테러는 통상 정치적 메시지를 담고 있었다. 아일랜드공화군IRA은 북아일랜드의 정치적 독립을, 팔레스타인해방기구PLO는 역시 팔레스타인의 독립국가 건설을 위해 테러를 했다. 하지만 최근의 테러는 정치적 색채가 옅은 것이 많다. 9·11의 경우도 알카에다가 자신들의 소행이라고 주장하면서 무엇이 테러의 목적이라고 분명하게 말하지 않았다. 2017년 미국 라스베이거스 카지노 거리에서 무차별 총격으로 59명을 사망에 이르게 한 테러도 뚜렷한 목적이나 동기가 없었다. 이처럼 현대의 테러는 분명한 구호가 있는 폭력에서 무조건적이고 무차별적인 살상의 형태로 변화하고 있다. 전체적으로 보면 정보기술의 발달과 세계화의 사조를 활용해 테러도 첨단화되고 있고 비정치적 요인에 의한 테러도 많아지고 있는 경향을 보이고 있다.

2) 테러의 원인과 대응책

테러는 어떤 이슈를 두고 일정한 분쟁이 있기 때문에 발생하는 것이지만, 구체적으로 어떤 원인이 직접적으로 테러로 연결되는지 생각해 볼 필요가 있다. 분쟁의 종류에서 살펴본 것 가운데 종교분쟁과 민족분쟁이 테러로 연결되는 경우가 많다. 워낙 그 분쟁의 뿌리가 깊고, 분쟁의 정도가 심하고, 여전히 해결의 실마리를 찾지 못하고 있기 때문에 테러가 양산되고 있는 것이다. 그런데 이러한 분쟁이 테러화하는 데는 직접적인 계기와 요인이 있다. 이를 분류해 보면 분노 resentment, 독립 욕구 desire for independence, 이념 실현 realization of ideology, 관심 끌기 drawing attention 등으로 나뉜다.

많은 테러의 직접 원인은 분노이다. 9·11의 원인도 분노라고 할 수 있다. 중동지역 이슬람 근본주의자들의 미국에 대한 분노는 매우 뿌리가 깊다. 이러한 분노의 생성 원인을 따져본다면, 미국의 부패한 중동 국가들에 대한 지원, 미국 문화의 지나친 침투, 국제통화기금 IMF 과 세계무역기구 WTO 등 세계경제질서를 규정하는 국제제도에 대한 미국의 지배 등이 복합적으로 작용해서 생긴 것이다.[9] 또 이슬람 근본주의자들은 오랫동안 미국이 이스라엘을 지원하면서 이슬람교도들을 핍박해 왔고, 중동을 분열시키고 착취해 왔다고 생각한다. 이러한 사고를 가진 사람들은 미국에 대해 분노와 적개심을 가지고 있고, 이러한 감정이 9·11을 일으킨 것이라고 할 수 있다.

2014년 4월 나이지리아에서 일어난 보코하람 Boko Haram 의 여학생 234명 납치 사건도 이슬람교도의 서구문화에 대한 반감과 분노에 근본 원인이 있었다. 나이지리아 북부를 중심으로 활동하고 있는 보코하람은 이슬람국가 IS: Islamic State 와 연계되어 있는 이슬

---

9   Fraser Cameron, *US Foreign Policy after the Cold War*(New York: Routledge, 2005), p.140.

람 테러조직이다. 'Boko'는 현지어로 교육, 'Haram'은 죄를 뜻하는 말이다. 보코하람은 '학교가 죄이다'라는 의미이다. 1903년 영국은 나이지리아를 식민지배하기 시작하면서 기독교선교학교를 대대적으로 설립해 이슬람교도를 기독교로 개종하는 활동을 전개했다. 이에 대해 이슬람교도들의 반감이 깊어졌고, 그 영향으로 보코하람과 같은 테러단체가 생겨나게 되었다. 보코하람은 학교를 이슬람문화를 파괴하는 서구세력의 전위로 간주하고 학교를 상대로 한 테러를 계속하고 있다. 2002년 설립 이후 보코하람은 2만여 명을 살해했고, 납치한 여학생을 인신매매조직에 팔아넘기는 일까지 자행하고 있다.[10] 서구문화에 대한 분노에서 시작된 테러가 무차별 살해와 파렴치한 범죄로 이어진 것이다.

대부분의 종교분쟁 관련 테러는 분노가 직접 원인이 되어 일어난다. 팔레스타인인들의 이스라엘에 대한 테러, 파키스탄 이슬람교도들의 인도에 대한 테러 등이 여기에 해당한다. 자살폭탄테러와 같은 극단적인 형태도 이 분노에 의한 테러에서 나타난다.[11] 뿌리 깊은 적개심과 분개가 종교적 신념과 어우러져 일반적인 사람들이 생각할 수 없는 형태의 폭력이 나오는 것이다.

독립 욕구는 민족분쟁이 테러로 변화하는 데 주요 요인으로 작용한다. 하나의 민족이 다른 민족의 지배하에서 오랫동안 분쟁을 해오는 과정에서 독립 욕구가 강해지고 이를 실현할 다른 방안이 없을 때 테러로 나타난다. 중국에서는 티베트뿐만 아니라 신장위구르자치구에 사는 위구르족도 독립을 요구하며 베이징과 쿤밍 등 주요 도시에서 수시로 테러를 감행하고 있다. 터키의 쿠르드 반군은 쿠르드족 독립을 요구하며 시위와 테러를 계속하고 있다. 이들이 테러를 행하는 직접 원인은 민족의 독립에 대한 욕구이다. 오래된 갈망, 이를 실현할 수 있는 방안의 부재가 끊임없는 테러를 낳고 있는 것이다.

이념 실현은 이념을 두고 벌이는 분쟁이 테러로 발전하는 요인이 된다. 이념은 종

---

10 "나이지리아 정부 '보코하람 공격 이후 여학생 110명 실종'", Voice of America, 2018년 2월 26일 자.
11 자살폭탄테러에 대해서는 다른 시각의 연구도 있다. 로버트 페이프 Robert Pape 는 많은 테러 사례 분석을 통해 자살폭탄테러는 사회적 불만에서 비롯된 비이성적인 행동이 아니라, 높은 성공률과 높은 효과를 노린 매우 합리적인 전략이라고 주장한다[Robert A. Pape, "The Strategic Logic of Suicide Terrorism," *American Political Science Review*, Vol.97, No.3(2003)].

교만큼 인간을 깊이 사로잡는 성질을 가지고 있다. 1970년 일본의 극좌파 단체 '적군파'의 항공기 요도호 납치 사건, 1978년 이탈리아의 극좌단체 '붉은 여단'의 모로 총리 암살 사건 등은 자신들의 극좌적 이념을 실현하려는 목적을 가지고 있었다. 냉전이 종료된 이후에는 이념분쟁이 현격하게 약화되었고, 따라서 이념 실현을 위해 자행되는 테러도 줄었지만 중남미 지역을 중심으로 일부 존재하고 있다.

세계인의 관심을 끌겠다는 것도 테러의 직접 원인이 될 수 있다. 일부 광신도 집단에 의한 테러가 여기에 해당한다. 옴진리교는 1984년 일본에서 생성된 신흥종교로 1990년 정당을 만들어 총선에 나섰지만 25명이 전원 낙선했다. 이후 살인 등 과격한 테러에 나섰고, 1995년에는 도쿄 지하철에 대한 사린가스 테러를 감행해 13명이 사망하고 6,000여 명이 중경상을 입었다. 옴진리교 테러는 자신들의 세력 약화에 대한 반작용으로, 과격한 테러로 세인의 관심을 불러일으킨 뒤 그들의 종말론적 신앙론을 펴려 한 것이다. 역시 1995년에 발생한 미국 오클라호마 폭탄테러도 광신도 집단인 다윗파에 의해 저질러진 테러로 정부에 대한 불만 표출과 함께 세인의 관심을 끌고자 한 것이 테러의 요인이었다고 할 수 있다.

이처럼 테러는 다양한 원인에 의해 발생하는데, 이를 막기 위한 대응책도 강화되고 있다. 미국과 유엔을 중심으로 테러 저지와 테러범 검거를 위한 국제적인 연대가 강화되고 있다. 중국은 티베트를 비롯한 소수민족 문제를 안고 있고, 러시아도 체첸과 다게스탄 반군의 테러에 대한 우려가 있기 때문에 미국과 대테러 공조를 강화하고 있다. 대응방안의 주류는 테러단체의 최근 활동, 테러 가능 지역과 시간 등에 관한 정보교환이고, 테러가 발생했을 때 범인을 검거하기 위한 공조도 확대되고 있다.

문제는 이러한 강대국들의 공조와 대응책 강화에도 테러는 줄지 않고 있다는 것이다. 따라서 세계가 고민해야 할 부분은 이러한 테러의 근본적인 제거 방안을 함께 찾는 것이다. 저지하고 검거하는 방안, 즉 공급자 중심의 대책으로는 한계가 있다. 분노와 독립 욕구, 이념 실현 등 테러의 근본 원인을 제거하는 방안을 생각해 내야 근원적인 대책이 될 수 있다. 이것이 수요자 중심의 대책이다. 수요자 측의 핵심 불만과 요구를 파악해서 이를 해결하려는 노력을 하는 것이다. 중동의 무슬림이 미국의 어떤 정책에 대해 분개하고 있는 것인지, 독립을 요구하는 민족과 협상의 여지는 없는지, 이념적 주장을 하는 단체들의 요구를 대화를 통해 풀어줄 수 있는 방안이 있지는 않은지 등을 세계가 함께 고민해야 하는 것이다.

3) 9·11과 미국의 대외정책 변화

9·11 테러는 2001년 9월 11일 중동의 이슬람 근본주의 테러단체 알카에다가 미국 뉴욕의 세계무역센터[WTC]와 국방부에 대해 감행한 항공기 공격 사건이다. 이 공격으로 모두 5,000여 명이 사망했다. 9·11은 세계 유일의 초강대국이면서 공격당할 수 없는 국가로 인식되어 온 미국에 대한 공격이었다는 점에서 미국인과 세계에 엄청난 충격을 주었다. 당시 백악관 국가안보보좌관이었던 콘돌리자 라이스[Condoleezza Rice]는 미국의 독립전쟁, 제2차 세계대전과 함께 9·11 테러를 미국 역사상 3대 사건 가운데 하나로 꼽았는데, 라이스의 이러한 평가는 미국인들의 9·11에 대한 인식을 잘 나타내 주고 있다.

9·11은 미국 역사의 대사건으로 평가되는 데 그치지 않는다. 두 가지 측면에서 국제질서 자체를 이전과 다른 양상으로 바꾸어놓는 역할까지 했다. 첫째, 9·11은 베스트팔렌 체제의 변화 가능성을 제시했다. 17세기 이후 세계질서는 베스트팔렌 체제를 유지해 왔다. 1648년 베스트팔렌 조약에 의해 유럽은 영토 경계가 분명한 중앙집권적 국민국가 체제를 갖추게 되었고, 이후 이러한 체제가 유지되어 온 것이다. 하지만 9·11은 이러한 베스트팔렌 체제를 근본적으로 흔들어놓았다. 국가체제를 갖추지 못한 테러집단이 세계 최강대국을 공격해 국가안보를 결정적 위기 상태로 몰아감으로써, 영토와 국민을 기반으로 한 국민국가만이 국제정치의 주요 행위자가 아니며, 비국가단체도 매우 중요한 행위자가 되었음을 여실히 보여주었다. 국가와 국가가 외교를 하고, 협상을 하고, 때로는 전쟁을 하는 국민국가 중심의 베스트팔렌 체제가 세계질서를 유지해 가는 견고한 틀이 될 수 없음을 보여준 것이다.

둘째, 9·11은 또한 강대국 질서의 재편 가능성을 보여주었다. 탈냉전 이후에도 냉전의 여파는 지속되어 미국과 러시아, 미국과 중국은 서로 일정한 거리를 유지해 왔다. 하지만 9·11은 반테러의 명분하에 이들 강대국을 연대하도록 했다. 미국의 대테러 전선에 러시아와 중국이 기꺼이 동참했다. 러시아는 군사기지 제공은 물론, 테러단체에 대한 정보 제공, 아프가니스탄 내 반테러 작전 협조 등을 통해 미국의 대테러

작전을 도왔다. 중국도 미국의 테러와의 전쟁에 즉각적으로 지지를 표명했다. 이러한 현상은 전통적 적대관계였던 미국과 러시아·중국의 관계가 새로운 차원으로 변화할 수 있음을 보여준 것이다. 물론 9·11 이후 미국과 중·러의 관계가 화해와 협력의 관계로 일관되게 발전한 것은 아니지만 반테러라는 명분 아래 언제든지 협력관계를 이룰 수 있음을 명시적으로 나타내 준 것이다.

9·11은 미국의 군사안보정책에도 큰 변화를 주었다. 첫 번째로는 비국가단체의 공격에 대해서도 효과적으로 대응할 수 있도록 하기 위해 국가 중심의 군사전략을 근본적으로 변환시켰다. 기존 미국 군사전략의 핵심은 적국의 침략을 효과적으로 예방하고 침략이 있을 경우 이에 효율적으로 대응하는 것이었다. 하지만 9·11은 이러한 국가 중심 전략이 테러단체의 공격에 대해서는 제대로 대응할 수 없다는 것을 여실히 증명해 주었다. 따라서 미국 군사전략을 비국가단체의 공격에도 효과적으로 대응할 수 있도록 전환시킨 것이다. 구체적으로 미국은 해외주둔군 재검토 GPR: Global Posture Review 에 따라 해외주둔군을 줄이고 본토에 군을 집결시켜 해외투사능력을 향상시키는 방향으로 해외주둔군 체계를 전환했다. 또한 육군에 사단보다 규모가 작으면서 가벼운 장갑차로 무장한 스트라이커 여단을 증설해 기동성을 강화했다. 미국과 미국의 동맹국에 대한 적대감이 큰 '불안정의 호 arc of instability'(북아프리카-중동-중앙아시아-중국-북한을 연결하는 호 모양의 지역)를 집중적으로 감시하면서 필요시 기동성이 강한 군대를 현지로 급파해 문제를 해결하는 체제를 갖춘 것이다. 이에 따라 해외주둔군은 전략적 유연성 strategic flexibility을 강화했다. 주한미군에 대해서도 부시 행정부와 노무현 정부 사이의 협상 끝에 전략적 유연성을 인정하게 되었다. 주한미군도 중동이나 대만해협에서 군사적 충돌이 발생하는 경우 즉시 파견될 수 있도록 한 것이다.

두 번째로는 핵무기를 공격용 무기로 사용할 수 있도록 했다. 미국은 제2차 세계대전 당시 핵무기를 사용한 이후 핵무기는 상대방이 공격을 하지 못하도록 하는 억지 deterrence 의 기능을 수행하는 무기로 인정해 왔었다. 하지만 2001년 12월에 작성된 미국방부의 「핵태세검토보고서 NPR: Nuclear Posture Review」는 이를 근본적으로 수정해 핵무기를 공격용으로 사용할 수 있게 했다. NPR은 미국의 국방력을 구성하는 요소로 핵·비핵 공격력 nuclear and non-nuclear strike capabilities, 방어력 defense, 역공을 위한 하부구조 responsive infrastructure 등 세 가지를 들었다.[12] 미국 국방력의 첫 번째 요소로 비핵무기와 함께 핵무기의 공격능력을 명시적으로 규정한 것이다. 억지는 공격을 막아주는 것인데, 9·11은 이 억지가 작용하지 않음을 보여주었다. 핵무기의 억지 기능이 제대로 작동하지 않음을 보여준 것이다. 그래서 미국은 핵무기를 억지용에 묶어두지 않고 공격용으로 변환시킨 것이다.

세 번째로는 군사전략으로 선제공격이 가능하도록 했다. 이전까지 미국은 침략의 예방과 침략 시 대응전략을 중심으로 한 군사전략을 가지고 있었다. 하지만 9·11의 영향으로 2002년 9월에 나온 백악관의 「국가안보전략NSS: National Security Strategy」은 "우리의 적에 의한 호전적 행위를 예방하기 위해 필요하다면 미국은 선제적으로 행동할 것이다"라고 명기했다.[13] 미국이 필요하다고 인정할 경우 테러단체나 이른바 불량국가에 대해 선제공격을 하겠다는 것이다. 위에서 언급한 NPR과 NSS의 내용을 종합하면 핵무기로 적국에 대해 선제공격도 할 수 있게 된 것이다.

미국이 9·11 이후 공격적인 국가가 되고 일방주의적인 대외정책을 실시했다고 평가하는 이유는 이러한 정책적 전환을 바탕으로 이라크전쟁 등 강경정책을 국제사회의 협력 없이 시행하는 경우가 많았기 때문이다. 하지만 이에 대한 세계 여론은 부정적이었고, 그래서 부시 행정부 2기(2008~2012)에는 국제사회와의 대화를 강조했다. 부시 행정부가 끝나고 민주당 오바마 행정부가 들어선 이후에는 일방주의 정책을 비판하고 다자주의를 강조하게 되었다. 그럼에도 불구하고 오바마 행정부가 내놓은 2010년의 「핵태세검토보고서NPR」도 핵 선제공격권은 포기하지 않는다고 밝히고 있다.[14] 2018년에 나온 트럼프 행정부의 「핵태세검토보고서」도 마찬가지이다.[15] 9·11 이후 결정된 핵무기의 공격용 활용방침은 그대로 지켜지고 있는 것이다.

---

12 US Department of Defense, "Nuclear Posture Review"(December 31, 2001), p.1.

13 National Security Council, "National Security Strategy of the United States of America"(September 17, 2002), p.15.

14 박건영, 「핵무기와 국제정치: 역사, 이론, 정책, 그리고 미래」, ≪한국과 국제정치≫, Vol.27, No.1(2011), 29쪽.

15 "미국 '북한 핵공격시 정권 종말 맞을 것' 경고… 핵태세보고서," ≪뉴시스≫, 2018년 2월 3일자.

5. 전쟁

1) 전쟁이란?

　인간의 역사에서 전쟁이 없어질 수 있을 것인가? 이 질문은 국제정치의 가장 중심적인 주제 가운데 하나이다. 사실 국제정치라는 학문의 분야가 발달하게 된 것도 이 질문과 깊이 연관되어 있다. 19세기 독일의 오토 폰 비스마르크Otto von Bismarck가 독일 통일 이후 유럽에서 전쟁을 막기 위해 유럽의 많은 강대국과 조약을 맺었지만 그럼에도 제1차 세계대전은 발발했다. 제1차 세계대전이 끝나고 강대국들은 국제연맹을 만들고 집단안전보장체제를 도입했지만 다시 20년 만에 세계대전이 일어났다. 이런 상황을 지켜보면서 학자들은 인류 역사에서 전쟁이 영원히 없어질 수는 없는 것인가, 국제관계에서 평화란 달성될 수 있는 것인가, 그 방법은 무엇인가, 영원한 평화가 불가능하다면 그 근거는 무엇인가 등을 점점 깊이 고민하고 연구해 왔다. 그 결과 현실주의, 자유주의, 구조주의, 구성주의 등의 이론이 생겨나고, 이를 중심으로 국제정치 연구도 심화되었다. 그만큼 전쟁은 국제정치에서 중요한 화두이고, 실제 우리 인간의 생활에도 지대한 영향을 주고 있다.

　우선 전쟁의 개념부터 살펴보자. 영국의 유명한 국제정치학자 헤들리 불Hedley Bull은 "전쟁은 정치적 단위체에 의해 행해지는 서로에 대한 조직화된 폭력이다War is organised violence carried on by political units against each other"라고 정의한다.16 이 정의에 따르면 네 가지 조건이 갖추어져야 전쟁이 된다. 첫째는 행위의 주체가 정치적 단위체라야 한다. 정치적 목적을 가지고 구성된 단체여야 한다는 것이다. 결국 정치적 주장과 요구가 개입되어 있어야 전쟁이 될 수 있다는 말이다. 둘째는 상대방도 정치적 단위체여야 한다. 정치적 단위체가 서로 폭력을 행사해야 전쟁이 되는 것이다. 셋째는 폭력을 행사해야 한다. 군사력을 동원해서 사용해야 한다는 것이다. 넷째는 그 군사력이 조직적이어야 한다는 것이다. 즉흥적인 무력행사는 전쟁이라고 할 수 없고, 일정한 체계를 갖춘 무

16　Bull, *The Anarchical Society: A Study of Order in World Politics*, p.178.

장력이 동원되었을 때 전쟁이라고 할 수 있다는 의미이다.

저명한 전쟁학자 퀸시 라이트Quincy Wright는 전쟁의 특징으로 "비슷한 존재 사이의 비정상적인 상태, 사회집단 사이의 충돌, 극도의 적대적 태도, 군사력 사용을 통한 의도적 폭력"을 들었다.[17] '비슷한 세력을 가진 사회집단이 극도의 적대감을 가지고 군사력을 동원해 의도적으로 가한 폭력과 그로 인한 비정상적인 상태'가 전쟁이라는 것이다.

불과 라이트 주장의 핵심을 종합하자면, 주체와 대상 측면에서는 정치적 단체, 주체의 태도는 적대적 입장, 수단 측면은 조직적 군사력의 사용이 전쟁 개념의 중심 내용이 된다. 결국 이를 종합해서 전쟁을 정의해 보면 '정치적인 목적을 가진 단체가 또 다른 정치적 단위체에 대해 적대감을 가지고 행하는 조직적 군사력의 동원 및 행사'가 된다고 할 수 있다.

전쟁의 개념에서도 살펴보았지만 전쟁에는 정치가 개입되어 있다. 즉, 전쟁은 순수한 군사적인 행위라고 볼 수 없고 사회적·정치적 속성을 가지고 있는 것이다. 19세기의 전쟁사상가 카를 폰 클라우제비츠Carl von Clausewitz가 전쟁을 "다른 수단에 의한 정치의 연속"이라고[18] 규정한 것은 전쟁의 사회적·정치적 측면을 강조한 것이다. 전쟁이 일어나기까지 당사국들은 외교, 공작, 협박 등 수많은 정치적 행위와 수단을 동원할 것이고, 그것들로 해결점을 찾지 못할 때 전쟁을 하게 될 것이다. 그러니 전쟁은 이전에 진행된 정치의 연속선상에 있는 것이고, 정치가 추구하는 목적을 달성하기 위한 수단이 되는 것이다.

전쟁은 여러 형태로 나눌 수 있는데 규모를 중심으로 구분해 본다면, 큰 규모부터 작은 것의 순서로 패권전쟁hegemonic war, 전면전쟁total war, 제한전쟁limited war, 내전civil war, 유격전guerilla war 등이 있다. 패권전쟁은 세계의 패권, 즉 세계질서에 대한 통제권을 놓고 벌이는 전쟁이다. 제1·2차 세계대전처럼 세계대전이라고 불리는 것이 여기에 해당한다. 전면전쟁은 한 나라가 다른 나라를 정복하기 위해서 벌이는 전쟁이다. 나폴레옹전쟁, 크림전쟁, 프로이센-프랑스 전쟁, 걸프전쟁, 이라크전쟁 등 대부분의 전쟁이

---

17 Quincy Wright, *A Study of War*(Chicago: Chicago University Press, 1964), p.7.

18 Carl von Clausewitz, *On War*, edited and translated by Michael Howard and Peter Paret(New Jersey: Princeton University Press, 1984), p.87.

이 형태이다.

　제한전쟁은 상대국을 완전히 정복하려는 것이 아니라 일정한 제한된 목적만을 달성하기 위해 수행하는 전쟁이다. 1969년 3월부터 7월까지 중국과 소련이 국경을 두고 벌인 전쟁이 이에 해당한다. 1981년 이스라엘이 이라크의 오시라크 원전을 공격·파괴한 사례도 마찬가지이다. 두 전쟁은 적국을 모두 정복하려는 것이 아니라 국경의 확보, 원전 파괴라는 제한된 목적을 가지고 있었다. 내전은 한 국가 내의 정치적 분파들이 그 국가에 대한 통제권을 놓고 벌이는 전쟁이다. 1860년 미국의 남북전쟁, 이라크와 소말리아, 콩고민주공화국, 나이지리아 등에서 진행 중인 종파 간, 부족 간 전쟁이 모두 여기에 해당한다. 유격전은 적의 점령지역에서 비정규군이 주로 기습 형태로 행하는 전쟁이다. 통상 열세한 장비를 가지고 점령군에 대항하거나 정규군에 소규모 부대로 무력을 행사하는 것이다. 물론 자신들의 정치적 목적을 달성하기 위해서이다. 유격전을 의미하는 영어의 'guerrilla(게릴라)'는 '승강이', '옥신각신'을 뜻하는 스페인어 'guerrilla(게리야)'에서 유래했다. 작은 승강이 같은 전쟁이라는 의미이다. 나폴레옹전쟁 당시 프랑스가 스페인을 공격했을 때 스페인 국민들이 곳곳에서 일으킨 저항전쟁을 가리키는 말에서 유래했다.

　역사가 진행되면서 전쟁의 양식도 변화를 계속해 왔다. 전쟁의 변화상에 대해서는 윌리엄 린드^{William Lind}의 설명이 명쾌하다. 현역 장교 3명과 공동연구를 통해 린드는 전쟁이 지금까지 1·2·3세대를 거쳐 4세대에 이르렀다고 설명한다.[19] 1세대 전쟁은 1648년 베스트팔렌 조약에서 나폴레옹전쟁까지의 전쟁을 말한다. 이 시기는 근대 주권국가가 전쟁의 주체로 등장해 길이가 긴 머스킷 소총과 군사를 촘촘하게 세워 전진시키는 밀집대형 전술로 전쟁을 하던 세대이다. 2세대는 나폴레옹전쟁에서부터 제1차 세계대전까지를 말한다. 이 시기에는 국가들의 민족주의가 강화되면서 애국심을 바탕으로 전쟁을 수행했다. 산업혁명으로 무기의 화력이 강화되었고, 교통·통신 수단도 발달했다. 장사정포와 전신, 철도가 전쟁에 주요 자원으로 활용되었다. 적의 병력이나

19　William S. Lind, Keith Nightengale, John F. Schmitt, Joseph W. Sutton and Gary I. Wilson, "The Changing Face of War: Into the Fourth Generation," *Marine Corps Gazette*(October, 1989), pp. 22~26.

군수품을 소진시켜 승전하려는 소모전이 주요 전술로 사용되었다.

3세대 전쟁은 제1차 세계대전에서 현재에 이르는 전쟁 형태이다. 대규모 화력과 정밀무기를 동원한 기동전이 이 시기 전쟁의 기본적인 특징이다. 고성능 전투기와 전차, 빠른 이동수단을 활용한 전격전이 주요 전술로 활용되어 왔다. 4세대 전쟁은 20세기 중반 이후 나타나기 시작한 새로운 전쟁의 형태이다. 국가 이외에 비국가행위자가 전쟁의 주체로 등장하는 전쟁이다. 영국군과 아일랜드공화군IRA의 전쟁, 미국과 알카에다의 전쟁이 여기에 속한다. 국가와 국가가 대규모로 전장에서 맞서는 것이 아니라 기동력을 가진 소규모의 비국가 조직이 전쟁의 당사자가 된다. 따라서 4세대 전쟁에서는 전투 행위자를 구별해 내기가 쉽지 않고, 전선의 구분도 불명확해진다. 4세대 전쟁에서 중요한 것은 일거에 적을 섬멸할 수 없는 만큼 적의 의도를 제대로 파악하고 그에 맞는 전략과 전술로 적이 스스로 물러나게 만드는 것이다. 다시 말해 적의 정서적·문화적 성격을 파악하고 그에 효과적으로 대응하는 맥락적 능력contextual capability이 중요하다.

여기에 더해서 5세대 전쟁이라고 할 수 있는 것이 사이버 전쟁이다. 컴퓨터 전산망을 통해 상대국의 주요 통제체제를 마비시키려는 것이 사이버 전쟁이다. 사이버 전쟁의 최초 사례는 1999년 코소보 사태 당시이다. 북대서양조약기구NATO의 유고 공습에 반대하는 해커들이 NATO의 홈페이지를 공격하고 서버 운영을 방해해 군사 작전을 교란시키려 했다.[20] 2007년 러시아가 에스토니아의 총리실과 의회, 정부 주요 부처, 은행의 전산망을 마비시킨 이후 세계 각국의 사이버 전쟁에 대한 관심이 특히 높아졌다. 러시아가 에스토니아의 수도 탈린에 있는 소련군의 동상을 옮기는 것에 대한 보복성으로 사이버 공격을 감행한 것인데, 북대서양조약기구도 특별조사를 벌인 뒤 러시아 정부의 소행으로 결론을 내리면서 탈린에 사이버방위센터를 설립했다. 미국과 중국은 대규모 사이버부대를 보유하고 있는 것으로 알려져 있다. 중국의 경우, 상하이의 신시가지인 푸동 지구에 있는 12층 건물 전체가 사이버 전담 61398부대인 것으로 알려져 있다. 이 부대는 미국 최대의 군수업체 록히드마틴과 코카콜라 등의 전산

---

20 "사이버 전쟁이 미치는 영향", 《전자신문》, 2013년 4월 8일 자.

〈표 4-1〉 전쟁의 세대 구분

	1세대	2세대	3세대	4세대	5세대
시기	베스트팔렌 조약 ~나폴레옹전쟁	나폴레옹전쟁~ 제1차 세계대전	제1차 세계대전~ 20세기 중반	20세기 중반 이후	20세기 말 이후
전쟁의 주체	국가	국가	국가	국가, 비국가행위자	국가, 비국가행위자
주요 전술	밀집대형 전술	소모전	전격전	적 의도에 따른 적절한 전술	전투체계 교란전술
주요 무기	머스킷 소총	장사정포, 전신, 철도	고성능 전투기	재래식 및 첨단 무기	첨단 컴퓨터

망에 침입해 정보를 빼낸 적이 있고, 원전업체 웨스팅하우스와 US스틸, 특수금속 업체 ATI 등의 첨단기술 정보를 해킹한 혐의로 미국 법무부가 2014년 5월 이 부대 소속 장교 5명을 기소하고 공개 수배해 미국과 중국 사이에 외교문제가 되기도 했다.[21] 한국도 2010년 국방부 직속으로 사이버사령부를 창설해 운영하고 있다. 사이버 전쟁에도 국가뿐만 아니라 비국가행위자도 전쟁의 주요 행위자로 참여한다. 다만 그 전장은 4세대 전쟁과는 전혀 다른 사이버 공간이 된다. 전장이 다르기 때문에 5세대 전쟁은 현재 4세대 전쟁과 함께 나타나고 있다.

이렇게 전쟁은 첨단화되어 오면서 동시에 국가의 영역에서 비국가행위자의 영역으로, 심지어 사이버 영역으로 확대되어 왔다. 현대 전쟁의 또 하나의 특징은 장기전이다. 주로 미국이 관여하는 전쟁에서 나타나는 모습이다. 탈냉전 이후 미국이 유일 초강대국으로서 세계질서의 지도국가 역할을 하면서 생긴 현상이다. 미국은 현재 경제적으로는 중국, 일본, 유럽연합 등과 다극체제를 형성하고 있다고 할 수 있지만, 정치적·군사적으로는 유일 초강대국의 지위를 유지하고 있다. 이러한 미국은 과도한 야심과 자부심을 가지고 있고, 동시에 안일함도 보이고 있다. 이 세 가지 요소가 미국의 신속한 전쟁 종결을 방해하고 있다. 야심은 전쟁 승리뿐만 아니라 정권 교체, 국가 건설과 같은 확대된 전쟁목표를 갖게 만들었다. 자부심은 불리한 전쟁인 경우에도 쉽게

---

21 "미, 중국군 '경제 스파이' 5명 기소", ≪한겨레신문≫, 2014년 5월 21일 자.

빠져나올 수 없게 만들었다. 안일함은 전쟁 전 철저한 사전 준비를 저해하는 요소로 작용했다. 이러한 요소들이 복합적으로 작용해 미국이 관여하는 전쟁이 장기화되고 있는 것이다.[22]

아프가니스탄전쟁, 이라크전쟁이 이러한 모습을 여실히 보여주었다. 아프가니스탄 전쟁은 2001년 10월 시작된 이후 18년 넘게 계속되다가 2020년 2월 미국이 아프가니스탄의 반군 탈레반과 평화협정을 체결하면서 종결되었다. 미국이 겪은 최장 기간의 전쟁이었다. 하지만 아프가니스탄 정부가 빠진 불안한 평화협정이었다. 2003년 3월 시작된 이라크전쟁은 2011년 12월 끝났지만, 이라크 내 정파 간 내전이 계속되자 2014년 6월 미군이 다시 개입했고, 미국은 이슬람국가[IS]를 물리친 뒤 2017년 12월 종전을 선언했다. 하지만 이후에도 미국인 보호 등을 위해 수천 명의 미군을 이라크에 주둔시키고 있다. 물론 미국의 힘이 점차 약화되고 중국이 더 부상해 양극체제의 양상이 된다면 이러한 전쟁의 양태는 달라질 수 있을 것이다. 미중 간의 경쟁은 이처럼 현대 전쟁의 양상도 바꿀 수 있다는 점에서 앞으로 더욱 주목해야 할 대상이 아닐 수 없다.

2) 전쟁의 원인

전쟁은 물론 분쟁을 평화적으로 해결하지 못하기 때문에 발발하는 것이다. 그런데 분쟁이 전쟁으로 가는 직접적인 원인이 어디에 있는지에 대해서는 다양한 이론들이 존재한다. 사회학적 관점은 인간본성 또는 계급투쟁과 같은 원인을 중요하게 여긴다. 국제정치학에서도 전쟁의 원인으로 다양한 요소들을 거론해 왔다. 민족주의, 그 가운데서도 과잉민족주의 hyper-nationalism가 전쟁의 원인이라는 분석이 있는가 하면,[23] 전쟁은 영토분쟁과 동맹, 경쟁적인 국가관계, 군비경쟁 등의 요소가 복합적으로 작용할 때 발생한다는 전쟁 단계 steps to war 이론도 있다.[24] 여러 전쟁 원인론 가운데 분석 수준

---

22 이동선, 「21세기 분쟁의 새로운 양상과 국제적 대응: 이라크─아프간 전쟁을 중심으로」, 2011년도 한국국제정치학회 안보국방학술회의 발표문(2011.8).

23 Mearsheimer, "Back to the Future: Instability in Europe After the Cold War," p.12.

을 중심으로 한 설명이 국제정치와 전쟁의 관계를 이해하는 데 매우 유용하다. 제2장에서 살펴본 대로 분석 수준에는 네 가지가 있다. 개인 수준, 국가 수준, 국제체제 수준, 범지구 수준이다. 전쟁의 원인도 이 네 가지 수준에 따라 개인 원인론, 국가 원인론, 국제체제 원인론, 범지구 원인론으로 나눠볼 수 있다.[25]

(1) 개인 원인론

개인 원인론은 전쟁의 원인을 개인에서 찾는다. '제2차 세계대전이 왜 일어났는가'라는 질문에 대해 히틀러의 전쟁광적 성격 또는 그의 세계정복 욕구라고 답하는 것이다. 개인 원인론에 따르면 국가지도자의 개성이 전쟁의 발발이나 전쟁 참여에 무엇보다 중요한 역할을 한다. 따라서 국가지도자의 성장환경, 세계관 등을 따져보면 전쟁의 원인을 더욱 깊이 이해할 수 있다. 한국전쟁의 경우도 김일성의 무장투쟁 경험, 한반도 통일 욕구 등이 전쟁의 원인이 되었다고 할 수 있는 것이다.

국민 전체의 의식도 국가지도자의 의식 형성에 중요한 역할을 한다. 국민의 강한 민족주의, 이웃 국가에 대한 증오심 등이 국가지도자의 전쟁 성향을 불러올 수 있다. 제1차 세계대전으로 독일은 엄청난 배상금 부담을 지고 있었다. 군대를 키울 수도 없었다. 이러한 독일에 대한 압박을 프랑스가 주도했다. 독일 국민들의 프랑스에 대한 적대감은 커졌고, 게르만 민족주의는 점점 강화되었다. 이러한 독일 국민의 의식이 히틀러의 전쟁의욕을 일으키고, 또 강화시켰다고 할 수 있다.

전쟁은 국가지도자의 합리적 결정으로 발생할 수도 있다. 현실주의자들은 외교정책은 국가지도자의 합리적 계산에 의해 결정된다고 주장한다. 이것이 외교정책 결정 과정에 관한 이론 가운데 합리적 행위자 모델rational actor model이다. 이 모델에 의하면 국가가 다른 나라와 협력을 할지, 전쟁을 할지는 국가지도자가 국가의 손익에 대한 철저한 계산을 한 다음에 결정한다는 것이다. 국가지도자는 자신보다는 국가 전체의 이익

---

24 Paul D. Senese and John A. Vasquez, *The Steps to War: An Empirical Study*(New Jersey: Princeton University Press, 2008), pp.1~3.

25 이하 분석 수준에 따른 전쟁의 원인에 대한 설명은 Goldstein and Pevehouse, *International Relations*, pp.152~155를 참고하고 이를 보완한 것이다.

을 먼저 고려해야 하는 입장에 서 있고, 따라서 그가 개인적으로 평화를 지향하더라도 평화보다 전쟁이 국가에 더 많은 이익을 가져다줄 수 있다면 전쟁으로 나아갈 수 있다는 말이 된다.

이러한 생각의 기원은 마키아벨리에서 찾을 수 있다. 그는 국가지도자는 일반적인 인간과는 다른 사람이라고 보았다. 도덕적 기준이 다르다는 것이다. 일반인은 사람을 죽이면 안 된다. 살인죄가 된다. 하지만 국가지도자는 자신의 국민과 영토를 지키기 위해서 대량 살인이라고 할 수 있는 전쟁도 할 수 있다고 생각했다. 결국 현실주의자들이 생각하기에 가장 중요한 것은 국가의 생존과 이익이고, 이를 실질적으로 결정하는 것은 합리성을 가진 국가지도자이다.

그런가 하면 전쟁은 국가지도자의 합리적 계산의 '착오'에서 일어나기도 한다. 합리적 계산의 과정에서 잘못이 발생해 전쟁이 일어나는 것이다. 무엇이 국가의 이익인지 손익을 계산하는 과정에서 오류가 발생하고, 그에 따라 평화로 결정할 것을 전쟁으로 결정하는 경우도 생길 수 있는 것이다. 이는 국가지도자의 개성과는 다른 성격이다. 개성은 국가지도자가 생래적으로 가지고 있거나 또는 후천적으로 가지게 된 성격을 말하는 것이다. 하지만 합리적 계산의 착오는 국가지도자가 합리적 계산에 의해 대외 정책을 결정한다는 의식을 갖고 있으며, 그에 따라 정책을 결정하려는 과정에서 발생하는 계산의 잘못이다.

여기서 하나 더 중요한 개념이 '오인 misperception'이다. 오인은 결과에 대한 계산착오뿐만 아니라 부정확한 추론, 상대국 의도와 반응에 대한 착각 등이 모두 포함된다.[26] 합리적 계산의 착오도 오인에 포함된다. 이러한 오인도 전쟁의 중요한 원인이 된다. 특히 상대방의 의도에 대한 착각은 전쟁으로 가는 중요한 요인이 될 수 있다. 제2차 세계대전 직전 영국 총리 체임벌린은 히틀러의 의도를 오인했다. 체임벌린은 히틀러가 수데텐 지방을 가지게 되면 더 이상 침략을 하지 않을 것으로 생각했다. 이러한 체임벌린의 오인은 제2차 세계대전의 주요 원인 중 하나로 지적되고 있다.

---

26 Robert Jervis, "War and Misperception," in Robert I. Rotberg and Theodore K. Rabb(eds.), *The Origins and Prevention of Major Wars*(Cambridge: Cambridge University Press, 1989), p.101.

(2) 국가 원인론

국가 원인론은 국가의 성격과 체제에 전쟁의 원인이 있다는 주장이다. 블라디미르 레닌Vladimir Lenin은 고도로 발달한 자본주의 국가는 전쟁을 일으킨다고 주장했다. 고도화된 자본주의 국가는 축적된 자본의 투자처를 찾게 되고, 그래서 식민지 개척 전쟁에 나서게 된다는 것이다. 자본주의 국가체제의 속성이 전쟁과 연결되어 있다는 주장이다. 이에 반해 냉전시대 서구 자본주의 국가들은 공산주의 국가들이 전체주의적·팽창주의적 성격을 가졌다고 주장했다. 역시 공산주의 국가라는 체제 자체가 전쟁의 원인이 된다는 주장이었다.

제2장에서 다룬 국제정치이론 가운데 국가 원인론과 관련되어 있는 것이 민주평화론이다. 민주평화론은 민주주의 국가끼리는 전쟁을 거의 하지 않는다는 이론이다. 이 이론의 전제는 민주주의 국가체제 자체에 전쟁을 제어하는 메커니즘이 내재되어 있다는 것이다. 민주국가는 전쟁보다는 평화를 사랑하는 문화적 규범을 가지고 있고, 전쟁을 막을 수 있는 견제와 균형의 제도를 가지고 있다는 말이다. 이런 이유 때문에 실제로 민주국가 사이에는 전쟁이 매우 드물다. 따라서 민주국가는 체제 자체가 전쟁과 친하지 않은 속성을 가지고 있다고 할 수 있다.

물론 민주국가라고 하더라도 전쟁을 하는 경우는 많다. 민주평화론도 민주국가끼리 전쟁을 하기 어렵다는 것이지 민주국가가 전제국가와 전쟁을 하지 않는다는 주장은 하지 않는다. 제1·2차 세계대전 모두 민주국가 영국, 미국이 전제국가 독일과 벌인 전쟁이다. 이처럼 현실의 민주국가들은 전쟁에 나서는 경우도 많다. 하지만 논리적인 측면으로는 민주국가가 전쟁으로 나아가기가 상대적으로 어렵게 되어 있는 것은 분명하다.

반면에 전제주의 국가는 전쟁으로 나아가기가 상대적으로 용이하다. 전제주의는 국가의 모든 권력이 개인에게 속해 있고, 이 개인의 의사에 따라 정치가 운영되는 시스템이다. 민주국가처럼 여론이나 언론, 의회가 독재권력을 견제할 수 있는 제도가 아니다. 그런 만큼 최고권력자가 전쟁을 결정하기가 쉽다. 국가가 전쟁으로 나아가기가 쉬운 것이다. 물론 전제국가가 모두 전쟁을 하는 것도 아니고, 전쟁을 하는 국가가 모두 전제국가인 것도 아니다. 하지만 그 논리적 속성상 전제국가는 민주국가에 비해 전쟁을 일으키기가 쉬운 것이다.

한 국가가 시대를 초월해서 일관되게 동일한 성향을 유지하는 것은 아니다. 일본의 경우 태평양전쟁을 일으킨 전범국가이지만 제2차 세계대전 이후 평화헌법을 유지하면서 평화국가를 지향했다. 하지만 2012년 아베 총리 집권 이후 다른 모습을 보이고 있다. 평화헌법을 개정하겠다는 입장을 분명히 하고 있고, 헌법 개정 전인데도 해석 개헌을 통해서 집단적 자위권을 행사하겠다는 입장을 분명히 하고 있으며, 영토와 역사 문제를 둘러싼 한국·중국과의 분쟁을 유발하는 모습도 지속적으로 보이고 있다. 이처럼 시기에 따라 일본은 전쟁에 대한 태도가 달라지는 모습을 보여온 것이다.

(3) 국제체제 원인론

국제체제 원인론은 국가 간 관계의 특성, 즉 국제체제의 성격이 전쟁을 만들어낸다는 것이다. 국제체제의 성격은 강대국 사이의 권력관계나 동맹관계의 특성 등에 의해 달라지는데, 이 국제체제의 특성에 전쟁의 원인이 있다는 생각이다. 세력균형론이나 패권전이론 등이 모두 국제체제 원인론에 속한다. 세력균형론은 강대국들이 적절히 힘을 나눠 가지면서 힘의 균형 상태를 이루고 있으면 전쟁이 발생하지 않겠지만, 그렇지 않고 힘이 한쪽으로 기울게 되면 전쟁이 발생한다는 주장이다. 즉, 국제체제가 세력균형 체제인 경우에는 평화가, 세력불균형 체제인 경우에는 전쟁이 일어나게 된다는 것이다.

강대국 간 동맹체제의 지나친 확장과 동맹 간의 적대관계 강화도 전쟁을 일으키는 주요 요인이 된다. 제1차 세계대전은 프랑스와 러시아, 영국의 3국이 동맹에 의해 형성한 삼국협상과 독일, 오스트리아, 이탈리아가 구성한 삼국동맹 사이의 견제와 대립의 심화로 일어난 것이다. 1914년 오스트리아가 세르비아를 공격했을 때 세르비아와 동맹관계인 러시아가 참전했고, 오스트리아와 동맹관계인 독일, 또 러시아와 동맹관계인 영국과 프랑스가 참전하면서 전쟁이 유럽 전체로 확산된 것이다. 이처럼 동맹체제의 강화는 전쟁으로 가는 길을 열어줄 가능성이 높다.

패권전이론은 패권을 가지고 있는 국가에 대해 도전하는 국가가 나타나 패권국을 위협하면서 전쟁이 일어난다는 주장이다. 국제체제가 하나의 강력한 국가에 의한 패권체제로 유지되는 경우 전쟁이 일어나지 않지만 이 패권체제가 흔들리고 무너지는 과정에서 전쟁이 일어난다는 것이다. 도전국은 경제성장 속도가 빨라 경제와 무력을 신속하게 성장시켜서 성장속도가 느려진 패권국과 전쟁을 하게 되고 그런 과정을 통해 패권국이 바뀌게 된다는 것이다. 이 이론을 현재의 세계 상황에 적용해 보면, 정치적·군사적 패권국 미국에 중국이 도전하고 있는 것이 지금의 세계이다. 경제 규모는 2010년 미국에 이어 세계 2위로 올라선 상태가 되었고, 국방비도 세계 2위 수준이다. 그런데 경제성장률이 미국보다 훨씬 높고, 국방비도 계속 증가시키고 있다. 2018년 중국의 국방비는 2,500억 달러에 달해 6,490억 달러인 미국 국방비의 40%에 육박했다.[27] 이런 상태가 지속된다면 패권이 전환되는 순간이 올 가능성이 있다. 패권전이론에 따르면 그 과정에서 전쟁이 발생할 가능성이 있는 것이다.

패권전이론이 패권은 전쟁을 통해서 전환된다고 하지만 실제 세계 역사는 그렇지 않을 수도 있음을 보여주고 있다. 19세기 패권국 영국이 20세기 미국으로 패권을 넘겨주면서 양국 사이에 전쟁은 없었다. 영국과 미국은 민족적·문화적으로 동질적이고, 기독교라는 종교를 공유하고 있기 때문에 전쟁이 일어나지 않았다. 이와 비교하면 미국과 중국은 민족적·문화적·종교적으로 매우 다르다. 그런 측면에서 보면 다시 전쟁의 가능성을 우려하지 않을 수 없는 것이다. 이러한 가능성과 함께 전쟁 없이 패권이 전이될 가능성, 미국이 패권을 지속할 가능성 모두 남아 있기 때문에 세계가 미국과 중국의 경쟁을 관심 있게 주목하고 있는 것이다.

(4) 범지구적 원인론

범지구 수준에서 세계를 분석하는 시각은 지구 전체를 하나의 단위체로 보고, 여기에 일정한 사조나 가치의 흐름이 있다고 간주하면서 이를 중심으로 세계를 관찰한다. 세계화를 중심으로 세계 전체의 변화와 그에 따른 정치, 경제, 문화 등의 분야에 대한 영향을 분석하려는 세계화론이 대표적인 범지구 수준의 연구방법이다. 범지구적 원인론은 이러한 지구 전체적 사조와 가치의 흐름 속에 전쟁이 내재되어 있다는 주장이다.

세계화론은 다양한 분파를 가지면서 여전히 다양한 국제관계 분석에 활용되고 있

---

27 Stockholm International Peace Research Institute, "World Military Expenditure Grows to $1,8 Trillion in 2018"(https://www.sipri.org/media/press-release/2019/world-military-expenditure-grows-18-trillion-2018).

는데, 크게 보면 긍정의 세계화론과 부정의 세계화론이 있다. 긍정의 세계화론자들은 세계에 국경이 없어지고 세계 국가들이 자유롭게 무역하고, 자유롭게 교류하면서 문화, 정보 등의 협력을 강화하면 선진국은 물론이고 개도국의 복지도 동시에 향상된다는 주장이다. 반면에 이러한 현상은 세계화의 그늘을 만들어 부익부 빈익빈 현상의 세계화를 가져올 뿐이라는 것이 부정의 세계화론이다. 부정의 세계화론을 심화시켜 보면 세계화 현상은 선진국의 개도국에 대한 자유로운 투자와 교역을 더욱 활성화시켜 결국엔 착취 현상의 고착화를 초래한다. 이는 개도국의 선진국에 대한 적대감의 심화를 불러올 수 있다. 또 이러한 현상의 지속은 지구 곳곳의 전쟁으로 연결될 수 있다. 세계화 사조라는 것이 결국은 전쟁을 잉태하는 것이라고 할 수 있는 것이다.

전쟁주기론도 이러한 범지구적 원인론의 하나이다. 니콜라이 콘드라티에프 Nikolai Kondratiev 의 주장이 대표적이다. 그는 세계 자본주의 체제는 호경기와 불경기가 교체하면서 지속되는데 그 주기가 약 50년이라고 보았다. 50년 동안 상승기와 하강기를 겪게 되면, 다시 50년 단위의 상승·하강 주기에 들어간다는 것이다. 장기파동의 하강기에는 생산이나 통신기술에서 발명이 이루어지고 이것이 활용되기 시작하면서 상승기를 맞게 된다. 그런데 장기파동의 상승기에는 생산이 증가하면서 시장을 확대하기 위한 대규모 식민지 전쟁이 일어난다는 것이 콘드라티에프의 설명이다. 전쟁이 일정한 단위체의 책임이 아니라 전 지구 수준의 하나의 흐름에 따라 결정된다는 것이다.

범지구적 사조를 강조하면서도 전쟁의 발발 가능성보다는 전쟁의 제한 가능성에 무게를 두는 주장도 있다. 국제제도와 국제규범에 의한 전쟁예방론이다. 인류 역사의 진행에 따라 많은 조약과 관습, 국제기구 등 국제제도가 발전해 왔고, 그중에는 전쟁과 국가 간 충돌을 억지하려는 것이 많다. 유엔헌장과 유엔이 대표적인 것이다. 유엔헌장의 주요 내용은 국제평화를 어떻게 유지할 것인지, 평화를 해치는 국가에 대해 어떻게 제재를 가할지 하는 내용이다. 유엔 운영의 주요 초점도 거기에 맞추어져 있다. 이와 같은 국제제도의 발달은 전쟁을 분쟁 해결의 낡은 수단으로 보고 되도록 억제해야 한다는 국제규범을 국가들 사이에 형성하는 데도 기여해 왔다. 이러한 국제규범은 실제로 국제사회에서 국가들이 전쟁을 스스로 억제하는 데 상당한 역할을 하고 있다고 볼 수 있다.

최첨단 과학기술의 발달이라는 범지구적 사조도 전쟁을 어느 정도 막고 있다고 볼 수 있다. 과학기술 발달에 의한 전쟁억지론이다. 핵무기가 전쟁을 일정 정도 막아주고 있다는 주장이 대표적이다. 현대의 핵무기는 한 번 사용하면 엄청난 파괴로 연결되고 이는 곧 같은 정도의 보복을 불러온다. 그래서 핵무기는 제2차 세계대전 이후 사용되지 않고 있다. 더욱이 핵무기를 가진 국가들은 핵전쟁 유발 가능성을 우려해 다른 국가와 작은 규모의 재래식 전쟁도 자제하는 경향을 보이기도 한다. 핵무기가 핵전쟁뿐만 아니라 재래식 전쟁도 막아주는 역할을 하는 것이다. 이렇게 과학기술의 발달이라는 범지구적 현상은 전쟁 억지와 연결되어 있다.

전쟁의 네 가지 원인을 살펴보았지만 그중 어느 것이 절대 옳고 어느 것은 절대 그르다고 말할 수 없다. 전쟁마다 어떤 것은 개인이, 어떤 것은 국가의 성격이 더 작용하기도 했다. 어떤 전쟁은 국가지도자의 개성과 국가체제의 특성이 동시에 작용해 발생하기도 한다. 결국 전쟁의 원인은 역사적 시기에 따라 다르게 나타나고, 같은 시기라도 나라들이 처해 있는 국내외적 환경에 따라 다른 요소들이 중요하게 작용하기도 하는 것이다.

3) 인류와 전쟁

전쟁은 인류 역사에서 어떤 역할을 해왔을까? 인간의 역사가 전쟁의 역사라고 할 만큼 전쟁은 오래전부터 계속되어 왔기 때문에 인간생활에 직접적으로 영향을 주어 왔다. 실제로 전쟁을 통해서 사회의 근본적인 변화가 이루어져 왔다. 인간이 지도자를 뽑고 국가를 꾸린 것도 전쟁을 위해서였고, 관료제도가 정착하고 세금이란 것을 걷게 된 것도 전쟁 때문이었다. 로마시대 대규모 도로 건설을 시작한 것도 이민족과의 전쟁을 효율적으로 하기 위한 것이었고, 현대의 과학기술을 발달시킨 것도 무기를 첨단화시키는 과정에 힘입은 바 크다. 이처럼 전쟁은 인간의 사회적 제도와 과학기술 양 측면의 발달에 모두 기여했다. 그래서 그리스의 철학자 헤라클레이토스^{Heraclitus of Ephesus}의 "전쟁은 모두의 아버지이며 왕이다"라는 말이 여전히 상당한 설득력을 인정받고 있는 것이다.

불^{Hedley Bull}은 국제질서를 유지하는 하나의 수단으로 전쟁을 중시했다. 그는 국제사회에서 질서유지에 기여할 수 있는 다섯 가지 제도로 국제법과 외교, 세력균형, 강대국의 역할, 그리고 전쟁을 들었다. 전쟁은 일반적으로는 무질서를 상징하는 것이지만 이것이 활용되기에 따라서는 세 가지 측면에서 질서유지에 공헌할 수 있다고 보았다.[28] 첫째는 전쟁이 국제법을 실행하는 수단이 될 수 있다는 것이다. 주권국가가 침략을 당했을 때 주권존중이라는 국제법의 원칙을 실행하는 방법으로 전쟁이 수행될 수 있다는 말이다. 둘째는 전쟁이 세력균형을 유지해 줄 수 있다는 것이다. 현상변경 세력에 대한 응징을 통해 균형 상태를 견지할 수 있다는 주장이다. 셋째는 전쟁이 옳은 변화를 가져올 수도 있다는 것이다. 정의의 편에서 치러지는 전쟁은 혼돈의 상태를 질서로 바꾸어주는 결과를 가져올 수 있다는 것이다. 로버트 비글로Robert Bigelow 도 전쟁을 인류가 가진 하나의 주요 자산으로 보면서, 전쟁을 인류의 우호적 협력을 끌어낼 수 있는 거대한 능력으로 규정했다.[29] 불은 국제사회의 질서를 장기적으로 유지할 수 있는 수단으로, 비글로는 모순을 제거하고 국가 간의 협력을 유인해 낼 수 있는 방안으로 전쟁을 보았던 것이다.

하지만 전쟁이 인류 역사를 발전시키는 데 기여했다는 주장에 대해서는 비판의 여지가 많다. 전쟁이 제도를 발전시키고 과학의 발전에도 기여한 면이 있지만, 인간 역사 진보의 원인은 더욱 근본적인 데서 찾아야 한다는 주장이 있다. 인간이 더욱 근대적인 제도와 규칙을 만들어내고 더욱 앞서가는 기술을 창조해 내는 원인은 인간의 본성 자체에서 찾아야 한다는 주장이다. 인간은 본능적으로 지금보다 나아지려는 특성을 갖고 있고, 이러한 본성의 실현 과정에서 제도와 조직이 발전하고 더욱 창의적인 기술도 개발되었다는 말이다.

도덕적인 측면에서도 전쟁은 비판의 대상에서 벗어날 수 없다. 전쟁은 인간이 인간을 살상하는 현장이다. 이는 곧 다른 인간의 인간성을 부정하는 것이고 인간성의 마비를 의미한다. 존 네프John Nef는 전쟁이 사람에 대한 살상뿐만 아니라 인간들이 스스로 축적해 놓은 재산을 대량으로 파괴함으로써 인간성 마비 현상을 일으킨다고 강조한다. 특히 그는 전면전에 대해 "인간 지식체계상의 실수이고, 인간의 정신적·도덕적·

---

28 Bull, *The Anarchical Society: A Study of Order in World Politics*, pp.181~183.

29 Robert Sidney Bigelow, *The Dawn Warriors: Men's Evolution Toward Peace*(London: Scientific Book Club, 1969), p.3.

미학적 약점의 결과물"이라고 신랄하게 비판한다.[30]

전쟁에 대한 긍정적 역할과 부정적 역할을 강조하는 주장들이 맞서고 있지만, 종합적으로 보면 긍정론은 실용적·실제적 측면에 초점을 두고 있고, 부정론은 더욱 근본적인 측면, 즉 인간존엄성에 대한 영향을 관찰하고 있다. 제도와 기술의 발달이 인간성 마비와 같은 비중으로 다뤄질 수는 없을 것이다. 또한 전쟁이 이후 세대에게 일정한 편의를 제공한다고 해도 그것으로 이전 세대의 인간성 말살을 요구할 수는 없을 것이다. 인간의 생명과 존엄성을 지키는 것은 다른 어떤 것으로도 대체 불가능한 것이다. 그러므로 이에 손상을 가하는 속성을 가진 전쟁은 어떤 식으로 평가해도 긍정보다는 부정적인 측면이 많다고 보아야 할 것이다.

---

30 John U. Nef, *War and Human Progress: An Essay on the Rise of Industrial Civilization*(New York: Norton, 1968), p.381.

제5장

핵무기와 핵확산

1. 핵무기의 의미와 성격

핵무기는 원자핵의 급격한 연쇄반응에서 나오는 폭발적 에너지를 이용한 무기를 말한다. 핵무기는 폭발력과 복사열, 방사능의 세 가지 형태로 에너지를 발산하면서 인명과 재산상의 엄청난 피해를 유발한다. 핵분열에서 나오는 에너지를 이용하기도 하고(원자폭탄), 핵융합에서 나오는 에너지를 이용하기도 한다(수소폭탄). 원자핵을 장착한 핵탄두뿐만 아니라 이를 목표지역에 이동시키는 미사일이나 폭격기 같은 운반수단까지 포함해 핵무기라고 부른다. 핵에너지를 무기가 아니라 동력으로 이용하는 원자력잠수함은 핵무기에 포함되지 않는다.

핵무기는 규모에 따라 전략핵무기와 전술핵무기로 구분한다. 전략핵무기는 주요 도시 등 적국 영토의 광범위한 지역을 공격목표로 하는 위력이 큰 핵무기를 말한다. 발사되면 전쟁의 판도에 직접적인 영향을 미칠 수 있다. 핵탄두를 장착한 대륙간탄도미사일ICBM, 잠수함발사탄도미사일SLBM, 장거리 폭격기가 전략핵무기에 해당한다. 지상과 수중, 상공에서 각각 발사되는 이 세 가지 무기를 전략적 삼위일체strategic triad라고 한다. 전술핵무기는 공항이나 항만 등 구체적인 군사목표를 공격하기 위한 소형 핵무기를 가리킨다. 위력이 비교적 약하고 사정거리도 짧다. 핵을 장착한 단거리미사일, 핵지뢰, 핵어뢰 등이 여기에 속한다. 통상은 위력이 20kt(TNT 2만 톤이 폭발할 때 나오는 폭발력) 이상이면 전략핵무기, 그 미만이면 전술핵무기라고 말한다.

김영삼과 전술핵무기

1987년 12월 한국의 대통령선거가 있었다. 주요 후보는 민주정의당의 노태우, 통일민주당의 김영삼, 평화민주당의 김대중이었다. 대선을 한 달 정도 남겨둔 1987년 11월 6일 기자들의 모임인 관훈클럽에서 김영삼 후보를 초청해 토론회를 개최했다. 한 신문사의 논설위원이 질문했다. "비핵지대화에 대하여 (말씀하셨는데), 거기에는 전술핵도 포함되는지요?" 한반도를 비핵지대화한다고 했는데 전술핵도 모두 없애겠다는 것인지를 묻는 것이었다. 김영삼 후보는 "원자로 말씀입니까?"라고 되물었다. "전술핵, 핵무기 말입니다"라고 재차 논설위원이 물었다. 김영삼 후보는 "어디까지나 한반도 평화를 위해서 어떤 것이 필요하냐, 이런 것에 대해서 깊은 생각을 가집니다. ……"라고 답했다. 그러면서 주한미군의 필요성도 얘기하고 이런저런 얘기를 했다. 이를 보고 다시 논설위원이 캐물었다. 그러자 김영삼 후보는 "아, 모른다는데 쓸데없이……"라며 발끈했다.

김영삼 후보는 전술핵이라는 용어를 알지 못했다. 그래서 전술핵이라고 물었는데, 이걸 원자로 비슷한 것으로 짐작하고 답하려 한 것이다. 김영삼 후보는 이 선거에서 노태우 후보에게 졌고, 1992년 대선에서 민주정의당·통일민주당·신민주공화당이 합당해 만든 민주자유당의 후보로 나서 대통령이 되었다.

국제정치에서 핵무기가 중요한 이유는 핵무기가 가지는 정치적인 성격 때문이다. 그 정치적 성격을 분석해 보면, 첫째, 핵무기는 정치적 영향력의 변화를 가져온다. 핵무기는 비대칭 무기이다. 어떤 무기로도 핵무기를 능가하기는 어렵다는 의미이다. 핵무기를 가지게 되면 다른 나라가 공격하기 어렵다. 억지^{deterrence}의 효과를 주는 것이다. 핵무기를 가진 나라는 상대국의 공격에 곧바로 핵무기로 보복할 수 있기 때문에, 이를 우려한 상대국은 공격을 억지하게 된다. 이러한 능력이 핵무기에게는 있다. 상대국의 침략을 크게 우려하지 않아도 되는 핵보유국은 그만큼 정치적 행위에서 자유롭다. 물론 뒤에서 더욱 자세히 살펴보겠지만 약소국이 핵무기를 가지는 것은 장기적으로 국익에 도움이 되지 않는다는 주장도 있다. 하지만 통상의 경우 핵보유와 함께 안보능력이 증가하고 영향력이 증대되는 것은 부인하기 어렵다. 프랑스 샤를 드골 Charles De Gaulle 대통령이 핵개발에 나선 것도 정치적 영향력 확대를 위해서였다. 프랑스는 1956년 수에즈운하를 두고 벌어진 이집트와의 전쟁 당시 미국의 압력으로 전쟁을 중단했다. 수에즈운하도 이집트로 넘어갔다. 그래서 드골은 1959년 대통령이 되어 곧 핵개발에 착수해 이듬해 개발을 완료했다. 비슷한 이유로 인도, 파키스탄, 북한 등이 핵을 가지게 되었고, 또 많은 나라들이 핵을 가지려 하고 있다.

둘째, 평화 파괴의 성격을 가지고 있다. 핵보유국의 정치적 영향력을 증가시키지만 핵무기의 소지 자체가 주변국과의 관계에서 많은 정치적 분쟁을 야기한다. 한 나라가 핵무기를 가지게 되면 주변국은 안보에 대한 절대적 위협으로 간주하고 정치적 공격, 나아가 직접 핵개발에 나설 공산이 크다. 그렇게 되면 지역 국제질서는 결정적 위기를 맞게 된다.

이러한 정치적 성격을 가지고 있는 핵무기는 공격용 무기가 아니다. 보유 자체가 정치적 효과를 유발하는 정치적 무기이지 실제 군사적 공격에 이용되는 무기는 아니다. 역사적으로도 제2차 세계대전이라는 특수한 상황에서 당시 핵무기 개발의 직접적인 목적인 침략국 일본을 제압하기 위해서 사용된 경우를 제외하고는 전장에서 핵무기가 직접 이용된 적이 없다.

2. 핵무기의 확산

한 국가가 핵실험에 성공하는 순간 핵무기를 가진 것이 된다. 그래서 핵무기 보유 시점은 핵실험 성공 시점이 된다. 미국은 1945년 7월에 핵실험에 성공했다. 그리고 8월 6일 히로시마에 최초로, 9일 나가사키에 두 번째로 핵폭탄을 투하했다. 이로 인해 히로시마에서는 약 7만 명이 사망하고 13만 명이 부상을 당했다. 나가사키에서는 2만 명이 사망하고, 5만 명이 부상했다. 일본은 항복할 수밖에 없었다. 제2차 세계대전이 끝났을 때 미국이 가진 핵무기는 하나였다. 이후 미국은 계속 핵무기를 증가시켰고, 소형화·경량화 작업도 계속했다. 이렇게 한 나라의 핵무기가 계속 증가하고 핵무기의 수준이 고도화되는 것을 핵무기의 수직적 확산vertical proliferation이라고 한다. 미국의 핵무기는 1988년까지 계속 증가했는데, 당시 1만 3,000개였다.

핵무기를 가진 나라가 많아지는 것은 수평적 확산horizontal proliferation이다. 미국에 뒤이어 핵무기를 가진 나라는 계속 확산되었다. 소련은 1949년 8월 핵실험에 성공했다. 이후 소련 역시 핵무기를 빠른 속도로 증가시켰다. 1960년대 말에 미국과 소련은 이미 상대를 50번 이상 완전히 파괴할 수 있는 핵무기를 가지고 있었다. 그런데도 이후에 지속적으로 핵무기를 늘렸다. 1989년에는 소련 핵무기가 1만 1,000개로 최고에 달했다. 소련 다음에는 영국이 1952년 10월 핵무기를 가졌다. 프랑스는 1960년 2월, 중국은 1964년 10월에 핵보유국이 되었다. 핵확산금지조약NPT에 따라 1967년 1월 1일 이전에 핵무기를 가지고 있던 미국과 러시아, 영국, 프랑스, 중국은 공식적 핵보유국이 되었다. 이들 국가는 핵클럽nuclear club이라고 불린다.

핵클럽 이외에도 핵확산금지조약에 가입하지 않거나 탈퇴해 핵무기를 가지고 있는 나라들이 있다. 인도는 1974년 5월에 핵실험에 성공했고, 이스라엘은 1979년 핵실험에 성공한 것으로 알려지고 있다. 파키스탄은 1998년 5월 핵실험에 성공했다. 북한은 2006년 10월 핵실험이 부분적으로 성공함으로써 사실상 핵을 보유하게 되었다. 남아프리카공화국은 핵무기를 개발했다가 미국과의 협상을 통해 폐기했고, 우크라이나와 카자흐스탄, 벨라루스도 구소련에서 분리 독립하면서 자연스럽게 핵무기를 가지게 되었지만 역시 미국·러시아와의 협상을 통해 모두 폐기하거나 러시아로 철수했다. 따라서 현재 실제 핵무기를 가지고 있는 나라는 9개 나라이다. 이들이 가진 핵무기의 양은 〈표 5-1〉과 같다.

핵무기 수량의 수직적·수평적 확산뿐만 아니라 각국의 핵무기 제조 기술 수준도 끊임없이 발전되어 그 위력이 더욱 증대되어 왔다. 1세대인 히로시마 원자폭탄은 16kt, 나가사키 원폭은 21kt이었다. 하지만 지금의 핵무기는 단위가 메가톤㎽급이다. 위력이 수백 배 증가한 것이다. 1세대 원폭은 여기에 열운동을 촉진하는 중수소·리튬 같은 열핵 물질을 포함시켜 위력을 강화시키는 형태로 발전했다. 이것이 2세대 핵무기인 강화 원자폭탄이다. 위력이 수백 킬로톤에 달한다. 그다음 단계가 핵융합기술을 활용한 3세대 핵융합폭탄이다. 핵분열보다는 핵이 융합할 때 더 많은 에너지가 나오는 것을 이용한 것이다. 수소폭탄과 3F폭탄, X선폭탄 등이 여기에 해당하는데, 위력은 메가톤급이다. 그다음 4세대 핵무기는 중성자탄이다. 원자핵 속의 중성자를 이용한 방사선폭탄이다. 콘크리트·강철 등도 통과하는 투과력을 가지고 있어 상당한 거리의 사람도 살상할 수 있는 무기이다.

핵무기 발달의 또 하나 중요한 부분은 운반수단이다. 핵무기가 적국에 실재적 위협이 되기 위해서는 원하는 위치에 떨어뜨리는 능력을 갖추어야 하기 때문이다. 핵무기를 발사하는 방법은 세 가지가 있다. 폭격기, 지상발사미사일, 잠수함발사미사일을

〈표 5-1〉 세계 핵무기 보유 현황

(2019년 말 현재, 단위: 개)

국가	핵실험 성공 연도	배치된 핵탄두*	그 외의 핵탄두**	합계
미국	1945년	1,750	4,435	6,185
러시아	1949년	1,600	4,900	6,500
영국	1952년	120	80	200
프랑스	1960년	280	20	300
중국	1964년	0	290	290
이스라엘	1979년(?)	0	80~90	80~90
인도	1974년	0	130~140	130~140
파키스탄	1998년	0	150~160	150~160
북한	2006년	0	20~30	20~30
합계		3,750	10,105~ 10,145	13,855~ 13,895

* 미사일에 장착되어 있거나 핵무기운용인력과 함께 군부대에 배치되어 있는 핵탄두.
** 무기고에 있거나 해체를 기다리고 있는 핵탄두, 또는 작전을 위해서는 조립 등 일정한 준비가 필요한 핵탄두.
자료: Shannon N. Kile & Hans M. Kristensen, "World Nuclear Forces," https://www.sipri.org/yearbook/2019/06. 일부 보완.

이용하는 방법이다. 초기에는 폭격기가 핵폭탄을 운반했다. 히로시마·나가사키 원폭이 그런 형태였다. 하지만 이는 적의 공격에 바로 노출된다는 단점이 있다. 그래서 나오는 것이 핵미사일이다. 우선은 지상이나 폭격기에서 발사되는 미사일이 개발된다. 먼저 사정거리 1,000km 미만의 단거리탄도미사일 SRBM: Short Range Ballistic Missile 과 사정거리 1,000~5,500km 미만의 중거리탄도미사일 IRBM: Intermediate Range Ballistic Missile 이 만들어지고, 1950년대 후반 미국이 먼저 사정거리 5,500km 이상의 대륙간탄도미사일 ICBM: Intercontinental Ballistic Missile 도 개발하게 된다. 지금은 미국뿐만 아니라 러시아와 중국, 인도, 북한 등이 ICBM을 가지고 있다. 수중에서 발사하는 잠수함발사탄도미사일 SLBM: Submarine-Launched Ballistic Missile 은 수중에서 발사되기 때문에 적의 요격을 피하기 쉽고, 공격목표에 근접이 가능하다는 장점을 가지고 있다. 역시 미국이 1960년대 먼저 실용화했고, 지금은 러시아, 중국, 영국, 프랑스, 인도 등도 가지고 있다. 북한은 간헐적으로 시험발사를 하면서 SLBM를 갖추려 시도하고 있다.

3. 국가들은 왜 핵무기를 가지려 하나?

그렇다면 세계의 국가들은 왜 그토록 핵무기를 가지려고 하는가? 이 문제에 대한 답을 찾아야 세계의 핵확산 현상을 정확히 이해할 수가 있다. 핵확산을 깊이 연구해 온 스콧 세이건 Scott Sagan은 국가들의 핵 야망을 국가안보모델, 국내정치모델, 상징·규범모델로 설명한다.[1] 이 모델들은 자세히 살펴볼 필요가 있다.

국가안보모델은 국가들이 외부의 위협으로부터 스스로의 안보를 확보하기 위해 핵무기를 개발한다는 주장이다. 핵을 가진 대부분의 국가는 여기에 해당한다. 소련은 미국이 핵무기를 가진 상황에서 미국으로부터의 위협에 대응하기 위해 핵무기를 만들었다. 핵을 개발한 나라들은 핵실험을 하면서 안보상의 이유를 내세워 왔고, 실제로 그런 측면이 있는 것이다. 핵무기는 다른 무기로 대항할 수 없는 무기이고, 이를 가짐으로써 상대국의 침략 억지를 유발하기 때문에 안보 확보에 기여한다. 국가들이 핵무기 개발 이유를 이처럼 안보상의 이유에서 찾으려는 것이 국가안보모델이다.

국내정치모델은 외부 위협을 해석하고 반응하는 데에서 국내의 다양한 세력 간에 차이가 있고, 그에 따라 이 세력들 사이의 경쟁과 갈등의 결과로 핵무기가 만들어진다는 설명이다. 중국의 계속적인 부상을 외부 위협이라고 생각한다면 이를 두고 한국의 군부는 장기적으로 이에 대응해 핵무기를 개발해야 한다고 주장할 수 있다. 반면에 외교부는 한중 간의 경제적·문화적 교류가 강화되고 있기 때문에 중국의 군사적 위협까지 우려할 필요는 없고 오히려 중국과 긴밀한 관계를 더 심화시키는 것이 중요하다고 주장할 수 있다. 양측의 경쟁과 갈등이 계속되면서 군부 강경파가 힘을 얻게 되면 핵개발로 나아갈 수 있다는 것이 국내정치모델의 주장이다.

상징·규범모델은 국가의 위신과 자존심을 지키고, 또 이를 높이기 위해 핵무기를 만들 수 있다는 주장이다. 국가는 자신의 현대성을 대외적으로 과시하고 싶은 욕구가 있고 이것이 핵개발로 나타날 수 있다는 것이다. 또한 핵무기를 개발하는 단계에서 포기하거나 핵개발을 자제하는 경우는 국제규범을 지키고 있음을 나타내기 위해 이

---

1   Scott D. Sagan, "Why do states build nuclear weapons? Three models in search of a bomb," *International Security*, Vol. 21, No. 3(1996~1997).

러한 정책적 선택을 하는 경우가 많다는 설명이다. 인도의 경우, 이 모델이 어느 정도 적용된다. 핵개발 과정에서 많은 논의가 있었고 많은 세력이 관여했는데, 최종 결정 단계에서 과학자들의 의사가 많이 반영되었다. 인도의 과학기술의 우수성을 보여줄 필요가 있다는 것이 그들의 주장이었고, 이것이 파키스탄과의 관계 등 안보상의 이유와 함께 핵개발의 중요한 이유로 작용했다.

세이건이 말하는 이 세 가지 핵개발의 원인 이외에도 국가들이 핵을 개발하는 이유를 설명하는 모델이 두 가지가 더 있다. 협상모델과 정권안보모델이다. 협상모델은 다른 나라와의 협상을 위해서 핵을 개발한다는 것이다. 중요한 적대국이 핵무기를 가지고 있을 때 협상에서 일방적으로 양보하는 상황을 막으면서, 동등한 핵보유국의 입장에서 영토나 군축 문제 등에 대한 협상에 나서기 위해 핵을 개발한다는 것이다. 정권안보모델은 국가 자체보다는 정권을 잡고 있는 세력이 자기 정권을 잃지 않고 지속적으로 집권하기 위해 핵무기를 만든다는 설명이다. 핵무기를 만듦으로 해서 정권에 대한 국민의 지지율을 올릴 수 있고, 국민을 정권에 유리한 방향으로 결속시킬 수 있다는 것이다.

핵을 개발하는 나라마다 처한 환경이 다르기 때문에 핵무기를 만드는 이유도 모두 다를 수밖에 없다. 어떤 나라는 위에서 언급한 다섯 가지 중 하나 때문에 핵무장을 하게 되기도 하고, 어떤 나라는 다섯 가지 이유가 모두 복합적으로 작용해 핵무기를 만들기도 한다. 미국의 경우는 최초 핵개발의 단계에서 세계 최강의 국력을 가지고 있었고, 다른 나라가 핵을 가지고 있지 않았기 때문에 국가안보모델로는 설명하기 어렵다. 대신에 국내정치모델, 상징·규범모델이 적용될 수 있다. 소련은 국가안보상의 이유가 컸고, 국내정치의 역학관계, 현대성의 상징, 추후 있을지 모르는 미국과의 군축협상을 위한 수단 확보 등 다양한 이유가 작용했다고 할 수 있다.

영국과 프랑스는 소련의 위협으로부터 안보 확보, 국내정치, 상징 등이, 파키스탄과 인도는 서로 상대국의 위협으로부터 안보 확보, 국내정치, 상징, 협상, 정권안보 등이 모두 작용해서 핵무장을 하게 되었다고 할 수 있다. 이스라엘은 역시 국가안보와 국내정치, 상징, 정권안보 등이, 북한의 경우는 뒷부분에서 자세히 설명하겠지만 국가안보와 상징, 협상, 정권안보 등이 모두 어우러져서 핵무기를 만들게 되었다고 할 수 있다.

국가들은 안보와 국가 위신, 국내정치 등의 다양한 핵개발의 원인요소를 가지고 있기 때문에 지구상의 웬만한 나라는 일정 정도 핵개발로 갈 가능성을 가지고 있다고 보아야 할 것이다. 그런데 여기서 또 하나 짚고 넘어가야 할 문제가 있다. 약소국이 핵무장을 하는 경우 과연 국가안보에 도움이 되는가 하는 문제이다. 앞에서 핵의 정치적 성격을 말하면서 핵무기를 가지면 정치적 영향력이 증가한다고 했는데, 그러한 정치적 영향력이 지속적으로 유지될 수 있는 것인지에 대해 의문을 제기하는 학자들이 있다.

물론 약소국의 경우도 일단 핵무기를 가지게 되면 억지력을 얻게 되고 적대적 관계에 있는 국가의 직접적인 침략은 막을 수 있게 된다. 경우에 따라서는 상대국이 핵군축을 제안할 수도 있다. 군사력에 관한 한 기존의 핵보유 강대국과 비슷한 수준에 이르게 된다고 볼 수 있는 것이다. 하지만 약소국의 핵보유는 부정적인 측면도 많다. 첫째, 주변국의 집중적인 견제를 받게 된다. 비핵국가가 핵국가로 가는 순간 주변국의 경계심은 높아지고, 따라서 이들은 위협을 공유하면서 결속을 강화하게 된다. 결국 새로운 핵국가는 경제제재와 같은 제재를 받게 되고, 외교적으로 고립을 면하기 어렵게 된다.

둘째, 주변국뿐만 아니라 세계 강대국의 제재를 받게 된다. 핵무기를 공식적으로 보유하고 있는 핵클럽 국가들은 핵확산금지조약의 완전성을 지키면서 핵이 더 이상 확산되지 않도록 하는 데 이해를 같이하고 있다. 미국과 중국, 러시아는 갈등과 경쟁 관계이면서도 핵비확산 문제에 관한 한 공동의 이해를 가지고 있다. 핵클럽의 기득권을 유지하기 위해서이다. 따라서 새로운 핵국가에 대해 이들이 공동으로 경제제재 등의 제재를 가하게 되는 것이다. 첫 번째와 두 번째 현상은 약소국이 새로운 핵국가로 등장하는 상황에서 더욱 강하게 나타날 가능성이 높다. 약소국은 약한 국력의 약점 때문에 국제체제의 영향을 많이 받게 되고, 현상변경보다는 현상유지의 성향을 가지고 있다. 하지만 핵무기를 가지는 것은 현상변경의 시도이다. 따라서 약소국이 핵보유를 하는 상황에 직면해 주변국과 세계의 강대국은 그 의도에 대한 강한 의구심을 갖게 될 것이다. 그만큼 약소국에 대한 견제와 제재는 강화되는 것이다.

셋째, 약소국은 이러한 견제와 제재를 감당할 능력이 부족해 국가위기를 맞을 가능성이 높다. 통상 약소국은 부족한 산업능력 때문에 자립경제보다는 대외교역을 통한 경제에 의존하는 경우가 많다. 따라서 지속적인 경제제재는 국가경제와 국민생활에 심한 타격으로 연결될 공산이 크다. 남아프리카공화국은 핵개발 이후 미국이 주도하는 경제제재를 견디지 못하고 핵을 포기했고, 리비아도 역시 오랜 경제재재를 감당하지 못해 핵개발을 단념했다.

장기적인 관점에서 보면 이러한 많은 불이익이 있는데도 불구하고 웬만한 국가는 핵기술을 확보해 기회가 되면 핵보유국이 되겠다는 의도를 버리지 않고 있다. 약소국들도 마찬가지이다. 그만큼 국제정치의 세계가 불확실성 속에 있고, 그러한 세계 속에서 국가들은 핵무기가 가지는 안보·정치적 기능은 여전히 크다고 생각하기 때문이다.

4. 핵확산과 핵전쟁

제2차 세계대전 이후 핵무기를 가진 나라가 많아지면서 핵전쟁에 대한 우려가 지속적으로 제기되어 왔다. 핵무기를 가진 나라가 하나에서 둘, 둘에서 셋으로 증가할수록 그들 사이의 충돌과 전쟁의 가능성이 높아지는 것에 대한 우려이다. 하지만 핵무기의 합리적 기능에 대한 믿음을 가지고 있는 신현실주의자들은 핵확산이 핵전쟁의 가능성을 높여주는 것이 아니라 오히려 국제정치의 안정을 가져온다고 주장한다. 이런 주장을 '합리적 억지론rational deterrence theory'이라고 말한다. 핵확산에 대해서 밝은 전망을 가지고 있기 때문에 확산낙관론proliferation optimism 이라고도 한다. 대표적인 학자가 케네스 월츠Kenneth Waltz 이다. 월츠는 핵무기가 합리적인 지도자들의 용의주도한 결정의 통제하에 있기 때문에 국제질서 안정에 기여한다고 주장한다.[2] 월츠가 주목하는 것은 핵무기의 자기억제 기능이다. 핵무기는 상대의 공격을 억지해 주는 힘이 있을 뿐만 아니라 핵을 가진 국가 스스로에게도 공격에 나서지 못하게 하는 능력이 있다는 것이다. 상대의 즉각적인 역공을 받게 되고 곧바로 핵전쟁에 돌입하면 결국 공격자도 공멸하게 됨을 알기 때문에 핵무기를 가지고 있는 나라는 상대국을 공격하지 않는다

---

2   Kenneth N. Waltz, "More may be better," in Scott D. Sagan and Kenneth N. Waltz(eds.), *The Spread of Nuclear Weapons: A Debate Renewed*(New York: Norton, 2003), pp.3~45.

는 것이다. 핵무기는 상대의 공격도 막아주고 자신의 공격도 억제하게 해주는 효과가 있다는 말이다.

더욱이 합리적 억지론자들은 핵무기의 확산은 핵전쟁뿐만 아니라 재래식 전쟁의 가능성까지도 줄여준다고 주장한다. 핵을 가진 나라들은 재래식 전쟁이 핵전쟁으로 발전하는 것을 우려하기 때문에 아예 재래식 전쟁까지 자제하게 된다는 것이다. 결국 핵확산은 핵전쟁은 물론 재래식 전쟁 가능성도 줄여줘서 국제사회의 안정과 평화에 기여한다는 것이 합리적 억지론자들의 주장이다.

하지만 이에 대해서는 강한 반론이 있다. 조직이론organization theory 이 그것이다. 핵확산에 대해 어두운 전망을 하고 있기 때문에 확산비관론proliferation pessimism 이라고도 한다. 핵확산은 핵전쟁의 가능성을 높인다는 주장이다. 세이건Scott Sagan 과 웨들Josh Weddle 이 대표적인 조직이론가들이다. 핵무기는 군 조직이 운용하고 있고, 군은 위기의 단계에 따른 나름대로의 행동의 절차SOP: Standard Operating Procedure 를 가지고 있다. 그런데 이 행동의 절차에 따라 위기대응을 하다 보면 부지불식간에 핵무기를 발사하게 될 수 있다는 것이 이들의 생각이다.[3] 핵전쟁이라는 중차대한 사안에 대한 의사결정이 손해와 이익의 철저한 계산에 의해서 되는 것이 아니라 단순하고도 비이성적인 과정을 통해서 될 수 있다는 것이다.

단계적인 절차에 의한 핵전쟁보다 더 가능성이 높은 것은 핵무기와 관련된 갑작스런 사고이다. 실제로 핵무기가 개발된 이후 크고 작은 사고는 많이 발생해 왔다. 2001년부터 2007년까지 6년 동안 큰 핵무기 사고로 이어질 뻔한 사례는 237건에 이르렀다.[4] 그래서 핵무기 사고를 단계별로 지칭하는 용어도 생겨났다. 전쟁을 일으킬 만한 핵무기 사고는 '누크플래시Nucflash'라고 하고, 전쟁까지는 아니지만 엄청난 피해가 예상되는 핵무기 사고는 '브로큰 애로Broken Arrow'라고 한다. 그 아래로 핵무기가 관련된 큰 사고는 '벤트 스피어Bent Spear', 사고가 일어나지는 않았지만 사고가 날 뻔한 경우는

---

3   Scott D. Sagan and Josh A. Weddle, "Should the United States or the international community aggressively pursue nuclear non-proliferation policies? Yes," in Peter M. Haas, John A. Hird and Beth McBratney(eds.), *Controversies in Globalization: Contending Approaches to International Relations*(Washington, D.C.: CQ Press, 2010), p.153.

4   "'얼빠진 美공군'… 2001년 後 핵무기 취급부주의 237건", ≪연합뉴스≫, 2008년 2월 13일 자.

'덜 스워드Dull Sword'라고 말한다.

　가장 잘 알려진 핵무기 사고는 1966년 스페인 팔로메어 수소폭탄 사고이다. 1966년 1월 17일 미군은 지중해 상공에서 훈련 중이었다. B-52 폭격기가 공중급유를 받으려는 순간 충돌사고가 발생했다. 급유기가 먼저 폭발했다. 폭격기가 폭발하기 직전 승무원들은 낙하산으로 탈출하면서 수소폭탄을 떨어뜨렸다. 폭격기가 불타고 있었기 때문에 폭격기와 함께 폭발하는 것보다는 바다에 떨어지는 것이 낫다고 생각했기 때문이다. 떨어진 폭탄은 모두 네 개였는데, 한 개가 히로시마 원폭의 100배에 달하는 것이었다. 그런데 수폭 세 개가 바다로 떨어지지 않고 스페인 동부 해안의 팔로메어 마을에 떨어졌다. 한 개는 낙하산이 펴져 온전한 상태였지만, 두 개는 그대로 땅에 떨어져 파괴되었다. 하지만 다행히 핵반응은 일어나지 않았다. 탄두를 감싼 수십 층의 소형 화약이 차례차례 폭발해야 기폭장치가 작동하도록 만들어져 있었기 때문이었다. 바다에 떨어진 한 개는 80일간 수색작업 끝에 찾아냈다. 만약 핵반응 사고로 이어졌다면 어떻게 되었을까? 수백만 명이 사망하는 대참사가 벌어졌을 것이다.

　1961년 미국 노스캐롤라이나에서도 수폭을 실은 폭격기가 추락하면서 수폭이 파괴되는 비슷한 사고가 있었다. 당시에도 안전장치 하나가 깨지지 않고 기능을 하는 바람에 대형 사고를 막았다. 폭격기가 핵무기를 장착한 줄도 모르고 미국을 종단한 경우도 있었다. 최근에는 사이버 테러에 의한 통제시스템 교란으로 핵무기 사고나 핵전쟁이 일어날 가능성도 높아지고 있다. 제2차 세계대전 이후 아직까지 핵전쟁이 일어나지는 않았지만 핵확산, 핵무기 사고, 사이버 테러의 가능성 등이 복합적으로 작용하고 있어서 과거의 안전이 미래까지 보장해 주지는 못하는 것이 현재 세계의 상황이라고 할 수 있다.

5. 핵무기의 제한과 감축

　제2차 세계대전이 종결된 이후 핵무기의 확산에 대한 우려가 커지면서 곧 이를 제한하려는 노력도 시작되었다. 우선 유엔을 중심으로 한 노력으로 1957년 국제원자력기구IAEA: International Atomic Energy Agency가 창설되었다. IAEA 창설로 원자력을 군사적으로 이용하지 못하도록 각국에 대한 감시와 통제를 할 수 있게 되었다. IAEA는 현재까지도 세계의 핵확산방지를 위해 상당한 역할을 하고 있다. 1963년에는 미국과 영국, 소련이 부분핵실험금지조약PTBT: Partial Test Ban Treaty을 체결했다. 대기권과 우주, 해저의 핵실험을 금지하는 내용이다. PTBT 체결로 회원국들은 핵실험을 지하에서만 제한적으로 할 수 있게 되었다.

1968년에는 유엔총회에서 핵확산금지조약NPT: Nuclear Non-proliferation Treaty 초안이 가결되었고, 각국의 비준을 받아 1970년 3월 5일 발효되었다. 미국, 영국, 프랑스, 소련, 중국 등 기존의 핵클럽 국가에게는 공식적으로 핵무기 보유 권한을 주고 그 외의 국가로 핵무기가 확산되는 것은 저지하는 내용이다. NPT는 그동안 불평등성 때문에 많은 논란을 겪어오면서도 핵무기의 수평적 확산에는 상당한 공헌을 해왔다.

1987년에는 미국과 영국, 프랑스, 독일, 이탈리아, 캐나다, 일본 등 미사일 기술을 수출하는 7개국이 핵탄두를 장착할 수 있는 미사일 판매를 규제하는 미사일기술통제체제MTCR: Missile Technology Control Regime에 합의했다. MTCR은 핵탄두를 실을 수 있는 탄도미사일과 순항미사일의 판매를 통제함으로써 핵무기 운반수단의 고도화에 기여할 수 있는 기술의 이전을 규제하고, 결과적으로 핵확산을 제한하는 기능을 해왔다. 2003년에는 미국을 중심으로 영국, 호주, 프랑스, 독일, 이탈리아, 일본, 네덜란드, 폴란드, 포르투갈, 스페인 등 11개국이 대량살상무기 확산방지구상PSI: Proliferation Security Initiative을 발족시켰다. 불법무기나 핵·미사일 관련 기술 등을 운반하는 것으로 의심되는 비행기와 선박을 수색할 수 있도록 하는 국제협력체제이다. PSI는 국제법상의 공해 통항의 자유와 충돌하는 측면이 있어 논란이 되고 있지만 핵확산방지의 명분하에 현재 107개 나라가 참여해 운영되고 있다.

핵확산방지를 위한 국제조약과는 별도로 미국과 소련 사이의 핵무기 감축협상도 계속되어 왔다. 1949년 핵개발에 성공한 소련도 수직적 확산에 박차를 가해 1968년에는 미국과 소련의 핵무기 보유 규모가 비슷하게 되었다. 양국은 탄도탄요격미사일ABM: Anti- ballistic Missile도 가지게 되었다. 적의 핵미사일을 공중에서 격추할 수 있게 된 것이다. 다른 측면으로 보면 상대의 ABM을 피하기 위해서는 더 새로운 핵미사일을 개발해야 하는 상황이 되었다. 핵무기의 무한경쟁 상황이 된 것이다. 이러한 상황에 직면한 미국과 소련은 핵군비 경쟁으로 인한 경제적 부담을 고려하게 되었다. 특히 미

NPT의 불평등성

　　NPT는 기존 핵보유국의 핵보유권을 인정하고 그 외의 국가는 핵무기를 가지지 못하게 하는 내용이어서 불평등성 논란이 계속되고 있다. 핵심은 NPT의 제2조이다. 제2조는 "핵무기를 보유하지 않은 체결국은 핵무기나 여타 핵폭발 장치를, 또는 그러한 무기나 장치의 관리권을, 직접적으로나 간접적으로 누구로부터도 양도받지 않는다"라고 규정하고 있다. 비핵보유국의 핵보유를 철저하게 금지한 것이다. 제3조는 "핵무기를 보유하지 않은 체결국은 원자력의 평화적 사용 여부를 확인받기 위하여 자국의 모든 핵 시설 및 핵 물질에 대하여 IAEA의 핵 사찰을 받는다"라고 규정해 핵비보유국에 대해 지속적으로 사찰을 하도록 하고 있다. 핵개발을 시도하면 핵보유국들은 IAEA 이사회와 유엔 안전보장이사회를 통해 적극 제재에 나선다.

　　이에 대한 보상 차원으로 핵보유국의 핵군축의무도 규정하고 있다. 제6조가 "핵무기를 보유한 체결국은 조속한 시일 내에 핵무기 경쟁 중지 및 핵 군비 축소를 위한 교섭을 성실하게 추진해야 한다"라고 명기하고 있는 것이다. 하지만 이는 명목상의 규정에 불과하다. 법적인 구속력이 없는 데다가 핵군축협상을 하지 않는 강대국들에 대해 제재를 가할 수 있는 이렇다 할 방법이 없다. 이러한 점 때문에 NPT가 핵클럽의 기득권 유지에 기여하는 불평등한 조약이라는 평가를 받는 것이다. 지금도 핵클럽 이외의 가입국들은 핵군축의 실현을 지속적으로 주장하고 있다.

국은 1965년 시작된 베트남전쟁으로 인한 부담이 큰 상황이었다.

　　그래서 미국과 소련은 1960년대 말 전략무기제한협정 SALT: Strategic Arms Limitation Talks 에 대한 협상을 시작한다. 대륙간탄도미사일 ICBM 과 잠수함발사탄도미사일 SLBM 등 전략무기를 제한하기 위한 협정이다. SALT I은 1969년 협상이 시작되어 1972년 체결되었다. ICBM은 미국 1,054기, 소련 1,618기로, SLBM은 미국 710기, 소련 950기로 제한하도록 했다. ABM 발사기지는 양국이 각각 1개만 가지기로 했다.

　　SALT I 체결 이후에는 곧바로 SALT II 협상에 들어가 1979년 타결되었다. SALT II는 양국이 전략무기를 더 줄인다는 내용이다. 양국 모두 ICBM, SLBM, 전략폭격기, ASBM(공대지탄도미사일)의 총수를 2,250기로 제한하기로 했다. 그러나 SALT II의 비준을 앞두고 1979년 말 소련이 아프가니스탄을 침공하는 바람에 미국이 비준을 유보시켜 발효되지는 못했다.

　　장거리 전략핵무기 제한 협상과는 별로도 중거리핵전력 감축을 위한 협상도 진행해 1987년 중거리핵전력조약 Intermediate-Range Nuclear Forces Treaty(INF 조약)을 타결했다. 미국과 소련이 가지고 있는 핵탄두 장착용 단·중거리 지상발사 미사일을 모두 폐기하기로 한 것이다. 이 INF 협정으로 핵탄두를 실은 사정거리 500~1,000km(단거리), 1,000~5,500km(중거리)인 미국과 소련의 미사일은 3년에 걸쳐 모두 폐기하게 되었다. 이들 미사일을 위한 발사장치와 지원장비도 모두 없애기로 했다. INF 조약은 일정한 범주의 무기체계를 모두 폐기하기로 한 최초의 무기통제조약으로 미·소 군축 역사에서 새로운 전환점으로 기록되고 있다.

이후에는 전략무기를 본격 감축하는 전략무기감축협상 START: Strategic Arms Reduction Talks 이 진행되어 1991년 START I이 타결되었다. START I은 대륙간탄도미사일 등 장거리 핵무기를 7년에 걸쳐 미국은 30%, 소련은 38% 감축하도록 했다. 1993년 체결된 START II는 미국과 러시아가 2003년까지 핵탄두를 3,500기 정도로 줄이도록 했다. 2000년에 타결된 START III는 양국의 핵탄두를 2,000기 정도로 감축하도록 한다는 내용이다. 오바마 행정부는 러시아와 핵무기를 더 줄이는 협상에 착수해 2010년 타결했다. 새 전략무기감축협정 New START 은 양국이 7년 내에 실전배치 핵탄두를 1,550기로, ICBM과 SLBM, 전략폭격기 등 실전배치 전략무기를 총 700기로, 운반체 발사대는 실전배치 여부를 불문하고 총 800기로 감축한다는 내용이다.

6. 핵무기 제한의 한계

위에서 본 대로 핵무기가 확산되는 것을 막기 위한 제도도 발전하고, 미국과 러시아 사이의 협상도 진전되어 왔지만, 현재의 핵무기 제한·감축 체제는 여전히 많은 한계를 가지고 있다. 첫째, 핵확산을 규제하는 많은 기구와 조약, 협력체제가 형성되어 왔지만 핵확산을 근본적으로 막지는 못하고 있다. NPT 회원국이 현재 190개국에 이르지만 인도와 파키스탄, 이스라엘은 NPT에 가입하지 않은 채 핵무기를 개발했고, 북한도 2003년 NPT를 탈퇴한 뒤 핵실험을 했다. 지하핵실험을 포함한 모든 형태의 핵실험을 금지하는 포괄적 핵실험금지조약 CTBT: Comprehensive Test Ban Treaty 에 대한 협상은 1950년대 말에 시작되었지만 아직 발효되지 못하고 있다. 1996년 유엔총회에서 의결된 이후 182개국이 서명하고 161개국이 비준했다. 규정상 핵보유국과 발전용·실험용 원자로를 가지고 있는 국가를 합쳐 모두 44개국이 서명해야 하지만 아직 미국과 이스라엘, 이란, 인도, 이집트, 중국, 북한, 파키스탄 등이 서명과 비준을 하지 않고 있다. 그래서 발효되지 못하고 있는 것이다. 이처럼 국가들의 핵 야망과 핵확산을 근본적으로 규제하는 것은 여전히 어려운 일이다.

둘째, 미국과 러시아 사이에 전술핵 감축협상은 큰 진전을 이루지 못하고 있다. 1990년대 초반 미국과 러시아가 각각 전술핵무기를 감축했지만 이후 양측의 전술핵 감축협상은 큰 진전을 이루지 못했다. 러시아가 좀 더 소극적이다. 미국은 재래식 무기가 많고 재래식 무기도 고성능화되고 있기 때문에 전술핵무기를 줄여도 괜찮다는 생각이다. 하지만 러시아는 재래식 무기가 열세인 상태에서 전술핵무기를 줄이게 되면 자신들의 열세를 극복할 수 있는 수단이 없다고 여긴다. 그래서 전술핵 협상이 잘 안 되는 것이다.

전술핵은 감축협상이 되지 않을뿐더러 그 성능이 점점 첨단화되고 있다. 미국은 1990년대 TNT 50톤 위력의 초소형 전술핵무기 '미니뉴크mini-nuke'를 개발해 보유하고 있다. 또 비슷한 시기에 '벙커버스터bunker-buster'도 개발했다. 작은 핵탄두를 장착한 채 지하 30미터까지 파고 들어가 폭발할 수 있는 무기이다. 벙커버스터는 점점 깊은 곳까지 파고들 수 있도록 성능이 발전되고 있다. 2020년 초에는 5~7kt(TNT 5,000~7,000톤) 위력을 가진 W76-2를 만들어 해군부대에 배치했다.

전술핵무기의 발전은 국제정치적으로 매우 큰 의미를 가지고 있다. 전술핵무기, 특히 초소형 전술핵무기는 사용 가능성을 전제로 개발되고 있다. 앞서 지적한 대로 핵무기는 기본적으로 사용 가능성보다는 '억지'에 본래의 기능이 있다. 상대의 공격을 막아주는 역할이다. 하지만 초소형 전술핵무기는 방사능 피해를 최소화하면서 실제의 전장에서 사용될 수 있는 무기로 개발되고 있다. 실제로 미국은 2001년 아프가니스탄 공격 당시 '미니뉴크' 사용을 구체적으로 검토하기도 했다.[5] 실제 전장에서 전술핵무기가 사용되는 사례가 발생한다면 핵무기 사용에 대한 금기는 사라지게 되고 이

---

5 "미, 비밀 전술핵폭탄 '미니뉴크' 보유", ≪연합뉴스≫, 2001년 11월 21일 자.

후 사용빈도는 증가할 가능성이 높다. 이렇게 되면 핵무기는 실제 사용보다는 억지에 기본적 역할이 있다는 세계정치의 일반적인 인식도 흔들리게 될 것이다. 그런 점에서 초소형 전술핵무기의 개발은 저지되어야 할 것이고, 전술핵무기 감축협상도 조속히 진전을 이루어야 할 것이다.

셋째, 현실 세계정치의 새로운 현상이 핵무기 증강에 기여하고 있다. 핵심은 미중 경쟁이다. 미국의 세계정치 주도권에 중국이 도전하면서 중국이 군비를 강화하고 있는 것이다. 특히 중국은 미국의 미사일방어체제^{MD: Missile Defense}에 맞서 핵전력을 증강하고 있다. 중국은 2013년 12월에는 달 탐사위성 발사에 성공했고, 2014년 1월에는 극초음속 미사일 시험발사에 성공했다. 이 미사일의 속도는 시속 1만 2,240km였다. 미국의 MD망을 극복할 수 있는 수준이다. 이러한 미사일은 곧 핵무기 운반수단의 첨단화를 의미한다. 이는 결국 중국 핵무기체계의 최첨단화를 말하는 것이다. 미국과 중국의 핵무기 경쟁이 격화하고 있는 형국이다. 2019년 8월 미국은 중거리핵전력조약(INF)이 미·러 사이의 조약이어서 중국을 규제하지 못하기 때문에 의미 없다면서 탈퇴를 선언했는데, 이는 미중 전략무기 경쟁의 심화를 더욱 적나라하게 보여주는 장면이 아닐 수 없다.

7. 한반도와 북한 핵

1) 1·2차 북한 핵위기

북한의 핵문제가 국제적으로 크게 이슈가 되기 시작한 것은 1993년부터이다. 이때를 1차 북핵위기라고 한다. 그리고 지금의 북한 핵위기를 2차 북핵위기라고 부른다. 1차 북핵위기는 1993년 3월 12일 북한이 NPT를 탈퇴하겠다고 선언하면서 본격화되었고, 이때부터 북한 핵문제가 세계적인 관심사가 되었다. 하지만 북한 핵시설이 국제사회에 처음 노출된 것은 이보다 앞선 1989년 9월이다. 프랑스의 상업위성 SPOT2가 북한 핵시설이 있는 영변을 촬영해 공개한 것이다. IAEA가 이를 문제 삼았고, 북한도 협상에 응했다. 1992년까지는 협상이 잘 진행되어 북한은 IAEA와 핵안전협정을 체결했고, 16개 시설에 대해 사찰도 받았다.

문제는 그 사찰의 결과였다. 사찰 전 북한이 신고한 추출 플루토늄의 양이 있는데, 이것이 사찰 결과와 맞지 않았다. IAEA는 신고하지 않은 2개 시설에 대한 특별사찰을 요구했다. 북한은 이에 응하지 않고 1993년 3월 NPT 탈퇴를 선언했다. 탈퇴선언은 3개월 후 효력이 발생하도록 되어 있다. 그래서 미국이 적극 협상에 나섰고, 일단 탈퇴선언을 유보시킨 뒤, 1994년 10월 21일 북미제네바합의를 타결해 1차 북핵위기가 마무리되었다.

북미제네바합의는 북한이 핵을 폐기하는 조건으로 미국과 한국, 일본 등이 경수로 발전소 2기를 건설해 주고, 북미 간의 수교도 추진한다는 내용이었다. 하지만 이 합의에 대해 미국의 공화당은 불만이었다. 2001년 출범한 부시 행정부는 북한이 합의를 지키지 않고 핵개발을 비밀스럽게 진행하고 있다고 의심했다. 이를 확인하기 위해 2002년 10월 제임스 켈리$^{James Kelly}$ 미 국무부 동아태차관보가 평양을 방문했다. 켈리는 북한이 고농축우라늄$^{HEU: High-enriched Uranium}$ 프로그램을 가지고 있지 않느냐고 따져물었고, 북한은 "고농축우라늄보다 더한 것도 가질 수 있다"고 응수했다. 미국은 북한의 이러한 태도를 HEU 프로그램 시인으로 보았다. 그래서 이후 북한에 대한 강경 정책을 구사해 다시 핵위기가 시작되었다. 이것이 2차 북핵위기이다.

중국의 중재로 북핵위기를 해결하기 위한 6자회담이 시작된 것은 2003년 8월이다. 남북한과 중국, 미국, 러시아, 일본이 참여했다. 오랜 회담 끝에 2005년 9월 합의에 도달했다. 그래서 나온 것이 '9·19공동성명'이다. 북한이 핵무기를 포기하는 대가로 북한의 안전을 보장하고 에너지를 지원한다는 내용이다. 2007년 2월에는 이를 이행하기 위한 구체적인 합의도 만들어냈다. '2·13합의'이다. 북한은 핵시설을 폐쇄 및 불능화하고, 핵 프로그램을 신고하도록 했으며, 이에 상응하는 대가로 5개국(한국, 미국, 중국, 러시아, 일본)이 에너지 100만 톤을 지원하고, 북한을 테러지원국에서 해제한다는 내용이다. 그 이후 좀 더 구체화된 내용, '10·3합의'가 2007년 10월 3일 만들어졌다. 2007년 말까지 북한이 핵시설을 불능화하고 핵 프로그램을 신고하고, 미국 등 5개국은 북한을 테러지원국 명단에서 삭제하고, 적성국무역법에 따른 무역제재를 해제하며, 중유 100만 톤을 지원한다는 내용이다.

여기까지는 핵문제가 풀려가는 상황이었다. 하지만 2008년 말 시료채취^{sampling} 문제로 북한과 미국이 충돌했다. 미국은 핵 프로그램 검증을 위해 문서와 북한 현지전문가 인터뷰, 북한의 현장 시료채취를 요구했다. 하지만 북한은 시료채취는 안된다고 맞섰다. 결국 이 문제를 풀지 못해 북미대화와 6자회담은 더 이상 진전되지 못했다.

북미대화가 진전을 이루지 못하면서 북한은 6차례에 걸쳐 핵실험을 실시했고, 지금은 핵무기를 가지고 있다고 보아야 할 것이다. 국제적인 핵연구소들에 따르면 현재 북한은 핵무기 20~30개를 보유하고 있다. 문제는 평양 북쪽 영변 핵단지에 있는 5MW 원자로를 필요에 따라 가동 또는 중단하고 있고, 우라늄 농축시설도 가지고 있기 때문에 북한의 핵무기는 더 늘어날 가능성이 높다는 것이다.

북한이 핵탄두만 가지고 있다면 미국을 비롯한 국제사회에 큰 위협이 되지 않을 수도 있다. 하지만 북한은 ICBM도 보유하고 있다. 2017년 11월 화성-15 시험발사에 성공했는데, 실제 사격을 할 경우 사거리가 12,000km 이상 될 것으로 분석되었다. 다만, 미사일이 대기권 밖으로 나갔다가 다시 들어오는 재진입 기술까지 갖추고 있어야 완전한 ICBM을 확보했다고 할 수 있는데, 북한이 이 실험을 하지는 않았기 때문에 이 부분은 분명치 않다. 어쨌든 북한은 완전한 형태는 아니지만 미국 본토에 이를 수 있는 ICBM를 개발해서 가지고 있다.

상황이 이렇게 변화하고, 동계올림픽을 계기로 남북 사이 대화 분위기가 조성되면서 그 연장선상에서 2018년 4월에는 첫 북미정상회담이 열렸다. 정상회담 공동성명에는 북한의 완전한 비핵화 의지가 분명하게 표명되었다. 2019년 2월에는 제2차 북미정상회담이 열려 비핵화를 위한 구체적인 방안이 협의되었다. 북한은 영변 핵시설의 폐기를 제시했지만, 미국이 유엔안보리 경제제재의 일부 해제를 거부하면서 회담은 결실 없이 종결되었다. 이후 북미대화는 소강상태를 보이다가 2019년 6월에는 판문점에서 북미·남북미 정상회동이 이루어졌다. 이후 실무회담이 추진돼 10월에 스웨덴 스톡홀름에서 북미의 실무대표가 만나 협의했지만, 비핵화 방안에 합의하지는 못했다. 이후 트럼프 행정부가 대선정국에 직면하게 되고, 북한도 대화에 미온적인 태도를 보이면서 협상은 다시 소강국면을 맞게 되었다.

2) 북한은 왜 핵무기를 개발했나?

그렇다면 북한은 왜 핵무기를 가지려 했을까? 남한을 공격하기 위해서인가? 미국에 대항하기 위해서인가? 아니면 다른 이유가 있는가? 국가가 핵무기를 개발하는 이유는 앞에서 설명한 대로 다섯 가지가 있다. 국가안보, 국내정치, 상징·규범, 협상, 정권안보 등이 그것이다. 북한은 이 가운데 어떤 것일까?

대부분의 국가가 그런 것처럼 북한의 핵개발도 여러 가지 이유가 복합적으로 작용했다고 할 수 있다. 통상은 북한이 국가안보를 위해 핵무기를 개발했다고 본다. 사실 국가안보모델은 웬만한 나라의 핵개발 이유를 설명하는 도구가 되고 있다. 핵개발을 하는 나라 중 국가안보에 대한 고려 없이 핵개발을 하는 나라는 거의 없기 때문이다. 북한도 미국의 위협에 대응하는 방어적 수단으로 핵무기를 개발했다고 주장하고 있다. 실제로 그런 측면이 많이 작용했다. 북한은 미국을 가장 큰 적으로 간주해 왔다. 북한은 한국전쟁 당시 미국과 적대국으로 싸웠고, 특히나 융단폭격을 당했고, 핵공격의 대상으로 검토되기도 했다. 휴전 이후에도 북한은 미국을 가장 큰 적으로 상정해 왔다. 이러한 상황에서 북한은 미국이라는 외부 위협으로부터 스스로의 안보를 보장하기 위해 핵무기를 만들었다고 할 수 있다.

상징의 측면도 작용했다고 볼 수 있다. 북한은 오랫동안 경제적으로, 정치적으로 뒤떨어진 상태를 벗어나지 못하고 있다. 외교적으로도 고립된 상태로 존재해 왔다. 따라서 북한은 대내적으로 인민들의 자부심을 고취시키고 대외적으로 국가적 자존심을 회복하기 위해 핵무기를 개발했다고 볼 수 있는 것이다. 북한이 핵실험 이후 이를 선전하는 많은 현수막을 내걸고, 대외 방송에 수시로 핵보유를 천명하는 모습은 상징 차원을 강조하는 것이다.

협상용의 측면도 있다. 김정은 정권의 입장은 핵을 단계적으로 포기하되 경제제재 해제와 체제안전보장을 분명하게 받겠다는 것이다. 북미정상회담에서 이런 의사는 명료하게 확인되었다. 양측이 원하는 바가 절충점을 찾지 못해 합의에 이르지는 못하고 있지만, 북한은 핵을 내주고 자신들이 꼭 필요로 하는 것을 확보하겠다는 입장은 분명히 하고 있다. 실제 핵을 협상용으로 활용하고 있는 것이다.

북한의 또 하나의 핵개발 이유는 정권안보이다. 이것이 가장 직접적인 이유라고 할 수 있다. 국가와 정권은 다른 것이다. 국가는 일정한 영토 안에 사는 사람들로 이루어져 있으면서, 그 사람들에 대해 통치권을 행사하는 정치적 독립체이다. 정권은 의회와 대립되는 정부를 구성하여 정치를 실제적으로 운용하는 권력보유 세력을 말한다. 북한은 미국의 위협에 대항하기 위해 핵을 만들었다고 하는데, 여기서 미국에 대항해 지켜내려고 하는 것이 조선민주주의인민공화국이라는 국가 자체보다는 정권이라고 볼 수 있는 측면이 강하다. 김일성에 의해 형성되고 김정일과 김정은으로 이어지는 이들 일가의 정권을 지키기 위해 핵개발을 활용했다고 할 수 있는 것이다.

북한은 1990년대 초반 핵개발을 본격화했는데, 당시는 식량난이 심화되면서 김일성 정권이 절체절명의 위기를 맞고 있던 때이다. 우선 주민들을 결속시킬 필요가 있었고, 정권유지에 필수적인 에너지를 포함한 경제적 지원이 필요했다. 이러한 목적으로 핵개발이 적극 추진되었다. 실제로 북한은 이런 것을 얻는 조건으로 핵은 폐기하겠다는 내용의 북미제네바합의를 1994년 10월 미국과 체결했다. 2002년 이 합의가 깨지고 2차 북핵위기가 시작되었으며, 2006년 10월 1차 핵실험이 실시되었다. 1차 핵실험 당시의 상황을 보면, 북한은 미국의 BDA^{Banco Delta Asia}에 대한 금융 제재와 남한의 지원 중단, 쌀값 폭등과 같은 어려운 상황에서 정권의 안정이 절실한 입장이었다. 여러 가지 목적을 가지고 개발되던 핵무기였지만 구체적으로 핵실험으로 나아가는 것은 이러한 정권 지키기의 맥락 속에서 이루어진 것이라고 보아야 할 것이다.

2009년 5월 2차 핵실험의 경우는 김정일의 건강이 악화된 상황에서 나이가 어리고 경륜이 부족한 김정은이 정권을 원활하게 승계할 수 있는 분위기를 조성하기 위한 것이었다고 할 수 있다. 김정은의 승계가 2009년 1월 8일(김정은의 생일) 확정되고 북한 권부의 주요 간부들에게 통보된 이후 김정은의 업적 쌓기가 필요했고, 그런 목적으로 핵실험이 실시되었다고 볼 수 있는 것이다. 2013년 2월 3차 핵실험은 북한 주민들의 결속을 다지고, 김정은 정권을 안정화시키겠다는 의도를 가지고 있었다고 할 수 있다. 이후의 핵실험들도 핵무기 고도화, 이를 통한 김정은 업적 쌓기, 그리고 김정은 정권의 공고화와 연결된 것이라고 할 수 있다. 결국 북한의 핵개발은 국가안보, 상징, 협상, 정권안보 등 여러 가지 목적을 가지고 있다고 할 수 있는 것이다.

3) 핵협상은 가능한가?

협상은 협상의 당사자가 서로 필요한 것을 주고받을 때 타결될 수 있다. 북한이 필요한 것 중 핵심적인 것이 위에서 살펴본 대로 정권의 안보와 국가안보이다. 경제제재 해제 또한 북한이 절실히 원하는 것이다. 이러한 필요를 일정 부분 충족시켜 준다면 북한도 핵을 포기하는 선택을 할 수 있을 것이다. 북핵문제는 기본적으로 북미 양자 사이의 문제이다. 북한은 미국 때문에 핵을 만들었다고 주장하고, 미국은 북핵문제를 NPT에 대한 중대 위협으로 간주하고 있기 때문에 북핵이 북미 간의 주요 문제인 것이다. 그런 만큼 북한과 미국이 적극적으로 나설 때 해결이 가능하다.

실제로 북한과 미국은 협상의 경험이 있다. 1993년부터 1년 가까이 협상을 진행해 북미제네바합의에 이른 적이 있다. 2차 북핵위기가 시작된 이후에도 2005년 9·19공동성명, 2007년 2·13합의, 10·3합의를 이루었다. 김정은 체제가 출범한 이후에도 북한과 미국은 이미 핵 관련 합의를 이룬 적이 있다. 2012년 2월 29일 북한이 추가 핵실험과 장거리 미사일 발사, 우라늄 농축 활동을 임시 중단하기로 하고, 미국은 24만 톤의 식량을 지원하기로 한 것이다. 북한의 3단계 로켓 발사로 이 합의가 이행되지는 않았지만, 김정은 체제에서 합의가 있었다는 사실은 북미관계에서 중요한 경험이 아닐 수 없다.

더욱이 북한은 김정은 체제의 정착을 위해 경제적 기반의 확충이 필요한 상황이다. 실제 북한도 인민생활의 향상을 수시로 강조하면서 경제성장에 힘을 쏟고 있다. 이러한 상황에서 핵협상을 통해 경제제재를 해제받고 미국과 한국, 일본 등으로부터 대규모 투자를 받을 수 있다면 북한경제 회복에 큰 활력이 될 수 있다. 트럼프 행정부도 그동안 워싱턴의 기득권층이 해왔던 것과는 완전히 다른 협상을 통해 북핵문제를 해결하겠다는 욕구를 가지고 있어 협상이 진전될 가능성은 높다. 다만 대통령선거, 트럼프 대통령에 대한 진보세력의 강한 반감 등 국내적 변수가 협상의 기류에 상당한 영향을 미치고 있다.

회담의 형태와 관련해서 최근 6자회담 형태와는 완전히 다른 북미 양자회담 형태가 선호되고 있다. 다자보다는 양자회담이 이슈를 분산시키지 않고 집중시켜 협상에 이르게 할 가능성이 높다. 과거의 사례를 보면 북미 간에 양자회담을 진행했을 때 많은 결실이 있었다. 1994년 북미제네바합의는 북미 간의 공식 양자회담에 따른 것이었고, 9·19공동성명, 2·13합의 등도 모두 북미 양자 협상에 의해 주요 문제가 합의되고 6자 회담에서 이를 확인하는 방식으로 진행되었다. 앞서 지적한 대로 북핵문제는 북미 사이의 문제로 볼 수 있는 만큼 양자 사이의 집중적인 회담으로 핵심 의제를 타결하는 것이 바람직할 것이다. 또한 북미는 적대국 사이인 만큼 최정상급의 결단을 통해 진행되어야 할 사안들이 많기 마련이다. 그런 점에서 정상회담이 북미회담의 중심이 되는 것 또한 바람직한 것이라 하겠다.

4) 북핵문제와 한반도 평화

현재의 한반도는 전쟁이 잠시 멈춘 정전 또는 휴전 상태이다. 한반도의 상황을 규정하는 협약도 1953년 7월 27일 체결된 정전협정이다. 전쟁의 당사국들이 모여 전쟁의 최종 종식을 선언하고 이 정전협정을 대체하는 평화협정을 체결할 때 한반도는 비로소 평화 상태가 된다.

이 평화협정과 관련해서 우선 이슈가 되는 것이 협정의 당사자에 관한 것이다. 누가 평화협정을 체결해야 하는가 하는 문제이다. 북한은 1962년 남북한이 평화협정을 체결할 것을 제의한 바 있지만, 1974년부터는 북미 간 평화협정 체결을 주장하고 있다. 정전협정에 한국이 서명하지 않았기 때문에 한국은 배제하고 평화협정이 맺어져야 한다는 것이다. 미국은 한국 없이 단독으로 북한과의 평화협정 협상을 할 수는 없다는 입장이기 때문에 북한의 주장에 응대하지 않고 있다. 물론 한국은 남북한이 핵심 당사자가 되어야 한다는 입장이다. 미국과 중국은 협정을 보장하는 역할을 할 수 있다는 생각이다.

문제는 이러한 평화협정으로 가기 위해서는 핵문제가 선결되어야 한다는 것이다. 남북한이 당사자가 되건, 남·북·미·중이 당사자가 되건 마찬가지이다. 핵문제 해결 없이 평화협정을 위한 협상이 시작될 가능성은 거의 없다. 한국과 미국이 반대하기 때문이다. 북한은 2010년 '선 평화협정 회담 후 핵문제 해결'을 제안했는데, 평화협정을 위한 협상 과정에서 핵문제도 해결되고 적대관계도 완전히 해소될 수 있다는 주장이었다. 하지만 한국과 미국은 모두 이에 반대 입장을 표명했다. 한국과 미국은 만약 북한의 제의대로 평화협정 협상을 먼저 열게 되면 북한은 핵문제보다는 자신들의 관심사인 미군 철수 문제를 집중 거론할 것으로 전망하고 있다. 그러므로 평화협정 협상을 먼저 시작하자는 북한의 주장을 반대하면서, 핵문제 해결이 선행되어야 한다고 주장하고 있다.

따라서 현재 한반도 문제의 핵심 고리는 북한 핵문제이다. 달리 말하면 이 문제만 해결되면 평화협정의 가능성도 높아지는 것이다. 실제로 2005년 9·19공동성명도 핵문제가 해결되면 그에 따른 평화협정 협상을 규정하고 있다. 북한의 핵 프로그램을 단계적으로 폐기하면 북한에 대한 경제적 지원을 하면서 평화협정 협상도 진행하기로 한 것이다. 2018년 4월 첫 북미정상회담에서도 북미정상은 비핵화와 함께 평화체제 구축에도 노력할 것을 약속했다. 역시 비핵화가 진전되면 평화협정 논의도 해나간다는 합의였다. 요컨대, 북한 핵문제를 풀기 위한 협상이 이루어질 때 비로소 한반도 평화정착으로 가는 길도 열릴 수 있을 것이다.

제6장

국력

1. 국력이란?

권력power은 "다른 사람의 마음과 행동에 대한 통제력man's control over the minds and actions of other men"을 말한다.[1] "다른 행위자에게 하지 않을 행동을 하게 하는 능력ability to get another actor to do what it would not otherwise have done"이라고 말할 수도 있다.[2] 쉽게 말하면 다른 사람이 하기 싫어하는 것을 하게 만드는 능력이 권력 또는 힘인 것이다. 국력 개념에도 이러한 권력의 기본적인 속성이 포함되어 있다. 국력national power은 국가가 가진 권력을 의미한다. 권력 개념을 그대로 적용해 보면, 국력은 한 국가가 가지고 있는, 다른 국가의 의식과 행동에 대한 통제력을 말한다. 국가 간의 관계에서 다른 나라와 협력하기도 하고 경쟁하기도 하면서, 필요할 때 다른 나라를 자신의 의도대로 끌고 갈 수 있는 능력이 국력이라고 할 수 있는 것이다.

국력은 경성권력hard power와 연성권력soft power으로 구분된다. 경성권력은 군사력과 경제력 등 상대국을 직접 통제할 수 있는, 눈에 보이는 힘을 말한다. 이니스 클로드Inis Claude는 힘은 전통적으로 군사력을 암시하는 것이었으며 직간접적으로 살인과 파괴, 강제력에 호소하는 것이라고 보았다.[3] 국력의 핵심은 국가의 군사력이라는 말이다.

---

1   Morgenthau, *Politics among Nations: The Struggle for Power and Peace*, p.30.
2   Goldstein and Pevehouse, *International Relations*, p.45.

존 미어샤이머 John Mearsheimer 도 비슷한 견해를 가지고 있는데, 그는 "힘은 국가가 사용할 수 있는 특정 자산 또는 물질적 자원 그 이상이 아니다"라고 말한다.[4] 군사력과 경제력 등 국가가 곧바로 활용할 수 있는 자원이 국력이라는 의미이다.

연성권력 soft power 은 문화나 제도, 이데올로기 등 상대국에 간접적으로 영향을 미칠 수 있는 힘을 말한다. 조지프 나이 Joseph Nye 가 제시한 연성권력 개념은 상대국에 대한 직접 통제보다는 간접 유인에 주목하는 것으로, 다양한 행위자가 다양한 영역에서 역할을 확대하고 있는 현대의 국제관계에서 경성권력 못지않게 중요한 의미를 지니고 있다.[5]

결국 현대적인 국력의 정의는 군사력, 경제력 등 물리적 힘뿐만 아니라 간접적 영향력과 유인의 능력을 모두 포함하는 것이 되어야 할 것이다. 이러한 취지로 국력을 정의해 본다면, 국력은 '국가가 자신의 목적을 실현하기 위해 직접 이용할 수 있는 물질적 자원과 다른 국가의 의식·행동에 영향을 미칠 수 있는 능력의 총합'이라고 할 수 있다.

국제정치에서 특히 중요한 것은 이러한 국력의 상대적인 크기이다. 국력의 상대적 크기에서 어느 쪽이 크다고 말할 수 없는 상태가 되면 세력균형이 이루어지고, 이렇게 되면 전쟁 가능성은 적어진다. 어느 쪽이든 상대가 두려워 도발하기 어려워지는 것이다. 상대적 국력의 크기에서 상대 국가보다 우월한 위치를 갖게 되면 국가의 행동은 자유로워진다. 이런 경우 전쟁에 대한 두려움이 적고, 전쟁이 발생하더라도 상대국보다 적은 비용을 치르고 승리할 수 있다고 생각하기 때문이다. 오히려 이 경우 상대국에 대해 전쟁을 도발할 가능성이 높아진다. 세력불균형 상태는 전쟁의 가능성을 높여주는 것이다.

실제로 국가들은 주변국과의 관계에서 상대적 국력 차이를 극복하고, 나아가서는 상대국 국력보다 우위를 확보하기 위해 노력한다. 국가의 구성원들도 이러한 국가의 권력추구에 대해 거부감이 없다. 오히려 이를 환영하고 지지한다. 국가 내에서 사람들은 자신의 권력 강화를 추구한다. 권력이 있는 자리를 탐하거나 재력을 갖추려고

---

3   Inis L. Claude, Jr., *Power and International Relations*(New York: Random House, 1962), p.6.

4   Mearsheimer, *The Tragedy of Great Power Politics*, p.57.

5   Joseph S. Nye, Jr., *Soft Power: The Means to Success in World Politics*(New York: Public Affairs Press, 2004).

노력한다. 하지만 이를 실제로 성취하는 사람은 소수에 불과하다. 따라서 원하는 만큼의 권력을 가지지 못한 사람들은 개인적 권력욕구의 불만 상태에 있는 것이다. 이러한 불만을 국제무대에서 해소하려 한다. 그래서 국가가 군비를 강화하고 경제력을 축적하는 데 대해 국민들은 적극 지지하는 것이다. 국내적 불만을 국제적으로 보상받으려 하는 것이다. 이러한 현상은 민족주의 강화 현상으로 연결된다. 이렇게 국가의 집단적 권력추구를 국민이 적극적으로 지원하게 되면 민족주의는 강화되고 심화될 수밖에 없는 것이다.[6]

이와 같이 국력은 국제사회의 실재적인 현상인 세력균형, 동맹, 전쟁, 민족주의 등과 직접적으로 관련되어 있다. 그래서 국가들은 국력을 되도록 확장하려 하는 것이다.

2. 국력의 구성요소

국력은 국가의 총체적인 능력을 의미하는 만큼 다양한 구성요소를 가지고 있다. 양적인 능력, 질적인 능력, 경제적인 능력, 정치적인 능력, 심리적인 능력 등 다양한 기준에 따라 나눌 수 있을 것이다. 지금까지 많은 국제정치학자들이 국력의 구성요소를 나름대로 정리해 왔다. 미어샤이머는 군사력과 경제력, 인구가 국력의 핵심이라고 간주했고, 레이몽 아롱Raymond Aron은 공간과 자원, 인구, 행정능력을 국력의 주요 요소로 보았다. 케네스 오르간스키A. F. Kenneth Organski는 지리와 자원, 경제발전, 인구, 국민의 사기, 정치발전으로, 세실 크랩Cecil V. Crabb, Jr.은 지리와 경제적 자원, 기술적 자원, 군사력, 인구, 국민성, 이데올로기로 국력이 구성된다고 주장했다. 한스 모겐소Hans Morgenthau는 지리적 조건과 자연자원, 공업능력, 군비, 인구, 국민성, 국민의 사기, 외교의 질, 정부의 질 등을 국력의 요소로 들었다. 또 프레데릭 하르트만Frederick H. Hartmann은 지리적 요소, 경제적 요소, 군사적 요소, 인구적 요소, 역사·심리·사회적 요소, 경제·행정적 요소로 국력이 구성된다고 보았다. 이를 일목요연하게 정리해 보면 〈표 6-1〉과 같다.

---

6 Morgenthau, *Politics among Nations: The Struggle for Power and Peace*, p.115.

〈표 6-1〉 국력의 구성요소

미어샤이머	아롱	오르간스키	크랩	모겐소	하르트만
- 군사력 - 경제력 - 인구	- 공간 - 자원 - 인구 - 행정능력	- 지리 - 자원 - 경제발전 - 인구 - 국민 사기 - 정치발전	- 지리 - 경제적 자원 - 기술적 자원 - 군사력 - 인구 - 국민성 - 이데올로기	- 지리적 조건 - 자연자원 - 공업능력 - 군비 - 인구 - 국민성 - 국민 사기 - 외교의 질 - 정부의 질	- 지리적 요소 - 경제적 요소 - 군사적 요소 - 인구적 요소 - 역사·심리· 사회적 요소 - 경제·행정적 요소

자료: 구영록, 『인간과 전쟁: 국제정치이론의 체계』(박영사, 1977), 195쪽 참조, 보완.

많은 국력의 요소에 대한 연구들을 종합해 보면 군사력과 경제력, 인구, 정치발전을 국력을 구성하는 가장 중요한 요소라고 할 수 있다.

1) 군사력

군사력은 국가의 군사적인 능력으로 독립성과 안보를 확보하는 데 직접적으로 필요한 능력이다. 국가의 존재가 유지되기 위해서는 국제적 분쟁과 분규에서 우선 생존해야 한다. 상대국과 전쟁이 발생하는 경우 승리해야 하는 것이다. 이러한 것을 직접 담당하고 해결하는 것이 국력의 여러 가지 요소 가운데서도 군사력이다. 좀 더 구체적으로 보면, 국가의 독립성과 안보의 확보는 군사력이 방위defense와 억지deterrence, 강압coercion, 과시swaggering의 기능을 가지고 있기 때문이다.[7]

방위는 적의 공격을 사전에 막아내거나 공격이 있는 경우 이를 격퇴하는 행위를 말한다. 국가의 안보를 위한 가장 기초적인 행위이다. 방위에는 임박해 있는 적의 공격을 막기 위해 먼저 공격을 하는 행위까지 포함된다. 방위에는 수비와 방어를 위한 공격 개념이 모두 들어가 있는 것이다. 선제공격과 예방공격이 방어를 위한 공격에 해

---

7   군사력의 구체적인 기능에 대해서는 김열수, 『국가안보: 위협과 취약성의 딜레마』, 181~197쪽을 참조했다.

당한다. 선제공격 preemptive attack 은 적의 공격이 임박했을 때 공격을 지연시키거나 제거하기 위해 하는 공격이다. 예방공격 preventive attack 은 군사적 균형이 자국에게 유리한 상태에서 추후 적이 유리해지는 상황을 사전에 막기 위해 하는 공격이다. 둘 다 기본적으로는 자국의 방위에 초점이 맞추어져 있다.

억지는 만약 적이 공격한다면 감당하기 어려운 응징이 있을 것이라고 위협함으로써 침략을 막는 것을 말한다. 핵무기의 기능은 주로 여기에 해당한다. 핵무기를 가지고 있음으로써 상대가 자신을 공격하지 못하게 기능을 하는 것이다. 강압은 군사적 위협으로 적의 행동을 강제적으로 변화시키는 것을 말한다. 억지는 행동을 하지 못하게 하는 것이고, 강압은 행동을 하도록 하는 것이다. 1990년 이라크가 쿠웨이트를 침략했을 때 미국이 즉각 철수를 요구했다. 그렇지 않으면 군사적 공격을 가하겠다고 위협했다. 이것이 강압이다. 이라크군의 철수라는 행동을 요구하고, 이 요구가 실현되지 않으면 이라크를 공격하겠다고 위협하는 행위가 강압인 것이다. 과시는 군사적 훈련이나 대규모 군사 퍼레이드 등을 통해 자국의 위상을 높이고, 이를 통해 방위와 억지, 강압의 효과도 높이려는 행위이다. 과시는 이러한 목적을 가지고 활용되지만 그 효과는 불분명하며, 통상은 정치적 후진국의 통치자가 개인적 과시욕을 충족시키기 위한 목적으로 이용하는 경우가 많다.

군사력의 수준을 결정하는 요인으로는 군대의 양과 질, 무기의 양과 질이 핵심적인 것들이다. 군대의 양적인 측면은 병력의 크기가 어느 정도인지를 말한다. 미국의 군대는 140만 명 정도이고, 한국군은 약 57만 명이다. 물론 이러한 양적 크기가 상대국과의 관계에서 적지 않은 의미가 있지만 크기보다 더 중요한 것은 질적인 측면이다. 군의 교육수준과 숙련도, 사기, 지휘부의 능력 등 질적인 면은 실제로 군의 전투력을 결정하는 데 매주 중요한 역할을 한다. 훈련이 잘되어 있고 교육수준이 높은 군대는 그렇지 못한 군대에 비해 매우 높은 전투력을 발휘할 수 있다.

전쟁의 승패 요인에 관한 최근의 연구들은 특히 군사력 운용상의 숙련도 skill 가 전쟁의 승패에 중요한 요인임을 강조하고 있다. 군사력이 약한 나라도 군사전략의 선택과 운용을 더욱 효율적으로 하는 경우 전쟁에서 승리할 수 있다는 것이다.[8] 애국심과 민족주의, 국민의 지지, 높은 복지수준 등으로 사기가 충만한 군대는 전투에 대한 동기부여에서 차원이 다른 상태에 있을 것이다. 전투력 향상을 위해서는 군 지도부의 정치정세에 대한 혜안, 다양한 전략과 전술에 대한 지식 등도 갖추어져야 한다. 18세기 프로이센 군사력의 급격한 향상은 뛰어난 군사적 능력으로 전략·전술적 혁신을 이룩한 프리드리히 대왕에 의해 가능했고, 정유재란 당시(1597년 9월) 전함 13척으로 일본 군함 133척을 물리친 명량대첩도 이순신 장군의 탁월한 리더십 덕분에 가능했다.

무기의 양적 측면은 핵무기, 장거리 미사일, 항공모함, 잠수함, 전투기 등 주요 무기의 물리적 규모를 말하는데, 실제 전투에서 직접적으로 승리에 기여할 수 있는 것이기도 하다. 무기의 질적인 측면은 적은 수의 무기로도 실제 전장에서 더 많은 효과를 낼 수 있는지와 관련된 것이다. 핵무기 하나는 재래식 포탄 수만 개의 위력을 가지고 있고, 잠수함 한 척은 군함 여러 척을 능가하는 작전 능력을 가지고 있다. 이처럼 대량살상과 기습공격, 게릴라전이 가능하도록 해주는 무기가 비대칭 무기이다. 이 같은 비대칭 무기와 첨단의 무기체계를 갖춘 국가는 무기의 양에 비해 큰 전력을 확보할 수 있다. 양적·질적으로 높은 수준의 무기는 군의 사기와도 관련되어 있어서 동서고금을 막론하고 중요한 의미를 가지고 있고, 그래서 각국은 고성능의 무기를 되도록 많이 확보하려 노력한다.

2) 경제력

경제력은 국가가 가지고 있는 생산력과 자본의 총합을 말한다. 국민생활에 필요한 재화와 서비스를 모두 포함하는 개념이 국가의 경제력이다. 경제력은 우선 국민의 복지를 직접적으로 책임져야 하는 요소라는 데 그 중요성이 있다. 경제력의 정도에 따라 국민의 생활수준이 결정되고 국민의 편의가 좌우되기 때문에 국가들은 우선 경제력 향상에 노력하는 것이다. 국가 경제력 역시 양적인 측면과 질적인 측면을 나누어 볼 수 있다. 양적 측면은 경제 총량을 이르고 이는 통상 국내총생산GDP으로 표시된다. 국내총생산은 일정 기간 국내에서 생산된 재화와 서비스의 가치를 모두 합친 것이다. 한 나라가 얼마나 많은 것을 생산해 낼 수 있는지를 보여주는 것이다. 이것이 크면 통

---

8   Ivan Arreguin-Toft, *How the Weak Win Wars: A Theory of Asymmetric Conflict*(Cambridge: Cambridge University Press, 2005).

상 경제력이 크다고 말할 수 있다. 미국의 GDP가 가장 크고, 그다음은 중국이다. 그래서 두 나라를 'G2'라고 부른다.

경제력은 양적 측면뿐만 아니라 질적인 측면도 가지고 있다. 부의 분배^{distribution of wealth}와 복지^{welfare}이다. 부의 분배 문제는 생산에 참여한 사람들이 생산된 재화와 서비스를 공정하고 고르게 나누어 갖는지의 문제이다. 복지는 생산된 재화와 서비스가 주는 이익과 편의를 국민 개개인이 충분히 누리고 있는지의 문제이다. 경제적 총량이 크면서 분배와 복지의 문제도 원만하게 해결하는 것이 경제력에 관한 한 국가의 목표가 될 것이다. 소득계층에 따른 불균형 분배가 심하고, 복지 혜택이 골고루 돌아가지 않는 경우는 결국 국력의 증대에 심대한 장애가 될 수 있다. 심한 빈부격차와 사회복지의 미비는 곧 사회불안의 직접적 요소가 되고, 장기적 경제성장을 방해하게 될 것이다.

경제력은 군사력의 강화를 직접 보장하는 수단이라는 측면에서도 그 중요성이 크다. 병력을 늘리고, 무기를 생산하고, 첨단무기를 개발하는 문제는 모두 경제의 문제이다. 국가의 경제력이 뒷받침되지 않으면 불가능한 것이다. 경제력이 큰 나라는 군사력도 쉽게 증강할 수 있는데, 그 이유는 두 가지이다. 첫째, 경제력이 큰 나라는 잉여국부가 있어서 이를 국방비에 사용할 수 있다. 1년 동안 필요한 부분에 국부를 사용하고도 남는 돈이 존재할 것이고, 이를 국방비로 사용할 수 있는 여유가 있는 것이다. 공장에서 생긴 이익이 모두 종사자들의 월급으로 사용되고, 농민들은 스스로 농사를 지어 겨우 먹고사는 정도의 경제력을 가진 국가는 군비를 강화할 여유가 없다.

둘째, 경제력이 큰 나라는 통상 과학적 연구·개발에 투자를 많이 해왔고, 그렇게 개발된 과학적인 기술을 활용해 첨단무기도 어렵지 않게 만들어낼 수 있다. 특히 최첨단의 신무기를 개발하는 것은 기존의 기술 축적이 있지 않고서는 불가능하다. 그런 점에서 경제선진국은 첨단무기 확보에서도 훨씬 앞서갈 수 있는 것이다. 이처럼 경제력은 군사력을 강화하는 데 필수불가결한 요소일 뿐만 아니라 필요한 경우 군사력으로 전환될 수 있다는 점에서 경제력은 '잠재적 군사력^{potential military power}'이라고 할 수 있다.

전쟁을 수행할 때에도 전방의 전선에서 적과 직접 전투를 벌이는 것은 군사력의 영역이지만, 돈을 투자해 전투를 수행하는 데 필요한 무기를 만들어내고, 의복과 신발, 음식, 의약품 등을 군인들에게 공급하는 것은 경제력의 영역이다. 제1차 세계대전 참전국들이 지출한 비용은 약 2,000억 달러에 이른다. 제2차 세계대전 당시 미국이 사용한 비용은 3,060억 달러나 되는데, 이는 1940년 미국 국민총생산^{GNP}의 3배에 달하는 액수이다.[9] 결국 돈이 없으면 전쟁을 치를 수 없는 것이고, 국가의 경제력이 갖추어져 있으면 그만큼 전쟁에서 이길 가능성도 높아지는 것이다.

3) 인구

인구, 즉 '한 국가를 구성하는 사람들'도 국력의 주요 요소이다. 국력의 구성요소로서의 인구도 역시 양적인 측면과 질적인 측면으로 나누어볼 수 있다. 양적 측면은 그야말로 인구 본래의 의미인 사람의 수를 말한다. 사람의 수가 많은 것은 국력의 형성에 매우 중요한 의미를 가진다. 단지 인구가 많다고 해서 국력이 반드시 강하다고 할수는 없다. 그렇게 따진다면 인구 15억 명인 중국이 최강대국이 되어야 할 것이다. 인구가 많다고 국력이 강한 것은 아니지만 국력이 강해지기 위해서 인구가 많아야 하는 것은 어느 정도 옳다. 국제무대에서 스스로의 이익을 실현하기 위해 경쟁하는 국가들은 상대국보다 많은 인구를 가지고 있을 때 경쟁에서 우위를 차지하기에 유리한 위치에 올라 있다고 할 수 있다.

오스트레일리아와 캐나다, 미국을 비교해 보면 인구의 중요성이 더욱 분명하게 드러난다.[10] 오스트레일리아는 면적이 300만 제곱마일 정도인데 인구가 2,500만 명이다. 면적이 385만 제곱마일의 캐나다는 인구가 3,700만 명이다. 미국은 면적이 380만 제곱마일인데 인구는 3억 3,000만 명이다. 미국의 인구가 오스트레일리아나 캐나다 정도에 머물러 있었더라면 세계의 최강대국이 될 수 있었을까? 상상하기 어려운 이야기이다. 양적으로 많은 인구는 우선 군사력의 양적 측면을 강화하기에 유리하다. 인구 50만 명의 룩셈부르크보다는 3억 3,000만 명을 가진 미국이 군 병력을 강화하기가 훨씬 쉽다. 인구는 또한 경제력의 증강에도 유리한 조건을 제공한다. 인구가 많은 것은 국내총생산을 늘려 국가의 경제 총량을 증가시켜 주기 때문이다.

---

9 Mearsheimer, *The Tragedy of Great Power Politics*, p.61.
10 세 나라를 비교해서 설명하는 방식은 Morgenthau, *Politics among Nations: The Struggle for Power and Peace*, pp.137~138를 참조했다. 다만 인구는 현재의 인구로 수정했다.

하지만 인구도 양적 측면 못지않게 질적인 측면이 중요하다. 모겐소는 인구의 질적인 측면으로 국민성과 국민의 사기, 외교의 질, 정부의 질을 꼽았다.[11] 각국 국민이 보유하고 있는 고유한 특성인 국민성은 국가가 대외정책을 입안하고 실행하는 데 상당한 영향을 주는데, 영국인의 개인주의적 특성, 프랑스인의 지적 호기심, 독일인의 권위주의적이고 집단주의적 성격, 미국인의 실용주의적 성향이 전통적으로 이들 국가의 정책정향에 영향을 미쳐왔다.

국민의 사기는 정부의 외교정책을 지지하는 국민들의 결의의 정도를 가리킨다. 이는 여론의 형태로 나타난다. 국민의 사기가 뒷받침되지 않고서는 정부정책이 효과적으로 실행될 수 없다. 반대로 국민의 사기가 받쳐주는 외교정책은 상대국에 대한 큰 압력으로 작용한다. 외교의 질은 국력의 여러 가지 요소들을 종합적으로 활용해 국가이익을 실현해 내는 능력을 말한다. 자신이 가진 국력의 다양한 요소들을 전략적으로 이용해 부족한 부분을 보완해 나가면서 국가의 목표를 실현한다면 외교의 질은 매우 높은 것이다. 독일의 오토 폰 비스마르크Otto von Bismarck, 프랑스의 아르망 리슐리외Armand Richelieu, 미국의 벤자민 프랭클린Benjamin Franklin과 토머스 제퍼슨Thomas Jefferson 등이 자국의 입장에서 외교의 질을 높인 인물들로 평가되고 있다.

정부의 질은 외교정책을 수행하는 정부가 국내 차원에서 필요한 조정을 해내는 능력을 이른다. 국가가 가지고 있는 물적·인적 자원과 외교정책 목표 사이의 균형을 잘 이루어내는지가 정부의 질을 결정한다. 추구하는 외교정책 목표에 따라 국내의 경제력과 군사력, 인적 자원 등을 적절하게 동원하는 능력이 중요한 것이다. 국가가 가진 자원들 상호 간의 균형을 잘 이룰 수 있는지도 정부의 능력을 결정한다. 경제력과 군사력, 인적 자원을 균형 있게, 가장 효과가 높게 활용하는 능력이 필요한 것이다. 또한 외교정책에 대한 국민의 지지를 잘 이끌어내는지의 여부도 정부의 질을 결정한다.

인구는 이렇게 그 크기뿐만 아니라 국민성과 사기, 정부와 외교의 질 등 질적인 부분까지 모두 국력의 구성요소로 중요한 역할을 한다.

---

11 인구의 질적인 측면에 대한 설명은 Morgenthau, *Politics among Nations: The Struggle for Power and Peace*, pp.140~162를 참조했다.

4) 정치발전

정치발전political development은 오르간스키가 국력의 주요 구성요소로 지리, 자원, 경제발전, 인구, 국민의 사기 등과 함께 강조한 것이다. 국내 정치체제의 발전이 경제나 인구 못지않게 국력에서 차지하는 비중이 크다는 의미이다. 오르간스키는 정치발전을 4단계로 나누어보았는데, 원초적 통일의 정치 politics of primitive unification – 산업화의 정치 politics of industrialization – 국민복지의 정치 politics of national welfare – 풍요의 정치 politics of abundance 의 4단계이다.[12] 국가발전의 초기 단계에서는 국민의 통일과 통합에 정치의 초점이 맞춰져야 하고, 그다음 단계로는 산업근대화와 자본축적이 정치의 중심이 되어야 한다는 것이다. 세 번째 단계로는 대중의 복지 향상을 위한 정치가 이루어져야 하고, 마지막 단계에서는 정치가 인간이 더욱 풍요로운 삶을 영위할 수 있도록 하는 데 중심을 두고 이루어져야 한다는 것이다. 국가발전의 각 단계에서 이러한 목적에 충실한 정치는 국력의 신장에 결정적으로 공헌하는 정치가 되는 것이다.

정치가 국가의 각 발전 단계에서 국력의 전체적인 증강에 기여하기 위해서는 더욱 근본적인 조건들을 갖추어야 한다. 민주적 제도화와 정당성이 그것이다. 민주적 제도화는 헌정질서의 법률적 체계화, 국민의 대표 선출의 민주화, 국정운영 절차의 민주화 등이 이루어진 상태를 말한다. 이를 위해서는 공정한 선거, 법에 의한 통치, 삼권분립, 정부의 투명성 등이 모두 보장되어야 한다. 실제로 이러한 조건들은 정치발전의 기초적이면서 필수적인 조건들이다.

정치발전은 이러한 기본적인 조건들 외에도 실질적인 정당성을 필요로 한다. 실질적 정당성을 가진 정부가 지속적으로 정치를 담당하는 것이 정치발전의 중요한 부분이 되는 것이다. 모든 정치권력은 리더십leadership을 확보하고 싶어 한다. 이를 통해 스스로의 정치적 목표를 효과적으로 실현할 수 있기 때문이다. 이 리더십을 확보하기 위해서는 정부나 정치세력이 정당성legitimacy을 가져야 한다. 정당성은 "지금의 정치제도가 우리 사회를 위해 가장 적절한 것이라는 믿음을 만들어내고 유지하는 체제의 능

---

12 A. F. K. Organski, *The Stages of Political Development*(New York: Alfred A. Knopf, 1965).

력"을 말한다.[13] 현대의 정치 담당 세력과 그들이 만들어낸 제도를 신뢰하도록 하는 것이 정당성인 것이다.

그렇다면 이 정당성은 어디서 오는가? 이에 대해서는 막스 베버 Max Weber 의 설명이 유용하다. 베버는 세 가지 권위 authority 가 정당성을 가져온다고 보았다.[14] 첫째는 법적/합리적 권위 legal/rational authority 이다. 지도자가 법적·제도적 절차에 의해 권력을 확보하고, 명령을 수행할 때 권위를 얻을 수 있다는 것이다. 또 경제적인 성과 등을 보임으로써 합리적인 계산상으로도 인정받을 만할 때 권위가 확보된다는 것이다. 둘째는 전통적 권위 traditional authority 이다. 조상의 신성성에 의지해 얻어내는 권위를 말한다. 셋째는 카리스마적 권위 charismatic authority 이다. 지도자의 초인적 능력에서 나오는 권위를 이른다. 이러한 세 가지의 권위 가운데 적어도 하나는 갖추고 있어야 정당성을 확보할 수 있고, 그 바탕 위에서 리더십도 세울 수 있는 것이다.

결국 국력의 주요 구성요소로서의 정치발전은 민주적 제도의 틀 위에서 정치적 정당성을 확보한 상태로, 국민의 통일이나 산업화, 복지, 국민의 풍요 등 국가발전의 단계에서 필요로 하는 책무를 효과적으로 추진할 수 있는 능력을 말하는 것이라고 할 수 있다. 이러한 조건들을 모두 갖추었을 때 국력 증강에 기여하는 정치발전이 이루어진 것이라고 할 수 있는 것이다.

3. 국력의 평가

국제정치에서 국력이 중요한 의미를 가지는 이유는 그것이 실제 국제관계를 결정하는 데 중요한 역할을 하기 때문이다. 우리가 일반적으로 '세계정치는 강대국 중심이다', '약소국은 국제무대에서 목소리를 내기 어렵다' 등으로 말할 때 국력의 개념을 개

---

13 Seymour M. Lipset, *Political Man: The Socialist Bases of Politics* (New York: Anchor Books, 1963), p.64.

14 Max Weber, *The Theory of Social and Economic Organization* (New York: Oxford University Press, 1947), p.328.

입시키고 있다. 강대국, 약소국은 국력이 강하고 약한 나라를 가리킨다. 그런데 이러한 구분을 무엇을 기준으로 할지는 아주 애매하다. 평가하는 기준이 정리되어 있는 것도 아니고 평가하는 방법도 정해진 것이 없다. 국력에 대한 평가 자체가 어려운 이유는 여러 가지가 있다.

첫째, 국력을 구성하는 요소가 다양하다. 앞에서 살펴본 대로 학자마다 국력의 구성요소를 달리 들고 있다. 연구자에 따라서 국력을 다르게 규정하고 그에 따라 국력을 형성하는 내용들도 다르게 생각하고 있는 것이다. 둘째, 구성요소들의 가치와 중요도가 변화한다. 전통적인 국력 평가는 군사력을 중시했지만 현대에 와서는 군사력을 변화시킬 수 있는 경제력의 가치를 군사력과 비슷하게, 때로는 더 높이 평가한다. 경제력의 내용 가운데서도 과거에는 자연자원을 중시했지만 지금은 기술적 자원, 기술적 자원 확보를 위한 하부구조 등을 더 중시한다. 이처럼 시대와 국제환경에 따라 국력 구성요소의 중요도가 달라진다. 셋째, 특히 국력의 질적인 부분은 평가가 어렵다. 양적 부분에 대한 평가도 기준과 방법에 따라 국력이 다르게 평가되겠지만, 질적 부분은 그 기준과 방법의 설정조차 어렵다. 군사력의 질적 부분, 경제력의 질적 부분, 인구의 질적 부분, 정치발전에서 정당성 부분 등은 평가가 특히 어려운 것이다.

이와 같은 이유 때문에 국력은 평가 자체가 어렵고 현재의 국력에 대한 평가가 있다고 하더라도 그것이 절대적일 수 없다. 측정하는 주체, 측정하는 시점의 국내외적 환경에 따라 다른 평가가 나오기 때문이다.

국력 평가와 관련해 또 한 가지 유념해야 할 것은 국제정치에서 실제로 중요한 것은 국력의 절대적인 크기보다는 상대적 크기라는 것이다. 국제관계에서 국가는 수많은 나라들과 다양한 관계를 형성하고 있는데, 어떤 나라와는 친선 관계를 맺고, 어떤 나라와는 적대 관계 속에 있다. 그런데 국력의 규모가 중요한 것은 적대국과의 관계 때문이다. 적국과의 경쟁, 나아가서는 전쟁을 해야 하기 때문에 이 적국보다 우위에 있어야 하는 것이다. 제1차 세계대전 직후 프랑스 군대는 세계 최강 수준이었다. 러시아, 영국, 미국과 비교해도 어느 국가보다 앞섰다. 하지만 1940년 독일에게 힘없이 궤멸당했다. 제2차 세계대전 직전까지 프랑스가 가장 강하다는 것은 독일을 제외한 국가들과 비교해서 하는 말이었다. 하지만 이는 별 의미가 없는 것이었다. 영국, 미국, 러시아 모두 프랑스의 적대국이 아니었기 때문이다. 문제는 독일과의 비교였는데, 독일과 비교했을 때 프랑스는 결코 강한 나라가 아니었다. 세계 최강 수준으로 다른 모든 나라보다 앞서고 단지 한 나라에게만 뒤졌는데, 그 한 나라가 적국이었다. 그래서 프랑스는 제2차 세계대전 초기 패배와 시련을 겪은 것이다. 이처럼 국력이 큰 것도 의미 있지만, 더 의미 있는 것은 적대국과의 비교에서 앞서는 것이다.

현실 국제정치에서 우리는 늘 강대국 large states, 약소국 small states이라는 용어를 쓰는데, 이때 이미 우리는 국력에 대한 평가를 하고 있다. 국력을 평가해서 강한 나라를 강대국, 약한 나라를 약소국이라고 부른 것이다. 그렇다면 실제 강대국은 무엇이고, 약소국은 무엇인가? 또 이와 관련된 패권국은 어떤 의미인가? 이들 개념을 좀 더 깊이 알아볼 필요가 있다. 강대국·약소국을 구분하는 방법은 크게 네 가지가 있다.

첫째, 실재적인 능력을 중심으로 구분하는 방법이 있다. 영토, 인구, 국내총생산, 군사력 등 실제로 눈에 보이고 계산이 가능한 기준을 가지고 강대국과 약소국을 구분하는 것이다.[15] 이는 각국이 관련 통계를 공개하는 만큼 이러한 자원의 규모를 파악하는 것은 어렵지 않다. 하지만 어느 정도가 되어야 강대국이라고 할지는 쉬운 일이 아니다. '영토가 200만 제곱마일은 되어야 강대국이라고 할 수 있다'라고 주장할 수도 있고, '아니다. 300만 제곱마일은 되어야 한다'라고 맞설 수도 있다. 인구에 대해서도 마찬가지로 '1억 명은 되어야 강대국이라고 할 수 있다', '2억 명은 넘어야 한다' 등등의 주장이 나올 수 있다. 국민총생산이나 군사력에 대해서도 엇갈리는 주장이 얼마든지 있을 수 있다. 그래서 현대의 국제정치학에서 이러한 실재적 능력을 기준으로 강대국과 약소국을 구분하는 경우는 드물다.

둘째, 사회·정치적 응집력을 기준으로 강대국과 약소국을 구분하는 방법이다. 영국의 저명한 국제정치학자 배리 뷰전 Barry Buzan의 방법이다. 뷰전은 약소국의 특징으로 정부 안전에 대한 국내적 위협에 대해 우려를 많이 하는 것을 꼽는다. 다시 말해 국내 정치에 정부를 위협하는 대규모 폭력이 존재하고 이를 제거하기 위해 충분한 힘을 창출하는 데 대한 정치적·사회적 합의가 이루어지지 않는 국가를 약소국으로 간주한다.[16] 뷰전은 주로 국내적 맥락을 관찰했지만 외부 위협에 대해서도 똑같은 논리를 적

---

15 Maurice East, "Size and Foreign Policy Behavior: A Test of Two Models," *World Politics*, Vol. 25, No. 3. (1973), pp. 556~576.

용할 수 있다. 외부의 위협이 존재하는 상황에서 국내의 사회·정치적 응집력을 보여주지 못하는 국가는 약소국, 그 반대는 강대국으로 나눌 수 있는 것이다.

셋째, 국가안보에 대한 능력을 기준으로 강대국과 약소국을 구분하는 방법이다. 안보를 스스로 책임질 수 있으면 강대국, 그렇지 못하면 약소국으로 구분하는 것이다. 로버트 로스스타인Robert Rothstein이 대표적이다. 그는 약소국을 "스스로의 능력으로 안보를 얻을 수 없음을 인식하고 있는 국가"라고 정의한다.[17] 안보를 확보하기 위해 다른 국가나 국제조직에 의지해야 하는 국가가 약소국이라는 의미이다.

넷째, 규칙·제도와 관련한 능력의 유무를 기준으로 구분하는 방법이다. 이 기준으로 나누면 강대국은 국제질서를 규정하는 규칙과 제도를 제정할 수 있는 능력을 가진 국가를 말하고, 약소국은 선택의 여지가 없이 이러한 규칙과 제도를 지켜야 하는 국가를 가리킨다.[18]

단순히 물질적인 자원의 규모만으로 국력을 평가하던 전통적인 경향에서 벗어나 현대의 국제정치학은 종합적인 능력으로 국력을 평가하는 경향을 보이고 있다. 그래서 세 번째와 네 번째 방법이 유용하게 쓰인다. 결국 현대적 개념으로 종합하여 정리해 본다면, 강대국은 스스로의 안보를 책임지면서 국제질서를 규정하는 규칙과 제도를 만들어내는 국가, 약소국은 안보를 스스로 확보하지 못하면서 규칙과 제도를 만들지 못하고 이를 따를 수밖에 없는 국가가 된다.

그렇다면 자국의 안보를 미국에 상당 부분 의존하는 일본은 약소국인가? 피상적으로는 공식적으로 군을 가질 수 없고 미군까지 주둔하고 있기 때문에 약소국이라고 해야 옳을 것 같다. 하지만 일본 안보의 실질적인 내용을 보면 그렇지가 않다. 공식적으로 군대를 가질 수 없지만 자위대는 명칭만 '군'을 빼고 사용할 뿐 실제로는 다른 나라의 육군, 해군, 공군과 다를 바 없다. 최첨단 무기로 무장하고 있으며, 장교와 하사관

---

16 Barry Buzan, *People, States & Fear: An Agenda for International Security Studies in the post-Cold War Era*, 2nd edition(London: Harvester Wheatsheaf, 1991), p.99.

17 Robert Rothstein, *Alliances and Small Powers*(New York: Columbia University Press, 1968), p.29.

18 John Baylis and Steve Smith, *The Globalization of World Politics*, 2nd edition(Oxford: Oxford University Press, 2001), p.293.

만으로 24만 명 규모를 유지하고 있기 때문에 유사시에 사병을 징병하게 되면 100만의 군대로 곧바로 변형이 가능한 체제를 가지고 있다. 게다가 첨단 과학기술 능력을 보유한 일본은 첨단장비로 자위대를 지속적으로 재정비하고 있다. 따라서 일본은 형식상으로는 안보를 미국에 의존하고 있는 것 같지만 실질적으로는 안보를 스스로 책임지는 강대국이라고 할 수 있다.

강대국과 연관된 개념이 패권국^{hegemon}이다. 패권국은 강대국과는 크게 다른 개념이다. 강대국 중에서 단순히 가장 강한 나라도 아니다. 패권국은 "아주 강해서 국제체제에 있는 다른 모든 국가를 지배하는 나라"를 말한다.[19] 어떤 강대국도 그 나라에 대해서 심각한 대항을 할 수 없을 정도로 월등한 국력을 가진 나라를 패권국이라고 하는 것이다. 강대국들은 결국 패권국이 되는 것을 목표로 하지만 실제로 이를 이룬 나라는 많지 않다. 기원전 1세기~기원후 2세기의 로마, 18~19세기의 영국, 20세기 이후의 미국 정도가 패권국으로 불린다. 그래서 이들 국가가 패권을 행사하던 시기를 각각 팍스 로마나^{Pax Romana}(로마 지배하의 평화), 팍스 브리태니커^{Pax Britanica}(영국 지배하의 평화), 팍스 아메리카나^{Pax Americana}(미국 지배하의 평화)로 일컫는 것이다.

---

19 Robert Gilpin, *War and Change in World Politics*(Cambridge: Cambridge University Press, 1981), p.29; William C. Wohlforth, *The Elusive Balance: Power and Perceptions during the Cold War* (Ithaca, NY: Cornell University Press, 1993), p.14.

제7장
비국가행위자

1. 비국가행위자란?

제1장에서 간략히 언급했지만 국제정치의 주요 행위자는 크게 국가와 비국가행위자로 나뉜다. 국가 이외의 행위자는 비국가행위자이다. 정부간기구[IGO: Intergovernmental Organization], 국제비정부기구[INGO: International Nongovernmental Organization], 혼합국제기구[HIO: Hybrid International Organization],[1] 다국적기업[MNC: Multinational Corporation], 국제테러단체 등이 여기에 속한다. 비정부기구처럼 일정한 조직적 체계를 갖추지는 못했지만 느슨한 형태의 네트워크나 사회운동도 비국가행위자라고 할 수 있다. 이 가운데 정부간기구와 국제비정부기구, 혼합국제기구를 묶어서 국제기구라고 한다.

비국가행위자는 국가와는 달리 주권을 가지고 있지 못하고 자원도 국가에 미치지 못한다. 군과 경찰과 같은 강제력도 보유하지 않고 있다. 하지만 현대의 세계정치에서 비국가행위자는 중요한 기능을 수행하고 있다. 그 기능은 긍정적인 측면과 부정적인 측면 모두를 포함하고 있다. 많은 비국가행위자들은 세계가 안고 있는 인권과 환경의 문제를 개선하고 원조와 구호활동을 전개하고 있다. 그런가 하면 국제적인 네트

---

1   'Hybrid International Organization'이라는 용어는 Baylis, Smith and Owens, *The Globalization of World Politics: An Introduction to International Relations*, 8th edition, pp.321~322에서 가져온 것이다.

워크로 연결되어 세계 곳곳에서 테러를 저지르기도 하고, 마약거래를 하기도 한다.

비국가행위자가 국제정치의 주요 행위자로 등장한 것은 오래전부터이지만 특히 영향력이 강해진 것은 1990년대부터이다. 이들의 영향력 강화는 인터넷을 통한 통신과 정보유통의 발달에 힘입은 바 크다. 자원이 부족한 비국가행위자들이 저비용으로 빠르게 상호 통신을 할 수 있도록 해주는 인터넷은 그들 사이의 주요 정보 교환과 결속을 가능하게 해주었다. 특히 이런 것들이 저비용으로 가능하게 된 점은 비국가행위자들의 영향력 확대에 큰 기여를 했다고 할 수 있다.

비국가행위자는 국제적인 연대를 통해 활동력을 강화하는 경우가 많은데, 국제적 연대를 형성하는 방식은 연합과 네트워크 두 가지 형식이 있다. 연합은 본부를 중심으로 세계 각국의 지부들이 하나의 단위를 형성해 활동하는 형태이다. 국제적십자사 IFRC: International Federation of Red Cross and Red Crescent Societies 는 스위스 제네바에 있는 본부를 중심으로 각국의 지부가 하나의 단위로 연결되어 있다. 옥스팜 Oxfam: Oxford Committee for Famine Relief 의 경우도 미국, 캐나다, 뉴질랜드, 홍콩, 스페인, 아일랜드 등 세계 곳곳에 있는 지부들이 영국 옥스퍼드에 있는 본부와 연결되어 초국가적 연합을 형성하고 있다. 이와는 달리 국제지뢰금지운동 ICBL: International Campaign to Ban Landmines 은 미국의 베트남전참전용사회 VVA: Vietnam Veterans of America 가 중심이 되어 지뢰금지운동을 전개하다가 여기에 뜻을 함께하는 전 세계의 NGO들이 모여 1992년 연합전선의 형태로 만들어졌다. 여기에 참가한 NGO들은 인터넷 홍보와 시위를 공동으로 진행하는 형태로 운동을 전개했다. 이처럼 본부와 지부의 개념이 아니라 수평적인 연대 관계를 형성하면서 활동하는 비국가행위자를 네트워크 형태의 비국가행위자라고 한다.

2. 비국가행위자의 성장과 영향력 확대

비국가행위자는 역사적으로는 오래전부터 존재해 왔다. 왕의 통제력이 제대로 미치지 못하는 중세의 영주나 기사들도 비국가행위자와 같은 지위에 있었다. 중세의 동업자조합인 길드 guild 도 비국가행위자로 유럽에 중세도시들이 형성되는 데 중요한 역할을 했다. 18세기 말에 이르러서는 초기 형태의 근대적 비정부기구들이 형성되기 시작했다. 노예제 반대 단체들이 그것이다. 미국과 영국, 프랑스 등에서 노예제 반대 단체들이 구성되었고, 이들 단체는 1807년 영국 의회의 노예무역금지 선언을 이끌어냈다. 19세기에는 미국과 유럽을 중심으로 평화운동단체들이 생겨났다. 1899년과 1907년 네덜란드 헤이그에서 열린 평화회의는 이러한 운동의 영향을 받아 개최되었다. 이 회의를 통해 세계 각국은 국제분쟁을 평화적으로 처리하기 위한 협약을 만들어냈다.

20세기 초에는 교통과 상업, 보건 분야에서 국가 간 협력을 도모하는 정부간기구들이 생겨나 국가 간의 교류를 활성화하는 데 기여했고, 평화운동단체들이 증가하면서 유엔 창설의 바탕이 되었다. 20세기 중반 이후에는 비국가행위자들의 영역이 크게 확대되어 인권문제뿐만 아니라 군축, 동물보호, 기후변화 등 다양한 이슈를 다루는 국제 NGO들이 생겨나게 되었다. 게다가 세계에 부정적인 역할을 하는 테러단체, 마약조직, 범죄조직 등도 크게 증가하는 현상을 보였다.

특히 1970년대 이후 비국가행위자가 더욱 증가하는 모습을 보이는데, 여기에는 네 가지의 요인이 있다.[2] 첫째는 세계화와 상호의존의 증대이다. 국가들은 서로 경제적·문화적으로 거래와 교류를 진행해 오면서 서로에 대한 의존성이 강화되었다. 그 과정에서 비국가행위자들의 관여와 역할도 커졌다. 일정한 이슈와 관련해서 정보를 수집하고 보급하고 지지를 확보하는 일에는 주로 국제비정부기구들이 관여하고, 경제적 거래와 관련한 일에는 다국적기업들이 관여하면서 이들 비국가행위자의 입지와 역할이 확대된 것이다. 둘째는 세계적 회의의 증가이다. 1970년대 이후 경제와 환경, 안보 등 다양한 이슈 영역에서 국제회의가 증가했고, 비국가행위자들은 의제설정과 협상에 직접 참여할 수 있는 기회를 요구해 왔다. 실제로 1972년 스톡홀름 환경회의에 250여 개의 국제비정부기구가 참여한 것을 비롯해 국제회의에 대한 비국가행위자의 참여는 더욱 확대되어 왔다. 이러한 기회의 확대는 비국가행위자의 양적 성장에 크게 기여했다.

셋째는 정보통신의 혁명이다. 특히 인터넷과 이메일은 비국가행위자들의 비약적 발전에 크게 기여했다. 이들 첨단 통신수단은 비국가행위자들의 국제적 연대를 강화

---

2   Margaret P. Karns and Karen A. Mingst, *International Organizations: The Politics and Processes of Global Governance*, 2nd edition(Boulder, Co.: Rynne Rienner, 2010), pp.232~235.

했을 뿐만 아니라 자신들이 가지고 있는 정보의 확산, 대중의 지지 확보, 운영을 위한 자금의 모금 등에 많은 기여를 했다. 또한 정보통신 혁명은 정부가 가지고 있던 정보에 대한 독점을 더 이상 불가능하게 함으로써 비국가행위자의 활동 의지와 공간을 더욱 확대해 주었다. 넷째는 냉전의 종식과 민주주의의 확산이다. 동서 간의 이념대립이 끝남에 따라 안보 이외의 다양한 이슈로 세계인들의 관심이 확대되었다. 또한 민주주의의 확산은 민주정부와 시민사회의 확대를 가져왔고, 이러한 현상은 다양한 영역에서 다양한 의사의 표출이 가능하도록 해줬다. 결국 이러한 다양한 의견과 가치를 담아내기 위해 비국가행위자는 더욱더 성장하게 된 것이다.

비국가행위자가 증대됨에 따라 국제정치에서 그 영향력도 성장해 왔다. 비국가행위자들의 영향력은 그들이 가진 소프트파워soft power에서 나온다. 소프트파워는 물리적 힘hard power과 달리 눈에 보이지 않으면서도 상대를 자신의 입장으로 끌어당길 수 있는 능력을 말한다. 설득력persuasive power이나 매력attraction과 같은 것이다. 비국가행위자는 물리적 자원이 부족한 만큼 도덕적인 권위와 전문성, 신뢰할 만한 정보 등의 소프트파워가 그들의 영향력의 근원이 된다. 그 영향력으로 국가와 국제사회를 설득해 자신들이 원하는 것을 성취해 낸다. 물론 이러한 소프트파워 전략이 효과가 없다고 판단할 때는 폭력을 행사하는 테러단체도 있고, 소프트파워보다는 스스로가 가진 경제력을 바탕으로 영향력을 행사하는 다국적기업도 있지만, 대부분의 비국가행위자는 그들의 도덕적 권위와 명분을 바탕으로 영향력을 행사하려 한다. 실제로 노벨평화상을 받은 국제적십자사, 국제사면위원회, 국제지뢰금지운동, 국경없는의사회와 같은 비국가행위자들은 명분 있는 이슈를 내세워 지속적으로 국제사회에 문제제기를 하고 인식전환 운동을 함으로써 변화를 이끌어낸 단체들이다.

이러한 소프트파워는 국제적인 연대가 형성될 때 효과가 더 커지는데, 비슷한 활동을 하는 비국가행위자 사이에서도 실제 연대가 이뤄지기는 쉽지 않다. 연대가 형성된 이후 운동의 방향과 강조점이 달라 연대의 효과를 보지 못하는 경우도 적지 않다. 비국가행위자 사이에서도 서로 다른 성격을 가지고 있어 비국가행위자끼리 상충하는 경우도 있다. 여성인권 신장을 옹호하는 단체와 이슬람의 전통을 지키려는 단체 사이에서는 의견의 일치를 보기 힘들고 오히려 충돌의 가능성이 더 높다. 그런 점에서 비국가행위자는 국제정치에서 영향력 있는 존재로 기능하고 있지만 그 한계 또한 분명히 가지고 있는 존재라고 할 수 있다.

3. 비국가행위자와 주권, 그리고 글로벌 거버넌스

주권국가를 중심으로 한 근대적 국제관계가 형성되는 계기가 된 1648년 베스트팔렌 조약 이후 국가는 국제정치의 가장 중요한 행위자로 주요 역할을 해왔다. 하지만 20세기 중반 들어 급증하기 시작한 비국가행위자는 국가중심성에 대해 의문을 제기하게 만들었다. 과연 국제관계가 국가를 중심으로 운영되는 것인지, 국제정치에서 가장 중요한 행위자는 여전히 국가인지, 비국가행위자들의 영향력 확대로 국가의 주권이 약화된 것은 아닌지에 대한 의문이다. 물론 현실주의 국제정치 이론가들은 국가는 여전히 가장 중요한 행위자라고 간주한다. 국가의 주권도 침식당하지 않고 있다고 주장한다. 국가 이외의 다른 행위자들이 국제사회에 크게 증가했지만 결국 이들의 뒤엔 국가가 있고, 핵심적인 결정들은 실제로 국가가 계속하고 있다고 보는 것이다.

반면에 자유주의자들은 여기에 동의하지 않는다. 국가 이외의 행위자들의 등장에 매우 큰 의미를 두는 것이다. 정부간기구, 국제비정부기구, 다국적기업 등 비국가행위자들은 양적으로 그 숫자가 많아졌을 뿐만 아니라 질적으로도 국제정치에서의 역할이 달라졌다는 주장이다. 그에 따라 국제정치에서 국가의 중요도가 떨어지고, 국가의 주권도 약화되었다는 것이다. 국가가 결정하는 것을 비국가행위자들이 따르기만 하는 것이 아니라 국가에 영향을 미치고 때로는 국가의 정책을 주도적으로 결정하는 역할도 한다는 주장이다. 실제로 현실의 국제정치에서 그러한 현상은 관찰되고 있으며, 이는 국가 중심의 이론인 현실주의만으로는 현실을 정확히 설명하기 어려움을 말해준다.

구성주의자들도 국가의 역할과 주권이 약화된 것으로 파악한다. 구성주의가 중요하게 생각하는 것은 관념과 규범 등 비물질적인 요소이다. 비국가행위자들의 활동에 따라 그들이 가지고 있는 규범과 관념이 국가에 영향을 주고, 그래서 정책의 방향이 달라지기도 한다는 것이다. 인권이나 환경 등 비국가행위자들의 활동이 왕성한 영역에서 국가의 정책이 비국가행위자들에 의해 많은 영향을 받고 있는 것은 이러한 메커니즘 때문이라는 것이 구성주의자들의 설명이다.

현실주의자들은 불만스럽겠지만 실제 세계정치에서 비국가행위자의 역할 증대에 따라 국가의 중요성은 과거보다 많이 줄어들었다. 국제정치에서 국가의 중심성이 약화되고 있는 것이다. 이러한 현상은 1970년대 이후 두드러지게 나타났고, 지금 세계에서는 국가 이외의 많은 단체와 조직들이 국제정치를 이해하는 데 필수적인 존재로 인식되고 있다.[3] 이들을 더 이상 국가 행위자들의 도구적 존재라고 말할 수 없게 된 것이다.

실제로 현실의 세계정치 상황을 둘러보면 현재 세계에는 많은 문제들이 산적해 있다. 국가들 간의 충돌과 분쟁, 기후변화, 테러, 인신매매, 마약, 해적, 기아, 인권침해, 난민, 핵확산 등 무수한 문제들이 존재한다. 전통적으로 이러한 문제들에 대해 국가들은 자국의 입장에서 필요한 만큼 스스로 해결책을 찾아왔다. 하지만 국가 간의 국경이 없어지는 현상이 심화되면서 이러한 문제들은 하나의 국가가 감당하기 어려울 만큼 규모가 확대되었다. 또 영향을 미치는 범위가 넓어진 만큼 하나의 문제에 관계되는 국가도 많아지게 되었다. 이러한 문제들을 어떻게 풀까 하는 것이 현대 국제정치의 주요 논제 중 하나이다.

많은 비국가행위자의 등장과 수많은 지구 차원 문제의 등장은 이 지구적 문제의 해결에 국가와 함께 많은 비국가행위자가 공동으로 참여해야 함을 시사한다. 그래서 나온 개념이 '글로벌 거버넌스global governance'이다. 지구적 문제 해결을 위해 형성되는 지구적 규모의 협동관리체제를 글로벌 거버넌스라고 말한다. 이와 대칭적인 개념인 거버먼트government는 정부와 정부에 의한 통치를 의미한다. 통치에서는 법률에 기반을 둔 강제집행력이 핵심적 역할을 한다. 반면에 거버넌스는 조직적이고 공식적인 것이 아니라 정부와 민간조직이 문제를 함께 해결해 나가는 협동관리 또는 공동통치를 말한다. 다양한 이해관계자들이 수평적인 관계 속에서 공동의 목적을 성취하기 위해 협력과 협의를 해나가는 과정을 말하는 것이다. 다시 말하면, 이해당사자들이 일정한 목적을 달성하기 위해 진행하는 상호작용을 거버넌스라고 할 수 있는 것이다.[4]

---

3   Michael Nicholson, *International Relations*(London: Macmillan, 1998), p.30.
4   Krasner, "Structural Causes and Regime Consequences: Regimes as Intervening Variables," p.10.

글로벌 거버넌스는 이를 지구적 문제로 확장한 형태로 지구적 문제 해결을 위해 국가들과 비국가행위자들이 공동으로 문제해결의 방안을 찾아가는 것을 이르는 것이다. 세계 곳곳에 산적한 지구적 문제는 이제 국가 홀로 해결하기 어려운 상황이 되어 국가와 국제기구 등이 공동의 노력으로 대처해야 한다는 인식에서 발달한 개념이 글로벌 거버넌스이다.

글로벌 거버넌스는 기존의 베스트팔렌 체제에서 주권국가 중심으로 문제를 해결했던 것에서 벗어나는 것이기 때문에 그만큼 비국가행위자들의 역할과 협력을 중요하게 여긴다. 글로벌 거버넌스 체제에서는 정부간기구는 물론이고 국제비정부기구들도 지구적 문제의 해법을 고민하면서 국가, 정부간기구와 협의하고 협력한다. 이 체제에는 국가와 정부간기구, 국제 NGO 등이 동등한 자격으로 참여하며 이들이 서로 수평적인 네트워크를 형성해 문제를 해결해 나간다. 기후변화에 대한 지구적 대응책을 만들어내기 위해 하나의 협의체를 만들고, 거기에 세계의 국가들과 유엔환경계획^{UNEP}과 같은 정부간기구, 그린피스와 같은 국제 NGO들이 참여하는 형식이다.

이와 같은 글로벌 거버넌스의 실현에 실제로 중요한 기능을 수행하고 있는 기관이 유엔이다. 유엔은 세계 대부분의 국가들의 연합으로 구성되어 있는 데다가 많은 국제비정부기구들과도 연계되어 있어 국가와 정부간기구, 국제비정부기구 사이에서 협의를 이루어내기에 매우 유리하다. 실제 유엔이 개최하는 환경회의나 사회개발회의 등 다양한 회의에는 국가뿐만 아니라 정부간기구, 국제 NGO, 기업 등 많은 비국가행위자들이 참여해 의견을 개진하고 문제해결의 방안을 제시하기도 한다. 이러한 과정을 통해 지구적 문제는 조금씩 해결 방안을 찾아나가는 것이다. 물론 비국가행위자들이 주요 문제에 대한 의사결정권이나 조약체결권을 가지고 있지는 않다. 이러한 권한은 여전히 국가에 있다. 하지만 비국가행위자들의 역할과 권한이 점차 증대되는 과정을 겪어왔고, 앞으로 이러한 경향은 계속될 것으로 보인다. 결국 비국가행위자의 수적 증가와 역할·권한의 증대 현상은 글로벌 거버넌스 강화, 달리 말하면 국가 역할의 감소로 이어진다고 보아야 할 것이다.

4. 국제기구

국제기구는 셋 이상의 정부 또는 비정부기구가 모여 이룬 것으로 공식적인 조직과 규정을 가지고 있는 조직체를 이른다. 두 개의 국가로 이루어진 조직체는 국제기구라고 부르긴 어렵고 양자 간 협력체라고 해야 할 것이다.[5] 국제기구는 통상 공식적인 조직으로 사무국을 가지고 있으며 조직운영을 위한 규칙과 절차, 의사결정 방식도 갖추고 있다. 국제기구는 세 가지 기준으로 구분할 수 있다. 첫째는 회원 자격에 의한 구분이다. 이 기준으로 구분하면 국제기구는 각국의 정부를 회원으로 하는 정부간기구와 비정부단체를 회원으로 하는 국제비정부기구로 나뉜다. 둘째는 기능의 범위에 의한 구분이다. 국제사회 전반의 문제를 다루는 일반 국제기구와 전문적인 부문만을 다루는 전문 국제기구가 있다. 셋째는 지역적 범위에 의한 구분이다. 세계 전체를 활동범위로 하는 세계적 국제기구와 일정 지역을 범주로 하는 지역 국제기구가 있다.

이상의 구분 기준 가운데 가장 의미 있으면서 일반적인 것이 회원 자격에 의한 구분이다. 국제기구들이 실제로 정부간기구와 국제비정부기구로 구분되어 서로 다른 역할을 수행해 왔고, 그러면서 국제문제에 대한 나름의 해결책을 제시해 왔다. 그러면서도 양자 사이의 협력은 증대되는 양상을 보이고 있다. 정부간기구의 주요 회의에 국제비정부기구가 참관자로 참여해 의견을 피력하거나 전문적인 조언을 하는 경우가 많다. 국가들만의 능력으로 해결하기 어려운 세계문제들이 점점 증가하면서 이러한 현상은 더 심화되고 있다. 이제는 국가와 비정부단체가 함께 회원으로 참여하는 혼합 국제기구HIO도 생겨나고 있다. 국제노동기구ILO: International Labor Organization 와 국제과학연합위원회ICSU: International Council of Scientific Unions, 국제항공운송협회IATA: International Air Transport Association가 대표적인 경우이다. 하지만 정부간기구와 국제비정부기구가 현대 국제정치에서 여전히 주요 기능을 수행하고 있기 때문에 이 둘을 중점적으로 설명한다.

---

5   유현석, 『국제정세의 이해』, 253쪽.

1) 정부간기구

정부간기구는 국제기구 가운데서 국가들을 구성원으로 하면서 국제사회의 주요 문제에 대한 해결방안을 논의하고 결정하는 조직체를 말한다. 유엔^{UN: United Nations}이 대표적인 정부간기구이다. 정부간기구의 기본적인 성격은 국가를 구성요소로 한다는 것이다. 이것이 국제기구라는 하나의 카테고리에 함께 있으면서도 국제비정부기구와는 구분되는 점이다. 유엔 이외에도 국제통화기금^{IMF}, 세계무역기구^{WTO}, 국제원자력기구^{IAEA}, 아시아태평양경제협력체^{APEC} 등 정부간기구는 무수히 많다. 국제비정부기구가 국제사회에 영향력을 발휘하기 전까지는 국제기구라고 하면 정부간기구를 말하는 것이었다. 하지만 1970년대 이후 국제 NGO들이 급속하게 증가하고 이들의 기능과 역할이 증대하면서 국제기구의 의미에 이들 국제비정부기구까지 포함된 것이다.

국제기구 가운데서도 국제정치의 주요 이슈 영역에서 중요한 기능을 수행하고 있는 정부간기구에 대해서는 국제법이 상당한 권리를 인정해 주고 있다.[6] 첫 번째 권리는 조약체결권이다. 정부간기구들은 다른 정부간기구나 국가들과 협의해서 필요한 경우 조약을 맺을 수 있는 것이다. 두 번째 권리는 외교권이다. 정부간기구의 대표를 선발해 국가 또는 다른 정부간기구에 파견·협의하여 국제문제 해결을 도모한다. 중동문제나 아프리카 내전을 중재하기 위해 파견되는 유엔의 특사는 유엔의 외교권 행사에 따른 것이다. 셋째는 특권과 면제이다. 정부간기구뿐만 아니라 기구의 직원들도 특권과 면제를 누린다. 정부간기구는 과세에서 면제되고 불가침 구역으로 인정된다. 직원들은 공식적 행동에 대해서는 소송으로부터 면제되고, 급여에 대해서는 과세가 면제된다. 넷째는 국제청구의 권리이다. 국가가 국제법상 의무를 위반하면서 정부간기구의 법익을 침해한 경우 국제적 청구를 할 수 있다. 물론 정부간기구가 위법행위를 한 경우에는 그에 따른 책임을 져야 한다.

정부간기구에서 만들어내는 결의안이나 권고안 등 주요 결정사항은 국제법상의 구속력을 가지는 것은 아니다. 다만 국가들이 모여서 만든 국제기구에서 나온 결정이기

---

6   같은 책, 228쪽.

때문에 회원국들은 이를 준수해야 한다는 도덕적·정치적 의무를 진다. 하지만 유엔의 경우는 좀 다르다. 유엔총회의 결의안은 회원국에 대한 권고의 수준이지만, 안전보장이사회의 결의안은 국제법과 같은 효력이 있다. 안보리 결의안은 국제평화를 유지하기 위한 것이고 유엔헌장도 이를 지키도록 하고 있으며 위반 시는 제재를 가할 수 있도록 하고 있다. 이와 같은 안보리 결의안을 제외하고는 대부분의 정부간기구의 결의안은 다른 정부간기구나 국가들에게 일정한 이슈에 대해 일정한 행동을 하도록 권장하는 정도의 효력만을 가진다.

(1) 국제연합

① UN의 성립 과정

유엔은 정부간기구의 대표적인 조직이다. 종전에는 국제기구라고 하면 유엔을 지칭하는 것으로 생각해 왔다. 그만큼 국제정치에서 중요한 역할을 해왔고, 여전히 세계적인 영향력을 가지고 있다. 유엔의 기원은 제1차 세계대전 직후 설립된 국제연맹 League of the Nations 이다. 국제연맹은 집단안전보장과 국제분쟁의 해결, 군비축소, 개방외교 등을 표방하며 1920년 설립되었다. 1920년대에는 소규모 국제분쟁을 해결하면서 국제평화에 상당한 기여를 했다. 하지만 1930년대 분쟁 규모가 커지면서 무기력한 모습으로 변화했다. 1931년 일본의 만주 침략, 1935년 이탈리아의 에티오피아 침공과 독일의 베르사유 조약 파기 선언 등을 막아내지 못하고 사후 제재도 제대로 하지 못했다. 이후 1933년 3월에는 일본이, 같은 해 10월에는 독일이, 1937년에는 이탈리아가 국제연맹을 탈퇴했고, 소련은 1939년 핀란드 침략 직후 국제연맹에서 제명되었다. 1939년 9월 독일의 폴란드 침공으로 제2차 세계대전이 발발하면서 국제연맹은 기능을 완전히 상실하게 되었고, 공식적으로는 1946년 4월 연맹의 마지막 총회에서 해체를 결의하면서 해체되었다.

20년도 제대로 기능하지 못하고 무너진 국제연맹을 대신해 설립된 것이 유엔이다. 제2차 세계대전의 와중에 1941년 8월 프랭클린 루스벨트 Franklin Delano Roosevelt 미국 대통령과 윈스턴 처칠 Winston Churchill 영국 총리가 세계대전 이후 체제를 논의하는 회담을 갖고 공동선언을 발표했다. 평화와 세계인의 복지 증진에 양국이 공동 노력한다는 내용이었다. 이것이 '대서양 헌장Atlantic Charter'으로 유엔의 이념적 바탕이 되었다. 1942년 1월에는 세계 26개국 대표들이 워싱턴에 모여 연합국 공동선언Declaration by United Nations을 발표했다. 내용은 대서양 헌장의 원칙을 재강조하는 것이었다. 국제연합United Nations이라는 용어가 이 회의에서 처음으로 사용되었다. 1943년 10월에는 미국과 영국, 소련 외교장관들이 모스크바에 모여 회담을 열고 결과를 발표했는데, 대전 이후 세계평화를 유지하기 위한 국제기구 설립이 필요하다는 내용이었다. 이것이 '모스크바 선언Moscow Declaration'이다.

1944년 8~10월 미국 워싱턴에 있는 신고전주의 양식의 대저택 덤버턴오크스Dumbarton Oaks에서 미국, 영국, 중국, 소련이 전후체제 정립을 위한 회담을 열었는데, 여기서 국제기구의 창설에 합의했다. 국제기구의 원칙과 구성 등을 담은 유엔헌장의 초안도 마련했다. 1945년 2월 미국, 영국, 소련 정상이 참가한 얄타회담Yalta Conference에서 안전보장이사회의 표결 방법 등 구체적인 문제가 정리되었다. 같은 해 4~6월 열린 샌프란시스코회의에서 유엔헌장이 채택되었고, 10월 24일 헌장 서명국 과반수가 비준함으로써 공식 출범했다.

② UN의 기능과 특성

유엔헌장에 명시된 유엔의 기능은 크게 다섯 가지이다. 첫째는 국제평화의 유지이다. 유엔의 설립 근거이면서 유엔의 역할 중 가장 중요한 부분이 전쟁을 방지하고 평화를 유지하는 기능이다. 둘째는 경제·사회적 개발 지원이다. 주로 개도국 국민의 복지 향상을 위해 경제적 능력의 향상과 완전고용의 실현 등을 지원하는 것도 유엔의 중요한 기능이다. 셋째는 인권의 증진이다. 국제적 협력을 통한 인권침해의 방지, 인권의 개선 등을 유엔은 그 설립의 목표로 설정해 놓고 있다. 넷째는 탈식민이다. 세계의 모든 시민이 식민 상태를 벗어나게 하는 데 기여하는 것도 유엔의 주요 기능 중 하나이다. 실제로 1945년 유엔 창설 이후 70여 개국이 독립을 성취하는 데 유엔이 중요한 역할을 수행했다. 다섯째는 국제법 발전에 대한 기여이다. 유엔은 국제분쟁을 국제법 원칙에 따라 해결한다는 원칙을 가지고 있고, 국제법의 장기적인 발전, 종국에는 국제법의 법전화도 목표로 하고 있다. 유엔은 이처럼 실질적인 부분부터 규범적인 부분까지 다양한 영역에서 그 기능을 수행하고 있다.

유엔은 냉전 당시에는 미국과 소련의 경쟁 때문에 자율적이고 주체적인 입장에서 위와 같은 다양한 기능을 하는 데 많은 제약을 받았다. 하지만 냉전 종식 이후 국제평화의 유지, 국제분쟁의 해결, 기아와 빈곤의 해결, 에이즈와 질병 관리 등 직접적으로 세계인의 복지 향상에 기여할 수 있는 부문을 중심으로 많은 영역에서 활동의 폭을 확장해 왔다. 특히 탈냉전 이후 가장 많이 늘어난 활동이 평화유지활동PKO: Peace-Keeping Operations이다. 유엔 창설 이후 1989년까지 PKO가 18번 있었는데, 1990년부터 2007년 말까지는 45번 있었다.[7] 동서의 분할구도가 와해되면서 1990년대 이후 아프리카와 중동, 동남아 등의 지역에서 분쟁이 증가했고, 미국과 소련이라는 이념적 리더들의 분쟁해결사 역할이 줄어들었기 때문에 유엔의 역할이 커진 것이다. 평화유지군은 파견지역에 직접적인 이해관계가 없는 국가들로 구성된다. 분쟁의 양측 당사자 모두가 동의할 때만 주둔하고, 경무장을 한 채로 분쟁의 당사자들이 다시 분쟁에 돌입하는 것을 저지하는 역할을 한다. 따라서 직접 공격을 당하는 경우를 제외하고는 공격에 참여하지 않는다. 최근에는 평화유지활동의 범위가 확대되어 선거감시와 인권침해 감시 등도 함께 진행되는 경우가 많다.

최근에는 아프리카의 종족 간 내전, 그에 따른 대규모 난민과 기아, 에이즈와 질병의 확산 등이 심각한 국제문제가 되고 있고, 기후변화와 인신매매, 마약거래의 확산도 지구 전체의 문제로 발전하고 있다. 그에 따라 유엔도 이러한 문제들에 대한 국제협력과 공동 해결방안을 모색하는 데 관심을 집중하고 있다.

유엔은 국가가 국제정치의 가장 중요한 행위자이며 실제 국제정치에서 가장 중요한 역할을 하는 것은 물리적 힘이라는 현실주의의 명제를 아주 잘 반영해서 구성되었다. 구체적으로 살펴보면, 첫째, 유엔의 회원국은 국가이다. 전쟁도 평화도 국가를 중심으로 이루어지고 이러한 문제는 국가를 중심으로 논의되어야 한다는 인식의 반영이다. 둘째, 강대국 중심의 조직 특성을 갖추고 있다. 가장 강력한 권한을 갖고 있는 안전보장이사회의 상임이사국은 제2차 세계대전의 전승국이면서 당시 세계의 가장 강력한 다섯 개 국가인 미국, 영국, 프랑스, 중국, 소련이 차지했다. 이들은 주요 안건

---

7   김열수, 「탈냉전 후 유엔 안보리의 위상변화: 군사력 사용을 중심으로」, ≪국제정치논총≫, Vol. 48, No. 1(2008), 350쪽.

의 진행을 아예 막을 수 있는 거부권^{veto}까지 가졌다. 이는 국제연맹의 실패를 반복하지 않기 위한 조치이기도 하다. 국제연맹에는 미국이 빠져 있었다. 미국은 의회의 비준 동의를 받지 못해 회원국이 되지 못했다. 최강대국이 빠진 국제연맹은 기능을 제대로 발휘할 수 없었다. 일본이나 독일 등 당시의 강대국들도 국제연맹에 매력을 느끼지 못했고 그 권위를 인정하지도 않았다. 이러한 국제연맹의 실패 뒤에 생겨난 유엔은 최강대국들을 유엔의 테두리 안에 묶어두고 이들이 합의하지 않은 일은 실행하지 않으면서 이들이 합의한 일은 강력하게 추진함으로써 그 권위를 확보하려 했다. 실제 힘의 분배 상태를 인정하고 강대국들에게 특권을 줄 때만 국제기구가 유지될 수 있고 구체적인 성과를 낼 수 있다는 생각이 반영된 것이다.

이러한 물리적 힘과 강대국 중심의 운영체계를 보완하기 위해 총회는 회원국 전체가 모여 모두 동등하게 한 표를 행사하는 방식으로 운영된다. 힘보다는 상호인정과 주권존중의 원칙을 반영한 것이다. 하지만 총회의 결의는 안전보장이사회에 일정한 사안에 대해 권고하거나 각국에 일정한 행위를 하도록 권장하는 정도의 능력밖에 없기 때문에 그 한계가 분명하다. 결국은 전체적인 운영방식이 현실주의 중심에서 벗어나지 않고 있는 것이다.

③ UN의 조직

국제연합은 6개의 주요 기관을 두고 있고, 그 산하에 여러 보조기관과 전문기구를 가지고 있다. 그리고 특별 기금과 프로그램 등도 운영하고 있다. 6개 주요 기관이 유엔의 핵심 역할을 하면서 세계정치와 각 국가에 직접적으로 영향을 미치기 때문에 그 역할과 운영체계를 좀 더 자세히 살펴볼 필요가 있다.

• 안전보장이사회 Security Council

안전보장이사회는 국제평화 유지의 책임을 지고 있는 유엔의 핵심 기관이다. 유엔의 기본적인 성격 가운데 하나가 집단안전보장체제 collective security system 를 갖추고 있다는 것인데, 이는 한 국가가 침략을 당하면 나머지 국가들이 공동으로 대응하는 시스템을 말한다. 이 집단안보체제를 작동하도록 하는 기관이 바로 안보리이다. 그래서 안보리는 평화를 해치는 국가에 대해서는 경제적 제재뿐만 아니라 군사적 제재도 가할 수 있는 권한을 가지고 있다. 국제평화 유지라는 중책이 주어져 있기 때문에 안보리의 결의는 강제성이 있다. 국제법상의 조약과 같은 효력을 가지고 있다. 이행을 하지 않으면 안보리가 나서서 제재를 가한다.

안보리는 두 그룹의 회원국으로 구성되어 있다. 5개의 상임이사국과 10개의 비상임이사국이다. 안보리 상임이사국은 미국과 영국, 프랑스, 중국, 러시아이다. 이 국가들은 안보리의 고정 회원국이면서 거부권을 가진다. 이 5개 강대국이 유엔에서 탈퇴하는 것을 막기 위해 거부권이 부여되었다. 거부권은 또한 특정한 강대국이 유엔을 자신의 이익을 위한 도구로 이용하는 것을 막는 역할도 하고 있다. 거부권 제도 때문에 전체 상임이사국이 동의할 때만 회원국을 구속하는 결정을 할 수 있다. 실제로 상임이사국 중 한 나라가 거부권을 행사함으로써 주요 의제에 대한 안보리의 논의가 더이상 진행되지 않는 경우가 종종 발생한다. 비상임이사국은 총회에서 선출되는데, 회원국들이 차례로 2년씩 안보리 비상임이사국을 맡는 방식으로 되어 있다. 관행적으로 아시아와 아프리카 5개국, 라틴아메리카 2개국, 동유럽 1개국, 서유럽과 기타 지역 2개국으로 비상임이사국을 구성한다. 안보리 의장국은 15개 이사국이 한 달씩 순번제로 맡는다.

- 사무국Secretariat 및 사무총장Secretary General

사무국은 국제연합의 사무를 관장하는 기관이다. 사무총장이 1명이고, 그 아래 사무차장이 30여 명, 직원은 1만 5,000여 명이다. 유엔사무총장은 유엔을 실질적으로 관장하면서 운영하는 직책이다. 그뿐만 아니라 사무총장은 국제분쟁의 실질적인 중재자 역할을 하기 때문에 현대의 국제정치에서 매우 중요한 위치를 차지하고 있다. 사무총장은 전체 상임이사국을 포함해 9개 이상의 안보리 이사국의 찬성을 받은 후보 가운데 총회에서 최다득표를 얻는 사람이 된다. 임기는 5년이고, 연임이 가능하다.

사무총장은 개인적인 특성에 따라 그 역할과 활동범위가 많이 달라진다. 노르웨이 출신의 초대 사무총장 트뤼그베 리Trygve Lie는 중재·조정 역할에 머물렀다. 반대로 스웨덴 출신의 2대 사무총장인 다그 함마르셸드Dag Hammarskjöld는 매우 적극적인 활동을 전개했다. 1956년 이집트의 수에즈운하 국유화에 대한 보복으로 영국, 프랑스, 이스라엘이 이집트를 침공하자 함마르셸드는 적극 개입해 정전을 요구하고 유엔군 파견을 결정했다. 실제로 유엔평화유지군을 처음으로 구성·파견해 분쟁 중지에 기여했다. 이때부터 유엔사무총장이 국제정치의 매우 중요한 행위자가 되었다.

3대 사무총장은 미얀마의 우 탄트 U Thant, 4대는 오스트리아의 쿠르트 발트하임 Kurt Waldheim, 5대는 페루의 하비에르 케야르 Javier Cuéllar, 6대는 이집트의 부트로스 부트로스 갈리 Boutros Boutros-Ghali, 7대는 가나의 코피 아난 Kofi Annan, 8대는 한국의 반기문이었고, 현재는 포르투갈의 안토니오 구테헤스 Antonio Guterres가 9대 사무총장을 맡고 있다.

● 총회 General Assembly

유엔총회는 공식적인 유엔의 최고의사결정기관이다. 핵심 권한은 예산권이다. 어떤 일에 어느 정도의 예산을 사용할지를 결정함으로써 유엔의 전반적인 운영을 통제하는 역할을 하고 있다. 총회는 유엔의 전체 회원국으로 구성되어 있다. 현재는 회원국이 193개국이다.[8] 주권평등의 원칙하에 각국이 한 표씩을 행사한다. 총회는 매년 9월 한 번씩 열리고, 안보리의 요구가 있거나 회원국 과반수가 요청하는 경우에도 개최된다. 국제연합이 관련되는 일이라면 어떤 문제도 토론할 수 있어 세계 각국의 공론의 장으로 활용되고 있다.

주요 문제는 출석 국가의 3분의 2 이상, 일반적인 문제는 과반수 찬성으로 의결한다. 다만 총회의 결정사항은 안보리나 각국에 일정한 행위를 하도록 권고하는 정도의 효력을 가지고 있을 뿐 강제력은 없다. 공식적으로는 총회가 최고의사결정기관이지만 이런 이유 때문에 안보리보다 실질적인 권한은 약하다. 다만 평화유지에 대한 책임과 의무를 가지고 있는 안보리가 거부권 때문에 제대로 기능하지 못하는 경우 총회가 평화문제를 논의하고 결정할 수 있다.

한국전쟁이 발생한 직후 안보리는 소련이 참석하지 않은 채 한국 원조를 권고하는 결의를 채택했다. 당시 소련은 중국(중화인민공화국)이 대만 대신 안보리 상임이사국이 되어야 한다면서 안보리에 참석하지 않았다. 하지만 1950년 8월 다시 안보리에 참여하면서 한국 관련 결의에 계속 제동을 걸었다. 그래서 유엔은 필요한 결의를 총회

---

8   193번째 유엔회원국은 남수단이다. 남수단은 수단과의 오랜 내전 끝에 2011년 7월 9일 독립을 이루어 같은 달 14일 유엔에 가입했다.

를 통해 만들어냈다. 1950년 11월에는 총회가 '평화를 위한 단결Uniting for Peace' 결의를 채택해 특별한 경우 총회가 평화문제를 다룰 수 있는 권한을 공식화했다. 총회가 결의하면 유엔회원국들은 평화 파괴 또는 침략행위가 발생하는 경우 무력까지 사용할 수 있게 된 것이다. 안보리가 평화에 관한 일차적인 책임을 지지만 총회도 평화에 관한 한 잔여책임residual responsibility이 있다는 논리가 이 결의의 근거가 되었다.

한편 소련은 '평화를 위한 단결' 결의가 국제평화를 강대국들의 합의로 유지해 나간다는 유엔의 설립취지에 위배된다면서 총회 채택 당시 이 결의를 수용하지 않았다. 하지만 1956년 수에즈전쟁 당시 소련은 이를 이용해 영국과 프랑스를 압박했다. 이집트가 수에즈운하를 국유화하자 수에즈운하를 운영하던 영국과 프랑스가 이스라엘을 앞세워 이집트를 무력 공격했다. 유엔 안보리가 이 문제를 논의했지만 영국과 프랑스의 거부권 행사로 안보리 차원의 대응책을 실행할 수 없었다. 이때 총회가 나서 양측에 휴전을 요구하는 결의를 채택했다. 영국과 프랑스가 이 요구를 받아들여 휴전이 성립하게 되었다. 소련은 이 결의를 본래 인정하지 않았지만 영국과 프랑스를 압박하는 데는 이 결의를 활용한 것이다.

- 경제사회이사회 Economic and Social Council

안보리가 정치문제를 다루는 핵심 기관이라면, 경제사회이사회는 정치 이외의 문제, 인간의 삶과 관련된 문제를 다루는 핵심 기관이다. 경제와 사회, 문화, 교육, 식량, 인권 등 다양한 문제가 경제사회이사회의 문제이다. 이와 같은 문제들에 대한 연구 작업을 진행해 보고하기도 하고, 관련 국제회의를 소집하기도 하고, 권고사항을 내기도 한다. 주요 사안에 대해서는 국제협약의 초안을 작성해 총회의 논의에 부치기도 한다.

유엔과 제휴·협력하면서 분야별 업무를 수행하는 정부간기구가 국제연합전문기구인데, 이들과의 협정을 체결하고 이들의 활동을 조정하는 역할도 경제사회이사회의 주요 업무이다. 현재는 16개의 유엔전문기구가 고유의 업무를 수행하면서 유엔과 협력관계를 유지하고 있다. 국제노동기구ILO, 유엔식량농업기구FAO, 유엔교육과학문화기구UNESCO, 세계보건기구WHO, 국제통화기금IMF, 국제부흥개발은행IBRD, 국제금융공사IFC, 국제개발협회IDA, 국제민간항공기구ICAO, 만국우편연합UPU, 국제해사기구IMO, 세계기상기구WMO, 국제전기통신연합ITU, 세계지적재산권기구WIPO, 국제농업개발기금

^{IFAD}, 유엔공업개발기구^{UNIDO} 등이 유엔전문기구이다.

경제사회이사회는 민간 차원의 의견도 수립해 관련 작업에 반영해 왔는데, 이를 위해 1968년부터 일정한 자격을 갖춘 NGO들에 협의 지위를 부여하고 있다. 유엔총회에서 선출되는 54개국이 경제사회이사회 이사국으로 활동하고 있다. 아프리카 14개국, 아시아 11개국, 중남미 10개국, 서유럽 및 기타 지역 13개국, 동유럽 6개국이 이사국으로 선출된다. 한국은 1992년, 1997년, 2000년에 이사국으로 선출되었다. 이사국의 임기는 3년이고 1회 연임이 가능하며, 매년 18개국이 바뀌게 되어 있다.

• 국제사법재판소 International Court of Justice

유엔의 사법기관으로 국제적인 분쟁을 법적으로 해결하는 역할을 한다. 국가들 간의 분쟁을 재판의 대상으로 하기 때문에 개인에 대해서는 관할권이 없다. 통상은 한쪽 당사자의 청구만으로는 재판이 성립하지 않고 양쪽 당사자가 모두 동의해야 재판이 시작된다. 국제사법재판소의 판결은 구속력이 있고, 판결을 이행하지 않을 경우에는 안전보장이사회가 그에 대한 적절한 조치를 취한다. 재판뿐만 아니라 총회의 요구가 있을 경우 일정한 분쟁에 대한 의견을 제시할 수도 있다. 재판관은 15명인데 국적이 모두 다르게 구성된다. 임기는 9년이며 연임도 가능하다. 재판소는 네덜란드 헤이그에 있는데 필요에 따라 다른 곳에서 재판을 할 수도 있다.

• 신탁통치이사회 Trusteeship Council

신탁통치에 관한 문제를 다루는 유엔의 기관이다. 하지만 현재는 신탁통치를 받는 지역이 없기 때문에 기능이 중단되어 있다. 유엔 창설 당시 신탁통치 지역은 11개였다. 1990년대까지 마지막 신탁통치 지역으로 태평양제도 Trust Territory of the Pacific Islands 가 남아 있었다. 하지만 1990년 12월 태평양제도 4개 섬 가운데 미크로네시아 Micronesia, 마셜제도 Marshall Islands, 북마리아나제도 Northern Mariana Islands 에 대한 신탁통치가 종료되었고, 팔라우 Palau 에 대한 신탁통치도 1994년 10월 끝났다. 따라서 신탁통치이사회의 활동도 1994년 11월 1일부로 중지되었다.

④ UN의 문제점

유엔의 여러 가지 문제점 가운데 첫 번째는 상비군의 부재이다. 그래서 전쟁에 개입할 경우 각국에 군대를 요청해 유엔군의 이름으로 전장에 파견한다. 유엔의 상비군이 아니기 때문에 각국이 개별적으로 전쟁에 참여하는 형태와 잘 구분이 되지 않는다. 강대국이 유엔의 깃발을 빌려 전쟁에 참여하는 경우도 있을 수 있다. 하지만 여러 차례 논의되었던 상비군의 설치 문제는 진전이 되지 않고 있다. 군을 유엔에 이양하는 것은 국가의 주권을 일부 양보하는 것이어서 우선 각국이 꺼린다. 상비군이 형성되었을 경우 강대국 중심으로 운영되고 있는 유엔의 속성상 국제정치의 흐름에 크게 영향을 줄 수 있는 유엔 상비군이 강대국의 국익에 봉사하는 역할을 하게 될 수도 있다. 이러한 국제사회의 우려 때문에 유엔 상비군의 설치는 아직은 요원한 문제로 남아 있다. 유엔은 이러한 문제에 대한 보완책으로 PKO(평화유지활동)를 위한 상시준비체제^{standby arrangement}를 갖추고 있다. 각국이 유엔의 요청에 따라 PKO에 참여할 수 있는 군대를 준비해 놓고 있도록 하는 제도이다. 현재 이 제도에 따라 PKO 활동이 이루어지고 있다. 하지만 PKO 상시준비체제는 분쟁의 중지와 확대방지에 제한되어 있고, 유엔의 요청 이후 실제 파견이 이루어질 때까지 국내적 절차가 필요하기 때문에 상비군에 비하면 여전히 효율성이 매우 낮은 체제이다.

유엔의 두 번째 문제는 안보리 개편 문제이다. 상임이사국의 숫자를 두고 벌이는 국가들 간의 경쟁이다. 유엔은 창설 이래 미국과 영국, 프랑스, 중국, 러시아 5개국에만 상임이사국의 자격을 주고 있다. 하지만 이에 대해서는 많은 논란이 제기되어 왔다. 창설 당시 51개국에 불과하던 유엔회원국이 193개국으로 크게 증가했고, 국제질서도 제2차 세계대전 직후와는 많이 달라졌기 때문에 안보리 구성도 달라져야 한다는 주장이 지속적으로 제기되어 온 것이다. 하지만 각국 또는 지역에 따라 입장을 달리하고 있어 해결점을 쉽게 찾지 못하고 있다. 안보리 개편과 관련한 입장은 크게 네 가지로 나누어진다.

첫째는 G4로 일컬어지는 일본, 독일, 인도, 브라질의 입장이다. 이들은 상임이사국을 확대해야 한다고 주장한다. 이들은 회원국이 증가한 만큼 상임이사국을 늘려야 한다고 주장하면서 스스로 상임이사국의 지위에 오르기 위해 다각적인 노력을 기울이고 있다. G4는 특히 아프리카, 남미, 동남아 등의 국가들을 상대로 로비활동을 지속적으로 벌이면서 유엔 개편의 여론을 형성하기 위해 노력하고 있다. 둘째, 상임이사국의 입장이다. 상임이사국 가운데 안보리 개편에 대해 분명한 의사를 표시하고 있는 나라는 미국과 중국이다. 미국과 중국은 특히 일본의 상임이사국 진출에 대해 명백히 엇갈리는 입장을 표시하고 있다. 미국은 찬성하지만 중국은 반대하고 있는 것이다.

셋째, 커피클럽의 입장이다. 커피클럽은 한국과 이탈리아, 스페인, 파키스탄, 아르헨티나 등 중견국가들의 모임이다. 이들 국가의 유엔 주재 대사들이 커피를 마시면서 비공식적인 모임을 가지면서 커피클럽이라는 이름이 붙여졌다. 이 국가들은 상임이사국 확대에 반대한다. 대신 비상임이사국의 확대를 주장한다. 이 나라들은 G4의 인접국가들로 G4의 영향력 확대에 불안감을 가지고 있다는 공통점이 있다. 커피클럽은 비공식적 모임에 그치지 않고 종종 대규모 회의도 개최하면서 점점 세력을 확장하고 있다. 넷째, 아프리카연합^AU^의 입장이다. G4나 커피클럽은 AU의 지지를 얻기 위해 노력하고 있지만 AU는 나름의 입장을 제시하고 있다. 아프리카에 상임이사국 2석을 배정해야 한다는 것이다. 아프리카 대륙에 많은 국가가 존재하는데도 상임이사국이 전혀 없는 구조에 대한 개편이 우선이라는 것이다. 안보리 개편은 상임이사국의 수를 규정해 놓고 있는 유엔헌장을 고쳐야 가능하다. 그러자면 총회에서 안보리 상임이사국 5개국을 포함해 전체 유엔 회원국의 3분의 2가 찬성해야 한다. 따라서 많은 논란에도 불구하고 실제로 개편이 이뤄지기는 매우 어려운 상황이라고 할 수 있다.

유엔의 세 번째 문제는 재정적자이다. 수입보다 항상 지출이 항상 많은 것이다. 유엔은 각국의 분담금으로 운영된다. 2020년 유엔의 정규예산은 31억 달러이다. 이를 각국이 나누어 부담하는데 미국이 22%로 가장 많고, 그다음이 중국 12%, 일본 8.6%, 독일 6.1%, 영국 4.6%, 프랑스 4.4% 순이다. 2018년까지 일본이 2위였지만, 2019년부터 중국이 2위로 올라섰다. 중국의 영향력 확대는 이런 부분에서도 확인된다고 할 수 있다. 한국은 2.3%로 11번째로 많은 분담금을 내고 있다. 북한은 0.006%로 132번째이다. 분담률은 국민소득과 외채 등을 고려해 18개국으로 구성된 분담금위원회가 산정하고 총회에서 최종 결정한다. 분담률은 3년마다 한 번씩 재평가해 변경된다. PKO 예산은 따로 마련하고 따로 운영한다. 역시 국가들이 분담한다. 세계적으로 분쟁이 증가하고 유엔의 평화유지활동이 증가하면서 PKO 예산은 통상 일반 예산을 상회한다.

유엔 재정적자의 가장 큰 원인은 분담금 체납이다. 각국이 분담금을 제때에 내지 않는 것이다. 가장 많은 분담금 부담을 안고 있는 미국이 통상 가장 많이 연체하고 있고, 경제력이 약한 많은 나라들도 분담금을 내지 못하고 있다. 체납액이 2년 분담금 총액을 초과하는 경우 총회 투표권이 박탈되는데, 2020년 1월 리비아와 중앙아프리카공화국, 감비아, 레소토, 예멘, 통가, 베네수엘라가 분담금을 못내 투표권을 잃었다.

⑤ UN의 미래

분쟁과 기아, 질병, 기후변화 등 지구적 문제의 증가에 따라 유엔의 기능과 역할은 점점 더 확대되고 있다. 국가마다 지역마다 요구가 다르고 이해가 차이 나지만 문제 해결의 길을 찾아가는 데 하나의 구심점은 필요하고, 유엔은 그러한 역할을 어느 정도 하고 있다. 그런 만큼 국제평화 유지와 산적한 지구문제의 해결을 위한 유엔의 역할을 부인하는 입장은 발견하기 힘들다. 다만 강대국과 약소국, 선진국과 후진국 사이의 알력은 계속되고 있는데, 이는 유엔의 역할 부인이라기보다는 더욱 자신에게 유리한 방향으로 유엔을 운영하기 위한 갈등과 알력이라고 할 수 있다.

유엔의 미래에 관련한 첫 번째 이슈는 실제로 전쟁을 막고 평화를 유지하는 역할을 해야 한다는 것이다. 유엔 창설 이후 유엔이 전쟁을 막는 데 실질적인 역할을 해왔는 지에 대해서는 의문이 많다. 유엔이 설립된 이후에도 한국전쟁, 베트남전쟁, 이란-이라크 전쟁 등 많은 전쟁이 발생했다. 국가들은 스스로의 판단에 따라 전쟁을 일으켰고, 이때 유엔은 어떤 기능도 하지 못했다. 또 국가들은 안보 확보를 위해서는 자신의 힘과 동맹을 신뢰하지 유엔에 의지하려는 생각을 먼저 하지는 않는다. 이는 유엔의 존재 기반과 직결된 문제이다. 획기적인 방안이 마련되기 힘든 것도 사실이지만, 유엔 설립의 본래 목적인 평화유지와 전쟁방지를 어떻게 이루어나갈 것인지에 대한 고민은 유엔이 끊임없이 해야 하는 상황이다.

유엔의 미래와 관련한 두 번째 이슈는 강대국-약소국, 선진국-후진국 사이의 갈등 해소이다. 강대국은 되도록 안보리의 권한을 강화하고 안보리 중심으로 유엔을 운영하려 하고, 약소국은 안보리보다는 총회의 권한을 강화하면서 총회를 통해 세계문제를 논하고 해결 방안도 찾고자 한다. 강대국은 총회에서 1국 1표주의를 적용해 분담금을 현저하게 적게 내는 나라도 똑같이 1표를 행사할 수 있게 하는 것은 문제라고 지적한다. 반면에 약소국은 총회의 결의도 반복되면 국제관습법의 효력을 얻을 수 있기 때문에 총회를 자신들의 의견을 피력하고 국제사회 여론을 환기시키면서 새로운 결의를 만들어내는 장으로 활용하고 있다. 선진국은 세계의 주도권을 행사하면서 유엔 분담금은 지금보다 점점 줄이려 하고, 후진국은 부담은 늘리지 않으면서 발언권은 강화하려 한다. 이러한 양자 간의 갈등을 어떻게 풀어내는지가 유엔의 지속적인 영향력 증대 여부를 결정하는 데 매우 중대한 문제가 아닐 수 없다.

미래 유엔의 성패를 좌우할 만한 세 번째 이슈는 인간안보의 문제이다. 국가가 국민을 외부의 침략으로부터 막아주는 것이 국가안보인 반면, 인간안보는 침략은 물론 기아, 질병, 공포 등 갖가지 고통으로부터 인간을 보호해 주는 것이다. 이는 한 국가가 나서서 해결하기 어렵다. 따라서 지구적 네트워크를 통해 해결 방안을 찾아야 한다. 유엔은 국가들을 회원으로 하면서 다양한 국제비정부기구들과의 협력관계도 유지하고 있기 때문에 인간안보를 확보하는 데 핵심적 역할을 할 수 있다. 이러한 과제를 얼마나 효율적으로 해낼 수 있느냐가 유엔의 미래 성장·발전 문제와 직결되어 있다.

유엔의 미래와 관련된 네 번째 이슈는 인도적 개입humanitarian intervention 의 문제이다. 인간안보와 직결된 문제이면서 앞으로도 계속 유엔의 고민거리가 될 만한 문제이다. 언제 어느 수준으로 유엔이 국내문제에 개입할 것인가 하는 문제이다. 이 문제에 대한 합리적인 결정과 실행이 담보될 때 유엔이 주요 문제 해결에 기여할 수 있을 것이고, 반대로 이에 대한 결정에 오류가 생길 때 국제적인 비난을 면치 못할 것이다. 유엔헌장 제2조 7항은 기본적으로 유엔은 국내문제에 간섭하지 말도록 규정하고 있다. 불간섭non-intervention 과 주권에 대한 상호인정mutual recognition 은 국제사회의 기초적인 원칙이기도 하다.

하지만 내전으로 인한 대량학살 또는 대량난민, 대규모 기아나 질병 등의 인도적 재난 상황에서는 유엔이 개입할 수 있을 것이다. 개입 시점과 관련해서는 2001년 '개입과 국가주권에 관한 국제위원회International Commission on Intervention and State Sovereignty'가 보고서를 통해 제시한 '보호의 책임responsibility to protect'이 개입의 판단 기준으로 활용되고 있다. 국가가 자국민에 대한 '보호의 책임'을 다하지 못할 때는 국제사회가 간섭할 수 있다는 것이다. 하지만 보호의 책임이 발동되는 순간에 대한 판단은 여전히 어려울 수밖에 없고 주권의 원칙, 불간섭의 원칙 또한 여전히 국제사회 운영의 주요 원리로 남아 있기 때문에, 유엔은 인도적 문제에 대한 해결 방안을 찾아가면서 인도적 개입에 대한 검토와 연구도 심화해 나가야 하는 상황에 처해 있다.

이러한 주요 이슈들을 유엔이 합리적으로 해결해 나간다면 유엔은 국제정치의 더욱더 중요한 행위자로서 그 역할을 확대해 나갈 것이다. 하지만 반대의 경우 유엔은 국제사회의 큰 논쟁의 가운데에서 스스로의 정체성을 확보하지 못한 채 역량의 축소를 경험할 수밖에 없을 것이다.

(2) 기타 정부간기구

유엔 이외에도 세계에는 다양한 정부간기구들이 존재한다. 국가 간의 경제협력을 위한 기구도 있고, 군사협력 또는 문화적 협력을 추진하는 기구도 있다. 또 이 모든 것을 아우르는 기구도 활동하고 있다. 경제, 군사, 문화 등 전 분야에 걸친 협력을 추구하는 기구로는 미주기구OAS: Organization of American States, 동남아국가연합ASEAN: Association of Southeast Asian Nations, 아프리카연합AU: African Union 등이 있다. 유럽연합EU: European Union은 당초 정부간기구로 출발했지만 지금은 정부들이 모여 협의하는 정부간기구의 단계를 넘어 스스로 정책을 결정하고 국가들을 규제하는 초국가적 연합체가 되었다.

경제협력개발기구OECD: Organization for Economic Cooperation and Development 와 아시아태평양경제협력체APEC: Asia-Pacific Economic Cooperation 는 경제적 협력을, 북대서양조약기구NATO: North Atlantic Treaty Organization 는 군사협력을 주로 추진하는 정부간기구들이다. OECD를 제외하고는 모두 지역협의체들이기 때문에 지역주의와 유럽연합을 다루는 제9장에서 자세히 설명하기로 한다.

경제협력개발기구는 회원국이 경제·사회 발전을 공동으로 추구하고 세계경제 문제에 공동으로 대처하기 위해 1961년 설립된 기구이다. 그 모태는 제2차 세계대전 직후 유럽의 경제부흥을 위해 만들어졌던 유럽경제협력기구OEEC 이다. OECD는 회원국의 경제성장과 금융안정, 다자주의와 비차별주의에 의한 무역의 확대, 개도국의 건전한 경제성장에 대한 기여 등을 설립 목적으로 하고 있다. 이를 위해 OECD는 경제정책과 무역, 에너지, 식량, 과학, 노동, 환경, 원조 등의 분야에서 회원국들의 협력을 추진하고, 관련 연구도 진행하고 있다. 당초 선진국을 중심으로 한 협력기구였으나 1990년대부터 중견국가들에게도 문호를 개방해 지금은 37개국으로 회원국이 확대되었다.[9]

2) 국제비정부기구

(1) 국제비정부기구란?

국제비정부기구International Nongovernmental Organization는 정부가 개입되지 않은 민간단체로, 일정한 목적을 실현하기 위해 국제적인 활동을 전개하는 단체를 말한다. 국제비정부기구가 국제정치에 중요한 행위자로 등장한 것이 오래된 일이 아닌데도 불구하고 최근 국제비정부기구는 실제 세계정치에 많은 영향을 미치고 있다. 국제비정부기구들은 개인들의 자발적인 의사에 의해 조직된 것이니만큼 그들 나름의 구성 목적을 가지고 있다. 그린피스Greenpeace는 세계 환경의 개선이라는 기본적 목표를 가지고 있고, 국제사면위원회Amnesty International는 세계 각국의 인권개선을 목적으로 만들어진 조직이다.

국제비정부기구는 인권과 빈곤퇴치, 아동보호 등 인도적 문제에 관여해 왔지만 이제 그 영역이 안보와 군축 문제로까지 확대되었다. 국제지뢰금지운동ICBL은 60개국 450여 개 단체로 구성된 국제비정부기구로 1997년 세계 60여 개국의 정부 대표들이 모여 대인지뢰의 사용과 비축, 이전을 금지하는 대인지뢰금지조약을 체결하도록 했는데, 이는 국제비정부기구가 안보·군축 문제에서도 의미 있는 성과를 낼 수 있음을 여실히 보여주는 것이었다.

이슈의 범위를 기준으로 구분해 본다면, 단일 이슈 국제비정부기구는 하나의 이슈를 집중적으로 다루는 단체이고, 복수 이슈 국제비정부기구는 빈곤과 인권, 환경, 평화 문제 등 다양한 이슈를 다루는 단체이다. ICBL은 지뢰금지라는 하나의 이슈에 집중하는 단일 이슈 국제비정부기구이고, 옥스팜은 빈곤에 처한 세계인을 구호하고 해양환경과 수자원을 보호하는 등 다양한 역할을 하는 복수 이슈 국제비정부기구이다. 현재 활동하는 대부분의 국제비정부기구는 복수 이슈 국제비정부기구에 속한다.

---

9   현재 OECD 회원국은 미국, 영국, 독일, 프랑스, 일본, 캐나다, 오스트리아, 벨기에, 덴마크, 그리스, 아이슬란드, 아일랜드, 이탈리아, 룩셈부르크, 네덜란드, 노르웨이, 포르투갈, 스페인, 스웨덴, 스위스, 터키, 핀란드, 오스트레일리아, 뉴질랜드, 멕시코, 체코, 헝가리, 폴란드, 한국, 슬로바키아가, 칠레, 에스토니아, 이스라엘, 슬로베니아 등이다. 한국은 1996년 가입했다.

활동의 근거지를 중심으로 관찰해 보면, 대부분의 국제비정부기구는 선진국을 활동의 근거지로 하고 있는 선진국 기반 국제비정부기구이고, 그 외에 개도국에 기반을 두고 활동하는 개도국 기반 국제비정부기구가 있다. 선진국의 엘리트들이 인도적인 문제에 대한 높은 인식을 바탕으로 국제비정부기구를 구성하고 활동하는 경우가 많기 때문에 기본적인 근거지도 선진국인 경우가 많다. 또한 활동을 위한 기금의 모금도 개도국보다는 선진국에서 용이하게 할 수 있기 때문에 활동의 근거지로 선진국을 택하고 있다. ICBL은 스위스 제네바에 본부를 두고 있고, 옥스팜은 영국 옥스퍼드에, 국제사면위원회는 영국 런던에, 생태계 파괴와 기후변화에 대한 대안 마련 운동을 전개하는 국제자연보호위원회 The Nature Conservancy 는 미국의 수도 워싱턴에 본부를 마련하고 있다. 반면에 일부 소수의 국제비정부기구는 개도국에 본부를 두고 개도국을 중심으로 활동하고 있다. 아프리카 여성들의 성기 절제 반대운동을 벌이는 토스탄 Tostan 이 대표적인 경우인데, 토스탄은 아프리카 세네갈의 수도 다카르 Dakar 에 본부를 두고 있다.

국제비정부기구는 어떤 목적을 가지고 국제사회 전반의 인식전환을 위한 캠페인을 벌이는 경우도 있지만, 구체적인 표적을 두고 운동을 전개하는 경우도 많다. 이 표적은 국가가 될 수도 있고, 정부간기구가 될 수도 있고, 다국적기업이 될 수도 있다. 국제사면위원회가 북한의 인권개선을 위해 활동하는 경우 북한이라는 국가가 그 표적이 되고, 국제빈민구호단체 옥스팜이 유엔을 향해 아프리카 빈민퇴치를 위해 더 많은 예산을 투입할 것을 요구하는 운동을 전개한다면 유엔이라는 정부간기구가 운동의 대상이 된다. 다국적기업도 국제비정부기구의 타깃이 될 수 있다. 그린피스가 거대 석유회사 셸 Shell 의 무차별한 석유개발에 반대하는 캠페인을 하는 경우 국제비정부기구의 운동 표적이 다국적기업이 되는 것이다. 이처럼 국제비정부기구의 타깃은 국가, 정부간기구, 다국적기업 등 국제정치의 행위자 대부분이 될 수 있다.

(2) 국제비정부기구와 국가

국제비정부기구는 국내적으로는 본부가 위치해 있는 나라의 법률 규정에 따라야 한다. 국내법의 테두리 안에서 활동할 수 있는 것이다. 북한과 같은 나라에서는 국제비정부기구가 허용되지 않고 있고, 중국과 같은 나라에서는 조금씩 활동이 증가하고 있는 양상을 보면 국가의 성격과 법률이 국제비정부기구의 활동을 규정하고 있음을 잘 알 수 있다. 국제법적으로도 국제비정부기구가 완전히 독립적인 국제법의 주체로 인정되지는 않는다. 하지만 국제비정부기구는 제한적인 범위에서 권리가 인정되고 있다. 유엔헌장 71조는 "경제사회이사회는 그 권한 내에 있는 사항에 관련된 민간단체와 협의하기 위해 적당한 협정을 할 수 있다"고 규정하고 있는데, 유엔이 일정한 자격을 갖춘 국제비정부기구와는 협의하고 협정까지 체결할 수 있도록 하고 있는 것이다. 국제사회에서 국제비정부기구의 기능이 확산되면서 권리도 일부 인정받게 된 것이다. 이렇게 유엔 경제사회이사회와 협의할 자격을 갖고 있는 NGO를 '국제연합 NGO'라고 부르는데, 현재는 세계적으로 5천여 개의 국제연합 NGO가 있다.

법률적으로는 권한이 많이 제약되어 있지만 정치적으로는 국제비정부기구들이 사실상 국가의 역할을 하는 경우까지 있다. 실패국가failed states의 경우가 그것이다. 기아나 질병, 내전, 대량학살 등으로 정부의 통치능력이 상실된 상태의 국가가 실패국가이다. 실패국가에서는 기본적인 치안을 유지하고 세금을 징수해 국민에게 공공재를 제공하는 적극적 주권의 행사를 기대하기 어렵다. 심한 경우는 외부로부터의 간섭과 개입을 받지 않는 소극적 주권의 행사도 어려운 경우가 있다.

이러한 실패국가의 경우는 국가가 국민의 복지는 물론 기본적인 보호기능도 수행하기 어렵기 때문에, 국제비정부기구가 활동 공간을 넓혀 국가가 해야 할 빈민구제, 교육, 의료 등의 사업을 대신한다. 대표적인 경우가 방글라데시이다. 방글라데시는 세계의 최빈국 가운데 하나로,[10] 정치, 경제, 사회, 문화 전 분야에 걸쳐 국가의 기능이 제대로 발휘되지 못하고 있다. 그래서 국제적인 NGO들이 매우 활발하게 활동하고 있다. 2만 개 이상의 국제 NGO가 방글라데시 전역에서 활동하고 있는 것으로 알려지고 있다.[11] 또 하나의 대표적인 실패국가인 소말리아에서도 국제비정부기구들이 빈민구호와 보건 활동을 활발하게 전개하면서 국가의 기능을 상당 부분 맡아서 하고 있다.

---

10 국제통화기금(IMF) 자료에 따르면, 2019년 방글라데시의 1인당 국내총생산GDP은 1,900달러로 세계 143위이다(https://www.imf.org/external/datamapper/NGDPDPC@WEO/OEMDC/ADVEC/WEOWORLD).

11 Karns and Mingst, *International Organizations: The Politics and Processes of Global Governance*, p.224.

이와는 좀 다른 측면에서 국제비정부기구는 국가의 영역에 지속적으로 간섭하고 개입하는 역할을 하기도 한다. 실패국가의 수준은 아니더라도 인권침해가 발생하거나 여성의 권리가 미약하거나 환경보호에 미흡한 국가에 대해 국제 NGO들은 지속적인 비판운동과 세계 여론에 대한 홍보 등을 통해 간섭한다. 이는 일정 부분 내정간섭의 측면이 있다. 하지만 내정간섭의 금지라는 국제정치의 원칙보다는 인권과 같은 인간 보편의 권리가 더 근본적이고, 우선적으로 보장되어야 하는 것이기 때문에 국제비정부기구들은 나름의 명분을 확보한 채 국가들을 향해 일정한 이슈를 중심으로 운동을 활발하게 전개하고 있다. 요컨대 국제비정부기구는 점점 활동영역을 확대하면서 주권국가에 대해 비판과 저항의 활동을 전개하면서 국가의 영역에 더욱 광범위하게 관여하는 현상이 증가하고 있는 것이다.

(3) 국제비정부기구와 구성주의

국제비정부기구의 활동을 그 성격에 따라 크게 나누면 인도적 활동과 옹호활동으로 나눌 수 있다. 인도적 활동은 빈민구제, 빈곤퇴치, 난민보호, 의료, 보건, 교육 등의 영역에서 직접적으로 도움이 필요한 지역과 주민들을 돕는 활동을 말한다. 옥스팜이나 국제적십자사, 국경없는의사회 MSF: Medecins Sans Frontieres, Doctors Without Borders 등은 인도적 활동을 주로 전개하고 있다. 옹호활동은 일정한 이슈에 대한 옹호 advocacy와 홍보, 인식전환의 운동을 지속적으로 전개하는 것을 말한다. 인권이 중요 이슈가 되어왔지만 여기에 머물지 않고 열대우림 보호, 동물보호, 지뢰금지, 평화, 군축, 기후변화 대책 마련, 세계화 반대 등으로 관심의 영역이 점점 더 확대되어 왔다. 최근에는 인도적 활동보다 옹호활동의 경향이 더 강해지고 옹호활동을 하는 국제 NGO가 더 많아지고 있다. 국제사면위원회를 비롯해 국제지뢰금지운동, 그린피스 등이 옹호활동을 주로 하는 국제비정부기구들이다.

옹호활동은 국제정치이론 가운데 구성주의와 관련이 깊다. 일정한 이슈에 대한 한 국가 또는 국제사회의 인식전환을 통해 원하는 바를 이루어내려는 활동은 국제정치가 물리적인 힘보다는 관념에 의해 운영된다는 기본적인 신념에서 출발한다. 지속적인 캠페인과 소통을 통해 상대의 생각을 바꾸어보겠다는 인식을 가지고 있는 것인데, 이는 국제관계에서 중요한 것은 물질적인 부분보다는 관념적인 부분이라는 구성주의의 명제를 따르는 것이다.

구성주의는 국가 간의 상호작용 속에서 형성되는 정체성identity과 이익interest이 국가의 행동과 국제관계의 성격을 결정한다고 간주한다. 또한 정체성과 이익은 공동의 규범shared norms에 의해 형성된다고 주장한다.[12] 규범은 "행위자들의 공동체가 적절한 행동에 대해서 공유하고 있는 기대"를 말한다.[13] 결국 규범의 공유야말로 정체성과 이익, 국가행동, 국제관계의 변화를 가져오는 중요한 요소가 되는 것이다. 규범이 국가의 정체성과 이익의 변화를 가져오고 이는 곧 행동의 변화로 이어지기 때문이다. 간단히 말하면, 어떤 나라가 인권을 존중하도록 하려면 인권존중이라는 규범을 그 나라가 갖도록 해야 하는 것이다. 환경보호나 군축도 마찬가지이다. 환경보호와 군축을 하나의 규범으로 인식하도록 하는 것이 그 나라가 환경보호와 군축을 행동으로 옮기도록 하는 데 가장 중요한 과정이 되는 것이다.

국제 NGO들은 이러한 규범의 형성을 위해 국제적 연대를 형성하면서 적극적으로 활동한다. 국제 NGO는 자원이 부족하기 때문에 명분에 호소해서 자신들이 원하는 것을 얻어내려 한다. 이런 형태의 정치를 '정체성 정치identity politics'라고 한다. 물질적 열세를 문화적 특수성으로 극복해서 본래 목적하던 바를 성취하려는 정치전략을 이르는 용어이다. 이 정체성 정치는 상대가 가진 관념의 변화를 표적으로 하고 있기 때문에 구성주의적 전략이라고 할 수 있다. 이러한 구성주의적 성격의 정체성 정치가 옹호활동을 펼치는 국제 NGO들의 기본적인 활동전략이라고 할 수 있다.

국제 NGO들의 활동을 구체적으로 분석해 보면, 국제 NGO는 국제적인 네트워크를 구성해 타깃이 되는 국가를 향해 국가의 이익을 재정의하게 하고 어떤 규범을 형성·지지하도록 하는 활동을 한다. "규범 선도자norm entrepreneur" 또는 "초국가적 도덕 선도자transnational moral entrepreneur"로서의 기능을 하는 것이다.[14] 국제 NGO가 환경보전을 하

---

12 Wendt, *Social Theory of International Politics*, pp.165~178.

13 Martha Finnemore, *National Interest in International Society*(Ithaca, New York: Cornell University Press, 1996), p.22.

14 Martha Finnemore and Kathryn Sikkink, "International Norm Dynamics and Political Change," *International Organization*, Vol.52, No.4(Autumn, 1998), pp.896~901.

나의 이슈로 설정하고 이를 지속적으로 강조하면 하나의 국가 또는 국제사회의 규범으로 발전할 수 있는 것이다. 케네스 러더퍼드Kenneth Rutherford는 1997년 대인지뢰금지조약 체결 당시 ICBL의 활동을 세밀히 탐구한 논문에서, ICBL이 지속적으로 대인지뢰의 위험성과 그로 인한 피해상을 대중매체를 통해 이슈화하면서 대인지뢰금지에 대한 국제사회의 공동이해가 형성되었고, 이것이 각국과 국제사회에 하나의 규범으로 정립되어 대인지뢰금지조약이 가능하게 되었다고 분석하고 있다.[15] 이 같은 군축 문제뿐만 아니라 대부분의 국제적 옹호활동은 '규범의 형성 - 정체성과 이익의 변화 - 행동의 변화'라는 3단계 변화 메커니즘에 대한 신념을 바탕으로 전개되는 것이라고 할 수 있다.

5. 다국적기업

다국적기업은 활동의 영역이 한 국가에 머무르지 않고 다수의 국가에서 상업적 거래를 하는 민간기업을 말한다. 초국적기업transnational corporation, 세계기업world enterprise이라고도 한다. 다국적기업은 모기업의 본부는 모국에 두면서 세계 곳곳에 자회사와 지사, 생산공장 등을 두고 생산과 판매활동을 전개한다. 다국적기업은 국경을 초월하면서 이윤을 추구한다는 기본적인 특성을 가지고 있다. 이러한 특성 때문에 어떤 한 국가의 기업으로 분류하기 어려운 점이 있다. 다국적기업이라는 이름은 국적이 여러 개라는 의미에 중점을 둔 것이고, 초국적기업이라고 부를 때는 일정한 국가에 속한다고 말하기 어렵다는 의미이다.

우리의 주변에서 쉽게 발견할 수 있는 스타벅스, 맥도널드, 코카콜라, 나이키, 삼성전자, 마이크로소프트, IBM, GM, 포드, 엑슨, 셸 등이 모두 다국적기업에 해당한다. 다국적기업의 효시는 1602년 네덜란드가 인도에 설립한 동인도회사이고, 현대적 의미의 다국적기업은 19세기부터 등장하기 시작했다. 제2차 세계대전 이후 세계무역과

---

15 Kenneth Rutherford, "The Evolving Arms Control Agenda: Implications of the Role of NGOs in Banning Antipersonnel Landmines," *World Politics*, Vol.53(2000).

국제투자가 증대하면서 빠른 속도로 발전해 1970년대 이후 국제정치의 주요 행위자로 주목을 받고 있다.

웬만한 약소국의 자산 규모를 초월하는 다국적기업의 등장과 이런 다국적기업의 증가는 주권 행사의 주체인 국가와 충돌하는 현상을 야기하고 있다. 이는 특히 개발도상국에서 두드러진 현상으로, 경제·사회정책의 구체적인 방향을 두고 국가와 다국적기업이 갈등 양상을 보이는 경우가 있다. 국가는 자국기업의 보호를 위해 규제를 확대하려 하고, 다국적기업은 자신의 활동영역과 이윤의 확대를 위해 규제의 축소와 해제를 요구한다. 다국적기업의 이러한 행위는 곧 국가의 자율성에 대한 간섭과 침해라고 할 수 있다. 더욱이 개도국의 경우 대부분 경제 총량의 확대를 우선적인 국가목표로 설정해 놓고 있고 다국적기업의 투자와 고용을 필요로 하기 때문에 이들의 요구를 수용하지 않을 수 없는 경우가 많다. 결국 국가의 선호와 정책에 대한 주요 의사결정을 국가가 아닌 다국적기업이 하는 경우가 많은 것이다. 이는 전통적인 국가주권의 독립성에 대한 변화를 의미하고, 또한 다국적기업의 지속적인 성장은 이러한 주권침해 현상의 확대를 의미하는 것이다. 그런 점에서 다국적기업은 다른 비국가행위자들과 마찬가지로 국가 중심의 현실주의 국제정치 관찰에 대한 성찰을 요구하고 있다.

때때로 다국적기업은 국가정책 결정뿐만 아니라 정권의 교체에도 관여한다. 미국의 다국적 통신기업 국제전신전화ITT: International Telephone & Telegraph가 대표적이다. 1973년 칠레의 대통령 살바도르 아옌데Salvador Allende는 자신의 사회주의의 신념에 따라 통신과 석탄, 철강, 구리 등 주요 산업 부문을 국유화했다. 미 중앙정보국CIA과 칠레 군부가 쿠데타를 추진했고, ITT는 이를 적극 도와 결국 아옌데 정권을 무너뜨렸다. 새로 들어선 피노체트 정권은 시카고학파 경제학자들을 등용해 경제개방을 표방하는 자유주의적인 정책을 채택했다. ITT는 결국 칠레의 정권을 바꾸고 스스로의 활동에 유리한 환경을 만드는 데 성공한 것이다. 이는 다국적기업이 스스로의 이익을 위해 주권과 국가 자율성을 침해하는 일에 얼마든지 나설 수 있음을 보여주는 대표적인 사례이다.

개도국에 대한 다국적기업의 개입 문제가 국제정치의 주요 이슈가 되면서 유엔이 나서서 이에 대한 대응방안을 마련하기도 했다. 1973년에 발표한 「세계적 개발 속에서의 다국적기업」, 이듬해 나온 「다국적기업의 발전과 국제관계에 미치는 영향」, 1986년에 발표한 '다국적기업 행동기준' 등이 그것들이다. 이들 유엔의 보고서와 원칙들은 개도국의 의사를 반영해 나오게 된 것으로, 다국적기업들이 개도국에서 국가주권을 침해하는 행위를 중지하고 근로자 권리 등 인권보호에 관심을 기울일 것을 촉구하고 있다. 특히 '다국적기업 행동기준'은 다국적기업의 국가주권과 각국 국내법 존중, 부패관행 근절을 요구하고 있다.

개도국뿐만 아니라 선진국에서도 다국적기업은 많은 이슈를 야기하고 있다. 선진국에서도 자국에 유리한 법률과 정책을 만들어내기 위해 다양한 형태로 정부와 의회 등에 로비를 하기도 하고 영향력을 행사하기도 한다. 선진국의 경우 개도국에 비해 영향을 받는 정도는 다르겠지만 여전히 일정 부분은 영향을 받고 있다고 보아야 할 것이다. 선진국도 국민의 복지 수요는 끊임없이 증대하고 있고 이를 위해서는 경제성장과 고용창출을 계속해야 하기 때문에 경제적 산출과 고용에 기여하는 다국적기업의 의사를 무시하기는 어렵다. 그래서 선진국의 정책형성 과정에서도 다국적기업이 행사하는 영향력은 결코 적지 않다고 할 수 있다. 예컨대 GM이 대규모 생산공장 증설 계획 단계에서 미국 정부에 감세를 강력하게 요구하는 경우, 미국 정부는 예정된 공장이 중국이나 베트남으로 가지 않고 미국 내에 건설되어 고용을 창출할 수 있도록 하기 위해 GM의 요구를 검토하지 않을 수 없는 것이다. 이와 같이 다국적기업은 개도국·선진국을 막론하고 국가정책에 영향을 미치면서 국제정치의 주요 행위자로 기능하고 있다.

이렇게 다국적기업은 많은 영향력을 가지고 다양한 사업을 펼치는 만큼 국제비정부기구의 주요 표적이 되어왔다. 국제비정부기구들은 일정한 기업의 상품에 대한 불매운동을 벌이기도 하고, 다국적기업으로 하여금 아동노동을 금지하도록 캠페인을 하기도 하고, 다국적기업의 활동을 규제하는 기준을 강화하기 위한 운동을 펼치기도 한다.

6. 기타 비국가행위자

정부간기구나 국제비정부기구 이외에도 현대 국제정치에서 중요한 행위자로 등장한 비국가행위자는 다양하다. 국제테러단체나 종교단체, 소수민족 정치단체 등이 그

'피의 다이아몬드' 불매운동

'피의 다이아몬드blood diamond'는 분쟁지역에서 전쟁이나 폭력에 대한 자금 지원을 목적으로 밀반출되는 다이아몬드를 말한다. 시에라리온의 반군단체 '통일혁명전선RUF'은 1991년부터 2002년까지 자신들의 무기 구입을 위해 이웃국가 라이베리아로 다이아몬드를 밀반출했다. RUF는 주민과 군인들을 동원해 강바닥을 훑는 방법으로 다이아몬드 원석을 채취해서 국제시장에 유통시켰다. 여기서 벌어들인 자금은 다시 내전에 쓰였다. 이처럼 사람들의 피와 땀으로 얻어지고, 다시 피를 부르는 내전에 이용되는 다이아몬드여서 '피의 다이아몬드'라는 이름이 붙었다. 2006년 개봉한 레오나르도 디카프리오 주연의 영화 〈블러드 다이아몬드〉는 시에라리온의 내전, 내전에 필요한 다이아몬드의 채취와 유통, 다이아몬드 채취작업에 동원되는 시에라리온 사람들의 고통과 시련을 담고 있다. RUF가 2002년 정부와 평화협정을 이루고, 비슷한 활동을 전개하던 앙골라의 반군단체 '앙골라완전독립민족동맹UNITA'도 역시 2002년 정부와 타협을 이루면서 '피의 다이아몬드'는 상당 부분 줄어들었다.

국제사면위원회 등 세계 인권단체들은 '피의 다이아몬드' 유통을 근절시키기 위해 다이아몬드 유통 다국적기업들을 상대로 캠페인을 벌여왔다. 반군의 다이아몬드를 아예 사지 말아야 한다는 운동이다. 불매운동은 전 세계 다이아몬드 원석 시장의 3분의 2를 장악하고 있는 드비어스De Beers로 하여금 2000년 7월 더 이상 분쟁지역의 다이아몬드를 사지 않겠다는 선언을 하도록 하는 성과를 냈다. 2003년에는 피의 다이아몬드 불법매매 근절을 위한 '킴벌리 협약The Kimberly Process'이 체결되기도 했다. 이 협약에 한국을 비롯해 70여 개국이 가입하고 있다. 하지만 아직까지 '피의 다이아몬드'는 정부기능이 마비에 가까운 짐바브웨 등의 나라에서 계속 밀반출되고 있다.

들이다. 이들 단체는 세계적으로 네트워크를 확장하고 자신의 목적 달성을 위해 활동하면서 국제정치의 흐름에 영향을 주고, 다른 국가와 다른 비국가행위자의 행동에도 다각적으로 영향을 주고 있다. 국제정치에 대한 관찰에서 이들의 행동을 주시하지 않을 수 없는 것이 이러한 이유 때문이다.

국제테러단체는 앞서 제4장에서 살펴본 대로 종교와 민족, 이념 등 다양한 이유 때문에 생겨난다. 이들이 현대의 국제정치에 심대한 영향을 주면서 중요한 행위자로 다루어지는 데에는 여러 가지 이유가 있다. 첫째는 최근의 테러가 지구적이라는 것이다. 국경과 경계가 없이 지구촌 곳곳에서 일어나고 있는 것이다. 둘째는 테러가 대규모이면서 치명적이라는 것이다. 과거에는 작은 규모의 경고성 테러가 많았지만 현대의 테러는 더 많은 사람을 죽임으로써 더 많은 사람들에게 공포감을 심어주는 형태로 바뀌었다. 셋째는 민간에 의한 테러의 경우 매우 다루기가 어렵다는 것이다. 국가가 아닌 민간인의 경우 정체를 확인하기 쉽지 않고, 따라서 협상도 전쟁도 모두 어려운 것이다. 넷째는 테러에 활용되는 수단이 매우 첨단화되었다는 것이다. 테러단체들은 현대문명을 그들의 전통을 해치는 위협으로 간주하면서도 현대문명의 이기들은 십분 활용하는 모습을 보이고 있다. 다섯째는 테러단체들의 협력관계 강화이다. 첨단통신을 통한 이들 사이의 유대와 협력의 강화는 테러단체들의 능력을 배가시키는 효과로 이어지고 있다.[16]

특정한 신념에 기반을 두고 조직된 테러단체들이 첨단의 정보통신기술까지 활용하면서 이들의 활동역량과 범위가 확대되고 있는 것이다. 특히 현대사회의 가치의 다양화 경향은 테러단체들의 활동공간을 넓히고 있다. 어떤 사람이 보기엔 테러리스트에 불과한 사람도 다른 사람에게는 자유의 수호자로 인식될 수 있다. 테러리스트들이 자신들의 신념을 선전할 수 있는 수단도 많다. 테러단체들은 유튜브 동영상을 통해 자신들의 주장을 홍보하기도 하고, 심지어는 무기 제조나 사용 방법을 설명하기도 한다.

테러단체는 스스로 지켜야 할 국민과 재산이 없다. 국가가 많은 국민과 국민의 재산을 보호해야 할 책임을 지고 있는 것과는 대조적이다. 따라서 테러단체가 은밀하게 감행하는 국가에 대한 테러에 대해, 공격의 대상이 될 만한 많은 국민과 재산을 가진 국가가 대응하기는 쉽지 않다.[17] 테러단체는 국가에 비하면 무장력도, 경제력도 모두 약하지만 가진 것이 없는 만큼 잃을 것이 없기 때문에 적대세력과 긴장관계를 형성하기도 하고 테러도 감행한다. 작은 세력이 큰 세력에 대해서 억지력을 발휘하는 비대칭 억지asymmetrical deterrence를 지속적으로 실현하면서 폭력적인 행위로 자신들이 목적하는 바를 이루려 하고 있는 것이다.

최근의 국제테러단체는 NGO로 위장하는 경우도 많아 국가들을 긴장시키고 있다. 9·11 테러 직후 미국은 테러단체와 관련이 있는 27개 단체에 대해 미국 내 자산 동결 조치를 발표했는데, 그 가운데 3개는 NGO로 위장한 사실상의 테러단체라고 밝혔다.[18] NGO로 위장하는 경우 사회 깊숙이 침투해 이들의 세력을 거부감 없이 확대할

---

16 Kegley and Blanton, *World Politics: Trend and Transformation*, p.205.

17 이상우, 『국제정치학강의』(박영사, 2005), 381~382쪽.

수 있다. 또 장기적인 준비를 거쳐서 결정적인 시기에 테러를 감행할 수 있기 때문에 더 많은 피해를 발생시킬 수 있다. 그러므로 이런 형태의 테러활동이 앞으로 국가들에게 점점 더 큰 위협으로 다가올 가능성이 있다. 요컨대 국제테러는 점점 더 정교해지고, 대규모화되는 성격을 가지고 있어, 국제정치에 대한 부정적 차원의 영향력도 점차 커질 것으로 보인다.

현재 세계적으로 알려진 국제테러단체로 2020년 3월 현재 미 국무부에 의해 테러단체로 지정되어 있는 단체만 해도 69개나 된다. 그 가운데에서 아프가니스탄, 파키스탄 등에서 활동하는 알카에다Al-Qaeda, 레바논의 헤즈볼라Hezbollah, Party of God, 팔레스타인의 하마스Hamas와 팔레스타인해방전선PLF: Palestine Liberation Front, 스페인의 '바스크 조국과 자유ETA: Euskadi Ta Askatasuna, Basque Fatherland and Liberty', 아일랜드와 영국에서 활동하는 CIRAContinuity Irish Republican Army, 스리랑카의 타밀엘람해방호랑이LTTE: Liberation Tigers of Tamil Eelam, 인도의 인도무자헤딘IM: Indian Mujahideen, 나이지리아의 보코하람Boko Haram 등이 대표적이다.[19]

종교단체는 본질상으로 구원과 행복을 추구하는 사람들의 모임이다. 그 속성상 인류의 협력과 화합에 기여하는 것이다. 많은 종교단체들이 실제로 그런 역할을 하고 있다. 전 세계적으로 200여 개의 종교단체들이 활동하고 있다. 하지만 이러한 종교단체가 분쟁과 갈등, 전쟁의 원인이 되는 경우도 많다. 긍정적인 방향이든 부정적인 방향이든 종교단체는 이렇게 국제정치에 많은 영향을 주고 있다. 특히 중세 십자군전쟁이나 17세기 30년전쟁과 같이 대규모 전쟁을 유발하는 경우도 있었기 때문에 종교단체의 움직임은 주목의 대상이 아닐 수 없다.

종교단체가 국제정치와 직접적으로 연관관계를 갖게 되는 것은 종교와 종교 사이에 분쟁이 발생하거나 종교집단과 정부 사이에 분쟁이 발생하는 경우이다. 분쟁과 연계되는 경우 종교단체는 과격종교운동단체radical religious movement 또는 전투적 종교운동단체militant religious movement가 되고 이들이 국제정치에 미치는 영향은 다방면에서 깊다. 이

---

18 유현석, 『국제정세의 이해』, 258쪽.

19 United States State Department, "Foreign Terrorist Organizations"(https://www. state.gov/foreign-terrorist-organizations/).

러한 과격종교운동단체들은 몇 가지 공통점이 있는데, 첫째는 정부를 불법적이고 타락한 존재로 간주한다. 정부가 종교적 권위를 인정하지 않는 것 자체를 불법적이고 부정한 것이라고 주장한다. 둘째, 사회 내부의 문제를 부각시키기 위해 정부의 무능을 비난한다. 심지어는 종교단체가 정부를 대신하는 경우도 있다. 이란의 경우는 종교가 정부보다 상위에 존재한다. 또한 지방 차원에서 종교가 지방정부를 대신하는 경우는 세계의 많은 곳에서 관찰된다. 셋째, 과격종교단체는 특별한 견해와 행동을 지지한다. 그러면서 이 견해와 행동을 정부가 지지하고 진작시켜야 하며 정부의 행위도 이 테두리 안에서 실행되어야 한다고 주장한다. 넷째, 이들은 자신들의 견해를 모든 사람이 공유해야 한다고 생각한다. 다섯째, 이들은 배타적이다. 다른 견해를 인정하지 않으며, 자신들의 견해를 따르지 않는 시민들에 대해서는 2등 시민으로 낙인찍는다. 여섯째, 과격종교단체는 전투적이다. 그들이 생각하는 목적을 성취하기 위해 폭력을 사용할 준비가 되어 있는 것이다.[20]

이와 같은 특징 가운데 특히 자신들의 신념이 보편적으로 인정되어야 한다는 보편주의는 과격종교단체로 하여금 그 활동영역을 지구 차원으로 확대하도록 만들고 있다. 과격종교단체들은 국경을 넘어서 같은 신념을 가지고 있는 세력들과 연계를 추진하고 또 연대를 강화하기 위해 이주하기도 한다. 반면에 다른 세력과는 경쟁과 갈등의 관계를 만들어내고 있다. 그래서 과격종교단체의 문제가 국제정치의 문제가 되는 것이다. 또한 다른 신념을 인정하지 않는 배타주의는 다른 종교단체나 정부에 대한 테러로 연결되어 심각한 국제문제를 야기하고 있다.

소수민족 정치단체는 역사와 언어, 문화를 공유하는 작은 민족의 정치결사체를 말하는데, 이 역시 지속적으로 국제문제의 주요 행위자로 기능하고 있다. 앞서 제4장에서 살펴본 민족분쟁의 당사자들이 이들인데, 이들은 민족주의로 결속되어 있으면서 독립적인 국가 건설을 주요 목표로 활동하고 있다. 세계적으로 284개의 소수민족이 존재하고 이들은 세계 전체 인구의 6분의 1을 차지하고 있다.[21] 팔레스타인과 티베트,

---

20 Richard H. Shultz, Jr. and William J. Olson, *Ethnic and Religious Conflict*(Washington, D.C.: National Strategy Information Center, 1994), pp.9~10.

21 Kegley and Blanton, *World Politics: Trend and Transformation*, p.195.

체첸 등이 세계에 잘 알려진 채 오랫동안 독립투쟁을 하고 있고, 그 밖에도 터키의 쿠르드족, 중국의 위구르족 등 수많은 소수민족이 존재한다.

　이들 소수민족이 구성하고 있는 소수민족 정치단체들은 그들의 요구가 특정 국가로부터의 독립이니만큼 분쟁의 요소가 매우 크다. 세계 여론을 향한 캠페인을 벌이든, 지배국가에 대한 테러를 벌이든 국제정치에 상당한 영향을 미친다. 경쟁국가들 사이에서 소수민족 정치단체를 두고 외교적 게임을 하는 경우도 종종 발생한다. 티베트를 두고 미국은 중국의 정책을 지원하기도 하고, 중국에 대한 견제의 필요성이 있을 때는 티베트의 지도자 달라이 라마 14세를 지원하기도 한다. 팔레스타인 독립을 둘러싸고 팔레스타인을 지원하는 중동 국가들과 이스라엘을 지원하는 미국이 갈등하는 양상은 오래전부터 중동과 세계정치에서 주요 문제로 다루어져 왔다. 따라서 소수민족 정치단체들은 그 자체로서보다는 주변국과의 연대, 그 속에서 발생하는 또 다른 주변국들의 갈등을 통해서 국제정치에 중요한 영향을 미치고 있다.

제3부

국제정치경제

제8장
세계화

1. 세계화란?

세계화globalization는 전 세계의 상호연계성이 확장되고 심화되고 가속화되는 현상을 말한다.[1] 쉽게 말하면 세계가 하나가 되어가는 과정을 이르는 것이다. 그래서 지구화라고도 한다. 실제로 지금의 세계는 하나로 연결되어 있다시피 하다. 미국 뉴욕 증시의 다우지수 하락이 바로 한국과 중국의 증시를 하락시키고, 중국 경제의 침체가 남미와 아프리카의 경제성장을 막는다. 키보드 하나면 수십만 달러를 지구 반대편으로 보낼 수도 있다. 코로나19가 2019년 12월 중국 우한武漢에서 발생해 두 달 만에 전 세계로 확산된 사례는 세계의 강화된 연결성, 국경이 약화되어 가는 현상을 여실히 보여주었다. 이렇게 지구 전체가 하나의 유기체와 같이 서로 연결성이 강화되는 현상이 세계화이다. 국가들 사이의 거래와 교류를 단순히 늘리는 것이 아니라 연계의 심도를 강화하는 것이다. 이런 측면을 모두 담아서 세계화를 정의한다면 "인간사회조직의 공간적 규모를 근본적으로 변화시키고 변형시키면서, 원거리에 있는 공동체를 연결시키고, 권력관계의 범위를 지역과 대륙 너머로 확장시키는 역사적 과정"이라고 할 수 있다.[2]

---

1   Baylis, Smith and Owens, *The Globalization of World Politics: An Introduction to International Relations*, 8th edition, p.19

이러한 정의가 주목하는 점은 두 가지이다. 하나는 시공간의 압축이다. 세계화라고 하는 것은 지구상에 멀리 떨어져 존재하는 국가나 지역, 인간들이 서로 밀접하게 연관되도록 해준다는 것이다. 또 하나는 탈영토성이다. 집단과 집단, 개인과 개인 사이의 쟁투와 경쟁, 협력 등 다양한 권력관계가 한 국가에 머물지 않고 다른 대륙의 다른 국가에서 살아가는 행위자들 사이에 발생한다는 것이다. 다시 말해 지구 도처의 행위자들 사이에 상호 연관관계가 장소와 시간의 제약 없이 상시적으로 발생하는 현상이 세계화인 것이다. 그래서 앤서니 기든스^{Anthony Giddens}도 세계화를 "지역 상호 간의 사회적 관계가 세계적으로 확대·심화되어, 이 지역에서 발생하는 일이 다른 지역의 일을 구성하고, 그 지역의 일에 의해 이쪽 지역의 일이 구성되는 현상"이라고 정의한다.[3]

현재의 세계화 현상이 범위가 광대하고 정도가 심화되어 있지만, 이러한 현상은 1960년대 이후 본격화되었다. 정보기술의 급속한 발달과 국제교역, 금융거래의 빠른 증가에 따라 현재와 같은 세계화의 모습이 나타나게 된 것이다. 현재의 세계화 현상은 세계 역사상의 연원을 따지자면 이전에 발생했던 두 차례의 세계화 현상에 이어서 나타난 세 번째의 것이다. 첫 번째 세계화는 '발견의 시대'라고 부르는 1450년에서 1850년 사이에 있었다. 당시의 세계화는 유럽의 정복과 팽창에 따른 것이었다. 두 번째 세계화는 1850년에서 1914년 사이에 관찰되는데, 이때의 세계화는 유럽의 제국들이 그 영역을 확장하면서 나타났다.[4] 이러한 과정을 거쳐 1960년대 이후 세 번째 세계화의 물결이 전 세계적으로 펼쳐지고 있는 것이다.

미국의 저명한 언론인 토머스 프리드먼^{Thomas Friedman}은 조금 더 구체적으로 세계화의 세대를 구분한다. 그에 따르면 콜럼버스가 신대륙을 발견한 1492년부터 1800년 무렵까지가 세계화 1.0세대이다. 구대륙과 신대륙이 연결되어 상호작용을 하는 시기이다. 1800년 무렵부터 2000년 무렵까지는 세계화 2.0세대이다. 이 시기에는 다국적기업이 발달하면서 세계화의 주도적인 역할을 했다. 2000년 이후 진행 중인 세계화는

---

2   같은 책, 19쪽.

3   Anthony Giddens, *The Consequences of Modernity*(Stanford: Stanford University Press, 1990), p. 64.

4   Baylis, Smith and Owens, *The Globalization of World Politics: An Introduction to International Relations*, 8th edition, p. 26

세계화 3.0세대로, 급속하게 발달한 정보기술의 영향으로 세계의 모든 지역과 모든 영역에서 장벽이 없어지고 세계가 좁아지면서 단일화되는 특징을 분명하게 보이고 있다.[5]

그렇다면 세계화의 구체적인 모습은 무엇일까? 세계화는 매우 포괄적인 용어여서 다양한 의미를 내포하고 있다. 그런데 실제로 세계화 현상을 좀 더 자세히 관찰하면 여러 가지 세부적인 모습으로 나타난다. 다음 네 가지 현상들이 모두 세계화의 단면들이고, 이러한 현상이 합쳐져서 전체적 의미의 세계화를 구성한다.[6] 첫째는 공간적 연결성의 확대이다. 아프리카 수단에서 내전이 일어나면 영국으로 들어가는 이민과 난민이 늘어나고, 캐나다 정부가 제약회사에 환경부담금을 부과시키면 에이즈 치료약이 비싸져 남아프리카공화국 에이즈 환자들의 부담이 늘어난다. 이렇게 세계의 각 국가들, 그 속의 다양한 행위자들 사이에는 점점 공간적 연결성이 확대되고 세계는 점점 좁아지고 있다. 둘째는 상호영향의 신속성이다. 1929년 대공황이 미국에서 시작되었을 때, 이것이 유럽과 세계로 퍼지는 데는 몇 주의 시간이 걸렸다. 하지만 지금은 미국 증시의 폭락은 실시간으로 세계 각국에 영향을 준다. 정보뿐만 아니라 자본과 상품, 사람의 이동이 과거와는 비교할 수 없이 빨라졌기 때문에 이것들이 주는 영향 또한 빠를 수밖에 없는 것이다.

셋째는 상호연관성의 심화이다. 국가 간의 연결 범위가 넓어지고, 연결의 속도가 빨라졌을 뿐만 아니라 연결의 정도가 심해진 것이다. 세계적인 자유무역의 확산은 우리가 먹고 입는 것 대부분을 중국산, 베트남산, 인도네시아산 등이 차지하도록 만들었다. 우리 생활 깊숙한 곳까지 세계 각국이 들어와 일상의 세밀한 부분까지 영향을 미치고 있는 것이다. 넷째는 전(全) 세계주의globalism의 확산이다. 위에서 언급한 공간의 확대와 연결의 신속성, 연관관계의 심화는 결국 세계인으로 하여금 국가의 경계를 넘어서 지구 전체를 하나의 공동체로 인식하도록 만들고 있다. 이것이 전 세계주의 또는 전 세계성globality 이 확산되는 현상이다. 국내적인 것이 곧바로 세계적인 것이 되기

---

5   토머스 프리드먼, 『세계는 평평하다』, 김상철 외 옮김(창해, 2005), 21~23쪽.

6   세계화의 네 가지 세부적 현상에 대해서는 Baylis, Smith and Owens, *The Globalization of World Politics: An Introduction to International Relations*, 8th edition, pp. 23~29를 참조·보완했다.

도 하고, 세계적인 것이 곧 국내적인 것이 되기도 하는 환경에서 세계 각국과 국제정치의 주요 행위자들은 세계를 하나의 공유된 사회적 공간으로 인식하게 된 것이다.

조금 다른 측면에서 보면, 세계화가 어느 정도 진척되었나를 측정해 보기 위해서는 세 가지를 관찰해 보아야 한다. 첫째는 개방·openness 이다. 무역, 금융, 공산품과 농산품 등 시장의 개방 정도가 높으면 세계화가 많이 진척되었다고 평가하는 것이다. 둘째는 이동·flow 이다. 상품과 사람, 자본의 이동이 얼마나 자유롭게 이루어질 수 있는지를 보면 세계화 정도를 알 수 있는 것이다. 셋째는 수렴·convergence 이다. 경제·무역에 관한 제도와 관습, 이념이 세계적으로 얼마나 유사해졌는지, 세계의 문화적인 현상은 또 얼마나 비슷한지, 국가들의 사회적인 조직이나 행태는 얼마나 조화롭게 나타나는지 등을 보면 세계화의 정도를 파악할 수 있는 것이다. 요컨대 개방과 이동, 수렴이 그 정도가 더 심할수록 세계화는 진척된 것이고, 그 반대의 경우는 세계화가 덜 진행된 것이된다.

이러한 성격을 가지고 있는 세계화는 국제화·internationalization, 지역화·regionalization 와는 구분된다. 국제화는 국가 사이의 상호의존관계가 증진되는 것을 말한다. 국가 간의 경계가 그대로 남아 있는 상태에서 교류, 거래, 협력이 증가하고, 그를 통한 상호 간의 의존관계가 확대·심화되는 현상을 국제화라고 하는 것이다. 국내적인 것과 국제적인 것의 구분이 약해지고 국경의 의미가 퇴색하는 세계화와는 구별된다. 지역화는 지리적으로 인접한 국가들끼리 상호연관성을 강화하면서 통합으로 나아가는 현상을 말한다. 대표적인 것이 유럽연합·European Union 이다. 미국과 캐나다, 멕시코도 북미자유무역협정·NAFTA 으로 경제적인 지역화를 이루고 있다. 이처럼 세계의 주요 지역이 내부적인 통합을 추진하는 지역화의 모습을 보이면서 동시에 이러한 지역 블록 사이에서는 교역과 금융거래가 더욱 활성화되고 있어 세계화의 모습을 보여주고 있다. 따라서 지금의 세계는 인접국가 사이에서는 지역화, 세계 전체적으로는 세계화 현상이라는 특징을 갖고 있다고 할 수 있다.

2. 세계화의 다양한 양상

세계화는 경제, 정치, 사회, 문화 등 다양한 영역에서 다양한 모습으로 관찰되고 있다. 우선 우리 주변에서 쉽게 볼 수 있는 것이 경제적 측면의 세계화이다. 세계의 모든 나라들은 다른 나라와 무역을 하면서 살아간다. 정도의 차이는 있지만 다른 나라와 교역을 하지 않는 나라는 없다. 심지어 북한과 같은 나라도 중국, 일본, 유럽의 각국과 거래를 한다. 세계 어디에서나 쉽고 간편하게 송금하고 투자할 수 있을 만큼 금융거래에서도 세계화 현상은 뚜렷하게 나타난다. 실제로 전 지구적으로 매일 5조 달러가 세계외환시장에서 거래되고 있다.[7] 다국적기업들은 생산과 판매를 한 나라에서 하는 것이 아니라 세계 곳곳을 이동하면서 확대하고 있다. 삼성 TV는 중국에서도 생산되고 베트남에서도 만들어진다. 생산원가를 절감할 수 있다면 더 후진국으로 생산공장을 옮길 수도 있다. 수출은 아프리카, 중앙아시아, 남미 등 세계를 상대로 한다. 생산과 판매에서도 세계화 현상이 확대되어 온 것이다. 경제 전반에 걸쳐서 지구가 하나가 되는 현상은 이미 세계적 조류가 되었고 그 정도는 더욱 심화되고 있다.

문화적인 면에서의 세계화도 급속하게 진행되어 왔다. 주로 서구 선진국의 문화가 세계 전체로 확산되는 현상이다. 세계적인 방송통신매체와 인터넷의 발달은 문화의 세계화에 큰 역할을 하고 있다. 이러한 매체를 통해 서구 선진국의 문화가 세계 곳곳에 시차 없이 전달됨으로써 전 세계가 유사한 문화적 기호와 취향을 갖게 되는 것이다. 빠른 속도로 지구 전체에 확산되는 문화의 중심에는 미국이 있다. 미국의 영화, 드라마, 각종 방송 프로그램, 미술, 음악 등이 세계 구석구석까지 확산됨으로써 한국이나 남미, 아프리카에서도 미국의 범죄수사드라마 〈CSI〉를 수많은 사람이 시청하고 있고, 할리우드에서 개봉하는 영화는 곧바로 전 세계의 주목을 받는다. 그럼으로써 미국적인 것은 세계인 것이고 세계적인 것은 미국적인 것이라는 인식이 세계인의 의식 속에 확산되고 있다.

이와 같이 미국의 문화가 세계 도처의 일상생활 깊숙이 침투하게 된 데에는 몇가지

---

7   Baylis, Smith and Owens, *The Globalization of World Politics: An Introduction to International Relations*, 8th edition, p. 20

원인이 있다.[8] 첫째는 미국의 경제적인 힘이다. 막강한 경제력으로 소비자들이 관심을 가질 만한 콘텐츠를 만들어내는 것이다. 또한 충분히 구매력이 있는 국내시장에서 일정 정도 성장해 세계로 진출함으로써 홍보와 가격 등에서 매우 유리한 조건을 가지고 지구촌 곳곳을 공략할 수 있다. 둘째, 국가적 지원이다. 미국은 세계무역기구WTO를 통해 세계 전반의 무역규제를 낮출 뿐만 아니라 각국과의 개별적인 자유무역협정을 통해 미국의 문화상품들이 세계 각국에 자유롭게 진출할 수 있도록 하고 있다.

셋째는 다양한 부문의 시너지 효과이다. 한국과 타이완에 미국이 미치고 있는 정치, 경제, 군사적인 영향은 미국의 영화와 각종 캐릭터, 방송 콘텐츠를 수출하는 데 매우 유리한 토대를 제공한다. 또한 미국의 첨단 디지털 기술은 애니메이션를 만드는데 직접적으로 활용된다. 이처럼 군사, IT, 문화 등이 어우러져 시너지 효과를 내면서 미국 문화는 세계를 자신의 시장으로 삼고 있다. 넷째는 철저한 상품화이다. 소비자의 기호 파악과 그에 근거한 상품개발이 소비자들을 끌어당기는 매력으로 연결되어 미국의 문화는 그 영역을 점점 확산해 왔다. 다섯째는 영어제국주의이다. 영어는 세계의 공용어가 된 지 오래고, 그런 영어로 만들어지는 문화 콘텐츠는 그만큼 판로가 넓을 수밖에 없다. 여섯째는 미국의 개척정신이다. 새로운 시도를 두려워하지 않는 개척정신이 창의적인 것을 요구하는 문화의 영역에서 잘 발휘되어 인기 있는 상품을 많이 만들어내고 있는 것이다. 미국에 대한 세계적인 비난과 경계의 현상이 있는 것도 사실이지만, 미국은 이러한 나름의 특성을 바탕으로 문화적 세계화에 주도적 역할을 하고 있다.

지구의 수많은 사람들이 자연스럽게 이동할 수 있게 된 것은 사회적 측면의 세계화이다. 2015년 통계를 보면, 세계적으로 6백만 명이 다른 나라로 이주했고, 2억 5천 8백만 명이 이주노동 등을 위해 자기 나라가 아닌 다른 나라에서 일시 거주했다. 2017년에는 세계적으로 여행자가 13억 명에 이르렀다.[9] 이제 지구에서 다른 문화권과 접촉하지 않으면서 홀로 생활하는 민족이나 집단은 찾기 어렵다. 이러한 지구인의 잦은 이

---

8 강준만, 『세계문화전쟁』(인물과사상사, 2010), 29쪽.
9 *Baylis, Smith and Owens, The Globalization of World Politics: An Introduction to International Relations*, 8th edition, p.22

동은 일정한 지역과 지역을 연결시키면서 정보를 전하고, 문화를 교류하도록 하는 역할을 한다. 그러나 많은 인구의 잦은 이동은 코로나19와 같은 바이러스의 확산 등 부정적인 측면도 있다. 신자유주의적 정책에 따라 노동시장의 자유화로 인한 노동자들의 지위 약화 등도 사회적 측면의 세계화이다. 지구적 교류와 상호작용의 증가, 그에 따른 파생문제의 확산에 따라 비정부기구들의 역할과 비중이 이전보다 증대된 것도 사회적 측면의 세계화라고 할 수 있다. 이러한 현상은 다른 면으로 보면 국가의 권위 약화와 관련되어 정치적 측면의 세계화와도 직접 연결되어 있다.

정치적 측면의 세계화 현상은 주로 부정적인 모습으로 나타난다. 테러의 세계적 확산이 대표적이다. 반미적인 이슬람 근본주의 테러단체들은 미국뿐만 아니라 영국, 터키, 이라크 등 세계 곳곳에서 테러를 감행한다. 테러의 세계적 확산은 이들 사이의 통신과 정보공유가 쉬워지면서 가능하게 되었다. 테러단체들은 이제 웬만한 무기는 어렵지 않게 구입할 수 있고, 심지어 핵무기와 생화학무기, 미사일 등 대량살상무기도 확보하려 하고 있다. 테러가 세계로 확산되고 테러단체는 점점 강해지고 있는 것이다. 이처럼 세계화는 경제와 문화, 사회, 정치 등 다양한 영역에서 다각적인 모습으로 나타나면서 우리의 생활에 직접적으로 영향을 주고 있다.

3. 세계화의 동인

1) 정보기술 혁신

세계화를 가능하게 한 첫 번째 동인은 정보기술의 발달이다. 통신이 발달하면서 나라와 나라 사이의 거리가 좁아졌고, 그러면서 다양한 상호작용이 발생하고, 결국 상호연결성이 심화된 것이다. 초기에는 전화와 팩시밀리가 통신혁명을 이끌었지만 이제는 이를 훨씬 뛰어넘는 통신기술이 나타나고 있다. 승객 한 사람의 1마일당 항공요금을 따져보면, 1930년에 0.68달러였는데 60년 후인 1990년에는 0.11달러로 떨어졌다. 6분의 1도 안 되는 값으로 내려간 것이다. 그런데 통신요금은 이보다 훨씬 급격하게 떨어졌다. 런던과 뉴욕 사이 3분간 전화요금이 1930년 244.65달러에서 1990년

3.32달러로, 무려 74분의 1로 하락한 것이다.[10] 더욱이 최근에는 인터넷을 이용하면 무료로 국제전화를 할 수도 있다.

이러한 통신기술, 특히 인터넷의 발달은 세계화의 일등공신이라고 할 만하다. 2018년 말 통계로 세계인구 76억 5천만 명 가운데 인터넷을 이용하는 사람은 약 39억 명으로 전체의 절반이 넘었다.[11] 인터넷 이용자는 점점 증가한다. 구글Google과 페이스북Facebook 등 세계적인 IT업체들은 드론drone(무인기) 업체를 인수해 인터넷 확대에 나서고 있다. 아프리카나 남미의 저개발국들은 통신망이 부족해 인터넷을 확대하지 못하고 있는데, 무인기를 공중에 띄워 중계기 역할을 하도록 하려는 것이다. 이렇게 되면 세계 인터넷 사용 인구는 훨씬 늘어나게 된다.

인터넷이 세계화에 획기적으로 기여한 첫 번째 원인은 정보전달의 신속성이다. 한국에서 누군가가 자신의 홈페이지에 정보를 올리면 아프리카 가나에서 곧바로 이를 볼 수 있고, 유익하고 값진 정보를 이메일에 실어 보내면 바로 수만 킬로미터 밖의 다른 나라에서 확인할 수 있다. 이러한 신속성은 지구를 매우 작은 공동체로 만들어 그야말로 지구촌global village이라는 말이 실감나도록 해주었다. 인터넷이 세계화에 기여한 두 번째 원인은 인터넷 정보의 무차별 확산성이다. 인터넷은 시간과 장소의 구별 없이 세계를 연결한다는 기본적인 성격 때문에 여기에 실려진 정보는 무차별적으로 확산되는 성격을 갖게 된다. 인터넷은 자발적 정보확산 욕구를 가진 네티즌들의 공간이기 때문에 한 번 실린 정보는 끊임없이 이동하면서 세계 구석구석에 전달된다. 인터넷이 세계화에 기여한 세 번째 원인은 무대가성이다. 웬만한 인터넷 정보는 대가를 바라지 않는다. 누구나 접속만으로 이용할 수 있다. 주요 국제기구, 유명 대학, 유명 연구소, 유명 블로거 등이 많은 정보를 대가 없이 제공한다. 인터넷은 이러한 훌륭한 정보를 무료로 전달하는 기능을 하고 있고, 이러한 기능은 세계화에 매우 효과적으로 기여해 왔다.

---

10 Jeffrey Frankel, "Globalization of the Economy," in Robert J. Art and Robert Jervis(eds.), *International Politics: Enduring Concepts and Contemporary Issues*, 9th edition(New York: Pearson Longman, 2009), pp.303~304.

11 "인터넷 이용자, 전 세계 인구 절반 넘었다", ≪한겨레≫, 2019년 1월 2일 자.

이처럼 IT 기술의 혁명은 세계화와 바로 직결되어 있다고 할 만큼 세계화를 촉진하는 데 결정적인 역할을 해왔고, 여전히 혁신을 거듭하고 있는 기술이 어느 정도까지 세계화의 폭과 깊이를 더해줄지 아직은 누구도 예상하기 힘들 정도이다. 이러한 성격의 정보기술은 국제정치에서 새로운 현상을 만들어내고, 경제와 정치, 사회 등 전반적인 분야에 걸쳐 새로운 제도를 형성해 왔다. 그래서 정보기술은 '무국경의 세계 borderless world'를 가져온 초국가적 동력의 대명사가 되었다.[12]

2) 신자유주의

신자유주의는 세계시장에서 자본과 상품의 이동에 대한 국가의 규제를 최소화해야 한다는 주장이다. 이렇게 할 때 자유로운 거래에 따라 국가들의 이익이 최대화되고 그 결과로 각국의 국민복지도 향상될 수 있다고 보는 것이다. 이러한 주장은 무역과 금융거래를 자유화하고 세계화를 촉진하는 데 논리적 기반을 제공해 왔다. 원래 자유주의는 18세기 애덤 스미스Adam Smith가 제창한 경제운영의 원리로, 수요와 공급을 인위적으로 조정하지 말고 '보이지 않는 손invisible hand'에 맡기자는 주장이다. 그렇게 하면 다수의 수요자와 다수의 생산자가 스스로의 이익을 극대화하려는 노력을 하게 되고, 그 결과 자연스럽게 가격이 형성된다는 것이다. 이렇게 형성된 가격이 수요자와 생산자 모두를 만족하게 하고 안정성이 있으며, 그에 따라 사회 전체에도 가장 많은 이익을 가져다준다는 생각이다.

애덤 스미스의 고전적 자유주의가 국가운영에 초점을 맞춘 것이라면 신자유주의는 세계시장의 운영원리에 방점을 둔다. 그래서 '신新' 자가 붙었다. 세계무역도 국가들이 무역을 규제하거나 장려할 필요 없이 국제시장의 수요자와 공급자에 맡겨두면 자연스럽게 가격도 형성되고 교역도 활성화된다는 것이다. 또 그렇게 할 때 수요자도 공급자도 모두 만족할 수 있어서 세계시장이 안정된다는 것이다. 신자유주의를 지지하는 주요 기관들은 특히 미국의 수도 워싱턴에 모여 있다. 국제통화기금IMF, 세계은

---

12 김상배, 「정보화와 세계정치」, 한국정치학회 엮음, 『정치학이해의 길잡이: 국제정치경제와 새로운 영역』(법문사, 2008), 335쪽.

행 World Bank, IBRD과 같은 국제금융기관뿐만 아니라 미국기업연구소^AEI, 헤리티지재단 ^Heritage Foundation 등의 연구기관들도 워싱턴에 자리를 잡고 있으면서 신자유주의의 확산을 위한 활동을 전개하고 있다. 그래서 신자유주의를 '워싱턴 컨센서스^Washington Consensus' 라고 칭하기도 한다.

신자유주의는 1970년대 미국을 중심으로 확산되어 지금은 세계의 많은 나라들이 이 이론을 바탕으로 한 정책을 추진하고 있다. 1970년대는 세계적 경제불황의 시기였다. 이 불황의 원인을 국가의 간섭과 규제에서 찾으면서 신자유주의가 등장한 것이다. 경제적인 거래 상황은 이미 세계화되었는데, 국가는 이를 제대로 인지하지 못하고 무역과 국내 거래에 대한 다양한 규제를 유지하려다가 불황을 맞게 되었다는 것이 신자유주의자들의 주장이다.

미국이 대공황을 맞는 1929년 이전까지는 자유주의에 대한 신뢰가 높았다. 하지만 대공황으로 자유주의는 신뢰를 잃고 케인스주의^Keynesianism, 즉 수정자본주의가 등장한다. 케인스주의는 시장을 보이지 않는 손에 맡겨두면 안 되고 국가가 나서서 규제와 조정을 해야 한다는 논리이다. 고용의 경우도 국가의 규제가 없는 상태에서도 수요와 공급의 원리에 따라 자연스럽게 완전고용으로 가게 되어 있다는 것이 자유주의이지만, 케인스주의는 완전고용은 쉽게 이루어지지 않는다고 보았다. 그래서 국가가 나서서 국민소득을 증대시키고 수요를 창출해서 실업을 감소시켜야 한다고 주장했다. 대공황을 계기로 강해진 노동운동과 사회주의 세력이 케인스주의를 지원했고, 그 바람에 제2차 세계대전 후 서구의 많은 나라들은 케인스주의를 경제운영의 원리로 채택했다. 그러다가 1970년대 세계적 불황을 맞으면서 케인스주의는 다시 나타나는 자유주의, 즉 신자유주의의 공격대상이 되었고, 이때부터 신자유주의가 세계적인 경제사조로 자리를 잡게 되었다.

이 신자유주의는 세계시장에 대한 국가의 간섭과 규제를 최소화해야 한다는 주장으로 세계화에 크게 기여하면서 여전히 세계경제의 흐름을 주도하고 있다. 그러면서 신자유주의는 국내정책의 측면에서도 지속적인 자유주의적 조치를 주장하고 있다. 국가의 복지지출 축소, 소극적인 통화정책, 공기업의 민영화, 노동시장의 유연화 등이 신자유주의적 조치들이다. 또 이러한 국내정책은 자유로운 국제교역과 국제투자를 활성화하는 효과로 연결된다. 결국은 무역규제도 줄이고 국내시장도 지속적으로 자유화함으로써 신자유주의는 세계화에 적극 공헌해 온 것이다.

3) 국제규범

정보통신 기술이 세계화에 물리적 토대를 제공하고 있다면, 세계의 각국들이 만들어내는 규범들은 세계화에 정치적 기반의 역할을 하고 있다. 실제로 세계무역을 자유화하는 데 '관세 및 무역에 관한 일반협정GATT: General Agreement on Tariffs and Trade'과 세계무역기구WTO: World Trade Organization 같은 국제규범들이 많은 역할을 해왔다. 제2차 세계대전 후 세계무역질서를 규정하기 위해 1948년 체결된 GATT는 수출입 제한은 줄이고 관세를 낮추는 데 주요 기능을 수행했다. GATT를 대체하면서 1995년 출범한 WTO는 무역장벽을 더욱 낮추어 세계화를 촉진하는 역할을 해왔다. 특히 WTO는 공산품과 농수산물뿐만 아니라 교육과 의료 등 각종 서비스 산업의 개방도 규정하고 있어 상품과 용역, 인력의 자유로운 이동을 활성화해 왔다. 또한 GATT는 갖지 못했던 관세인하요구권과 반덤핑규제권, 무역분쟁조정권을 갖게 되어 강제력을 가진 상태로 각국의 자유무역을 촉진하고 있다. 이러한 WTO의 권한은 각국의 법률과 제도, 관행을 변화시키는 역할까지 하고 있고, 164개국이 가입하고 있어 WTO는 그 어떤 기관이나 규범보다 세계무역의 자유화에 큰 영향력을 발휘하고 있다.

WTO가 세계무역의 자유화에 규범적으로 많은 기여를 했다면 경제협력개발기구 OECD: Organization for Economic Cooperation and Development는 무역자유화와 함께 국내 경제질서의 자유화에 많은 역할을 해왔다. OECD 회원국은 경제자유화 계획을 제시하고 실행해야 한다. 투자와 자본이동을 자유화하고 국내적 규제를 지속적으로 개혁해야 하는 것이다. 이러한 과정을 통해서 OECD는 국제무역과 투자, 자본·기술 이동의 자유화에 많은 역할을 해왔다. 이 밖에 지역 차원의 국제기구나 협의체, 예를 들면 EU, APEC, ASEAN 등도 지역 차원에서 통상과 금융, 인적·문화적 교류를 자유화하는 규범을 발전시킴으로써 전체적으로는 세계화의 큰 흐름에 기여하는 기능을 수행해 왔다. 이처럼 세계화 시대에 국가들이 협상을 통해 만들어내는 국제규범은 국가들의 규제를 풀고 시장은 열고 민간의 영역은 확장하는 방향을 지향하기 때문에 세계화의 중요한 동인으로 작용하고 있다.

4. 세계화와 국가주권

세계화는 베스트팔렌 체제 이후 국제정치의 주요 행위자로 역할을 해왔던 주권국가의 위상에 많은 변화를 가져왔다. 첨단 정보기술에 바탕을 둔 세계화 현상이 주권국가의 권위와 입지를 손상시키는 양상을 보이고 있는 것이다. 전통적인 주권국가는 영토와 국민, 주권을 기반으로 국제정치에서 중요한 행위자로 역할을 해왔다. 그런데 정보기술의 발달에 의한 세계화는 다양한 측면에서 국가의 주권을 침식하고 있다.

첫째, 세계화는 국가의 영토주권을 손상시켰다. 상품, 자본, 인력이 영토의 경계 없이 자유롭게 이동하는 현상은 분명한 영토적 경계를 무의미하게 만들었고, 주권국가의 입지를 약화시켰다. 또한 영토적 기반이 없는 행위자들의 행위가 국가의 치안과 안보를 위협하는 상황이 되어 영토성이 갖는 의미를 약화시켰다. 세계의 수많은 해커들은 주요 국가의 중요기관들을 공격해 위기상황에 빠뜨리기도 하고, 테러단체들도 자유롭게 국경을 넘나들며 국가에 대한 공격을 감행하고 있다. 이와 같은 비대칭 전쟁asymmetric war은 국제정치에서 비국가행위자의 비중을 높이고 상대적으로 국가의 권위를 떨어뜨리는 역할을 하고 있다.

둘째, 세계화는 화폐와 조세에 관한 국가의 권한을 약화시켰다. 전통적 주권국가 체제하에서는 국가가 화폐를 발행하고 그 화폐로만 거래하도록 되어 있었고, 국경 내의 거래에 대해서는 일정한 과세를 함으로써 통제도 하고 재정수입도 거둘 수 있었다. 하지만 인터넷 상거래의 발달은 이런 부분에 대한 전반적인 통제를 어렵게 하고 있다.

셋째, 세계화는 정부정책의 효과를 감소시켰다. 상품과 자본, 인력의 국경을 초월한 자유로운 이동이 국가들이 필요에 따라 운영하는 산업과 물가·환율에 대한 정책을 제대로 작동하지 못하도록 하고 있다. 국내산업의 진작을 위해 기업의 법인세를 낮추어 주면 기업은 여유자금으로 임금이 낮은 저개발국에 공장을 세워 산업진흥책의 효과를 크게 떨어뜨린다. 수출 확대를 위해 환율을 인상하는 정책을 쓰는 경우 초국적 투자자본이 통화를 대량으로 사들여 위기를 초래하기도 한다. 그만큼 국가의 정책적 자율성이 떨어진 것이다.

넷째, 세계화는 국가가 가진 정보 자체에 대한 통제권도 약화시켰다. 경제와 외교,

치안, 국방 등에 관한 국가의 정보는 국익 차원에서 국가들이 주의 깊게 관리하고 있다. 하지만 정보기술의 확산과 고도화는 이러한 비밀정보에 대한 국가의 통제권도 위협하고 있다. 국가가 가진 이러한 정보에 다양한 방법으로 접근해 이를 확산함으로써 국가의 정보통제권에 심대한 손상을 입히는 경우가 자주 발생하고 있다.

다섯째, 세계화는 비국가행위자의 활성화로 국가의 전반적 기능을 약화시켰다. 세계화 시대에 NGO와 기업, 개인 등의 행위자들이 국제적인 네트워크를 강화하며 스스로의 역량을 확대해 나가면서 국가의 기능이 과거에 비해 약화된 것이다. 이들 비국가행위자는 여론의 형성과 정책의 수립, 집행 과정에 깊숙이 개입함으로써 실제로 국가의 기능을 위축시키고 있다. 특히 경제와 복지, 환경, 문화 등 인간의 삶과 직결된 문제에 관한 정책 결정에서는 비국가행위자들의 영향력이 점점 증대하고 있다.

여섯째, 세계화는 국가의 국민에 대한 통치권도 약화시켰다. 지구가 작아지고, 쉽게 이동할 수 있고, 지구 어디서든 신속하게 거래가 가능한 환경에서 국가의 국민에 대한 통치권도 그만큼 약화된 것이다. 기업들도 하나의 국가에 머물지 않고 자회사와 공장을 세계 곳곳에 분산시키고 있고, 이러한 시대를 사는 세계인들은 지구 전체를 하나의 생활권으로 간주하면서 스스로의 판단에 따라 자유롭게 움직인다. 수익이 많고 세금이 낮은 곳을 찾아 이민을 하는 것도 서슴지 않는다. 다른 나라로 일시 출국해 아이를 낳고 새로 태어난 아이에게 그 나라 시민권을 얻게 하는 경우도 비일비재하다. 이러한 국민의 변화된 특성 때문에 현대국가의 국민에 대한 통치와 통제의 권한과 능력은 과거에 비해 훨씬 약할 수밖에 없다.

국가의 영토적 경계는 모호해졌고, 화폐와 조세에 대한 국가권한도 약화되었고, 국가정책은 효과를 내기가 어렵게 되었으며, 국가정보의 통제 자체도 어려운 상황이 되었고, 비국가행위자의 활성화는 국가기능을 더욱 위축시키고 있으며, 국민들이 국가보다는 지구를 하나의 생활공간으로 인식하면서 국민에 대한 통치권도 그만큼 약해진 것이다. 국가의 주권은 대외적으로는 국가의 독립성을 의미하고, 대내적으로는 그 국가의 영토와 국민에 대한 완전한 통치권을 말한다. 세계화는 위에 언급한 다양한 작용을 통해 국가의 영토와 국민에 대한 완전한 통치권에 심한 침식작용을 일으키고 있다. 그만큼 국가주권은 손상되고 있는 것이다.

5. 세계화의 그늘

1) 글로벌 불균형과 양극화

세계화는 지구적인 교역과 거래를 더욱 활성화시키는 현상이고, 이러한 현상을 지지하는 쪽은 세계화가 전체적인 세계의 부를 증가시켜 결국은 개개인의 복지를 증진시킨다고 주장한다. 대외교역과 외국인 투자에 대한 개방을 통해 개도국도 경제성장을 이루게 된다는 것이 세계화론자들의 설명이다. 실제로 세계화로 세계 전체의 부는 커졌다. 문제는 경제의 성장이 고르지 못하다는 것이다. 세계화는 선진국은 더욱 부유하게 만들면서 저개발국가들은 더욱 가난에 허덕이게 해왔다. 물론 예외가 있다. 한국, 타이완, 싱가포르 같은 나라들이다. 브라질과 인도도 최근에 많은 발전을 이루고 있다. 하지만 이러한 경우를 제외하고 대부분의 저개발국가들은 빈곤의 굴레에서 벗어나지 못하고 있다.

실제로 미국은 전 세계 인구의 5%밖에 되지 않지만 자원의 소비로 보면 전 세계 소비의 30%를 차지하고 있고, 세계 온실가스 배출량의 25%도 미국에서 나온다. 반면에 세계 인구의 25%는 여전히 최저 생활의 수준에 머물고 있다. 8억 명가량은 식량부족으로 굶주림에 시달리고 있다. 전 세계가 생산하는 부의 총량과 식량의 총량은 세계인 모두를 먹여 살리고 남는다. 유엔식량농업기구^{FAO}가 추산한 바에 따르면 세계의 식량생산량은 세계의 모든 사람에게 하루 3,600kcal를 공급할 수 있는 규모이다.[13] 유엔이 권장하는 하루 최소 식량섭취량이 2,400kcal이니까 이보다 1,200kcal씩을 더 공급할 수 있는 양이다. 그런데도 굶주리는 사람이 그토록 많은 것은 경제성장이 모든 지역에서 균등하게 이루어지지 않기 때문이다.

이렇게 선진국의 부는 확대되고 저개발국은 빈곤으로 고통받는 글로벌 불균형이 발생하는 것은 상품의 교역과 금융거래의 자유화가 선진국에 더 많은 이익을 가져다주기 때문이다. 미국과 같은 선진국은 이미 산업기술이 선진화되어 있고 자본도 많

---

13 John Baylis, Steve Smith and Patricia Owens, *The Globalization of World Politics: An Introduction to International Relations*, 5th edition(New York: Oxford University Press, 2011), p.472.

다. 그만큼 좋은 상품을 싸게 만들 수 있는 조건을 갖추고 있는 것이다. 이런 환경에서 모든 나라가 자국시장을 열게 되면, 상품의 품질이나 가격 면에서 경쟁력이 있는 선진국은 더 많은 상품을 팔게 되고, 후진국은 품질이 떨어지고 비싼 자국의 상품을 팔지 못할뿐더러 선진국에 자국의 시장까지 내주게 된다. 이런 구조 때문에 세계시장을 자유화하는 것은 우선은 선진국에 유리한 것이다. 이러한 구조 속에서 경제발전을 이룬 일부 개도국은 선진국이 관심을 두지 않고 있는 노동집약적 상품을 집중적으로 생산해 수출하고 자본을 축적해 기술집약적 상품에 대한 투자도 함으로써 가난을 벗어나게 되었다. 하지만 이런 경우는 흔하지 않다는 것이 문제이다.

세계화는 선진국과 개도국의 불균형을 초래할 뿐만 아니라 국내적으로도 빈부의 격차를 심화시킨다는 데 문제가 있다. 이동과 거래가 자유로운 세계화 시대에 능력 있는 기업과 개인은 세계를 무대로 활동할 수 있다. 국내정책의 자유화는 이미 능력을 확보하고 있는 자에게는 더 많은 기회를 제공한다. 기반이 부족한 상태로 새로운 기회를 찾으려는 자에게는 자유화된 여건보다는 정책적인 배려가 필요하지만 세계화는 그런 것을 되도록 허용하지 않으려 한다. 그래서 부의 양극화가 발생하는 것이다. 잘사는 사람은 더욱 잘살게 되고, 하층민은 실업과 사회적 불평등을 벗어날 기회를 마련하기도 어려울뿐더러 이들을 위한 사회적 안전망도 약하다. 한스페터 마르틴 Hans-Peter Martin과 하랄트 슈만 Harald Schumann이 지적하는 20 대 80의 사회는 그런 문제를 지적하는 것이다. 세계화 시대에 신자유주의 정책이 지속적으로 실행됨으로써 20%의 능력 있는 사람들은 잘살지만 나머지 80%의 사람들은 고용도, 복지도 보장되지 않은 상태에서 어렵게 생활한다는 것이다.[14]

이러한 경제적 양극화는 정치적 불안으로 연결된다. 경제적 약자들은 노조를 통해 힘을 결집하고 이를 통해 정치적 욕구를 내세우게 된다. 임금의 인상과 복지의 확대, 나아가 시장개방과 같은 신자유주의적인 정부정책의 수정을 요구하게 되는 것이다. 개도국 정부는 세계화와 신자유주의 정책으로 외국자본을 끌어들이고 경제성장을 이루려는 욕구를 가지고 있기 때문에 여기에 쉽게 응할 수가 없다. 그렇게 되면 노동자와

14　한스 페터 마르틴·하랄트 슈만, 『세계화의 덫』, 강수돌 옮김(영림카디널, 2003). 특히 제1장 '20 대 80의 사회'를 참조했다.

정부 사이에 대결이 심화되고 결국은 정치적 위기와 혼란 상황을 맞게 될 수도 있다.

　어쨌든 글로벌 불균형과 국내적 양극화의 문제는 세계화가 진행될수록 개도국과 개도국 국민들의 경제·사회적 안정을 위협한다는 점에서 심각한 세계의 문제가 아닐 수 없다. 그러면서도 이 문제는 그에 대한 근본적인 해결의 길을 찾기가 어렵고, 따라서 세계화에 대한 커다란 도전으로 여전히 남아 있다.

2) 세계화의 또 다른 그늘

　세계화 시대에 글로벌 불균형 못지않게 개도국에 위협이 되는 것이 초국가적 투기자본이다. 세계를 상대로 신속하게 이동하면서 단기간의 이윤을 추구하는 투기성 자본이다. 투기자본의 유래는 1970년대 오일달러이다. 1973년과 1979년 석유파동 당시 유럽의 은행에 오일달러가 대규모로 모여들었다. 이 자본들은 신속하게 이동하면서 이윤을 추구했고 지금 국제금융시장에 존재하는 초국적 투기자본의 원형이 되었다.[15] 그런데 이 투기자본은 스스로의 이익만을 위해 움직이면서 심각한 국가금융위기까지 초래하고 있어 개도국에게 경계의 대상이 되고 있다. 필요할 때 외환을 샀다가 한꺼번에 팔면서 한 나라의 통화가치를 폭락하게 할 수도 있고, 어느 국가에서 한꺼번에 투자자금을 회수하면서 외환위기를 초래할 수도 있다. 1997년, 1998년, 1999년 잇따라 일어난 아시아와 러시아, 브라질의 금융위기가 이를 잘 보여주고 있다. 거대자본이 별다른 통제 없이 쉽게 이동할 수 있고 국가 간의 경제·금융의 연결이 긴밀하게 되어 있는 세계화 현상의 어두운 이면이 아닐 수 없다.

　문화적 세계화도 짙은 그늘을 드리운다. 인류 역사는 세계의 수많은 민족이 나름의 고유한 문화를 발전시키면서 발달해 왔다. 영국이나 독일, 터키, 중국, 한국 등 모든 나라는 자신만의 독특한 생활양식 속에서 삶을 영위하면서 나름대로 문화적 긍지를 가지고 세계 속에서 스스로의 위치를 확보해 왔다. 세계화는 지역마다, 국가마다 가지고 있는 다양한 문화에도 많은 영향을 주어왔다. 미국을 비롯한 서구 선진국의 문화가 빠

15　유현석, 『국제정세의 이해』, 84쪽.

른 속도로 전 세계에 확산됨으로써 각국의 문화에 영향을 미치는 것이다. 세계가 하나로 연결되는 현상이 지역마다 가지고 있는 고유의 문화를 말살하고 몰개성화하는 결과를 초래하고 있는 것이다. 문화소비자의 기호나 기대, 소비 유형이 전 세계적으로 비슷해지는 현상은 문화다양성을 심각하게 파괴한다. 이러한 문화다양성의 파괴는 문화적 기반 위에 형성되는 가치관이나 윤리관의 획일화를 가져온다. 선진국의 문화제국주의에 의한 문화종속 현상이 세계적으로 만연되는 것이다. 그런 점에서 서구 중심의 문화적 동질화가 세계화의 심각한 부정적 현상으로 지적되고 있는 것이다.

세계화의 심화로 다국적기업의 활동 폭이 지구 전체에 이르게 된 것도 많은 부정적인 결과들을 낳고 있다. 웬만한 개도국은 다국적기업에 국가의 정책결정권마저 위협받고 있다. 다국적기업의 지속적인 생산 세계화로 환경파괴 현상도 심화되고 있다. 이산화탄소의 다량 배출로 지구온난화가 계속되고 있고, 핵시설의 확산으로 방사능 오염 사례도 발생하고 있으며, 물과 주요 광물 등 주요 자원의 고갈 현상도 나타나고 있다. 이와 같이 세계화가 미치는 영향이 광범위하고 큰 만큼 그에 따른 부작용도 넓은 범위에서 큰 규모로 나타나고 있다.

6. 세계화에 대한 반대운동

세계화의 물결이 거세고 그에 따른 부작용이 심한 만큼 반세계화운동도 차츰 세력이 확대되어 왔다. 반세계화운동의 시작은 1994년 북미자유무역협정[NAFTA]에 반대하면서 일어났던 멕시코의 치아파스 사파티스타 봉기이다.[16] 같은 해 국제통화기금[IMF]과 세계은행[World Bank] 창립 50주년에 맞추어 이들 기구에 대한 반대운동으로 일어난 '50 years is enough!(50년이면 충분해!)' 시위도 반세계화운동의 태동에 중요한 역할을 했다.

이후 반세계화운동의 활성화에 크게 기여한 것은 다자간투자협정[MAI]에 대한 반대

---

16 조순구, 『국제문제의 이해: 지구촌의 쟁점들』(법문사, 2006), 96쪽; 유현석, 『국제정세의 이해』, 89쪽.

운동이다. MAI는 1995년부터 OECD를 중심으로 논의되기 시작했다. 문제는 MAI가 해외투자자에게 국가에 대한 제소권을 인정함으로써 국가주권을 심각하게 침해한다는 것이었다. 또한 해외투자자에 대한 정부와 시민사회의 견제와 통제를 인정하지 않는 것이 문제였다. 이러한 점들에 대해 각국의 NGO와 노동조합들은 강력히 반대했다. 이들은 인터넷을 통해 의사소통하면서 세력을 확대하여 1998년에는 68개국 565개 단체가 MAI 반대를 위한 연대를 구축했다. 결국 1998년 10월 MAI 협정을 위한 국가 간의 협상은 중지되었다.

1990년대 반세계화운동 활성화의 또 하나의 계기는 '주빌리 2000 Jubilee 2000' 캠페인이라고 불리는 제3세계 외채탕감운동이다. "희년 Jubilee 에는 너희들 가운데 가난한 자가 없을 지어다"라는 성경 구절에서 캠페인의 이름이 나왔다. 외채가 없어야 발전의 길로 들어설 수 있다는 생각에서 선진국이 외채탕감에 나서야 한다는 주장을 하게 된 것이다. 주빌리 2000은 1998년 11월 로마에서 38개국에서 모인 단체와 12개 국제 NGO가 모여 상환 불가능한 외채와 독재정권에 의한 외채 등을 탕감해 줄 것을 촉구했다. 1998년과 1999년 G7+1 정상회담 현장에서는 수만 명이 시위를 벌이면서 외채탕감을 직접 요구했다. 그 결과 1999년 독일에서 열린 G7+1 정상회담에서 고채무빈국HIPC: Heavily Indebted Poorest Countries 에 대한 외채탕감계획이 채택되었다. HIPC 프로그램은 외채가 많은 최빈국에 대해 향후 10년간 공적개발원조ODA의 100%, 기타 공적채무의 90%를 탕감해 준다는 계획이었다.

위의 두 가지 성공사례로 반세계화운동은 더욱 힘을 얻어 1999년 11월에는 시애틀에서 대규모 시위를 벌였다. 뉴라운드 출범을 위한 세계무역기구WTO 각료회의가 예정된 시애틀에 모여 대대적인 반세계화 시위를 벌인 것이다. 반세계화단체들은 1999년 초부터 자유무역체제가 노동과 환경, 인권, 문화 등에 미치는 영향에 대한 조사와 평가가 이루어지기 전에는 뉴라운드 출범이 유보되어야 한다고 주장하면서 세계적인 지지를 호소했다. 여기에 세계 80여 개국, 1,300여 개 시민사회단체들이 지지에 나섰다. 실제로 11월 회의 당일 시위에는 약 6만 명이 참여했고, 이들은 회의장 주변에 인간 띠를 만들어 대표단의 참석을 봉쇄함으로써 각료회의를 무산시켰다. '시애틀의 승리'라고 불리는 이 사건을 계기로 반세계화운동은 국제적인 연대 형성에 더 큰 자신감을 얻게 되었고, 이후 반세계화운동은 더욱 활성화되었다.

2000년 4월 미국 워싱턴에서 세계화의 핵심기구로 지목되고 있는 국제통화기금과 세계은행에 대한 반대시위가 열렸다. 국제통화기금과 세계은행의 춘계회의를 계기로 벌어진 시위에서 반세계화단체들은 이 두 기구가 추진하고 있는 제3세계 국가에서의 구조조정 반대, 나아가 이 두 기구의 해체를 주장했다. 2001년 7월에는 이탈리아 제노바에서 G8정상회담 반대시위가 10만 명이 참가한 가운데 열려 1명이 사망하기도 했다. 이후 2003년 9월 멕시코 칸쿤의 WTO 각료회의 등 세계화 논의의 주요 행사가 열리는 곳마다 세계화 반대시위가 계속되었다. 그래서 이러한 회의 때마다 시위를 어떻게 막을지가 주최국들의 가장 큰 고민 사항이 되었다.

반세계화운동의 특징은 사회운동의 많은 분야를 포괄하고 있다는 것이다. 실제로 세계화 반대시위에 참가하는 단체들은 소비자운동과 인권·환경·여성운동 등의 다양한 사회운동단체와 종교단체, 노동조합, 원주민단체, 장애인단체 등 시민사회의 거의 모든 분야가 망라되어 있다. 그만큼 세계화가 미치는 파급효과가 사회의 전 분야에 걸쳐 나타나고 있다는 의미이기도 하다. 1960년대부터 본격화된 세계화의 파고 속에서 권리와 이익이 침해되고 선진국과 거대자본, 다국적기업이 주도하는 자유화의 흐름에 의해 위기상황에 처한 사회 각 부문이 반세계화운동에 힘을 보태고 있는 것이다.

하지만 이러한 반세계화운동은 체계적인 조직과 일관성 있는 주장으로 정리된 모습을 갖추지는 못하고 있다. 주요 회의를 계기로 대규모 시위를 열고 있지만, 그때마다 다른 목표를 가지고 집회가 이루어지고 있다. 시위대끼리 서로 다른 주장을 내세우는 경우도 발생하고 있다. 반세계화운동이 갖고 있는 상당한 명분에도 불구하고 이러한 점은 세계화 저항운동의 한계가 되고 있다.

시위와 거리투쟁을 통한 격렬한 반세계화운동과는 조금 다르게 반세계화 진영의 논리를 강화하고 연대를 다지는 국제회의도 매년 개최되고 있다. 2001년 시작된 세계사회포럼WSF: World Social Forum이 그것이다. 세계 정치·경제의 주요 지도자들의 모임인 세계경제포럼WEF: World Economic Forum(다보스포럼)에 맞서는 모임이다. 세계화에 비판적인 세계의 NGO와 진보적 사회운동가들이 참여하는데, 매년 세계 1,500여 단체에서 수만 명이 회의에 참석해 대안적 세계질서의 비전을 논의한다. 반세계화antimondial 보다는 대안세계화altermondial라는 표현을 사용하면서 세계화에 무조건 반대하기보다는 세계화에 대한 대안을 모색하는 데 초점을 맞추고 있다.[17] 이처럼 반세계화운동은 비조직적

이라는 한계에도 불구하고, 거리투쟁과 국제적 연대 강화, 대안의 모색 등 다양한 접근을 통해 전체적으로는 그 세력을 계속 키워나가고 있다.

7. 대안의 모색: 글로벌 거버넌스와 글로컬라이제이션

세계화가 현재 세계의 큰 흐름을 형성하고 있음에도 불구하고 부작용이 심대하다면 그 대안을 모색해야 할 것이다. 세계사회포럼도 그런 역할을 하고 있다. 그런데 이러한 대안을 찾는 방법론으로 글로벌 거버넌스global governance가 유용한 개념이 될 수 있다. 글로벌 거버넌스는 제7장에서 살펴본 것처럼 정부와 국제기구, NGO, 기업, 개인 등 다양한 행위자들이 참여하는 협동관리체제를 이른다. 세계화로 인해 생기는 문제점들은 이제 많이 노출되어 있다. 그렇다면 이를 어떻게 해결하고 이런 현상들이 재발하지 않도록 하느냐가 중요하다. 이런 문제를 논의하기에는 국가들만을 구성원으로 하는 정부간기구로는 부족하다. 비정부기구들만의 조직도 해결책과 대안을 만들어내기는 어렵다. 따라서 정부와 비정부기구를 포함한 다양한 요소를 포괄하는 글로벌 거버넌스의 구성이 필요하다.

구체적으로 세계경제포럼에 정부와 NGO가 들어간다든지, 세계사회포럼에 정부와 기업이 참여한다든지 하는 형태도 가능하고, 새로운 글로벌 거버넌스를 구성해 내는 것도 좋을 것이다. 국제통화기금IMF과 세계은행World Bank, 세계무역기구WTO가 최근 정책 결정 과정에 NGO들이 참여할 수 있도록 하고 있지만, 어디까지나 이들 정부간기구가 중심 역할을 하고 있고 NGO는 그야말로 보조적 역할에 불과하다. 이보다는 훨씬 획기적인 협동관리체제가 구성될 때 비로소 효과적인 대안들이 만들어질 수 있을 것이다.

대안을 찾는 방법론으로 글로벌 거버넌스가 유용한 개념이라면, 대안의 성격과 관련해서는 글로컬라이제이션glocalization의 개념이 많은 시사점을 준다. 이는 세계화

---

17 "좌파 정치단체·노조·NGO 등 6만여 명 '세계화 대안' 모색한다", ≪중앙일보≫, 2003년 11월 14일자; 조순구, 『국제문제의 이해: 지구촌의 쟁점들』, 103쪽.

globalization와 지방화localization가 합쳐져서 만들어진 용어이다. 세계화와 지방화를 동시에 추구한다는 의미이다. 세계적 부의 확대와 세계적 교류의 확산과 같은 세계화의 긍정적 측면은 살리면서, 세계적 양극화, 문화다양성의 파괴, 환경파괴 등 다양한 부작용을 막기 위해 각국의 특성과 요구에 부응하는 방안들을 동시에 추진하는 것이 글로컬라이제이션이다.

글로컬라이제이션은 본래 기업들이 마케팅 활성화를 위해 만들어낸 용어이다. 맥도널드가 한국에서 불고기버거를 개발해서 판다든지, 인도에서 쇠고기와 돼지고기를 뺀 햄버거를 상품화한다든지 하는 것처럼 세계시장으로 진출하되 지역의 문화와 정서를 깊이 고려해서 접근해야 성공할 수 있다는 의미로 개발된 용어이다.

글로컬라이제이션의 의미를 좀 더 심화시킨 것은 사회학자 롤런드 로버트슨Roland Robertson이다. 그는 세계적인 것과 지역적인 것이 상호 침투적으로 나타나는 현상을 표현하는 용어로 글로컬라이제이션을 사용했다. 문화적인 현상이라는 것은 세계적인 성격과 지역적인 성격이 지속적으로 서로 영향을 주면서 형성되고, 또 그러해야 한다는 것이 로버트슨의 주장이다.[18] 보편적인 것이 특수한 것으로, 특수한 것이 보편적인 것으로 외연을 확장하면서 문화는 만들어진다는 것이다.

로버트슨은 주로 문화적인 측면에 초점을 두면서 정치·경제적인 측면은 고려하지 않았다. 하지만 세계와 지역의 상호 침투성을 강조하는 그의 글로컬라이제이션 개념은 경제적인 측면으로 확장·적용될 수 있다. 교역이 확대되고 국제적 금융거래가 활성화되는 세계화의 현상 속에서도 각국의 경제 사정에 맞는 정책을 적절히 채택함으로써 세계화의 홍수에 의한 부작용을 최소화할 수 있는 것이다. 개도국은 실제로 실업률이 높고 사회적 안전망도 약하기 때문에 시장개방으로 인해 이익보다는 손해를 볼 가능성이 높다. 따라서 개도국의 핵심 산업에 대해서는 스스로 보호할 수 있도록 일부 재량권을 주는 것은 합리적이라고 할 수 있다. 이렇게 세계화의 큰 흐름 속에서도 각국의 사정에 맞게 자유화의 속도를 조절하고 개방의 정도를 관리하는 것이 경제적 측면의 글로컬라이제이션이 될 것이다. 그렇게 함으로써 글로벌 불균형을 어느 정

---

18 Roland Robertson, "Glocalization: Time-Space and Homogeneity-Heterogeneity," in Mike Featherstone, Scott Lash and Roland Robertson(eds.), *Global Modernities*(London: Sage, 1995), pp.25~44.

도 완화해 나갈 수 있을 것이다.

이를 좀 더 구체적으로 보면 경제 측면의 지방화는 주로 개도국의 주장이다. 의료나 법률, 자동차, 농산물 등 개도국 입장에서 약한 시장의 개방을 지연해 달라는 요구가 끊임없이 제기되어 왔고, 지방화는 이러한 요구를 일부 들어주면서 그 지역에 맞게 세계화의 속도를 늦추는 것이 된다. 결국은 이 문제도 선진국과 개도국의 남북문제로 귀결된다. 양측의 이해가 어느 정도 합리적인 선에서 조정될 수 있는지가 관건이 되는 것이다. 그런 측면에서 결코 해결책을 찾는 것이 용이한 문제는 아니지만, 문화 영역이든 경제 영역이든 그 지향점으로서 글로컬라이제이션이 주는 의미는 크다고 하겠다.

제9장

지역주의와 유럽연합

1. 지역주의와 지역통합

지역주의regionalism는 동아시아나 유럽, 미주 등 일정한 지역에서 국가들이 기존의 질서에서 벗어나 초국가적인 협력관계를 강화하고 제도화하는 현상을 말한다. 개념적으로 정리하면 지역주의는 "이슈 불문하고 지역 내 정책의 바탕이 되면서, 역내 국가들과 다른 지역의 관계 양상을 지배하는, 결속력 있는 지역단위체의 출현을 촉진하기 위해 수립되는 하나 또는 여러 국가의 정책의 집합"을 이르는 것이다.[1] 인접 국가들 사이에서 발생하는 것이 지역주의이지만, 중요한 것은 지리적인 위치나 언어, 문화보다는 정책이다. 정책의 영역도 경제로 한정되는 것이 아니고 정치와 사회, 과학기술, 군사 등 다양한 분야를 포괄한다. 간단히 말한다면 지역주의는 "분명한 경제·정치적 입장에 따라 특정의 지역 공간을 재구성하기 위해 기획된 국가 또는 국가들이 주도하는 프로젝트"로 정의할 수 있다.[2] 구체적으로는 지역 내 국가들의 경제적 상호의존이 증가하고, 제도적 유대가 강화되며, 정치적 신뢰가 증진되고, 문화적 일체감까지 심

---

1   Andrew Hurrell, "Latin America in the New World Order: A Regional Bloc of the Americas?" *International Affairs*, Vol. 68, No.1(1992), p.123.

2   Andrew Gamble and Anthony Payne, "Introduction," in Andrew Gamble and Anthony Payne(eds.), *Regionalism and World*(Basingstoke: Mcmillan, 1996), p.2.

화되는 것이 지역주의의 현상이다.

　이러한 지역주의가 크게 진전된 형태가 지역통합regional integration이다. 지역통합은 인접해 있는 두 개 이상의 국가들이 하나의 정치·경제적 연합체로 합쳐지는 것을 말한다.[3] 달리 말하면, 일정 지역의 국가들이 공동의 규칙과 규정, 정책들을 형성하고, 이를 통해 역외성externality이 내부화되는 제도적 구조의 정립 과정이라고 할 수 있다.[4] 지역통합의 단계가 되면 협력의 단계를 넘어서 국가들이 하나의 초국가적인 연합체를 형성해 주권의 일부를 이 연합체에 이양하고 이 연합체의 정책적 결정과 규제를 국가들이 따르는 형태가 된다.

　지역주의 경향은 제2차 세계대전 직후 유럽에서 시작되어 1980년대부터는 하나의 세계적 트렌드가 되었다. 그렇다면 이러한 지역주의 움직임을 어떻게 보아야 하는가? 또 앞서 살펴본 세계화와는 어떤 관계인가? 상품과 서비스, 자본, 인력 등이 국가의 경계를 벗어나 자유롭게 이동하는 현상이 세계화인데, 지역화는 일견 이러한 세계화와 상반되는 것으로 인식될 수도 있다. 실제로 다자적 무역질서가 무너지고 미주와 유럽, 동아시아의 3개 지역블록으로 세계무역질서가 재편되는 것이 아닌가 하는 우려까지 나오고 있다. 이러한 지역블록들이 지역 내의 협력과 교류를 강화하는 것이 지역화이기 때문에 다른 지역에 대해서는 배타적이고 차별적일 수 있다. 이러한 배타적 성향은 경제적 마찰을 증가시키고 타국을 희생시켜 경제적 이익을 얻으려는 근린궁핍화정책beggar-my-neighbour policy을 촉진할 수도 있다.[5] 세계적 흐름으로 보면 미국의 힘은 약화되고 있고, 유럽이나 일본의 미국에 대한 안보의존도 약화되고 있으며, 미국과 중국의 경쟁은 가속화되고 있기 때문에 이러한 지역화의 경향은 지역 간의 정치적 긴장도 고조시킬 수 있다.

　하지만 지역화는 세계화를 촉진하는 요소도 가지고 있다. 한 지역에서 무역과 금융 등의 자유화를 이루고 이 블록을 개방해 다른 블록과 다시 자유로운 교역과 금융거래

3　유현석, 『국제정세의 이해』, 135~136쪽.

4　Raimo Väyrynen, "Regionalism: Old and New," *International Studies Review*, Vol.5, No.1(2003), p.35.

5　Hurrell, "Latin America in the New World Order: A Regional Bloc of the Americas?", p.122.

를 한다면 세계화는 더욱 촉진되는 것이다. 지역블록은 역내의 경제·정치적인 안정과 질서를 확보할 수 있도록 해주고, 이것이 확장되어 세계 수준의 안정도 가능하게 해줄 수 있다.[6] 그런 관점으로 보면 지역화는 세계화와 모순되는 것이 아니라 오히려 세계화의 촉진제가 된다. 최근 국제정치경제적 흐름은 지역화와 세계화가 양립 가능하고, 지역화가 세계화를 추동하는 것임을 보여준다. NAFTA의 경우가 대표적이다. 미국과 캐나다, 멕시코를 회원으로 하는 NAFTA는 역내 자유화를 진전시켰다. 그리고 그 영역을 중미, 남미로 확대시키려 하고 있다. 장기적으로는 아메리카 대륙의 국가들이 모두 가입하는 미주자유무역지대 FTAA: Free Trade Area of the Americas 의 창설까지도 계획되고 있다.[7] 이런 식으로 무역자유화를 중심으로 하나의 블록이 그 영역을 확대해 나가는 것은 지역화의 확대가 바로 세계화임을 보여준다.

여기서 주목해야 할 개념이 '폐쇄적 지역주의 closed/exclusive regionalism'와 '개방적 지역주의 open/inclusive regionalism'이다.[8] 전자가 무관세화 등 무역자유화 원칙을 역내의 국가들에게만 적용하는 것이라면, 후자는 이러한 원칙을 역외의 국가에게도 적용하는 것이다. 개방적 지역주의를 내세우는 대표적인 지역협의체가 아시아태평양경제협력체 APEC 이다. 아시아태평양 지역의 무역자유화는 물론이고 전 세계의 무역자유화를 APEC의 목표로 하고 있다. 예컨대 영국이 한국에 수출할 때에도 일본이 한국에 수출할 때와 같이 관세 없이 수출할 수 있도록 하겠다는 것이다. 지역화가 세계화로 연결되는 것은 이러한 개방적 지역주의가 적용될 때 가능하다. 실제로 무역자유화를 실현하고 있는 지역의 블록들은 다른 지역의 국가들과의 거래도 점점 자유화하는 조치들을 취하고 있다.

6　같은 글, 121쪽.

7　유현석, 『국제정세의 이해』, 113쪽.

8　Väyrynen, "Regionalism: Old and New," p.33.

2. 지역주의의 동인

  냉전 당시의 세계질서는 미국과 소련 중심이었다. 1980년대 후반 냉전이 사라지면서 세계체제의 지역과 국가에 대한 지배력도 약화되었다. 유럽과 동아시아에 대한 미국의 영향력도 감소했고, 아프리카와 중동, 동남아시아에 대한 소련의 통제력도 냉전시대에 비하면 확연하게 약해졌다. 이러한 국제질서의 변화 과정에서 지역주의는 성장 동력을 얻었다. 유럽에서 시작되었지만 지금은 미주와 아시아를 막론하고 지역주의가 널리 확산되고 있다. 여기에는 여러 가지 원인이 있다. 더욱이 1980년대 이후 지속적으로 이러한 현상이 계속되고 있는 것은 현실 세계정치에 지역주의를 유인하는 요소가 그만큼 많다는 말이다. 지역주의를 확산시키는 원인은 크게 보면 다섯 가지이다.[9] 첫 번째 원인은 세계시장에서의 경쟁의 심화이다. 경제적인 요인이다. 세계무역에서 경쟁이 심해지면서 일정 지역에서 서로 관세를 낮추고 장벽을 없애면서 공동의 번영을 추구하게 된 것이다. 유럽에서 지역주의가 먼저 나타났고, 이것이 다른 지역의 불안감과 경쟁의식을 불러일으켜 미주와 아시아, 남미 지역에서도 지역주의가 심화되는 양상이 되었다.

  지역주의 확산의 두 번째 원인은 냉전의 종식이다. 정치적인 요인이다. 1985년 소련에서 고르바초프가 집권하면서 약화되어 가던 냉전은 1989년 11월 베를린 장벽이 무너지면서 종식되었다. 이후 세계는 냉전 당시의 경쟁보다는 협력의 분위기가 되었다. 이런 모습은 지역별로 우선 협력이 쉬운 경제 분야에서의 협력으로 나타났다. 냉전 당시부터 지역통합을 추진해 왔던 유럽은 냉전 해체 이후 유럽공동체European Community를 통합성이 더 강한 유럽연합European Union으로 변화시키는 작업을 본격적으로 진행하게 되었고, 미주와 아시아에서도 1980년대 후반부터는 자유무역협정이 지속적으로 확산되었다.

  세 번째 원인은 비동맹운동의 쇠퇴이다. 제3세계 국가들은 1970년대 상당한 결속력을 보이며 세계정치에서 중량감을 확대했다. 77그룹을 구성해 서방 선진국에 대항

---

9 유현석, 『국제정세의 이해』, 109~111쪽.

했고, 산유국들은 석유수출국기구OPEC를 구성해 석유를 강대국에 맞서는 주요 자원으로 활용했으며, 선진국 중심의 국제경제질서를 제3세계의 이익을 중시하는 신국제경제질서NIEO로 전환할 것을 요구하기도 했다. 하지만 1980년대 들어 소련의 아프가니스탄 침공에 대해 제3세계 국가들 사이에 의견이 갈리고, 유고슬라비아가 분열되면서 비동맹운동은 급격히 퇴조했다. 그에 대한 대안 중 하나가 지역주의였다. 남미 국가들이 남미공동시장MERCOSUR을 만들기 시작한 데에는 이러한 원인이 많이 작용했다. 비동맹운동이 퇴조한 뒤 발생한 진공 상태를 지역주의가 채웠고, 그 영향으로 남미공동시장을 결성하게 된 것이다.

네 번째 원인은 정치적 민주화이다. 1980년대 남미에서는 아르헨티나와 브라질, 칠레 등이, 아시아에서는 한국과 타이완 등이 오랜 독재를 벗어나 민주화를 이루었다. 정치체제의 민주화는 국제적 협력관계에 긍정적인 요소로 작용했다. 독재국가는 통상 국제사회에서 고립의 길을 가고, 적극적인 국제교류와 거래보다는 내부결속에 치중한다. 그럼으로써 국민을 통제하기가 쉽기 때문이다. 그런 점에서 1980년대 남미와 아시아의 민주화는 이들 지역의 역내 협력관계 증진에 상당한 기여를 했다고 볼 수 있다. 다섯 번째 원인은 세계에 전반적으로 적용되는 다자간 무역질서 협상의 답보 상태이다. 1995년 세계무역기구WTO가 출범한 이후 새로운 다자간 무역자유화 협상을 계속하고 있다. '도하개발어젠다Doha Developement Agenda'라고 새로운 무역질서의 이름까지 정해져 있다. 하지만 선진국과 개도국의 입장 차이로 내용 협상에 진전을 이루지 못하고 있다. 그래서 지역별로 자유무역지대가 만들어지고, 나라들끼리 자유무역협정이 계속 체결되고 있는 것이다. 이와 같이 다양한 원인이 작용하면서 지역주의는 확대와 심화의 길을 걷고 있다.

3. 지역주의에 대한 이론적 설명

지역 내에서 국가들이 협력을 강화하는 현상, 이것이 강화되어 경제, 문화, 정치 등의 분야에서 공동의 제도를 만들고 하나의 조직체로 변화해 나가는 통합의 현상은 왜 일어나는 것일까? 국제정치는 무정부적이고 각자의 국가들이 스스로의 이익을 추구하고 있는데, 그런 가운데에서도 협력이 강화되는 이유는 어떻게 설명할 수 있는가? 이에 대한 설명은 여러 가지 관점에서 시도되어 왔다. 대외적인 독립성은 국가주권의 핵심 요소인데, 지역통합은 국가들이 스스로 이를 훼손하면서 하나의 조직이 되어가고 있다. 17세기 중엽 베스트팔렌 체제가 형성되면서 주권국가의 독립성이 중시되고 주권국가들의 행위를 중심으로 세계질서가 운영되어 왔기 때문에 국가의 주권을 양보하는 지역통합은 새로우면서 특이한 현상이 아닐 수 없다. 그래서 특히 지역통합 현상을 설명하기 위해 국제정치학자들은 나름의 설명을 제시해 왔다. 그 가운데 대표적인 것이 자유주의와 현실주의, 구성주의 입장의 설명들이다.

1) 자유주의의 설명

자유주의는 국제관계에서 갈등과 경쟁만이 아니라 협력과 협의도 얼마든지 일어날 수 있다고 간주한다. 또 국가 이외에 NGO나 기업, 개인 등 다양한 행위자들이 국제정치에서 중요한 역할을 하고 있다고 본다. 자유주의는 지역 협력과 통합도 이와 같은 관점으로 관찰하고 분석한다. 정부가 나서서 되는 것이 아니라, 현재의 제도하에서 부담해야 하는 높은 기회비용에 대해 문제의식을 가진 시장과 시민사회 행위자들의 요구와 구체적 행위들에 의해서 규칙과 정책들이 바뀌고, 그러면서 협력과 통합도 가능해진다는 것이다.

이러한 자유주의의 세부 이론인 기능주의는 제2장에서 언급했듯이 데이비드 미트라니David Mitrany가 주창한 것으로, 경제와 과학, 문화, 기술 등 기능적인 부분에서 협력이 이루어지면, 이것이 정치와 군사 부분으로도 자연스럽게 '흘러넘치기spill-over' 현상이 발생해 국가 간의 전반적인 협력이 이루어지고, 통합도 가능해진다는 주장이다. 기능적인 부분은 협력이 비교적 쉽다. 국가 간의 갈등요소가 적기 때문이다. 경제적인 협력이 대표적이다. 이는 서로 원윈win-win이 가능한 분야이다. 무역을 하면 비교우위의 원리에 따라서 서로에게 좋은 것이다. 한국은 관련 기술력이 뛰어난 핸드폰을 대량으로 생산해서 중국에 팔고, 중국은 낮은 임금을 활용해서 신발을 대량으로 만들어 한국에 수출하면 한국과 중국 모두 이익을 볼 수 있는 것이다. 그래서 경제 부문의 협력은 비교적 쉽게 일어난다. 관계가 안 좋은 나라 사이에서도 무역이 이루어지는 것은 이런 이유 때문이다. 이렇게 비교적 쉬운 영역의 협력을 지속적으로 하다 보면 갈등요소가 많은 군사, 정치 부문에서도 협력이 발생한다는 것이 기능주의의 설명이다.

문제는 기능주의가 주장하는 것처럼 흘러넘치기 효과가 자연스럽게 발생하겠는가 하는 것이다. 기능적인 부문에서 협력이 발생하더라도 그것이 협력 자체가 어려운 군사, 정치 부문으로 전이된다는 보장은 없다. 실제로 어렵다. 남북한 관계가 이를 잘 보여준다. 경제·문화 교류가 어느 정도 진행된 경우는 종종 있었지만, 그것이 정치·군사적 협력으로 연결되는 경우는 드물었다. 기능주의는 이 전이의 과정에 대한 설득력 있는 메커니즘을 내놓지 못했다.

그래서 이에 대한 보완 차원에서 나온 것이 신기능주의 neofunctionalism 이다. 기능적 부문에서 비기능적 부문으로 협력의 전이가 이루어지기 위해서는 정부나 정치 지도자의 역할이 중요하다는 것이다. 그냥 두면 자연스럽게 되는 것이 아니라 지도력을 가진 주체가 신념과 목표를 가지고 나름의 매개역할을 할 때 전이 효과가 발생한다는 주장이다. 신기능주의는 기능주의가 무시했던 정부와 지도자의 역할에 주목하는 것이다. 실제로 유럽 통합의 과정에서도 프랑스와 독일 정부, 특히 프랑스의 경제학자 장 모네 Jean Monnet 나 프랑스의 외무장관 로베르 슈망 Robert Schuman 등의 역할이 매우 컸음을 우리는 역사를 통해 확인할 수 있다.

신자유주의적 제도주의는 국제기구나 국가 간의 합의, 관습과 같은 제도가 국가 간의 협력을 촉진한다고 본다. 제도가 구성되면 국가들이 그 틀 안에서 정보를 교환하기 때문에 국가의 정보수집 비용을 덜어준다. 제도는 또 국가가 상대방의 신뢰를 저버리고 배신할 경우 보복할 수 있도록 해줌으로써 배신의 가능성도 줄여준다. 그럼으로써 제도는 장기적으로 국가 간의 협력의 가능성을 높여준다. 유럽연합 EU 의 경우도 초기에 국가 간의 합의가 만들어지고 석탄철강공동체 ECSC 가 형성되면서 이러한 합의와 조직이 하나의 제도의 역할을 함으로써 협력이 강화되었다. 이후에 다시 유럽경제공동체 EEC, 유럽공동체 EC 등으로 더욱 통합의 정도를 강화한 제도를 형성해 가면서 이 제도의 동력에 의해 결국은 EU가 성립되었다고 볼 수 있는 것이다.

2) 현실주의의 설명

현실주의는 어디까지나 국가를 국제정치의 가장 중요한 행위자로 보면서 국가가 중심이 되어 협력과 통합이 이루어진다고 주장한다. 국가는 국가이익의 관점에서 협력과 통합에 접근한다. 국가가 스스로의 국가이익에 도움이 되는 경우에만 협력과 통합을 적극화하는 것이다. 특히 강대국의 역할을 중시한다. 지역통합도 지역의 강대국이 실질적으로 주도하고 나머지는 여기에 보조적인 역할밖에 하지 못한다는 것이 현실주의의 설명이다. 1960년대 유럽경제공동체EEC의 집행위원장을 맡은 발터 할슈타인Walter Hallstein은 유럽의회의 권한을 강화하는 작업을 적극 추진했다. 이에 대해 프랑스는 반발했다. EEC의 모든 각료이사회에서 자국 대표단을 철수했다. 따라서 EEC는 제대로 기능할 수 없었다. 이것이 이른바 '공석의 위기empty chair crisis'이다. 이러한 사례는 유럽 통합의 과정이 강대국의 입장에 크게 좌우되었음을 보여준다.

국가와 국가이익을 중시하는 관점의 세부 이론이 '정부간주의'이다. 지역통합은 교류와 협력을 하다 보면 자연스럽게 이루어지는 것이 아니라 정부 사이의 적극적인 협상에 의해 가능하다는 것이다. 공석의 위기도 정부와 정부 사이에서 의견 접근이 이루어지지 않으면 협력과 통합이 매우 어려움을 단적으로 보여준 사례이다. 정부간주의도 이러한 점들에 주목하면서 정부 사이의 교섭과 협상을 통해 지역통합이 이루어지는 것임을 강조한다.

또 하나의 현실주의적 세부 이론은 '연방주의'이다. 연방주의는 각국의 정부들이 나서서 법적·제도적 장치를 형성하는 방법으로 종국에는 초국적인 연방기구를 창설함으로써 지역통합이 이루어진다고 본다. 협상과 타협보다는 연방이라는 구체적인 목표를 두고 이를 위한 제도를 구축하는 과정이 통합이라는 것이다. 유럽연합의 경우도 유럽의 국가들이 유럽연합이라는 하나의 연방국가를 목표로 경제와 문화, 정치, 군사 등 각 부문에서 통합에 필요한 제도를 만들어가는 과정을 거쳐 지금의 단계에 이르렀다는 것이 연방주의의 분석이다. 하지만 현재의 유럽연합은 완전한 형태의 연방국가에는 미치지 못하고 있고, 연방국가의 초기 형태라고 할 수 있다.[10]

3) 구성주의의 설명

구성주의는 국가 간의 교류가 지속되면 국가들의 정체성과 이익이 변화하고, 그 변화된 정체성과 이익이 국가의 관념을 형성하고, 그렇게 되면 국제관계도 변화한다는 것이다. 관념을 중시하면서 국제질서는 정적인 것이 아니라 늘 움직이는 것임을 강조한다. 그래서 국제관계에서 이념과 문화, 정체성과 같은 비물질적인 것이 중시된다.

지역협력과 지역통합에 대해서도 구성주의는 국가 간에 교류가 이루어지다 보면 서로에 대한 정체성과 이익이 이전과 달라지고 상대를 보는 관념이 달라지고, 그렇게 되면 협력과 통합이 촉진되고 강화될 수 있다고 본다. 물론 구성주의는 가치중립적 이론이기 때문에 교류의 과정에서 반드시 관련 국가들의 정체성과 이익이 접근하고 서로에 대해 긍정적인 관념만을 갖게 될 것으로 보지는 않는다. 오히려 교류의 과정에서 부정적인 관념이 축적되면 협력은 더 이상 이루어지지 않을 것이다. 따라서 협력과 통합이 이루어지는 과정은 상대에 대한 관념이 긍정적인 방향으로 진전될 때 가능하다는 것이다.

서로에 대한 교류의 과정이 긍정의 흐름으로 이어져 하나의 구조를 만들어내게 되면 이 구조가 국가들을 규정해 이 흐름은 더 가속화될 수도 있다. 유럽 통합의 과정에서 형성된 EEC, EC 등은 국가들의 정체성과 이익의 접근의 결과물이고 이는 다시 일정한 규정과 제도를 생산함으로써 국가들의 협력과 통합을 강화하는 쪽으로 작용했다고 볼 수 있는 것이다. 이처럼 행위자가 구조를 형성하고, 구조가 다시 행위자에 영향을 주면서 협력과 통합은 진전된다는 것이 구성주의가 설명하는 통합의 과정이다.

4. 지역협력의 실제

지역주의는 매우 다양한 형태로 지역에 따라 발전해 왔다. 경제 분야를 중심으로

---

10 유현석, 『국제정세의 이해』, 138쪽.

협력을 확대하는 경제적 지역주의 형태가 있는가 하면, 경제뿐만 아니라 사회, 정치, 군사 부분까지 협력을 확장하는 포괄적 지역주의 형태도 많다. 협력과 통합의 정도도 다양해서 어떤 지역블록은 단순한 경제협력체인가 하면, 어떤 블록은 국가들의 주권을 상당 부분 양도받은 초국가적 연합체를 형성하는 경우도 있다. EU가 후자의 대표적인 사례인데, 다른 지역과는 매우 다른 형태로 역사적으로도 보기 드문 경우이다. 그래서 EU는 다음 절에서 지역통합의 사례로 따로 살펴보기로 하고, 이 절에서는 그밖의 지역에 형성되어 있는 협의체들을 살펴본다.

전체적인 흐름을 보면 1980년대 지역주의의 확산 현상에 따라 1980년대 후반부터 1990년대 초중반에 이르면서 지역협력체가 활성화되는 모습을 보였다. 1988년에는 미국-캐나다 자유무역협정이 체결되었고, 1989년에는 아태경제협력체APEC가 출범했으며, 1992년에는 유럽 통합을 가속화하는 마스트리히트 조약이 조인되는 것을 계기로 미국과 캐나다, 멕시코가 북미자유무역협정NAFTA을 체결했다. 1993년 동남아에서 아세안자유무역지대ASEAN FTA가 출범함으로써 아시아의 지역주의도 활성화되고, 1995년에는 브라질과 아르헨티나, 우루과이, 파라과이 등이 참여하는 남미공동시장 MERCOSUR이 출범해 지역주의는 세계로 확산되는 모습을 보였다.

1) 미주의 지역협력

미주의 대표적인 지역협력체는 북미자유무역지대NAFTA: North America Free Trade Area이다. NAFTA는 미국과 캐나다, 멕시코가 1992년 조인해 1994년부터 발효되었다. 역내 무역장벽의 완화가 NAFTA의 가장 중요한 목표이다. 미국이 주도했는데, 그 주된 이유는 유럽 통합의 가속화였다. 유럽의 통합을 촉진하는 마스트리히트 조약이 1992년 2월 서명되고 1993년 11월 발효되자 미국은 NAFTA를 발효시켰다. 미국은 캐나다와 멕시코로 시장을 넓히고, 멕시코를 생산기지로 활용해 배타적인 EU의 통합 가속화에 대한 미주 차원의 방책을 마련하려 한 것이다. 멕시코는 관세인하에 따른 미국시장 접근의 가능성을, 캐나다는 미국과 멕시코의 시장을 보고 자유무역협정을 체결한 것이다. NAFTA 체결로 미국의 무역정책은 이원적 성격을 분명히 하게 되었다. 종전에는 주로 GATT를 통한 다자주의적 무역정책이 미국 무역정책의 중심을 이루었지만,

NAFTA는 미국이 다자주의적 무역정책과 함께 양자 또는 삼자 간의 자유무역협정도 함께 추진할 것임을 분명하게 표현한 것이다. 실제로 미국은 한국과 베트남, 페루 등 많은 나라와 FTA를 체결해 왔다.

남미공동시장MERCOSUR: Mercado Comun del Sur, Southern Common Market은 브라질과 아르헨티나의 경제협력에서 시작해 1991년 우루과이와 파라과이가 참여하면서 만들어진 것이다. 1995년부터 발효되었다. 역시 역내의 자유무역을 우선적인 목표로 삼고 있다. 2012년 베네수엘라가 가입해 회원국이 5개로 늘었다. 5개 회원국 외에도 칠레와 페루, 콜롬비아, 에콰도르, 볼리비아, 가이아나, 수리남이 준회원국이다. 실제로 출범 이후 역내 관세가 지속적으로 인하되어 교역량이 꾸준히 증가하고 있다. 남미공동시장은 1980년대 후반 남미 국가들의 민주화와 갈등관계였던 브라질-아르헨티나의 관계 개선 이후 출범한 것이어서 민주체제가 지역주의에 많은 영향을 줄 수 있음을 보여주는 사례가 된다. 출범 이후 역내 국가들의 교역 확대라는 긍정적 효과를 보고 있기 때문에 남미공동시장 확대 움직임도 계속되고 있다.

미주기구OAS는 지역주의가 세계로 확산되기 훨씬 전인 1951년 설립된 것이지만, 미주 전체의 전반적인 협력에 기여해 온 조직체이다. 남북아메리카의 35개 나라가 회원으로 가입되어 있으며, 회원국 간의 분쟁을 평화적으로 해결하고, 경제·사회·문화적 협력을 추진하는 것이 기구의 기본적인 목표이다. 미국은 이 기구를 통해 자신의 정책에 대한 미주대륙 국가들의 지지를 확보하려는 전략을 추진해 왔다. 하지만 쿠바, 베네수엘라, 볼리비아 등은 미국의 정책에 비판적인 입장을 견지하고 있어 회원국 사이에 갈등이 표출되기도 한다. 매년 한 번씩 총회가 개최되고, 외교장관회의와 상설이사회, 미주경제사회이사회 등의 전문회의체가 세부적인 문제에 대한 의견 조율의 역할을 맡고 있다.

2) 아시아태평양의 지역협력

아시아태평양경제협력체APEC는 아태지역 국가들의 경제협력을 위해 1989년 설립된 토론 형식의 협의체이다. 처음에는 한국과 미국, 캐나다, 일본, 호주, 뉴질랜드 등 12개국으로 출범해 현재는 21개 나라로 회원국이 증가했다. APEC의 첫 번째 설립목적은 회원국의 공동번영이다. 이를 위해 무역과 투자의 자유화, 기술협력의 활성화 등에 활동의 초점을 맞추고 있다.

APEC에서도 주도 국가는 미국인데, 미국의 APEC 주도에는 미국의 몇 가지 전략이 내재해 있다. 첫째는 역동성이 강한 아시아태평양 지역의 경제협력체에 적극 참여함으로써 경제적 이익을 확보하려는 것이다. 둘째는 미국이 참여하지 않은 지역협력체의 등장을 적극적으로 막아내려는 전략이다. 아태지역은 경제뿐만 아니라 안보적으로도 미국에게는 매우 중요한 지역이기 때문에 이 지역에서 미국이 소외된 채 협의체가 운영되는 것은 미국의 국익에 저해되는 것이다. 따라서 이러한 상황의 사전예방을 위해 미국은 APEC에서 주도적인 역할을 하고 있는 것이다. 셋째는 EU에 대한 견제이다. 미국은 NAFTA와 마찬가지로 APEC도 아태 국가들 사이에 무역자유화를 추진함으로써 EU의 배타주의에 대응하는 하나의 수단으로 인식하고 있다. 그러면서도 APEC은 개방적 지역주의를 채택해 장기적으로는 EU를 비롯한 다른 지역블록과의 협력을 추진하려 하고 있다.

미국의 주도로 APEC이 활성화되면서 그 역할도 경제협력에 머물지 않고 더 확장되고 있다. 아태지역 21개 국가의 정상들이 모이는 만큼 APEC 정상회의에서는 지역의 주요 관심사가 논의되고 있다. 실제로 경제문제 외에 대량살상무기^{WMD} 확산방지 방안, 테러에 대한 대응책, 북한 핵문제 해결방안, 이라크전 이후 복구문제 등 다양한 의제들이 토의되어 왔다.

APEC은 국가 간 협의체이기 때문에 의사결정은 회원국의 공동합의 방식으로 하며, 합의 내용은 구속성이 없고 회원국의 자발적 이행으로 실행된다. 사무국은 싱가포르에 위치하고 있고, 정상회의가 매년 회원국을 돌면서 개최된다. 분야별 토론과 합의를 위해 외교장관과 재무장관·통상장관 회의 등 분야별 장관회의가 있다. 정상회의와 각료회의 준비를 위한 고위관료회의와 회원국의 주요 기업 최고경영자가 참여하는 자문위원회도 두고 있다. 회원국들의 경제성장과 공동번영을 추구하는 기구이지만 APEC 내부에는 선진국과 개도국이 공존하기 때문에 양자 사이의 갈등도 존재한다. 선진국은 되도록 시장개방을 통한 무역과 투자의 자유화를 추진하려 하고, 개도국은 기술협력의 확대를 통해 자국의 경제성장을 성취하는 데 활동의 초점을 맞추고 있다.

2018년에는 '포괄적·점진적 환태평양경제동반자협정^{CPTPP: Coprehensive and Progressive}

Trans-Pacific Partnership'이 타결, 발효되었다. 일본, 캐나다, 멕시코, 칠레, 페루, 오스트레일리아, 뉴질랜드, 싱가포르, 말레이시아, 브루나이, 베트남 등 모두 11개국이 참여한 투자·무역 자유화 협정이다. 당초 추진되던 환태평양경제동반자협정 TPP: Trans-Pacific Partnership'에서 미국이 빠지면서 일본 주도로 성립된 경제협력체로, 공산품·농산품의 관세 철폐와 디지털 콘텐츠에 대한 관세 부과 금지, 금융서비스·자본투자에 대한 규제 완화 등을 주요 내용으로 하고 있다. '역내 포괄적 경제동반자협정 RCEP: Regional Comprehensive Economic Partnership'은 중국이 주도하는 경제협력체이다. 중국을 비롯해 ASEAN 10개국과 한국, 일본, 오스트레일리아, 뉴질랜드, 인도 등 16개국이 협상에 참가하고 있다. 공산품과 농산품 관세장벽 철폐, 개방적인 무역시스템 조성, 공평한 경제발전 등을 지향하고 있다. 2019년 11월 현재 인도를 제외한 15개국은 협정문에 서명했다.

3) 동아시아의 지역협력

세계에서 경제적인 역동성이 가장 강한 지역은 동북아시아 지역이다. 중국과 일본, 러시아, 한국, 타이완, 몽골 등을 포함한 동북아는 경제 규모나 발전 속도, 발전 가능성 측면에서 세계에서 가장 높은 평가를 받으면서 세계경제의 견인차 역할을 하고 있다. 따라서 동북아에서 지역협력이 활성화된다면 그 역동성은 더욱 증폭될 수 있을 것이다. 하지만 한·중·일 간의 오랜 갈등과 전쟁의 역사, 그에 따른 역사적·정치적 과제의 미해결로 인해 동북아 협력은 구체화되지 못하고 있다. 동북아경제협력체와 동북아다자간안보협력체가 간헐적으로 제안되고, 학술 차원에서 연구되고 있기는 하지만, 실질적인 조직체의 모습으로 나타나지는 않고 있다. 한·중·일은 2012년 11월 3국 간 FTA 협상을 시작했지만 이것도 아직까지 큰 진전을 보이지 못하고 있다.

대신에 동남아 국가와 동북아 국가가 함께 참여하는 동아시아협력체는 몇 가지 형태로 발전해 오고 있다. 그 가운데 하나가 동아시아정상회의 EAS: East Asian Summit 이다. 아세안 10개국과 한·중·일 3국이 참여하는 아세안+3 외교장관회의가 발전해 1997년부터 아세안+3 정상회의가 되었고, 이것이 발전해 2005년부터는 EAS가 되었다. 회원국 사이의 경제와 정치, 전략적인 문제에 관한 포괄적 협력을 설립의 목표로 하고 있다. 하지만 중국과 일본, 아세안 사이에 주도권 경쟁이 존재해 왔고, 중국은 특히 아세안

세력을 묶어 미국에 맞서는 데 EAS를 활용하려 해왔다. 또한 일본은 중국 독주를 견제하기 위해 오세아니아로의 확대를 주장해 왔다. 중국과 일본의 이해 충돌이 EAS의 발전에 큰 장애로 작용해 온 것이다. 여기에 미국은 중국의 아세안 지배를 우려하며 일본과 마찬가지로 회원의 확대를 주장해 왔고, 미국 스스로도 회원국이 되려 해왔다. 이러한 경쟁의 결과 2009년에 호주와 뉴질랜드, 인도가 회원국이 되었고, 2011년에는 미국과 러시아도 참여하게 되었다. 미국 참여 이후 EAS는 동아시아 지역문제 중심에서 의제를 확대해 교육과 재정, 기후변화, 재난관리, 전염병, 비확산, 해양안보 등 다양한 문제를 다루고 있다.

지역의 금융위기 발생 시 이를 해결하기 위한 아시아통화기금AMF: Asian Monetary Fund에 대한 논의도 꾸준히 되어왔다. 1997년 홍콩 IMF 총회에서 일본이 AMF의 창설을 제안해 논의되기 시작했다. IMF의 선진국 중심 운영에 대해 반감을 가진 동아시아 국가들로부터 AMF 창설안은 지지를 얻었다. 하지만 미국이 IMF의 권위약화를 우려해 AMF 창설에 반대하고 있다. 게다가 중국도 일본 중심의 아시아경제권 운영에 대한 우려 때문에 반대한다. 그 바람에 AMF 창설안이 진전을 보지 못하고 있다. 하지만 아세안+3 경제장관회의에서 동아시아 국가 간의 금융·통화 협력을 계속 협의하고 있기 때문에 논의의 진전 가능성이 있다. 특히 아시아 지역에 금융위기가 다시 오거나 금융·통화 협력의 필요성이 대두되는 경우 협상은 빠른 속도로 진전될 가능성이 높다.

4) 동남아시아의 지역협력

동남아국가연합ASEAN은 동남아시아 국가들의 경제·사회적 발전과 공동의 안전보장을 목적으로 1967년 설립되었다. 동남아시아 국가들의 경제, 사회, 문화, 기술 등 다양한 분야에서의 협력과 회원국들의 평화·안보의 확보가 기구의 주요 목표이다. 강대국의 개입을 막고 지역의 번영과 안정을 스스로 이루려는 목표를 가지고 있는 것이다. 현재 ASEAN의 회원국은 태국, 인도네시아, 필리핀, 말레이시아, 싱가포르, 브루나이, 베트남, 라오스, 미얀마, 캄보디아 등 10개국이다. 경제, 사회 등의 분야에서의 협력에 초점을 두고 출발했으나 1969년 닉슨 독트린 이후 군사·안보 분야의 협력도 적극 추진해 왔다. 1960년대 미소 간 냉전의 심화, 1960~1970년대 베트남전쟁, 1970

년대 베트남의 캄보디아 침략과 베트남-중국 군사적 충돌 등이 안보문제에 대한 아세안의 관심을 촉진한 요인이었다.

1990년대 들어 아세안은 협력의 정도를 강화하는 모습을 보이고 있다. 1993년 아세안자유무역지대AFTA: ASEAN Free Trade Area를 출범시켰다. 2003년 정상회의에서는 지역공동체 계획에 합의했다. ASEAN을 EU와 같은 지역공동체로 만들어간다는 계획이다. 이를 위해서 경제뿐만 아니라 정치, 사회, 문화, 과학기술 등 다양한 분야에서 협력의 정도를 심화시켜 나가기로 합의했다. 2007년 정상회의에서는 지역협력을 더욱 활성화하기 위해 아세안 헌장을 채택했다. 아세안 정상회의를 최고정책결정기구로 공식화하고, 매년 두 번씩 정상회의를 열어 주요 문제를 협의해 나가기로 했다. 최근에 아세안 지역은 경제성장률이 전반적으로 높고, 미얀마처럼 정정이 불안했던 국가도 안정을 찾고 있어 지역협력도 지속적 강화의 경로를 갈 것으로 보인다.

한편, 아세안은 안보협력 강화를 위해 별도의 기구를 마련했는데, 그것이 '아세안지역포럼ARF: ASEAN Regional Forum'이다. 1994년에 출범했다. ARF는 분쟁에 공동 대응하는 집단안전보장체제는 아니지만 군사훈련에 대한 사전정보 제공 등을 통해 군사적 신뢰구축과 분쟁 예방에 초점을 두고 활동하고 있다. ASEAN 10개국을 비롯해 ASEAN의 대화상대국인 10개국(한국, 미국, 일본, 중국, 러시아, 호주, 캐나다, 뉴질랜드, 인도, 유럽연합EU), 여기에 몽골, 파푸아뉴기니, 북한, 스리랑카, 파키스탄, 방글라데시, 동티모르까지 모두 27개국이 참여하고 있다. ARF는 아세안의 산하기구이지만 실제로는 아태지역의 많은 나라를 포함하고 있고, 그래서 논의 주제로 아태지역 전반의 이슈들을 포괄하고 있다. 특히 ARF는 미국과 중국, 러시아, 일본 등 아태지역의 강대국이 모두 참여하는 유일의 아태지역 안보협의체이기 때문에 지역의 안보 확보에 중요한 역할이 기대되고 있다. 특히 중일 간의 영토분쟁, 남중국해 영유권 갈등, 인도-파키스탄 분쟁, 북한 핵문제 등을 해결하는 데 많은 역할이 요구되고 있다.

5) 아프리카의 지역협력

아프리카연합AU: African Union은 아프리카 55개 나라가 가입한 아프리카의 정치·경제연합체이다. 아프리카 대륙의 모든 국가가 가입되어 있다. 2002년 아프리카경제공동체

AEC와 아프리카통일기구OAU가 통합되어 AU가 되었다. 아프리카 국가들의 정치·경제·사회적 통합을 추진하는 것이 설립목적이다. 궁극적으로 EU와 같은 형태의 통합체를 지향한다. 이와 같은 목표로 현재 아프리카 국가들의 영토 보전과 아프리카인의 권리·인권 증진, 질병·보건 공동대처, 첨단기술 공동연구 등의 작업을 수행하고 있다.

유엔 안보리와 비슷한 안전보장이사회도 갖추고 있어 반인도적 범죄와 대량학살 등에 개입한다. 주요 관심사는 매년 2월 본부가 있는 에티오피아에서 열리는 AU 정상회담에서 논의한다. 하지만 남아프리카공화국과 나이지리아 등 아프리카 강국들이 적극적 태도를 보이지 않는 것이 AU 발전에 장애가 되고 있다. 장기적으로 AU 자체의 의회와 집행위, 중앙은행, 단일통화를 목표로 하고 있지만, 강국들의 미온적 입장뿐만 아니라 민족주의가 강한 이집트·알제리 등의 소극적 태도, 회원국들의 이해충돌, 재정부족 등으로 구체적인 진전을 이루지 못하고 있다.

5. 유럽연합

1) EU의 정치적 의미

유럽연합EU: European Union은 국가들이 모여서 만들어낸 조직체이지만 단순한 정부간기구와는 다르다. 정부간기구는 국가들이 모여서 일정한 합의를 만들어내고 이를 각국이 실행하는 것을 목표로 하고 있다. 하지만 통상은 이러한 합의는 강제력이 없다. EU의 경우는 경제뿐만 아니라 정치·군사적 연합체로서의 성격도 가지고 있다. 경제 부문은 많은 나라가 단일통화를 사용하는 단계까지 통합되었고, 정치·군사 부문도 일정 부분 공동 정책을 실행하고 있다. EU의 정책과 규제는 강제력을 가지고 회원국을 규제하면서 회원들의 주권을 제약하고 있다. 그런 점에서 EU는 국제정치에서 이전에 없었던 새로운 현상이다.

EU는 유럽의 파란 많은 역사에 뿌리를 두고 있다. 제1차 세계대전과 제2차 세계대전의 여러 가지 원인 가운데에는 나폴레옹전쟁 이후 강화된 유럽 각국의 민족주의가 있었다. 존 미어샤이머John Mearsheimer는 이런 점을 지적하면서, 제1·2차 세계대전은 유럽의 불균형 다극체제라는 국제 수준의 원인, 그리고 지나친 민족주의, 즉 과잉민족주의hyper- nationalism라는 단위 수준의 원인이 모두 작용해 발발했다고 설명한다.[11] 과잉민족주의의 폐해를 경험한 유럽인들은 제2차 세계대전 이후에는 민족주의를 경계하고, 민족보다는 유럽을 내세우는 경향을 보이게 된다. 그러한 면이 유럽 통합 논의를 가능하게 하는 바탕이 되었다.

이러한 바탕 위에서 유럽이 통합의 경로를 가도록 하는 데에는 세 가지 동기가 작용했다.[12] 첫째, 권력 동기이다. 제2차 세계대전과 함께 형성된 미국과 소련 중심의 세계질서에 대해 유럽은 통합의 필요를 절감했다. 통합된 유럽으로 세계질서의 중심세력 지위를 회복해야 한다는 공감이 유럽 주요 국가 사이에 존재했던 것이다. 둘째, 평화 동기이다. 양차 대전을 겪으면서 유럽 국가들 사이에는 분열과 갈등, 반목이 심화되었다. 이러한 문제를 해결하고 평화로운 유럽을 만들어내려는 욕구가 강해진 것이다. 셋째, 경제 동기이다. 전쟁으로 폐허가 된 유럽을 새롭게 재건하고자 하는 열망 또한 전후 유럽 국가들 사이에서 강하게 나타나게 되었다. 이러한 동기들이 동시에 작용하면서 제2차 세계대전 직후부터 통합에 대한 논의가 나오게 된 것이다.

여기에다 통찰력을 가진 리더들의 창의력과 실행력이 실질적인 통합으로 가는 길을 열어주는 역할을 했다. 장 모네 Jean Monnet 와 로베르 슈망 Robert Shuman 이 대표적인 유럽 통합의 초기 리더들이다. 제2차 세계대전 직후 프랑스의 경제계획청장을 맡고 있던 모네는 그동안 서유럽 분쟁과 전쟁의 원인은 석탄과 철강이라고 보고, 이를 공동 관리하는 것이 필요하다고 제안했다. 이를 수용해 프랑스 외무장관 슈망이 1950년 5월 9일 석탄과 철강을 초국가적인 기구가 관리하도록 한다는 내용의 슈망플랜을 공식 발표했다. 그가 제시한 슈망플랜에 따라 협상을 시작해 1년 만에 유럽석탄철강공동체 ECSC: European Coal and Steel Community 가 만들어졌다. 이것이 EU의 초석이 되었다. 슈망플랜이 발표된 5월 9일은 EU의 날로 제정되어 지금도 기념되고 있다. 이렇게 인류 역사에서 매우 특이한 실험인 EU는 유럽인들의 역사적 과오에 대한 반성과 미래의 방향을 제시할 수 있는 능력을 가진 지도자들의 리더십을 기반으로 오랫동안의 협상을 통해 탄생하게 되었다.

---

11 Mearsheimer, "Back to the Future: Instability in Europe After the Cold War," pp.8, 12, 20~21, 55.
12 홍기준, 「유럽통합의 경로의존성과 창발성」, 《국제정치논총》, Vol. 48, No. 4(2008), 222쪽.

모네와 슈망

장 모네 Jean Monnet 는 프랑스 코냐크 지방 출신으로 젊은 시절에는 사업가로 활동했다. 제 1·2차 세계대전 동안에는 연합국의 군수물자를 관리하는 고위 국제공무원으로 일했다. 제2차 세계대전이 종료된 직후 모네는 프랑스의 경제 재건을 역설하고 경제계획청장을 맡아 재건작업을 지휘했다. 독일과 석탄·철강 산업을 통합하는 방안도 우선은 독일과의 전쟁을 미연에 방지하고 프랑스의 경제발전을 도모하기 위한 것이었다. 나아가 석탄·철강 산업 통합을 계기로 다른 산업 부문의 통합도 추진해 장기적으로는 유럽의 통합을 도모하기 위한 것이었다. 실제로 그는 유럽석탄철강공동체 출범 후 이 공동체의 공동관리청장으로 재직하면서 유럽방위공동체와 유럽정치공동체를 입안해 유럽의 정치적 통합까지 추진했다. 프랑스 의회의 비준 거부로 정치통합이 성사되진 못했지만 유럽 통합의 역사에서 모네는 선구적인 역할을 한 것으로 평가된다.

모네의 획기적인 통합방안을 이해하고 적극 실행한 인물이 로베르 슈망 Robert Shuman 이다. 슈망은 독일과 국경을 맞대고 있는 프랑스 로렌 지방 출신이다. 출신지 영향으로 독일과 프랑스의 갈등 해결에 대한 강한 의욕을 가지고 있었다. 실제로 그가 외무장관으로 일하는 동안(1948년 7월~1953년 1월) 유럽석탄철강공동체가 출범하고 유럽 통합을 위한 초석이 다져졌다. 당초 모네의 유럽 통합 구상은 슈망의 전임 외무장관 비도 George Bidault 에게 전달되었다. 하지만 비도는 이를 수용하지 않았다. 비도의 뒤를 이은 슈망이 이를 채택함으로써 모네의 통합안이 빛을 보게 되었고, 결국은 현재의 EU까지 만들어지게 되었다. 혜안을 가진 리더들이 없었더라면 초기 유럽 통합의 단초가 마련되기 어려웠음을 이러한 사실이 잘 보여준다.

EU는 세계정치의 역사에서 보기 드문 현상이기에 국제정치에 주는 의미도 특별하다. 그 의미는 크게 세 가지이다.[13] 첫째, EU는 국제정치에 새로운 행위자의 출현을 의미한다. 국제정치의 주요 행위자는 전통적으로 국가였다. 여기에 정부간기구와 비정부단체, 다국적기업 등 비국가행위자들의 활동이 점점 활성화되어 왔다. 그런데 EU는 정부간기구에서 발전해서 하나의 통합체를 이루어 통상의 정부간기구와는 다른 양태의 행위자가 되었다. 국가들의 모임이 하나의 거대국가와 같은 존재가 되어 국제정치에서 실제 주요 행위를 하고 있는 것이다. 둘째, 국제정치의 특징인 자발주

---

13 최진우, 「유럽통합」, 한국정치학회 엮음, 『정치학이해의 길잡이』(법문사, 2008), 155쪽을 참조·보완했다.

의voluntarism가 지역의 협력과 통합으로 연결될 수 있음을 보여주었다. 스스로의 의사로 스스로 행동하는 자발주의는 국가들의 유대를 약화시키는 요소로 인식되어 왔다. 하지만 EU의 사례는 이러한 자발주의가 공동의 이익 추구와 공동의 제도 형성을 통해 지역의 자발적 통합까지 이루어낼 수 있음을 보여주었다. 셋째, 점진적인 제도의 통합 과정을 통해 하나의 평화문화가 형성되었다는 것이다. 경제 부문부터 정치 영역까지 단계적인 통합의 과정을 거치면서 평화가 정착되었고, 하나의 다원적 안보공동체pluralistic security community를 이룬 것으로 볼 수 있다.다원적 안보공동체는 주권이 국가들의 보유로 인정되면서도 국가들 사이의 문제를 물리적 폭력이 아니라 제도적 절차로 해결해 나가는 국가들의 그룹을 말한다.[14] 분쟁을 전쟁이 아니라 제도로 해결하는 상태를 이르는 것이다. EU는 이 상태에 이르렀다고 볼 수 있다. 다양한 측면에서 국제정치의 새로운 의미로 다가온 EU는 지금도 살아 움직이면서 변화의 길을 가고 있다. EU가 어느 정도까지 통합을 심화할 수 있을지, 국제정치에서 어느 정도의 중요한 역할을 더 할지 지속적인 관심의 대상이 되고 있다.

2) EU 탄생과 발전

유럽은 제1차 세계대전에 이어 20년 만에 다시 발생한 제2차 세계대전으로 어느 나라 할 것 없이 폐허가 되었다. 특히 5,000만 명의 희생자를 낸 제2차 세계대전은 세계의 질서도 바꾸어놓았다. 유럽 중심이었던 서양의 질서를 미국과 소련 중심으로 변화시킨 것이다. 이러한 환경에서 등장한 것이 유럽통합론이다. 통합을 통해 새로운 세계질서를 모색하려는 의식에서 프랑스와 독일을 중심으로 유럽 통합의 움직임이 나타나기 시작한 것이다.

유럽 통합 논의의 단초는 자원협력이었다. 독일과 프랑스 사이의 갈등의 주요인이었던 석탄·철강을 공동으로 관리함으로써 분쟁을 줄이려는 노력이 먼저 시작된 것이다. 그 결과로 결성된 것인 유럽석탄철강공동체ECSC이다. ECSC는 프랑스, 독일, 이탈

---

14 Karl W. Deutsch et al., *Political Community and the North Atlantic Area: International Organization in the Light of Historical Experience*(Princeton, NJ: Princeton University Press, 1957), p.5.

리아, 벨기에, 네덜란드, 룩셈부르크가 참여한 가운데 1952년 출범했는데, 참여국의 석탄·철강 정책을 조정함으로써 분쟁의 소지를 줄이고, 석탄·철강의 무역장벽을 낮추어서 각국이 이를 효율적으로 활용할 수 있도록 하는 데 많은 역할을 했다. 자원협력은 유럽 국가들이 필요성을 절감하는 부분이고, 협력에 장애가 많지 않은 부분인데, 이런 부분으로부터 유럽 협력의 단초를 마련한 점은 유럽 통합 성공의 중요한 요인으로 평가되고 있다. 협력이 가능한 부분에서 성과를 이루고, 이후 협력의 범위를 확대하려 한 기능주의적 접근이 초기 단계에서 유럽 협력을 활성화하는 데 크게 기여한 것으로 평가되고 있는 것이다.

1950년대 중반 들어 유럽은 협력의 영역을 확대한다. ECSC 참여국들은 1955년 6월 공동의 시장을 창설하기로 하고 원자력공동체도 결성하기로 합의했다. 1957년 3월에는 로마조약으로 유럽원자력공동체^{Euratom: European Atomic Community}와 유럽경제공동체^{EEC: European Economic Community}가 설립되었다. Euratom은 원자력을 평화적으로 이용하는 데 필요한 협력을 위해 설립되어 이후 과학기술 전 분야에 걸친 협력을 논의하는 기구로 발전했다. EEC는 공동의 시장 창설, 공동의 역외관세 시행, 경제정책의 접근을 추진했다. 특히 공동농업정책을 추진해 농산물의 생산량과 가격을 조절할 수 있게 되었고, 농업보조금 정책도 회원국들이 공동으로 마련하도록 했다. 1959년부터는 실제로 관세가 인하되기 시작했다.

1967년 7월 EEC와 ECSC, Euratom은 하나로 통합되어 유럽공동체^{EC: European Community}가 되었다. 1968년부터는 역내 국가들 사이에 관세와 노동력 이동의 제한이 없어졌다. EC는 회원을 계속 확장해 기존 6개국에서 1973년 영국과 덴마크, 아일랜드가 회원국으로 추가되었고, 1981년에는 그리스가 포함되어 10개국이 되었다. 1986년에는 스페인, 포르투갈이 가입해 12개국이 되었다.

1980년대 후반 EC는 상품과 서비스, 노동력, 자본 이동의 자유화에 주력했다. 1992년까지 이들 분야의 자유무역에 방해가 되는 비관세장벽을 제거하기로 한 것이다. 동시에 EC는 통화의 단일화, 범죄수사와 재판 관련 협력, 공동외교안보정책과 관련한 협력도 강화해 나갔다. 그런 노력의 결과 1991년 12월 마스트리히트 조약이 체결되어 1993년 11월에 발효되었다. 이때부터 EC도 유럽연합^{EU}으로 변경되었다. 이로써 사람, 물자, 서비스, 자본 등의 이동이 자유롭게 되었다. EC와 EU의 가장 큰 차이는 EC는 경제통

터키와 EU

터키는 오랫동안 EU 가입을 위해 노력해 왔지만 아직도 가입하지 못하고 있다. 터키는 1923년 무스타파 케말^{Mustafa Kemal}이 공화국을 수립한 이후 줄곧 유럽을 지향해 왔다. 1959년 EEC에 회원국 가입 신청을 한 이래, EC와 EU로 개칭된 이후에도 계속 정회원국이 되기 위해 노력하고 있다. 하지만 EU는 터키의 민주주의와 인권 부문의 미흡한 점을 들어 가입을 미루어왔다. 1999년에 겨우 EU 후보국이 되었다.

터키는 EU 가입을 위해 2002년 사형제도를 폐지하고 소수민족인 쿠르드족을 위해 쿠르드어 방송을 허용했다. 가입협상은 계속 진행 중인데, 터키가 키프로스공화국(키프로스섬의 남측)을 인정하지 않는 것도 큰 걸림돌이 되고 있다. 키프로스는 남북으로 분단돼 있는데, 그리스계인 키프로스공화국이 국제적으로 인정받는 국가이다. 터키계인 북키프로스 터키공화국(키프로스 섬의 북측)을 지원하는 터키는 키프로스공화국을 인정하지 않고 있다.

터키의 언론자유와 군부의 정치개입 등도 EU 가입에 장애가 되고 있다. 터키가 과거 오토만제국 시절 오스트리아 빈^{Wien}까지 공격해 들어가 유럽을 공포에 몰아넣었던 역사에서 유래된 유럽인들의 터키에 대한 두려움, 터키포비아^{Turkiphobia}도 EU의 문을 여는 데 큰 장벽이 되고 있다.

EU가 공식적으로 말을 하고 있지는 않지만 가장 큰 장애는 이슬람교이다. EU 안에 이슬람 국가를 수용하는 것에 대해 EU가 아직 결단을 내리지 못하고 있다. 터키는 인구가 8,400만에 이르기 때문에 EU에 가입하면 인구비례로 선출하는 유럽의회 의원도 많이 차지하게 된다. 이 많은 인구가 일자리를 찾아 자유롭게 서유럽으로 갈 수도 있다. 이런 상황을 EU가 아직 받아들이지 못하고 있는 것이다.

한편 EU는 터키의 음식문화에 대해서도 문제를 삼고 있다. 대표적인 것이 코코레츠^{Kokoreç}이다. 양의 대장을 숯불에 구워서 고추, 마늘 등을 넣고 다진 다음 빵 사이에 넣어 먹는 음식이다. 길거리에서 파는 저렴한 음식으로, 한국의 순대를 연상시키는 서민들의 애호식품이다. 그런데 EU는 동물의 내장으로 만든 음식이라며 문제를 삼고 있다. 아무튼 정치적·경제적·종교적 문제에다가 문화적 격차도 커서 터키의 EU 가입까지는 아직 매우 험난한 길이 남아 있는 것으로 보인다.

합에 주력한 반면 EU는 경제뿐만 아니라 내무와 법률, 외교, 국방 분야까지 통합의 범위를 확대했다는 것이다. 그러면서 EU의 영역은 확대되어 1995년에는 스웨덴과 핀란드, 오스트리아가 가입함으로써 회원국이 15개국이 되었다.

1999년에는 유럽단일통화권이 합의되어 2002년 실제로 단일통화가 EU 회원국 가운데 영국, 덴마크, 스웨덴, 그리스를 제외한 11개 나라에 도입되었다. 이 나라들이 유로euro라는 하나의 통화를 사용하게 된 것이다. 경제적 조건과 경제 규모, 금융환경 등에서 많은 차이가 있는데도 불구하고, 또한 각국이 화폐발행권이라는 국가권한의 주요 부분을 양보하는 상황임에도 불구하고 통화 통합을 이룬 것이다. 통화의 통합은 각국이 환율정책을 활용해 물가나 국제수지 조정을 할 수 없다는 큰 단점을 가지고 있다. 그럼에도 불구하고 통화의 통합을 이룰 수 있었던 것은 무엇보다 단일시장의 효율성이 통화의 통합으로 더 커질 것이라는 기대 때문이었다. 환율의 변동이란 것이 없기 때문에 경제 운용에서 불확실성도 크게 줄일 수 있고, 물가안정도 기대할 수 있는 점도 작용했다. 또한 환율방어와 같은 것이 필요 없기 때문에 많은 외환을 가지고 있을 필요가 없다는 측면도 화폐통합을 가능하게 한 하나의 원인이 되었다. 또 세계의 기축통화key currency 역할을 하고 있는 미국의 달러에 맞서는 유럽의 통화를 갖고 싶은 유럽 국가들의 욕구도 화폐통합에 한몫했다. 이러한 여러 가지 이유가 작용해 유럽의 화폐통합은 가능하게 되었다.

2011년에는 에스토니아 등이 가입해 유로존euro zone이 17개국으로 확대되었다. 2014년에는 라트비아가, 2015년에는 리투아니아가 참여해 지금은 19개국이 유로 단일통화권을 이루고 있다. 독일, 프랑스, 벨기에, 이탈리아, 룩셈부르크, 네덜란드, 아일랜드, 그리스, 포르투갈, 스페인, 핀란드, 오스트리아, 슬로베니아, 몰타, 키프로스, 슬로바키아, 에스토니아, 라트비아, 리투아니아 등 19개국이다. EU 회원국이면서도 유로를 사용하지 않는 국가는 덴마크, 스웨덴, 불가리아, 체코, 헝가리, 폴란드, 루마니아, 크로아티아 등 8개국이다.

2000년대 EU 회원국 증가 상황을 보면 2004년에는 라트비아, 리투아니아, 몰타, 슬로바키아, 슬로베니아, 에스토니아, 체코, 키프로스, 폴란드, 헝가리가 EU에 가입했고, 2007년에는 루마니아, 불가리아가 회원국이 되었다. 2013년에는 크로아티아가 가입해 28개국이 되었지만, 2020년 1월 영국이 탈퇴해 27개국이 되었다.

경제 통합을 주로 살펴보았지만, 2009년 발효된 리스본 조약으로 정치적 통합도 상당 부분 진전을 이루었다. 이 조약으로 EU 대통령으로 불리는 EU 정상회의 상임의장직이 신설되었고, EU 외교장관의 역할을 하는 외교안보정책 고위대표직도 설치되었다. 또한 각료이사회가 의사결정을 할 때 만장일치 방식으로 해야 하는 분야를 줄이고, 많은 분야에서 다수결 방식으로 의사결정을 할 수 있도록 했다. 유럽의회의 권한도 강화했다. 전체적으로 EU는 리스본 조약 이후 정치적인 통합체로서의 성격이 이전보다 훨씬 강화되었다.

3) EU의 조직

EU의 주요 기구로는 유럽이사회 European Council (정상회의)와 각료이사회 Council of Ministers, 유럽집행위원회 European Commission, 유럽의회 European Parliament, 유럽중앙은행 European Central Bank, 유럽사법재판소 European Court of Justice, 유럽회계감사원 European Court of Auditors 등이 있다.

유럽이사회는 유럽정상회의를 이르는 것으로, 2009년 리스본 조약으로 공식기관이 되었다. 사실상의 최고위 정책결정기구이다. 유럽이사회의 주요 결정사항은 각료이사회에서 EU 법률로 제정되어 실행된다. EU 회원국의 정부수반과 함께 유럽집행위원장도 유럽이사회의 구성원이다. 연 4회의 정상회의를 통해 법과 제도의 개정, 예산 등에 관한 기본 방향을 정한다. 정책방향을 설정하고, 회원국의 확대, 통합의 심화 등 핵심적인 사항에 대한 EU의 입장을 정하는 역할을 한다. 대통령과 유사한 상임의장을 선출하고, 상임의장의 임기는 2년 6개월이다.

각료이사회는 EU의 입법기구이다. EU 이사회라고도 한다. 28개국 각료와 외교안보정책 고위대표가 참석해 각종 규정을 제정·개정하고, 예산안도 심의·확정한다. 다른 나라와의 협정도 체결한다. 유럽집행위원회의 정책을 승인하는 역할도 한다. 그래서 EU 각료이사회가 EU 정책의 최고결정기구가 되는 것이다. 유럽의회와 입법권을 공유하지만 각료이사회의 표결이 우선적 효력이 있다. 노동과 조세 등 주요 문제는 만장일치로, 과학기술과 문화 등 덜 민감한 문제는 다수결로 의사결정을 한다. 유럽집행위가 제안한 법안을 수정하는 것은 만장일치로만 할 수 있다. 각국이 한 표를 행사하는 것이 아니라 나라마다 갖고 있는 표의 수가 다르다. 표가 가장 많은 나라는 인구가 많은 독일과 영국, 프랑스, 이탈리아로 29표를 가지고 있고, 가장 적은 나라는 몰타로 3표이다. 각료이사회 가운데 외교장관들의 각료이사회를 일반이사회 General Affairs Council라고 하는데, 여기서는 외교뿐만 아니라 전반적인 문제를 다룰 수 있다. 초기에는 일반이사회를 통해 웬만한 문제를 다 해결했지만, EU의 권한 확대에 따라 차츰 전문이사회가 생겨나게 되었다. 재무장관이사회, 법무장관이사회, 내무장관이사회 등 분야별로 각료회의가 따로 운영된다.

유럽집행위원회는 EU의 행정부이다. 각료이사회에 주요 법안을 제출하는 것도 유럽집행위의 주요 업무이다. 법안을 통해 EU의 정책방향을 결정하기 때문에 이 기능이 매우 중요하다. 유럽집행위가 EU의 핵심기구인 이유도 이 기능 때문이다. EU의 행정부이지만 행정의 대상인 국민을 가지고 있지는 않기 때문에 국민을 상대로 행정을 하지는 못하고, 각료이사회에서 제정된 법률을 각국이 제대로 준수하고 있는지 감독하는 업무를 수행한다. 법률을 지키지 않는 회원국에 대해서는 유럽사법재판소에 제소할 수 있다. EU의 예산을 관리·집행하는 일도 한다. 유럽집행위원 European Commissioner 은 27명이다. EU의 27개 회원국이 1명씩 선출한다. 하지만 집행위원은 각국가의 이익이 아니라 EU의 이익을 대변하는 역할을 한다. EU 집행위원장은 유럽의회에서 선출된다. 유럽국민당 EPP (중도우파), 사회민주진보동맹 S&D (중도좌파) 등 유럽의회에 원내교섭단체로 등록되어 있는 주요 정당이 집행위원장 후보를 내고 유럽의회의 선거를 통해 집행위원장이 선출되는 것이다. 각국 정상의 모임인 유럽이사회에서 다수결로 결정해서 유럽의회가 승인하는 방식이었지만, 2009년 리스본 조약으로 수정되었다. 집행위 제1부위원장이 외교안보정책 고위대표로서 EU의 외교장관 역할을 수행한다. 각 집행위원 산하에 관료조직이 구성되어 법안 준비와 예산, 행정에 관한 일을 직접 수행한다. 실제로 벨기에 브뤼셀에 있는 유럽집행위에는 2만 명이 넘는 EU 공무원들이 일하고 있다.

유럽의회는 각 회원국이 선출해 보낸 의원들로 구성된다. 1970년대까지는 각국의 의회에서 보낸 대표들로 구성되어 주요 이슈에 대해 토론하는 장의 역할에 머물렀다. 하지만 1979년 처음으로 선거를 통해 유럽의원을 선출함으로써 그 위상이 강화되었다. 법안 발의권은 유럽의회가 아니라 각료이사회가 가지고 있지만, 유럽의회는 모든 법안에 대해 심의, 수정, 동의 또는 부결권을 가지고 있다. 새로운 회원국 승인, 단일시장, 환경, 소비자 보호, 교통, 과학연구, 농수산, 사법, 이민 등 주요 분야에 대해서는 각료이사회가 발의한 법안 내용을 수정하거나 거부할 수 있는 공동결정권을 갖고 있다. EU 집행위원장을 선출하며, 집행위원 임명에 대한 동의권과 집행위원에 대한 불신임권도 보유하고 있다. 각료이사회와 집행위에 대한 감독·통제권도 가지고 있다. 예산의 편성은 유럽집행위가, 통제는 각료이사회가 하지만, 유럽의회는 예산안을 심의하고 수정 제안하고 거부할 수 있다. 유럽의원은 모두 705명인데, 인구비례에 따라 독일은 96명, 프랑스 79명, 이탈리아 76명을 선출하고, 키프로스와 몰타는 6명만을 선출한다. 유럽의원의 임기는 5년이며, 자국이 아닌 다른 나라에서 출마하는 것도 허용되어 있다.

유럽중앙은행은 유로존의 통화정책을 담당한다. 유로의 통화량과 이자율을 조정하는 방법으로 정책을 운용한다. 유로존에 속하지 않는 국가도 참여할 수 있다. 유로존의 통화정책이 유럽 전체에 큰 영향을 미치기 때문에 정책결정에 참여할 수 있도록 한 것이다. 유럽중앙은행은 각국이 출자한 자본금으로 운영되는데, 여기에도 비유로존 국가가 참여하고 있다. 영국은 유로존이 아니지만 15%를 출자했다. 이자율 조정 등 주요 사안은 관리위원회 Governing Council 에서 다루는데, 이 위원회는 각국의 중앙은행장들로 구성되어 있다. 일상 업무는 유럽중앙은행장이 수장인 집행이사회 Executive Board 에서 처리한다.

유럽사법재판소는 회원국당 1명씩 모두 27명의 판사(임기 6년)로 구성된 EU의 법원이다. EU의 조약과 법률, 규정에 대한 해석권을 가지고 있다. EU가 그동안 만들어낸 조약과 법률 등의 내용이 구체적으로 무엇인지 규명할 필요가 있을 때, 이에 대한 최종적인 결정의 권한을 보유하고 있는 것이다. EU의 법률과 충돌하는 경우 각국의 법률을 무효화할 수 있는 권한도 있다. 마스트리히트 조약으로 형벌권도 갖게 되어 회원국의 EU법 위반에 대해 벌금형을 내릴 수도 있게 되었다. 회원국 사이 또는 회원국과 EU의 각종 법률·제도 사이의 분쟁에 대해 판결하는 권한도 갖고 있다. 이때 판결을 강제로 집행하는 수단이 없다는 문제가 남아 있는데, 마스트리히트 조약이 만들어낸 방안은 판결 내용을 지키지 않는 국가에 대해서 벌금을 부과하는 것이다. 정부만이 아니라 개인도 유럽사법재판소에 제소할 수 있다. 예를 들어 유럽집행위의 직원이 부당한 대우를 받았다면, 이에 대한 시정과 배상문제에 대해 유럽사법재판소에 제소할 수 있는 것이다. 2014년 스페인의 한 남성이 구글 검색 결과에서 자신의 개인정보를 삭제해 달라는 취지로 유럽사법재판소에 제소했다. 자신이 이미 빚을 다 갚았는데, 자신의 집이 부채로 경매에 부쳐졌다는 오래전 기사가 검색 결과로 나온다며 이를 삭제해 달라고 제소한 것이다. 유럽사법재판소는 구글에 해당 정보를 삭제하라고 명령했다. 이후 구글에 자신의 기사를 빼달라는 요구가 잇따랐다.

회계감사원은 EU 재정 전반의 예산에 대한 회계감사권을 가지고 있다. EU 예산이 수입과 지출 면에서 적정했는지, 재정건전성은 있는지 등을 감사한다. EU의 하부기관들에 대해서도 마찬가지 감사를 실시한다. 재정이 관여되는 법률을 입법할 때 EU의 기관들이 요청하면 그에 대한 의견을 주기도 한다. 감사위원은 모든 회원국 1명씩 모두 27명이며, 임기는 6년이다. 유럽의회의 청문회를 거쳐 이사회의 만장일치로 임명된다.

4) EU의 미래

EU의 미래와 관련해서 주목해야 할 점은 EU가 더 확대될 것인지, 또 통합의 정도를 더 강화할 것인지 하는 문제이다. 통합은 크게 세 분야로 나뉘어 진행되어 왔다. 경제와 외교안보, 내무사법 분야이다. 확대 가능성과 분야별 통합성의 강화 가능성을 차례로 살펴보자.

(1) EU의 확장

영국의 탈퇴로 EU의 위상은 일정 부분 손상을 입었다고 할 수 있다. 하지만 유난히 강한 자존심과 주권의식을 바탕으로 유럽대륙과 일정한 거리두기를 해온 영국의 탈퇴가 EU의 미래에 결정적인 영향을 미칠 것 같지는 않다. 실제로 터키와 세르비아, 알바니아, 몬테네그로, 북마케도니아 등은 EU에 가입 신청을 해놓고 가입을 위해 노력하고 있다. EU가 앞으로 더 확대될 가능성이 있는 것이다.

우크라이나의 상황을 보면 EU의 미래에 대해 일정한 답을 얻을 수 있다. 우크라이나는 EU와 러시아 사이에 끼어 있는 국가라 할 수 있다. 우크라이나 정치는 친EU(친미국) 세력과 친러시아 세력으로 양분되어 있다. 양측의 갈등이 첨예화되면서 발생한 것이 2014년 우크라이나 사태이다. 친러파 대통령 야누코비치 Viktor Yanukovych가 대對 러시아 접근정책을 실시하자 친EU 세력이 대규모 시위를 일으켜 대통령을 몰아냈다. 여기에 대응해 러시아가 크림반도에 군을 진주시키고 주민투표를 실시해 이 지역을 자신의 영토로 편입시켰다. 우크라이나를 두고 EU와 러시아가 심한 경쟁을 벌이면서 이와 같은 사태가 발생하게 된 것이다.

냉전 해체 이후 EU는 동쪽으로 영역을 확대하기 위해 적극적으로 구소련의 위성국가들과 가입협상을 했다. 2000년대 들어 많은 과거 친소련 국가들이 EU회원국이 되었다. EU의 동진에 따라 러시아의 경제적·안보적 위기의식이 커져왔다. 2008년 러시아가 조지아를 공격한 것도 조지아의 친EU·친미 정책에 대한 응징 차원으로 볼 수 있다. 구소련에서 독립한 나라들의 모임인 독립국가연합^{CIS} 회원국 가운데서 우크라이나와 벨라루스, 몰도바, 아르메니아, 아제르바이잔은 EU 가입을 희망하고 있다. 특히 우크라이나는 2019년 2월 개정된 헌법의 전문에 EU와 NATO(북대서양조약기구) 정회원국 지위 획득 전략을 명시하고 이들 기구 가입을 적극 추진하고 있다.

이러한 상황전개는 EU와 러시아의 긴장을 지속적으로 고조시켜 왔다. 러시아가 강경정책으로 EU의 확장을 막아서는 형국이지만 문제는 개별 국가들의 입장이다. 이들 국가의 판단기준은 자신들의 국가이익이다. EU와 러시아 사이에 위치하고 있는 여러 국가들이 EU 가입을 희망하는 것은 EU 가입으로 농업보조금을 받을 수 있고, 광대한 상품시장과 노동력 수출시장을 확보할 수 있다고 판단하기 때문이다. 따라서 EU의 영토 확장은 계속될 가능성이 높다. 그러면서 러시아와의 갈등은 더 심화될 것으로 보인다.

(2) 경제 통합 강화

EU 확대의 문제는 그렇고 이제 통합의 강화 문제를 살펴보자. 결론부터 먼저 말한다면, EU는 영토 확장과 함께 통합의 정도를 심화하는 작업도 계속할 것으로 보인다. 경제 분야 통합은 많이 진행되어 왔지만 여전히 남아 있는 부분이 있고, 그런 부분을 중심으로 진행될 것으로 보인다. 남유럽 경제위기 이후 그런 흐름을 보이고 있다. 2008년 미국의 금융위기는 유럽의 위기로 이어졌다. 미국 위기의 여파로 인한 2009년 그리스 재정위기를 시작으로 PIGS(포르투갈, 이탈리아, 그리스, 스페인) 국가들이 잇따라 경제위기를 맞았다. 위기를 맞아 EU는 분열되었다. 어려움에 처한 남유럽 국가들은 EU와 유로존의 리더인 독일이 나서서 지원을 해야 한다고 주장했다. 반면에 독일은 일방적인 지원에 반대했다. 이러한 위기와 그에 따른 EU의 분열은 화폐통합에 대한 회의론도 불러왔다. 한 나라의 위기는 유로존 전체의 위기로 발전할 가능성이 높음을 2009년 위기가 보여주었기 때문이다. 한때는 유로존이 결국 붕괴될 것이라는 전망까지 나왔다.

하지만 남유럽의 위기 이후 위기 확산의 원인과 관련해 통화정책과 재정정책의 불균형이 주요 원인으로 지적되었다. 유로존의 통화정책은 유럽중앙은행이 담당한다. 하지만 재정에 관한 정책은 여전히 각국이 맡아서 하고 있다. 따라서 이 둘 사이에 엇박자가 났고 그래서 위기가 확산되었다는 것이다. 이와 같은 진단에 따라 EU는 예산과 재정정책을 통합적으로 운영할 수 있는 방안을 지속적으로 논의하고 있다. 2009년 리스본 조약은 대외정책뿐만 아니라 공동의 통상정책과 개발협력도 규정하고 있어서 경제 부문의 통합은 경제 전반에 걸쳐서 지속적으로 추진될 전망이다.

(3) 공동외교안보정책 강화

외교안보 분야의 통합은 어떤가? 외교안보 분야 통합은 1950년대부터 논의되었지만 각국의 이해가 첨예하게 부딪쳐 더디게 진행되어 왔다. 1951년 유럽석탄철강공동체 설립 직후 프랑스의 주도로 유럽방위공동체EDC: European Defense Community가 추진되었다. 특히 프랑스 외교장관 로베르 슈망은 석탄철강공동체의 6개 회원국을 비롯한 유럽 주요 국가들의 군대를 통합된 지휘체제하에 두는 것이 이들 사이의 갈등과 전쟁을 막는 가장 바람직한 방안이라고 보고 EDC를 적극 추진했다. 하지만 정작 프랑스 의회의 승인을 받지 못했다. 프랑스 의회는 EDC는 프랑스의 주권을 침해하는 것이라며 부결시켰고, EDC는 출범하지 못했다. 유럽석탄철강공동체는 EDC와 함께 유럽정치공동체EPC: European Political Community도 추진했다. 공동의 의회와 집행부를 구성해 정치적 통합을 이루어 나가려는 구상이었다. 하지만 EDC가 프랑스 의회에서 부결되면서 EPC도 자연스럽게 무산되었다.

이후 외교안보정책에 대한 통합은 진전을 보지는 못했지만 진정한 유럽의 통합과 국제사회에서 EU의 정치적 위상 강화를 위해 외교안보정책 통합이 필요하다는 데에는 유럽 국가들이 인식을 같이하고 있었다. 소련의 붕괴와 탈냉전의 상황을 맞아 이에 대한 논의는 큰 진전을 보게 되었다. 이러한 국제환경의 변화에 따라 1992년 조인된 마스트리히트 조약은 공동외교안보정책CFSP: Common Foreign and Security Policy 추진을 명문화했다. NATO가 유럽의 집단방위체제로 존재하지만 미국 중심이 아닌 유럽만의 독자적인 방위기구가 존재해야 한다는 인식을 반영한 것이다.

2004년 브뤼셀 정상회의에서는 유럽방위청European Defence Agency과 신속대응전투부대Battle Group 창설을 합의해, 이들 기관이 신설되었다. 유럽방위청은 국방력 강화와 국방비 지출의 효율성을 증대시키기 위한 조정 역할을 한다. 신속대응전투부대는 분쟁지역에 파견되어 평화유지활동을 하고 있다.

2009년 리스본 조약은 CFSP 통합을 강화했다. 유럽이사회 상임의장과 외교안보정책 고위대표를 신설했을 뿐만 아니라 조약 발효 1년 후부터는 유럽대외관계청 EEAS: European External Action Service 도 출범했다. EU 대외관계의 실질적 업무와 외교관 파견 등을 담당하는 독립된 기구가 설립된 것이다. 리스본 조약으로 공동안보방위정책 CSDP: Common Security and Defence Policy 도 규정해 회원국이 무장공격이나 테러, 재해를 당하는 경우 다른 회원국들은 모든 가용자원을 동원해 지원하도록 했다.

하지만 여전히 외교안보 분야는 통합이 쉽지 않은 부분으로 남아 있는 것도 사실이다. 이 분야는 특히 통합이 주권의 침해와 직결되어 있기 때문에 통합의 속도를 높이기가 어렵다. 리스본 조약으로 각료이사회의 많은 분야의 의사결정방식이 다수결로 바뀌었지만, 외교안보 분야는 아직 만장일치 방식을 취하는 것도 그만큼 각국의 이해가 심하게 충돌하기 때문이다. 하지만 2004년 EU 대통령과 EU 외교장관을 신설하는 내용의 EU 헌법을 채택한 경험도 있기 때문에(프랑스와 네덜란드의 국민투표 결과 부결되어 EU 헌법조약은 비준·발효되지 못했다) EU는 기회가 되면 다시 그러한 헌법 제정을 통해 외교안보 통합을 추진할 것으로 보인다.

EU의 외교안보정책 통합의 과정에서 문제가 되는 것이 북대서양조약기구 NATO: North Atlantic Treaty Organization 와의 관계이다. NATO는 미국과 캐나다, 영국, 프랑스 등 12개국이 소련과 동유럽 국가들을 적국으로 상정하고 1949년에 설립한 집단방위기구이다. 집단안보체제 collective security system 가 특정 적대국이 상정되지 않은 상태로 국가들의 안보를 공동으로 확보하는 방안인 반면에, 집단방위체제 collective defense system 는 가상의 적국을 상정하고 이 적국에 대항해 공동으로 방어할 수 있는 방안을 추진하는 방식이다. NATO는 이사회와 군사위원회, 핵방위문제위원회, 사무국, 군통합사령부 등을 산하 조직으로 두고 있다. 이사회는 최고의결기관으로 회원국의 외교·국방장관들로 구성되며, 주요 사안에 대해 논의하고 결정한다. 군사위원회는 회원국의 참모총장으로 구성되며 군사조직의 활동을 감사하는 역할을 한다. 핵방위문제위원회는 핵무기의 군사적 활용에 관한 논의를 하고, 사무국은 NATO 조직의 운영문제를 담당한다. 군통합사령부는 NATO군의 전략에 관한 최고결정기관이다. NATO 본부와 군통합사령부는 당초 파리에 있었으나, 프랑스가 미국과 영국 중심의 운영에 반발하며 1966년에 NATO 군통합사령부를 탈퇴하면서 벨기에 브뤼셀로 이전했다.[15] 회원국은 2020년 현재 29개국이다.

1990대 초 소련이라는 적이 사라짐으로써 NATO의 위상과 입지는 많이 달라졌다. 단순한 방위기구의 성격을 벗어나 유럽의 평화와 안보에 기여하는 정치기구로 변화했다. 사회주의 체제에서 벗어난 동유럽 국가와 발트 3국 등을 회원으로 받아들였다. 1999년에 체코와 헝가리, 폴란드가 가입했고, 2004년에는 에스토니아, 라트비아, 리투아니아, 슬로베니아, 슬로바키아, 불가리아, 루마니아가 회원국이 되었다. 2009년에는 크로아티아와 알바니아가, 2017년에는 몬테네그로가 회원으로 가입했다. 새로운 국제질서 속에서 NATO는 유럽의 평화와 안보에 효율적으로 기여하기 위해 2002년 프라하 정상회의에서 국제테러에 대한 대응을 스스로의 새로운 역할로 규정했다. 이에 따라 2003년에는 2만 1,000명 규모의 신속대응군 NRF: NATO Response Force 을 창설했다. 신속대응군은 분쟁이나 테러가 발생하면 5~30일 내에 작전에 투입되도록 만들어진 군조직이다.

NATO의 이러한 방향설정은 EU의 외교안보정책과 충돌하는 부분이 많다. EU가 미국의 영향을 받지 않는 독자적인 군조직을 가지고 싶어 하기 때문이다. 실제로 NATO가 신속대응군을 갖춘 이후 EU도 2004년 신속대응전투부대를 구성해 보스니아 헤르체고비나에서 평화유지활동을 하는 등 군사적 활동을 본격화했다. NATO와 EU가 유럽의 방위와 평화유지를 두고 경쟁하는 양태를 보이고 있는 것이다.

미국도 이러한 경쟁을 의식해 NATO와 EU 사이에 3D가 적용되어야 한다고 강조하고 있다. No Decoupling(미국-EU 안보 분리 불가), No Duplication(EU-NATO 방위능력 중복 불가), No Discrimination(EU와 NATO 미가입국 차별금지)을 역설하고 있는 것이다. 그러면서 미국은 EU에 독자적 군사활동 자제를 지속적으로 촉구하고 있다. 여기에

---

15 프랑스는 1966년 NATO 군통합사령부에서 탈퇴했다. NATO 자체에서 탈퇴한 것은 아니고 군통합사령부에서 프랑스군을 철수시킨 것이다. 당시 드골 대통령은 프랑스 군대를 미군 장군(NATO 사령관) 휘하에 두는 것은 프랑스의 주권을 훼손하는 것이라고 주장하며 군을 철수했다. 사르코지가 대통령으로 재임하던 2009년 프랑스는 군통합사령부에 복귀했다.

영국이 동조하고 있고, 프랑스와 독일, 벨기에 등은 독자적인 군사능력 향상을 추진하자는 주장을 하고 있다. 리스본 조약으로 공동안보방위정책은 점차 강화될 것으로 보이고 아울러 EU의 군사조직 강화도 꾸준히 논의될 것으로 보인다. 그런 점에서 보면 EU와 NATO의 경쟁관계도 지속될 것으로 보인다.

(4) 내무사법 협력 강화

내무사법 분야도 경제 영역보다는 통합의 속도가 느리게 진행되어 왔다. 국내질서를 지키고 자국민을 보호하는 영역으로 역시 주권문제와 직결되어 있고, 각국이 민감하게 여기는 분야이기 때문이다. EU는 안전과 정의, 자유도 공동정책이 수립될 때 더욱더 잘 보장될 수 있다는 인식하에 느리지만 공동정책을 추진해 왔다. 1970년대에는 마약과 테러에 대해 EU가 대응책 마련에 나섰고, 1985년 체결된 셴겐 협정 Schengen agreement 으로 유럽인들의 이동이 더욱 자유롭게 되었다.

마스트리히트 조약으로 망명과 이민, 인신매매 등에 대해 공동 대응하게 되었고, 2004년에는 유럽체포영장 European Arrest Warrant 제도가 도입되어 EU 안에서는 도주피의자의 송환이 더욱 쉬워졌다. 리스본 조약으로 여권과 경찰 작전 협력 등 민감한 사안을 제외하고는 대부분 내무사법 분야의 의사결정 시 다수결로 처리하게 되었다. 또한 2010년부터는 유럽경찰청 Europol 이 EU의 공식기관으로 편입되어 국경을 초월해 발생하는 불법이민과 인신매매, 돈세탁, 테러 등과 관련한 수사를 담당하고 있다.

EU는 이 밖에도 출입국관리체계와 민법의 상호인정, 범죄피해자·형사피의자 대우 등의 사안을 두고 공조방안을 논의하고 있다. 내무사법 분야의 협력은 통합이라고 말하기 어려울 만큼 더딘 속도로 진행되고 있지만 내무사법 분야도 개별 국가들이 대처하기 힘든 문제가 많기 때문에 그 방향이 공조와 협력의 강화인 것은 분명해 보인다.

6. 지역주의의 미래

지역이 경제협력을 매개로 블록화하는 현상은 세계적인 현상이 되었고, 앞서 설명한 대로 세계화와도 모순되지 않는 모습으로 나타나고 있다. 국가들 사이의 무역협정도 현재 300여 개가 체결되었는데, 계속 증가하고 있다. 세계시장에서의 경쟁은 치열해지고 국가들은 조금이라도 자국의 국익에 도움이 되는 방향으로 정책을 실행하기 때문에 지역화의 현상은 약화되기 어렵다고 하겠다. 그러면서 그 속에서 공동의 안보까지 확보할 수 있는 방안이 계속 추진될 것으로 보인다.

이러한 지역주의가 세계적인 현상으로 보편화되었지만 그 협력의 정도는 다른 양태로 나타나고 있다. 어떤 지역은 경제협력에 그치고, 어떤 지역은 경제와 안보협력이 진전되고 있고, 유럽의 경우는 하나의 통합체가 되어 그 통합의 정도를 심화시키고 있다. 많은 지역들이 협력을 진전시켜 나가고 있지만 유럽의 경우처럼 경제와 정치통합을 고도화시키기는 매우 어려울 것으로 보인다. 유럽의 경우는 세계대전의 경험, 민족주의 심화에 대한 반성, 지도력을 갖춘 리더들의 적극적 주창, 기능주의적 접근에 대한 공동 인식 등 여러 가지 요소가 복합적으로 작용해 통합에 이르렀지만 여타 지역에서 이러한 다양한 요소의 동시 진행을 기대하기는 어렵다. 미주, 동아시아를 막론하고 많은 이해관계의 충돌 속에서도 비협력보다는 협력의 이익에 대한 공감이 있기 때문에 지역블록이 유지되고 발전하고 있다. 또한 그러한 이해 충돌은 깊은 역사적·이념적·정치적 배경들을 가지고 있기 때문에 모든 지역이 이를 극복하고 통합으로 가기는 쉽지 않을 것으로 보인다.

다만 현대의 세계정치에서 국가 못지않게 비국가행위자들의 역할이 점점 커지고 있는 점은 지역협력의 활성화에 많은 기여를 할 것으로 기대된다. 지금까지의 지역협력은 국가가 주도해 왔다. 국가들이 협정을 맺고 그에 따라 무역자유화를 하고, 비자면제도 하고, 안보협력도 하면서 지역협력이 발전해 왔다. 여기에 비정부단체나 전문가집단 등이 조력하는 경우 지역주의는 더욱 활성화될 수 있을 것이다. 지역협력이 제대로 안 되고 있는 지역도 비정부기구가 나서거나 정부와 비정부기구가 합쳐진 반관반민의 조직체가 인근 국가들과 협력을 주도한다면 더욱 우호적인 분위기가 형성될 수도 있을 것이다. 협력의 공고화가 요구되는 지역에서도 비국가행위자들이 스스로 초국가적 협력과 연대를 형성해 나간다면 국가 간 협력이 더욱 가속화되고 고도화될 수 있을 것이다. 요컨대 지역주의는 앞으로도 각국의 국가이익에 대한 기대를 바탕으로 지속적으로 나타나면서 세계정치의 흐름을 결정하는 데 중요한 역할을 계속할 것으로 보인다.

제10장

국제무역체제와 국제금융통화체제

1. 국제무역체제의 의미와 GATT

1) 국제무역체제의 의미

국제무역과 관련해 국가들이 합의해 마련한 규칙과 규범, 조직을 국제무역체제, 또는 국제무역레짐, 국제무역질서라고 한다. 관세 및 무역에 관한 일반협정 GATT: General Agreement on Tariffs and Trade 이나 세계무역기구 WTO: World Trade Organization 가 그것이다. 국가들은 국제무역체제 내에서 무역장벽과 무역에 대한 규칙을 균일화해 회원국을 공평하게 대우하고, 그럼으로써 무역의 확장과 각국의 성장을 꾀한다. 국제무역체제는 무역을 확대하고 부를 키워 경제적인 성장을 이루려는 각국의 욕구에 따라 성립·발전해 왔다.

무역의 확대라는 기본적인 목적을 가지고 있는 국제무역체제는 두 가지의 기본 원칙에 바탕을 두고 운영된다. GATT가 그랬고, WTO도 두 원칙 위에서 운영되고 있다. 첫째는 상호주의 reciprocity 이다. A라는 국가가 B국가에 대해 무역장벽을 낮추면 B국도 A국에 대해 장벽을 낮추어야 한다는 원칙이다. 한국이 미국산 자동차에 대해서 관세를 낮추면, 미국도 한국산 자동차에 대해 관세를 낮추어야 한다는 것이다. 둘째는 비차별성 nondiscrimination 이다. A국가가 B국가에게 적용하는 무역규제는 무역체제의 다른 회원국에게도 똑같이 적용되어야 한다는 원칙이다. 한국이 미국산 자동차에 대해 관세를 낮추게 되면, 일본이나 프랑스 등 WTO 체제 안에 있는 다른 나라의 자동차에 대해서도 관세를 낮춰야 한다는 것이다. 이러한 원칙으로 공평대우와 무역확대를 성취하려 하는 것이 국제무역체제의 기본적인 속성이다.

하지만 많은 회원국의 의사를 반영해 하나의 질서를 만들어내는 것은 매우 어려운 일이다. 그래서 무역체제 내에서 진행되는 구체적 협상을 이르는 '라운드round'가 GATT 성립 이후 지금까지 계속되어 왔고, 그때마다 난항을 겪어왔다. 특히 선진국과 개도국의 이해가 첨예하게 충돌해 협상이 타결에 이르기 위해서는 많은 시간이 필요한 것이 현실이다. 실제로 라운드의 타결에 따라 타격을 입는 산업 분야가 국가별로 적지 않다. 그에 따라 심한 국내적 반발을 겪는 경우도 많다. 심지어 라운드의 규칙을 피하거나 어기는 경우도 종종 발견된다. 그때마다 WTO의 중재와 징벌의 기능이 발휘된다.

그러면서 국제무역체제에 대한 국가들의 반발도 일고 있다. 국가의 주권과 자율성을 무역체제가 간섭하고 침해하는 현상에 대한 반발이다. 한편으로는 무역체제가 주도하는 무역자유화와 세계화에 대한 반발 현상도 빈번하게 관찰된다. 비정부기구 중심의 반세계화운동이 세계적 네트워크를 형성하면서 강해지고 있는 것이다. 이러한 무역체제에 대한 반발은 무역체제의 영향력 증대에 비례해서 강화되는 현상을 보이고 있다. 그럼에도 불구하고 세계는 국제무역체제를 버리지 않고 있고, 오히려 이를 강화하려 하고 있다. 무역체제에 의한 국내적 비용보다는 무역체제의 활성화를 통한 세계적 부의 확대와 그에 따른 각국의 이익이 더 크기 때문이다.

2) GATT의 성립과 기능

제2차 세계대전의 원인은 많다. 프랑스와 독일의 경쟁, 독일의 민족주의, 히틀러의 세계패권 야욕 등 다양한 요인들이 제2차 세계대전의 원인으로 제시되어 왔다. 그 가운데 하나가 지나친 경쟁과 보호무역주의이다. 부를 확대하려는 선진국들의 과도한 경쟁이 불황을 불러왔고, 이후 불황타개책으로 선진국들이 보호무역을 실시하면서 무역질서는 파국을 맞고 갈등이 심화되어 전쟁에까지 이르게 되었다는 것이다. 그래서 제2차 세계대전이 끝나자 전승국들은 IMF, 세계은행 World Bank 과 더불어 국제무역체제 설립에 나섰다. 그리고 1947년 국제무역기구ITO: International Trade Organization 에 합의했다.

무역장벽을 제거하고 자유무역을 이루려는, 지금의 WTO와 유사한 기구였다. 하지만 주권의 양도를 꺼린 미국 의회의 반대로 ITO 설립은 무산되었다.

　ITO가 무산되자 대안으로 나온 것이 GATT이다. GATT는 ITO 체제 내의 관세 부문에 관한 협정으로 1947년 제2차 ITO 헌장회의에서 체결되었다. 1948년 발효되어 ITO 대신 관세인하를 도구로 무역 활성화를 추진했다. GATT는 1995년 WTO에 자리를 내줄 때까지 체제 내에서 여덟 차례의 자유무역협상round이 타결되면서 세계무역의 골격 역할을 했다. 그 가운데 특히 중요한 협상이 케네디·도쿄·우루과이 3개의 라운드이다. 1964~1967년 협상이 진행된 케네디라운드는 공산품 관세를 평균 35% 인하하는 성과를 보였다.[1] 케네디 행정부는 당초 관세 50% 인하를 제안했다. 1958년 유럽경제공동체EEC 출범 이후 유럽 국가들 사이의 관세가 단계적으로 없어져 가는 상황에서 미국은 이에 대한 대응방안의 하나로 GATT 회원국 사이 공산품 관세 50% 인하를 주장한 것이다. 당초 미국이 제시한 만큼은 아니지만 관세 35% 인하는 당시로서는 자유무역질서를 향한 큰 진전이었다.

　1973~1979년 협상된 도쿄라운드는 광공업 제품 관세를 평균 33%, 농산물은 41% 인하했다. 그뿐만 아니라 도쿄라운드는 관세에서 비관세장벽으로 영역이 확장되는 전환점이 되었다. 보조금과 덤핑 방지, 수입허가 절차 등에 관한 협정이 조인된 것이다. 하지만 개도국의 불만으로 서명국은 회원국 99개 가운데 25개국에 불과해 실효를 거두지는 못했다. 도쿄라운드의 실행 불발은 1970년대 중반부터 나타나기 시작한 세계의 보호무역주의 경향과 맞물려 나타난 현상이다. 이 당시 미국 패권의 쇠퇴에 따라 미국 중심으로 운영되어 오던 자유무역질서도 일부 약화되는 현상이 나타난 것이다. 그러다가 1980년대 후반 들어서 자유무역질서의 강화 현상이 다시 나타나게 되고, 그에 따라 우루과이라운드 협상이 시작되었다. 1987~1993년의 오랜 협상을 통해 타결된 우루과이라운드는 그동안 제외되었던 금융과 정보통신 등 서비스 부문과 지적재산권, 해외투자에 대한 규범도 포함했다. 우루과이라운드 타결로 GATT 체제는

1　케네디John F. Kennedy 행정부 당시 협상이 시작되어 케네디라운드라고 부른다. 이후 라운드는 도쿄라운드Tokyo round, 우루과이라운드Uruguay round처럼 협상이 시작된 도시나 나라의 명칭을 따라서 이름이 지어졌다.

끝나고 대신 1995년 새로운 무역질서를 관할하는 WTO가 출범했다.

GATT의 목표는 공산품에 대한 관세를 인하하는 것이었다. 실제로 선진국의 공산품에 대한 관세는 1930년대 40%가 넘는 수준에서 1999년에는 4% 이하로 낮아졌다.[2] 공산품 관세인하를 통해 무역 규모도 확대되었다. 1950년부터 1994년까지 세계무역은 연평균 6% 이상의 성장을 계속했다.[3] 이와 같은 공산품 무역의 자유화와 무역 규모의 확대를 통해 서비스 분야에 대한 무역장벽의 완화, 나아가 비관세장벽의 완화를 위한 기반을 마련해 준 것이 GATT의 국제무역질서에 대한 공헌이다.

2. WTO 체제와 그 미래

1) WTO 체제의 성립과 운영

WTO 체제는 1995년 출범 이후 현재의 세계무역질서를 관장하고 있다. WTO가 이전의 GATT와 다른 특징은 세 가지이다. 첫째, 규제 영역의 확장이다. GATT는 공산품에 대한 관세인하가 초점이었다. 하지만 WTO는 농산물과 서비스 부문, 지적재산권, 비관세장벽까지 규제의 영역을 대폭 확장했다. 둘째, 실질적인 감독과 규제 권한을 가지고 무역정책을 실행할 수 있게 되었다. 분쟁이 발생할 때에는 분쟁을 해결하는 권한까지 갖게 되어 실질적인 무역체제로서의 역할을 강화할 수 있게 되었다. 셋째, 조직적인 틀을 분명하게 갖추게 되었다. GATT는 하나의 협정으로 조직적 기반이 약했다. 제네바에 본부를 두고 작은 사무조직을 가지고 있었을 뿐이다. 하지만 WTO는 대규모의 사무국을 두고 조직적인 체계를 갖추어 무역체제의 효과적인 운영을 위한 방대한 업무를 담당하고 있다.

WTO의 최고의사결정기구는 각료회의ministerial conference이다. 각료회의는 모든 회원

---

2   존 베일리스·스티브 스미스·퍼트리샤 오언스, 『세계정치론』, 하영선 외 옮김(을유문화사, 2006), 527쪽; Goldstein and Pevehouse, *International Relations*, p.291.

3   베일리스·스미스·오언스, 『세계정치론』, 528쪽.

국으로 구성된다. WTO의 가장 중요한 업무인 다자간무역협상을 진행하고, 무역정책에 관한 주요 결정을 한다. 회의는 2년에 1회 이상 개최된다. 다음으로 일반이사회 general council가 있다. 회원국들의 무역정책을 분석하는 업무를 수행하고, 회원국의 분쟁을 해결한다. 일반이사회는 무역정책을 분석할 때에는 무역정책검토기구 trade policy review body로, 분쟁을 해결할 때에는 분쟁해결기구 dispute settlement body 로 기능을 한다.

WTO는 분야별 이슈를 담당하는 상품교역이사회 goods council와 서비스교역이사회 services council, 무역 관련 지적재산권이사회 TRIPS council도 따로 두고 있다. 이들 분야별 이사회는 각국의 무역정책에 대한 감시를 진행하면서 그 결과를 일반이사회에 보고한다. 이들 이사회는 산하에 부속기구를 두고 있다. 예를 들어 상품교역이사회는 농업과 시장접근, 보조금, 반덤핑 등을 담당하는 위원회를 가지고 있는 것이다.

사무국은 제네바에 본부를 두고 있으며, 체계화된 업무조직과 재정운용체계까지 갖추고 있다. 본부의 직원이 550명에 이르는데, 이들은 각국 무역정책의 분석, 분쟁해결 과정에 대한 법적 지원, 각종 회담에 대한 지원 등의 업무를 하고 있다. 회원국을 희망하는 나라에 대한 지원도 하고, 국제무역체제의 운영상황에 대한 설명과 홍보 업무도 사무국에서 한다.

이와 같은 체계를 가진 WTO는 실제로 국제자유무역질서를 유지해 나가면서 무역분쟁을 해결하는 역할을 해왔다. 그 사례는 무수히 많다. EU는 한때 성장호르몬을 사용해서 기른 미국산 소의 수입을 금지했다. 미국은 WTO에 제소했다. WTO는 미국의 손을 들어주었다. 성장호르몬에 대한 우려가 있지만 과학적으로 증명되지 않았고, 따라서 성장호르몬이 사용된 미국산 쇠고기를 차별하면 안 된다는 것이 WTO의 판결이었다. 이처럼 실제의 무역분쟁을 판결을 통해 해결함으로써 자유무역체제를 유지하는 기능을 WTO가 수행하고 있는 것이다.

WTO는 세계의 변화된 환경에 적응해 가면서 더욱 자유로운 무역질서를 정립하기 위한 협상을 해왔다. 1999년에 시작한 협상은 지금도 진행 중이다. 1999년 미국 시애틀에서 뉴라운드 협상을 시작하려 했지만 실패했다. 선진국과 개도국의 갈등 때문이었다. 선진국과 개도국이 농산물과 서비스 시장, 반덤핑관세를 놓고 심한 의견 차이를 보여 뉴라운드 협상은 시작되지 못했다. 이후 2001년 카타르 도하에서 뉴라운드 협상 시작이 공식화되었다. 이것이 지금도 협상 중인 '도하개발어젠다 DDA: Doha Development

^{Agenda}'이다. 개도국의 개발 문제를 중요하게 다룬다는 의미에서 이름을 도하라운드라고 하지 않고 도하개발어젠다라고 지었다. 협상 분야는 농업과 비농산물, 서비스, 규범, 환경, 지적재산권, 분쟁해결 등 7개 분야이다. 2004년 말까지 협상 타결을 목표로 했지만 아직까지 타결되지 않고 있다.

DDA 협상 과정에서 선진국과 개도국이 여러 분야에서 의견 불일치를 보이고 있지만 갈등이 가장 심한 부문은 농업 분야이다. 자유무역을 추진하는 케언스그룹^{Cairns Group}(브라질과 아르헨티나, 호주 등 농산물 수출을 많이 하는 18개국의 모임)은 선진국의 농업보조금과 수출보조금 철폐를 주장하고 있다. 미국과 EU는 기존의 보조금제도를 지속해야 한다는 입장이고, 일본은 농업을 안보 차원에서 접근하면서 국내 농산물시장의 보호를 추구하고 있다. 개도국들은 자국의 열악한 농산물 경쟁력을 이유로 특별보호를 요구하고 있는 상황이다. 케언스그룹과 미국·EU, 일본, 개도국의 4개 분파로 나뉘어 논쟁을 계속하고 있기 때문에 타결은 여전히 불투명한 상태이다.

2) WTO 체제의 미래

WTO 체제의 미래는 밝다고 할 수 없다. 우루과이라운드 협상이 진행 중이지만 크게 진전되지 않고 있다. 관세와 무역특혜 체제를 단순화시켜 회원국 모두에 적용하려는 것이 WTO이지만 많은 나라의 이해관계, 특히 선진국과 개도국의 이해관계를 조정하는 것이 쉽지 않은 것이 현실이다. 그러한 상황을 배경으로 국가 간의 자유무역협정^{FTA}이 더욱 활성화되고 있다.[4] FTA는 적은 수의 협상 당사국이 구체적인 부분까지 협의하고 규정할 수 있기 때문에 실제 무역 당사국 사이에서 활발하게 이루어지고 있다. FTA는 이미 세계에 160여 개가 체결되어 있고, 세계무역의 많은 부분을 차지하고 있다.

---

4   자유무역협정은 학술적 용어는 아니다. 본래 학술용어는 특혜무역협정^{PTA: Preferential Trade Agreement}이다. 소규모의 당사국이 서로 무역상의 특혜를 주는 협정이라는 의미이다. 하지만 자유무역협정이 언론에서 자주 쓰이면서 지금은 더 일반적인 용어가 되었고, 학문의 영역에서도 자유무역협정이라는 용어를 거부감 없이 사용하고 있다.

FTA는 외교정책의 수단으로도 활용되면서 그 외연을 넓히고 있다. 1985년 미국-이스라엘 FTA, 2000년 미국-요르단 FTA는 이러한 경향을 잘 보여준다.[5] 미국은 이스라엘에 FTA를 통한 경제적 이익을 제공함으로써 정치적 관계의 증진을 도모했다. 요르단은 1993년 이스라엘-팔레스타인 사이의 평화협정인 오슬로 평화 프로세스Oslo Peace Process를 만들어내는 데 중요한 중재자 역할을 했다. 미국은 이에 대한 보상으로 요르단과 FTA를 체결했다. 이처럼 외교의 수단으로도 FTA가 활용되면서 FTA는 계속 확대되고 있다. 이러한 경향이 WTO 체제의 근간을 흔들어 다자간무역체제가 설 자리를 잃을 것이라는 전망도 나오고 있다.

반세계화운동단체들의 WTO 비판 활동도 지속적으로 전개되고 있다. 이들은 WTO를 세계화의 핵심기구로 간주하고 DDA 협상을 저지하려는 활동을 계속하고 있다. 무역에 대한 규제를 줄이고 장벽을 제거하려 하는 WTO는 선진국과 대기업의 이익에 봉사하면서 개도국과 중소기업에게는 불리한 역할을 수행한다는 것이 이들의 주장이다. 이들은 세계적인 네트워크를 강화하면서 스스로의 논리를 강화하기 위한 작업도 지속적으로 하고 있어 WTO에게는 만만치 않은 저항세력이 되어가고 있다.

이러한 국제적 환경에서 미국과 EU는 아시아를 중심으로 한 개도국들과의 FTA를 경쟁적으로 추진하고 있다. 그런데 이러한 경쟁적 FTA 추진으로 미국과 EU의 개도국들에 대한 통상압력이 심화될 가능성이 높다. 이에 따라 개도국의 반발은 보호무역주의 부활을 불러올 수도 있다. 아직까지 그 정도의 상황은 아니지만 DDA 협상의 지연이 자유무역주의의 상당한 퇴조로 연결될 가능성은 높아 보인다. 이러한 현상이 일정 기간 지속되면 자유무역질서 붕괴에 대한 우려와 다자적 무역질서의 필요성에 대한 인식이 확산되어 국가들이 다시 DDA 협상에 적극 나설 가능성 또한 있다. WTO는 지금 가지고 있는 권한과 역할로 세계무역질서를 규제해 나가겠지만, 무역자유화를 더 강화하는 단계로 넘어가기에는 상당한 시간이 걸릴 것으로 보인다. 그러면서 세계의 무역질서는 WTO를 통한 다자주의, 지역의 경제협력체를 통한 지역주의, FTA를 통한 쌍무주의가 동시에 병존하는 현재의 체제로 상당 기간 운영되어 나갈 것으로 보인다.

---

5   유현석, 「세계무역질서」, 한국정치학회 엮음, 『정치학이해의 길잡이: 국제정치경제와 새로운 영역』 (법문사, 2008), 13~14쪽.

3. 국제금융통화체제의 성립과 변화

1) 브레턴우즈 체제의 성립과 붕괴

금융질서는 자본이동의 자유화 또는 통제를, 통화질서는 변동환율제와 고정환율제 등 환율정책을 결정·운용하는 것이다. 자본흐름이 자유화되어 있는 현재의 세계경제 상황에서는 양자가 통합되어 작용한다. 그래서 국제금융통화질서라는 통합된 용어를 사용한다. 국제금융통화체제는 국제무역체제와 동전의 양면 관계이다. 국제금융통화체제가 자유화되고 안정되면 국제무역체제도 그만큼 안정과 자유화의 길을 가기 쉽다. 반대로 국제금융통화질서가 불안정 상태가 되면 국제무역체제도 안정되기 어렵다. 제2차 세계대전 직후 국제무역체제에 앞서 국제금융통화체제에 대한 논의를 착수한 것은 이러한 이유 때문이다.

19세기 말과 20세기 초 영국과 독일, 미국, 프랑스 등 서구 선진국들은 금본위제를 택했다. 하지만 제1차 세계대전의 발발과 함께 금본위제는 막을 내렸다. 각국이 전쟁 비용 마련을 위해 통화를 대규모로 발행했고, 그로 인한 인플레이션과 통화가치 하락으로 금본위제는 설 자리가 없게 되었다. 현금을 제한 없이 금과 교환할 수 있는 것이 금본위제의 바탕인데, 화폐가치 하락으로 무제한 금 태환이 어려워져 금본위제가 붕괴된 것이다. 1929년 대공황 이후 각국은 자구책으로 자국 화폐의 평가절하와 관세인상을 추진했다. 수출촉진과 수입억제를 위한 것이었다. 하지만 이는 경쟁의 심화와 세계경제의 악화를 초래했고 결국 제2차 세계대전으로 연결되었다.

제2차 세계대전 직전의 무질서한 환율정책에 대한 반성과 국제금융통화질서에 대한 새로운 방향을 찾기 위한 회의가 1944년 7월 미국 뉴햄프셔주의 한 마을인 브레턴우즈Bretton Woods에서 열렸다. 회의에 참가한 44개 국가들은 국제금융통화체제를 협의했다. 회의의 주도국 미국의 수석대표는 해리 화이트Harry White 였고, 영국 측 수석대표는 존 케인스John Keynes 였다. 대공황 이후 선진국 사이에 팽배해 있던 경쟁적인 환율인상, 통화블록의 형성, 국제적 협력제체의 미비 등에 대한 반성과 이러한 현상의 방지를 위한 새로운 체제에 대대 논의했다. 회의 결과 주요 합의를 이루어냈다. 그것이 브레턴우즈 체제라고 부르는 것이다.

브레턴우즈 회의에는 44개 국가의 대표들이 참석했지만 실제로 전후 국제금융통화질서를 정하는 작업은 두 사람이 했다. 케인스와 화이트이다. 화이트는 미국 재무부의 해외담당 책임자, 케인스는 영국 재무장관의 자문역이었다. 이들은 전후 통화체제를 고정환율제로 하고, IMF와 세계은행을 설립하는 데 주도적 역할을 했다. 화이트는 이후 IMF의 미국 측 초대이사로도 활동했다. 케인스는 제1차 세계대전 종전 후에도 파리평화회의에 영국 측 대표로 참여했고, 대공황 당시에는 국가에 의한 유효수요창출을 주장해 루스벨트의 뉴딜정책에도 지대한 영향을 주었다. 그런데 제2차 세계대전 전후체제를 설정하는 회의에도 참석해 왕성한 활동력을 보여주었다.

화이트와 케인스는 브레턴우즈 회의에서 의견 충돌을 보이기도 했다. 자본의 이동과 관련해 화이트는 자유로운 이동을, 케인스는 일정한 통제 허용을 주장했다. 결국 화이트의 의견에 케인스의 의견이 일부 수용되는 선에서 합의가 되었다.

두 사람은 소련의 스파이라는 의심을 받았다는 점에서 공통점을 갖고 있다. 화이트는 서방으로 탈출한 소련인이 "화이트는 소련 간첩"이라고 말하는 바람에 스파이 혐의를 받게 되었고, 케인스는 소련 출신 무용수 리디아 로포코바와 결혼하면서 스파이로 의심을 받았다.

브레턴우즈 체제의 주요 내용은 세 가지이다. 첫째는 고정환율제 실시이다. 달러를 기축통화로 삼아 각국의 통화를 달러화에 대한 상대적 가치로 평가하도록 한 것이다. 전쟁 전 경쟁적 화폐 평가절하와 같은 상황이 다시 발생하는 것을 막기 위한 것이었다. 둘째는 금 태환 제도 부활이다. 금 1온스에 35달러로 정해놓고 달러를 금으로 바꿀 수 있도록 한 것이다. 재정적자의 가능성을 줄이고 건전한 재정운용을 촉진하기 위한 조치였다. 셋째는 IMF와 세계은행의 설립이다. IMF는 경상수지 적자 등으로 어려움을 겪고 있는 국가에게 단기자금을 지원하는 역할을, 세계은행은 경제성장을 위한 장기자금을 제공하는 기능을 담당하도록 한 것이다. 이러한 세 가지 특징을 가진 브레턴우즈 체제는 20여 년간 국제금융통화체제로서 국제적으로 자본을 통제하는 역할을 수행했다.

하지만 1960년대 들어 미국은 심한 재정적자에 시달리게 된다. 베트남전쟁에 막대한 자금을 들였고, 복지정책의 확대로 재정소요가 많아졌기 때문이다. 그 결과 달러의 가치는 지속적으로 하락했다. 이에 대한 대응책으로 일본과 독일, 프랑스 등은 금을 사들였다. 이에 따라 국제시장에 달러는 더 풀리게 되고 달러 가치는 더욱 떨어졌다. 미국은 달러가 풀려 있고 달러의 가치가 떨어져 있는 상태에서 더 이상 달러를 금으로 바꿔주는 금 태환을 유지할 수 없었다. 결국 닉슨Richard Nixon 미국 대통령은 1971년 금 태환 금지 조치를 내렸다. 이로써 브레턴우즈 체제도 막을 내리게 되었다.

2) 브레턴우즈 이후의 국제금융통화질서

브레턴우즈 체제 붕괴 이후 일정한 국제금융통화체제는 형성되지 못하고 있다. 이러한 제도적 조정장치의 결여 상태를 '비체제non-system'의 상태라고 말한다.[6] 하지만 선진 경제대국들을 중심으로 국제금융통화질서를 정립하려는 노력은 전개되어 왔다. 1970년대 중반에는 G5(미국, 영국, 프랑스, 일본, 서독)가 재무장관회의를 구성해 금융통화 운영정책을 협의했다. G5 재무장관들은 1985년 9월 플라자 합의를 만들어냈다. 뉴욕의 플라자호텔에서 이루어진 이 합의는 달러화에 대한 엔화와 마르크화의 가치를 절상시킨다는 내용이다. 미국의 대일본, 대서독 대규모 무역적자를 해소해 세계무역질서를 안정화시키기 위한 방안이었다.

이후 달러화는 급속하게 하락했다. 1년 사이에 1달러의 가치가 200엔에서 150엔으로 떨어졌다. 이에 따라 G7(G5 + 캐나다, 이탈리아) 재무장관들이 1987년 2월 파리 루브르 궁전에 모여 달러 가치의 하락 방지 노력에 합의했다. 이것이 루브르 합의이다. 달러 가치의 지속적 하락은 각국의 성장과 국제시장 안정에 도움이 되지 않는다는 인식에 따라 각국의 통화당국이 개입해 환율을 안정시키기로 합의한 것이다. 1988년에는 국제결제은행BIS: Bank for International Settlements의 59개 회원국이 바젤 협약Basel Accord을 맺어 은행의 건전성 확대를 위한 자기자본비율규제(BIS 규제)를 확정하기도 했다. 자기자본비율규제는 총자산액 대비 자기자본의 비율을 말하는 것으로, 현재는 국제업무은행은 8%, 국내업무은행은 4% 이상의 자기자본비율을 유지해야 하는 것으로 규정해 놓고 있다. 이처럼 1970~1980년대에는 선진 주요국 재무장관회의와 일부 국제적 합의가 국제금융통화질서를 조정하는 역할을 했다. 하지만 그것은 일정한 제도적 틀

---

6   Robert Gilpin, *Global Political Economy* (Princeton: Princeton University Press, 2001), p. 239.

을 갖춘 것이 아니고 필요할 때 필요한 합의를 만들어내는 임시체제에 불과했다.

1990년대에는 아시아에 대규모 금융위기가 발생해 세계경제에 심대한 타격을 주었고 국제금융통화질서에 대한 비판이 제기되었다. 그 여파로 아시아통화기금^{AMF}에 대한 논의가 활성화되기도 했다. 세계단일통화안도 제기되었다. 세계의 국가들이 공동으로 사용하는 통화를 만들고, 이를 관리하는 세계중앙은행도 설립하자는 제안이었다. 이는 국제투기자본에 의한 환율의 급격한 변동과 그로 인한 위기의 사전예방에 초점을 맞춘 것이었다. 하지만 이 제안은 주권국가의 주요 권한인 화폐발행권을 손상시킨다는 결정적인 약점이 있었기 때문에 크게 힘을 얻지 못했다.

반면에 유럽에서는 화폐통합이 추진되어 1999년에 유럽단일통화권이 합의되었고, 2002년부터 EU 회원국 가운데 11개 나라가 단일통화를 사용하기 시작했다. 지금은 단일통화권이 19개국으로 확대되었다. 하지만 통화정책은 통일적으로 운영하면서 재정정책은 각국이 따로 운영하기 때문에 발생하는 정책의 불균형 현상이 문제로 지적되고 있다. 2008년 미국의 금융위기와 그로 인한 남유럽의 위기, 세계적 경제불황은 또다시 자본의 흐름과 환율의 조정에 대한 국제적 체제에 대한 논의를 활성화했다. 하지만 여전히 큰 진전을 보이지는 못하고 있다.

이와 같이 세계적인 금융통화체제가 제도화되지 못하는 이유는 두 가지이다.[7] 첫째는 기술적인 어려움이다. 과거와는 달리 급격하게 변동하는 금융시장을 규제하는 일관성 있는 제도를 만드는 것 자체가 힘든 것이다. 둘째는 미국의 반대이다. 기축통화 달러를 이용해 국제금융시장에서 패권적 지위를 누리고 있는 미국이 자신을 제약할 수 있는 상위의 권위체를 원하지 않고 있는 것이다. 이 두 가지 요소는 단기간에 해소될 수 없는 성질의 것이어서 국제금융통화체제의 성립은 여전히 요원한 문제로 인식되고 있다.

---

7 최영종, 「국제금융질서의 변화와 새로운 국제금융체제의 형성」, ≪서석사회과학논총≫, Vol.1, No.1(2008), 288~289쪽.

4. 아시아 금융위기와 IMF

1) 금융위기의 발생

아시아 금융위기는 1997년 태국에서 시작되어 말레이시아, 인도네시아, 필리핀, 타이완, 홍콩, 한국까지 확산된 아시아 전반의 외환위기를 말한다. 1998년에는 러시아와 브라질로까지 위기가 확산되어 세계경제를 크게 위축시키는 결과를 가져왔다. 태국의 위기는 바트화의 갑작스런 하락으로 시작했다. 추가 하락을 염려한 외국자본이 한꺼번에 유출되면서 심각한 외환위기가 초래되었다. 바트화가 30% 이상 하락하면서 단기외채시장에서 차입 연장에도 어려움을 겪게 되어 심한 외화 부족 사태에 시달렸다. 외환위기는 금융위기를 촉발했고, 금융위기는 실물경제의 위기로 이어졌다. 태국의 금융위기는 주변의 말레이시아, 인도네시아, 필리핀으로 급속하게 확산되었고, 타이완과 홍콩, 한국에까지 위기를 초래했다.

한국은 1997년 11월 외국자본이 급격히 유출되면서 원화의 환율이 급격하게 오르고, 그에 따라 달러의 품귀현상이 발생하면서 외환위기가 발생했다. 당시 1달러에 1,950원까지 환율이 상승하고, 주가지수는 500 이하로 폭락했다. 금리도 20%를 넘어가면서 기업들이 줄도산하고 실업자가 대량으로 발생했다. 많은 대기업과 은행들이 잇따라 퇴출되고, 실업률은 7%까지 증가해 150만 명의 실업자가 양산되었다.

이러한 상황에서 한국을 비롯한 외환위기 국가들은 IMF로부터 구제금융을 받지 않을 수 없었다. 대신 강도 높은 경제개혁의 의무가 부과되었다. IMF와 미국이 원하는 신자유주의적 개혁이 지원에 대한 반대급부 사항으로 부과된 것이다. 위기를 당한 대부분의 국가들은 이를 시행했고, 위기는 1999년에 들어서면서 차츰 가라앉게 되었다.

2) 금융위기의 원인

아시아 금융위기의 근본 원인은 국제 자본거래의 자유화이다. 1980년대부터 세계 금융시장의 자본거래는 급속하게 자유화되었고, 그에 따라 국제적 투기자본의 활동 범위는 지구 전체로 확대되었다. 무역결제 등 실물경제와 무관하게 국제금융시장에서 거래되는 자금이 하루 1조 달러가 넘어갔다. 1992년 한 해 동안 세계 전체의 교역량이 약 5조 달러였는데, 외환시장의 거래량은 약 275조 달러에 이르렀다. 세계 외환거래의 98%가 순수한 금융거래이고, 실물과 관련한 거래는 2%밖에 되지 않은 것이다.[8] 이러한 자본이동의 자유화와 금융거래의 활성화, 그리고 단기투기자본의 급속한 증가 등은 아시아 금융위기가 발생할 수 있는 기본적인 바탕을 제공했다.

아시아 금융위기의 직접적인 원인에 대한 진단은 크게 두 갈래로 나뉜다. 내부요인론과 외부요인론이다. 내부요인론은 폴 크루그먼Paul Krugman의 주장으로, 아시아 국가들의 도덕적 해이가 금융위기를 초래했다는 것이다. 정경유착과 기업의 과다차입, 불건전한 금융시스템 등이 문제의 핵심이라는 말이다. 건전한 준칙과 규범 없이 정실에 의해 자본주의를 운영했다는 점을 원인으로 꼽고 있기 때문에 정실자본주의론crony capitalism이라고도 한다. IMF도 위기의 요인을 각국의 내부적인 것으로 판단하고 있었다. 그래서 재정긴축과 고금리, 기업과 은행의 구조조정, 기업과 금융의 투명성 제고 등을 주문한 것이다.

외부요인론은 제프리 삭스Jeffrey Sachs가 주장하는 원인으로, 대규모의 외국자본이 단기차익을 노리고 아시아시장에 접근해 위기를 초래했다는 설명이다. 외부요인론은 외부요인 가운데 어떤 것을 강조하는가에 따라 세 가지로 다시 나누어진다. 첫째는 미국 책임론이다. 아시아 금융위기 당시 말레이시아의 마하티르 총리가 제기한 주장이다. 미국이 중국을 견제하기 위해 아시아에 위기를 조성했다는 내용이다. 특히 미국이 조지 소로스George Soros와 같은 유대인을 동원해 화교자본을 공격함으로써 중국과 화교자본의 연대, 그를 통한 중국의 성장을 저지하려 했다는 것이다. 둘째는 헤지펀드 책임론이다. 조지 소로스의 퀀텀펀드와 같은 헤지펀드(단기성 투기자금)가 스스로의 이익을 극대화하기 위해 아시아시장에 거품을 조성한 뒤 긴급하게 주식과 부동산 등을 매도하면서 거품이 갑작스럽게 붕괴되고 위기가 발생했다는 주장이다. 셋째는 일본 책임론이다. 1991년부터 불황에 들어간 일본이 서구 금융기관에 저리로 자금을 대출해 줬고, 이 자금들이 동남아 국가들에 과잉 투자되었으며, 거품이 조성된 뒤 투자자금이

---

8   유현석, 『국제정세의 이해』, 399쪽.

급거히 회수되면서 위기가 오게 되었다는 설명이다.

이상의 세 가지 책임론과는 다른 측면에서 레스터 서로Lester Thurow는 영양떼론을 제기했다. 사자가 영양antelope을 공격할 때 한꺼번에 여럿을 공격하는 것이 아니라 하나만을 공격한다. 그러면 영양 떼는 모두 흩어진다. 그렇게 되면 동료 사자들이 흩어져 있는 영양을 쉽게 공격할 수 있게 된다. 이와 비슷하게 단기이익을 추구하는 선진국의 자본이 태국을 집중 공격해 위기를 아시아 전체로 확산시켰다는 주장이다. 앞의 셋이 위기를 일으킨 주체에 대한 설명이라면, 영양떼론은 구체적인 위기의 확산방식에 대한 설명이라고 할 수 있다.

하나의 요인으로 아시아 경제위기를 모두 설명하기는 어렵다. 하지만 이 위기는 1~2년 만에 대부분 회복되었다. 내부의 구조적인 문제가 가장 큰 원인이었다면, 이러한 구조적 문제를 해결하는 데는 시간이 많이 걸리는 만큼 아시아 금융위기도 극복하는 데 시간이 많이 소요되었을 것이다. 하지만 비교적 단기에 이전의 상태를 회복한 것으로 보아 외부적 충격에 의한 위기발생에 무게가 더 실린다고 할 수 있다. 아시아 국가들이 경제와 금융시스템에 문제점을 가지고 있는 것은 분명하지만, 한꺼번에 대규모의 위험을 맞을 정도였다고 하기는 어렵다. 일정한 내부적 문제점을 지니고 있는 상태에서 단기차익을 노리는 대규모의 외국자본이 환율·금융교란을 일으키며 문제를 촉발·확대했다고 보는 것이 옳은 분석이 될 것이다.

3) IMF의 역할과 그에 대한 비판

아시아 금융위기 당시 IMF는 재정긴축과 고금리, 금융과 기업의 외국인에 대한 개방, 인수·합병에 대한 규제완화, 기업경영의 투명성, 노동시장의 유연화 등 신자유주의 정책을 강요했다. 한국과 태국 등 대부분의 국가들은 이러한 주문을 수용했다. 하지만 이후 이에 대한 비판이 제기되었다. 고금리를 강요함으로써 기업의 도산을 촉진했고, 외자에 대한 개방정책은 국제적 투기자본의 유입 가능성을 더 높였다는 비판이다.

말레이시아의 경우 IMF 정책과 반대되는 정책을 통해 위기를 극복해 이러한 비판은 더 거세졌다. 말레이시아는 금융위기를 맞아 신자유주의와 반대되는 정책을 추진했다. 우선 고정환율제를 실시해 말레이시아 화폐의 가치 하락 우려에 따른 달러의 유출을 막았다. 재정투자를 확대하고 내수를 진작시켰다. 이러한 정책은 IMF가 강요한 정책과는 반대되는 정책이고, 따라서 IMF에 대한 비판이 높아진 것이다.

IMF가 아시아 금융위기 당시 신자유주의적 정책을 강요했던 이유는 IMF의 지배구조에서 비롯된 것이다. 미국을 비롯한 서방 선진국이 IMF를 지배하고 있기 때문에 이들이 선호하는 정책이 추진될 수밖에 없었던 것이다. 그래서 이러한 지배구조 개혁에 대한 목소리가 커졌다. IMF는 회원국이 출자한 자금을 보유하고 있다가 외환위기 국가에 이를 대출해 주는 일을 핵심 업무로 하고 있다. 이 자금은 각국이 할당액 quota 에 따라 출자한 것으로 조성된다. 각국이 지원을 받을 수 있는 액수도 이 할당액의 125%를 넘지 못한다. IMF 총회에서 의사결정을 할 때 각국의 한 표가 동등한 가치를 가지는 것이 아니라 할당액에 비례해 투표 가치가 다르게 되어 있다. 미국의 할당액은 2020년 3월 현재 17.45%이다. 일본이 6.48%, 중국이 6.41%, 독일이 5.60%, 영국과 프랑스는 4.24%를 차지하고 있다. 투표권은 미국이 16.52%, 일본이 6.15%, 중국이 6.09%, 독일이 5.32%, 영국과 프랑스가 4.03%를 차지하고 있다. 투표권이 15%가 넘으면 비토권을 행사할 수 있는데, 미국만이 유일하게 15%를 넘는 지분을 가지고 있다. 그래서 강대국과 선진국, 특히 미국이 IMF를 지배하고 있다고 하는 것이다. 비판적 세계 여론에 따라 IMF는 1998년부터 할당액조정회의를 통해 각국의 지분을 조정하고 있다. 이에 따라 중국과 한국, 멕시코, 터키 등의 지분이 상향 조정되어 왔다.

IMF 운영의 또 하나의 문제는 상무이사회 구성의 문제이다. 상무이사회는 IMF 주요 사항을 결정하는 핵심기구이다. 의장은 IMF의 총재가 맡고 있다. IMF 상무이사는 모두 24명인데, 5명은 할당액이 많은 미국과 일본, 영국, 독일, 프랑스 5개국이 임명한다. 19명은 2년마다 선출하는데, 이를 위한 선거구가 구성되어 있다. 그런데 각 선거구가 지역별로 구성되어 있지 않고, 선진국과 개도국이 고루 참여하는 형태로 구성되어 있다. 따라서 각 선거구별로 선진국이 대표로 뽑히는 경우가 많다. 결국 상무이사회는 선진국 중심으로 구성되는 구조를 가지고 있는 것이다.

이와 함께 IMF 총재의 서구 선진국 독점도 문제로 지적되어 왔다. 세계금융통화질서에 중요한 역할을 하는 IMF의 총재는 서유럽 국가에서, 세계은행의 총재는 미국이 맡는 것이 관행화되어 있었다. IMF의 총재는 프랑스와 벨기에, 네덜란드, 스웨덴 등 서유럽 국가가 독점해 왔었다. 이러한 현상은 IMF의 신자유주의 정책 강요, 지배구조

개선의 난항과 직접 연결되어 있었다. 그러다가 2019년 처음으로 개도국 불가리아 출신의 크리스탈리나 게오르기에바^{Kristalina Georgieva}가 총재로 선출되었다.

아시아 금융위기 이후 나온 아시아통화기금^{AMF}에 대한 논의는 IMF의 미래에 대한 일정한 시사점을 준다. 아시아 지역 금융위기에 대처하기 위한 AMF 설립안은 비록 미국의 강력한 반대로 무산되긴 했지만 아시아 지역 국가들의 IMF에 대한 반감이 그만큼 높다는 것을 나타낸다. IMF에 대한 반감뿐만 아니라 아시아 지역의 금융협력을 강화해야 할 필요성도 증대하고 있다. 그 원인은 크게 네 가지이다.[9] 첫째로는 아시아 지역의 경제가 상호의존성이 강화되어 금융정책에 대한 협의와 협력을 심화해야 할 필요성이 높아졌다. 한 국가의 정책이 다른 국가에 곧 영향을 주기 때문에 금융협력기구가 필요한 것이다. 둘째는 지역의 금융협력 강화를 통해 역내의 금융상황에 대한 감시체제를 강화할 수 있다. 그럼으로써 금융위기의 재현을 사전에 예방할 수 있는 것이다. 셋째는 엔-달러 환율을 효율적으로 조정하기 위해서도 지역금융통화기구가 필요하다. 역내의 상황을 면밀하게 관찰하면서 더욱 효과적인 방안들을 실행해 환율을 안정시킬 수 있는 것이다. 넷째는 IMF와 세계은행의 자원이 계속 줄고 있어 지역의 금융위기가 발생했을 때 효과적으로 지원하기 어렵다는 것이다. 실제로 아시아 금융위기 당시에도 가장 많은 지원은 일본에서 나왔다. 이와 같은 다양한 필요성과 함께 일본이 적극성을 갖고 있기 때문에 AMF에 대한 논의는 언제든 다시 활성화될 가능성이 있다고 할 수 있다.

5. 미국 금융위기와 국제금융통화체제의 미래

2008년 미국의 금융위기는 서브프라임 모기지의 부실에서 출발했다. 2000년대 초반 미국은 저금리정책을 시행한다. IT 버블 붕괴와 9·11 테러, 아프가니스탄전쟁, 이라크전쟁 등으로 경기가 악화되자 저금리정책으로 경기를 부양하려 한 것이다. 주택

---

9 이왕휘, 「세계금융통화질서」, 한국정치학회 엮음, 『정치학이해의 길잡이: 국제정치경제와 새로운 영역』(법문사, 2008), 52쪽.

자금 금리도 인하되어 부동산 경기가 살아나고 주택 가격이 상승했다. 신용등급이 낮은 사람들에게 주택담보대출을 해주는 서브프라임 모기지도 활성화되었다. 서브프라임 모기지는 이자가 높지만 주택가격 상승률이 더 높아 수요자가 계속 늘어난 것이다. 2007년 부동산 버블이 꺼지고 주택대출금을 못 갚는 사람들이 많아지면서 서브프라임 모기지 회사들이 부실해졌다. 그에 따라 2008년부터는 서브프라임 모기지에 투자한 금융기관들이 부실화되었고, 베어스턴스와 같은 대형 투자회사들과 증권회사들이 파산했다. 이는 곧 실물경제도 악화시켰다.

미국의 금융위기는 세계적인 경제위기로 연결되었다. 미국의 금융회사와 제조업체에 투자한 세계 각국의 금융회사가 직접적으로 영향을 받았고, 미국시장에 상품을 수출해 온 제조업체들도 부실화되었다. 남유럽이 특히 타격을 받아 그리스와 스페인, 포르투갈 등은 국가부도의 위기에 몰리기까지 했다. 아이슬란드와 파키스탄도 외환위기에 처해 IMF의 구제금융을 받았다.

미국의 금융위기는 미국의 지나친 금융규제 완화, 실물과 유리된 고도화된 금융시스템에 대한 비판을 불러왔다. 또한 세계적 금융위기에 처한 국가들이 달러를 안전자산으로 인식하고 달러를 확보하려 하면서 미국 중심의 세계금융통화 운영에 대한 반감도 생겨났다. 더욱이 미국의 금융위기가 미국의 것으로 끝나지 않고 세계의 경제위기로 연결되는 현상은 자본이동의 자유화와 그 이론적 기반인 신자유주의에 대한 비판을 야기했다.

미국의 금융위기를 계기로 기존의 국제금융통화체제에 대해 성찰하고 더욱 안정적인 질서를 모색하는 현상도 나타나고 있다. 2008년 11월 워싱턴 G20 정상회의가 출발점이 되었다. 이 회의에서 각국 정상들은 금융통화개혁을 위한 5대 원칙에 합의했다. 투명성과 책임성 강화, 건전한 규제의 확대, 금융시장 건전성 강화, 국제협력 강화, 국제금융기구 개혁이 그것이다. 이를 바탕으로 이듬해 4월 런던 G20 정상회의에서는 영역별로 4개의 실무그룹을 구성했다. 금융감독과 규제개혁, 투명성 강화를 위한 그룹, 국제협력 강화와 금융시장 신뢰 증진을 위한 그룹, IMF 개혁을 위한 그룹, 세계은행과 국제개발금융기관 개혁을 위한 그룹 등이 그것이다. 이들 그룹별로 구체적인 개혁과 발전 방안을 만들어내려는 것이었다.

이렇게 논의는 진행되어 왔지만 G20 정상회의가 구체적인 실행 방안을 내놓지는 못하고 있다. G20 정상회의에는 선진국뿐만 아니라 개도국도 포함되어 있기 때문에 이들 사이에 이해가 엇갈리는 금융통화의 주요 문제에 대해 주요 합의를 생산해 내기는 어렵다. 하지만 G20 정상회의가 회의체로서 일정 정도 제도화의 양상을 보이고 있고, 특히 국제금융통화체제에 관심을 쏟고 있기 때문에 논의를 어느 정도 더 진전시킬 가능성은 있는 것으로 보인다. 하지만 그런 정도로는 변동과 불안정의 가능성이 높은 국제금융통화질서를 안정적으로 관리하기는 어렵다.

그래서 뉴브레턴우즈 체제라고 할 수 있는 새로운 국제금융통화체제를 창설해야 한다는 주장이 제기되고 있다. 새로운 금융통화규제기구의 설립에 대해서는 유럽이 더욱 적극적이다. 니콜라 사르코지Nicolas Sarkozy 프랑스 대통령과 고든 브라운Gordon Brown 영국 총리는 실제로 규제기구의 창설을 적극 주장했다. 하지만 세계금융의 주도권을 행사하고 있는 미국이 규제기구의 창설에 소극적이어서 논의는 진전되지 못했다. 미국의 이러한 입장은 달라지기 어려운 만큼 가까운 시일 내에 새로운 국제금융통화체제의 출현을 기대하기는 어렵다. 현재 일정한 금융통화조정체제가 존재하지 않는 상황에서 세계금융시장은 자본이동 자유화의 기조를 지속하고 있다. 환율정책을 고정환율제로 할 것인지, 변동환율제로 운영할 것인지는 각국이 자율적으로 결정하고 있다. 이에 따라 국제수지나 금융 부문의 위기는 언제든 재현할 가능성이 있다고 할 수 있다.

제4부

환경과 빈곤의 문제

제11장 지구환경문제

제12장 빈곤·기아와 공적개발원조

제11장
지구환경문제

1. 환경국제정치와 지구환경의 주요 문제

환경문제는 현대 세계정치의 주요 이슈 가운데 하나이다. 환경은 18세기 후반의 산업혁명 이후부터 차츰 문제가 되어왔고, 지금은 지구 전체가 나서서 해결해야 할 주요 문제로 주목받고 있다. 환경이 본격적으로 국제적 관심의 대상이 된 것은 1970년부터이다. 이후 지속적으로 세계 각국과 유엔을 비롯한 국제기구들이 환경문제에 주목하면서 문제해결을 시도하고 있다. 환경문제는 우리가 사는 사회의 경제적인 문제와 삶의 질뿐만 아니라 안보문제와도 연계되어 있다는 점에서 그 중요성이 크다.

지금의 지구환경문제는 세 가지 점에서 세계에 심각한 위협이 되고 있으며 동시에 전 지구적 관심과 대책이 요구된다. 첫째, 지구환경 훼손과 그에 따른 결과가 그 규모 면에서 점점 커지고 있다는 것이다. 지구온난화만 보더라도 그 진행 속도가 가속화되고 있고, 그에 따른 기후변화climate change 현상은 점점 규모가 커지고 있다.

둘째, 현대의 환경문제는 하나의 국가에 머물지 않고 주변국가로 확산되어 여러 나라를 연루시킨다는 것이다. 또 단기에 문제해결이 가능한 것이 아니라 장기적인 논의와 연구, 협상이 필요하다는 것이다. 그래서 환경국제정치environmental international politics 가 각국의 주요 관심사가 되었고, 국제정치학에서도 중요 분야로 다루게 된 것이다. 환경국제정치는 환경문제로 야기되는 국가 간의 갈등을 해결하기 위한 국가와 국제사회의 논의와 협의, 합의의 과정을 말한다. 환경문제가 심각해지는 만큼 환경국제정치도 국제정치에서 그 중요성이 높아지고 있다. 실제로 환경국제정치에 의해서 국가와 기업, 개인의 삶의 양태가 바뀌기도 한다. 국가 간에 탄소 배출을 줄이기로 하는 합의가 만들어지면, 개인이나 기업은 그에 따라 탄소 배출을 줄여야 하고 그렇지 않으면 범칙금을 내야 하는 경우가 생기는 것이다.

셋째, 이러한 환경문제를 유발하는 것이 인간이라는 것이다. 지구온난화, 오존층 파괴, 삼림파괴 등 주요 환경문제는 모두 인간의 행동에 의해 유발된다. 인간의 생활을 윤택하게 하고 복지 수준을 높이려는 행위들이 실제로는 모두에게 하나의 커다란 위해로 다가오고 있는 것이다.

이러한 성격을 지닌 환경문제를 구체적으로 세분화해 보면 여러 가지로 나눌 수 있다. 현재와 미래의 세계에 가장 심각한 영향을 주는 환경문제로 인류가 주목하는 구체적인 이슈로는 지구온난화global warming, 오존층 파괴ozone depletion, 산림파괴deforestation, 해양오염ocean pollution, 생물다양성 위협threat to biodiversity 등이 대표적이다. 지구온난화와 오존층 파괴는 대기오염의 문제이며, 산림파괴와 생물다양성 위협은 산림과 해양에 관련된 문제인데, 주로 이러한 문제들이 국제정치의 역학관계와 어우러져 환경국제정치를 형성하고 있다.

1) 지구온난화

현재 환경문제 가운데 지구에 가장 심각한 영향을 미치고 있는 것이 지구온난화이다. 지구온난화는 지구의 기온이 높아지면서 생기는 환경에 대한 다양한 부정적인 영향을 말한다. 산업혁명 이후 인간은 지속적으로 이산화탄소를 비롯한 다양한 종류의 화학물질을 배출해 왔고, 이것이 온실효과greenhouse effect를 발생시켜 지구 표면의 온도를 높여왔다. 유엔환경계획과 세계기상기구가 공동으로 조직한 협의체 '기후변화에 관한 정부 간 패널IPCC'의 2014년 보고서에 따르면 1880년부터 2012년까지 133년 동안 지구 온도는 0.85℃ 상승했다. 과거 1만 년 동안 지구 온도가 1℃ 이상 변한 적이 없었던 것과 비교하면 매우 큰 변화가 아닐 수 없다.

이러한 지구온난화 현상으로 인해 생기는 지구환경에 대한 구체적인 악영향은 다음 일곱 가지로 정리된다.[1] 첫째는 해수면의 상승이다. 극지방의 빙하가 녹으면서 해수면의 높이가 올라가는 것인데, 태평양과 인도양의 많은 도서국가들이 직접적인 위협을 당하고 있다. 세계 35개 기후변화연구소들이 제휴해 구성한 남극조사과학위원회SCAR가 발표한 바로는 지구온난화가 계속 진행되면 2100년에는 2009년보다 지구온도가 섭씨 4도 올라가고, 수면은 1.4미터 상승한다고 한다. 이렇게 되면 인도양의 몰디브나 태평양의 투발루 같은 섬나라는 바닷속으로 사라지고, 방글라데시의 다카와 인도의 콜카타 등 해안도시 대부분이 수면 아래로 들어가며, 뉴욕과 런던, 상하이 등도 제방을 쌓지 않으면 대규모 홍수 위험에 놓이게 된다. 세계적으로 인구의 10% 이상이 이주할 수밖에 없다는 것이 SCAR의 경고이다.[2] 미국 항공우주국NASA도 2014년 5월에 발표한 최신 연구자료를 바탕으로 "남극 서부의 아문센해海 구역의 빙하가 빠른 속도로 녹고 있다"고 말하고, "앞으로 1~2세기 안에 남극의 6대 빙하가 모두 녹으면 해수면이 1.2미터 높아질 것"이라고 밝혔다.[3] 이 밖에 아시아개발은행ADB도 2017년 보고서에서 2100년에는 1990년보다 해수면이 0.17~1.9m 상승할 것으로 전망하는 등[4] 세계의 많은 연구기관들이 지구온난화에 따른 해수면 상승과 그에 따른 재난에 대해 경고하고 있다.

둘째는 겨울이 따뜻해지는 것이다. 겨울의 이상고온현상으로 눈사태 등 재난이 발생하는 것이다. 셋째는 폭우와 강풍 등이 자주 나타나는 것이다. 실제로 허리케인도 따뜻해진 바다에서 에너지를 얻어 더 강해졌고, 자주 발생하고 있다. 넷째는 가뭄의 빈발과 심화이다. 지구 표면이 더워지면서 수분이 쉽게 증발해서 생긴 현상이다. 중국에서 발생해 한국과 일본에 피해를 주는 황사도 중국 내륙의 가뭄과 그로 인한 사막화로 인해서 발생하는 것이다.

다섯째는 멸종되는 생물이 많다는 것이다. 전체 생태계가 무너지면서 30%에 이르는 생물이 멸종위기에 처하게 된다는 것이다. 여섯째는 열대성 질병인 말라리아와 뎅

---

1   지구온난화의 일곱 가지 영향은 Kegley and Blanton, *World Politics: Trend and Transformation*, p.347을 참조했다.
2   "인도양 몰디브·태평양 투발루 등 저지대 섬나라 2100년 해수면 상승으로 사라진다", ≪세계일보≫, 2009년 12월 2일 자.
3   "南極빙하 급속도로 녹아… 200년內 뉴욕市 잠긴다", ≪조선일보≫, 2014년 5월 14일 자.
4   "해수면 상승에 2050년까지 아시아서만 660만 명 이주", ≪노컷뉴스≫, 2017년 2월 1일자.

북극보다 남극이 문제

지구의 극지방은 둘, 즉 북극과 남극으로 나뉘어 있지만 이 둘은 많이 다르다. 우선 북극은 바다이고 남극은 육지이다. 그래서 북극 빙하는 대부분 물 위에 떠 있고, 남극 빙하는 육지 위에 있다. 남극의 빙하가 훨씬 규모가 크다. 남극은 대륙 전체의 99.7%가 얼음으로 덮여 있는데, 이 얼음이 지구 전체 얼음의 90%나 된다.

빙하가 녹으면서 해수면이 높아지는 현상은 남극 빙하와 관련된 얘기이다. 북극 빙하는 바다 위에 떠 있기 때문에 녹으면 그만큼 부피가 줄어든다. 부피가 줄어드는 만큼 해수면을 낮추지만 동시에 녹은 물이 해수면을 올리기 때문에, 결국은 본래대로이다. 그릇에 얼음을 넣고 바로 높이를 쟀을 때와 녹은 다음 높이를 쟀을 때 그 높이에 차이가 없는 것과 같은 이치이다.

하지만 남극은 다르다. 남극의 얼음은 육지 위에 있기 때문에 녹으면 바다로 흐르고 그만큼 해수면의 높이가 올라간다. 남극의 빙하는 통상 그 두께가 2,000미터나 되는데, 이것이 조금씩 녹았다 얼었다를 반복한다. 지구온난화는 녹는 비율을 높여 빙하에서 녹아내리는 물의 양을 늘리고 이것이 해수면을 상승시킨다. 만약 남극 빙하가 모두 녹는다면 해수면은 60~90미터 상승하게 된다. 그렇게까지 되지는 않겠지만 어쨌든 해수면 상승의 주요 책임은 남극 빙하의 해빙에 있다.

기열 등의 확산이다. 온대지방의 아열대화로 이들 질병을 옮기는 곤충들의 활동영역이 확대되는 것이다. 일곱째는 물과 식량 부족이 더 심해지는 것이다. 세계자원연구소^{WRI}의 2019년 보고서가 2030년에는 극심한 물 부족에 시달리는 세계의 대도시 인구가 4억 7000만 명에 이를 것이라고 경고할 만큼 물 부족은 커다란 지구적 문제가 되고 있다.

이처럼 지구 온도의 상승이 가져오는 변화는 복합적인 재앙의 형태이기 때문에 기후변화라는 용어보다는 기후위기$^{climate\ crisis}$, 기후혼돈$^{climate\ chaos}$이라고 불러야 한다는 의견도 있다.[5] 더 심각한 것은 앞으로 발생할 새로운 피해에 대한 예측이 불가능하다는 것이다. 지구온난화는 기후변화와 생태계 파괴 등을 유발하고 이들이 서로 상승작용을 일으켜 새로운 재앙까지 만들어낼 수 있다. 그런데 문제는 그것이 무엇이 될지,

---

5   기후혼돈이라는 용어는 미국의 환경단체 시에라클럽$^{Sierra\ Club}$의 용어이다. 시에라클럽은 미국 샌프란시스코에 본부를 두고 있는 회원 200만의 북미지역 최대 환경단체이다.

많은 연구에도 불구하고 정확하게 전망하기 어렵다는 것이다. 그래서 세계가 지구온난화를 두려워하는 것이다.

지구온난화를 일으키는 원인물질을 온실가스greenhouse gas라고 부른다. 그중 가장 큰 비중을 차지하는 것이 이산화탄소이다. 이 이산화탄소는 주로 석유와 석탄, 천연가스 등 화석연료를 태우는 과정에서 발생한다. 메탄가스와 염화불화탄소, 산화질소도 온실가스에 포함된다.

지구온난화의 심각성을 전 세계가 인식하고 있는 만큼 온실가스를 줄여야 한다는 데는 합의가 형성되어 있다. 문제는 온실가스를 줄이는 데는 경제적·정치적 비용이 수반된다는 것이다. 온실가스를 줄인다는 것은 우선 산업시설의 운용을 줄인다는 의미가 되고 이는 경제성장률을 낮춘다는 뜻이 된다. 경제적 비용이 드는 것이다. 이렇게 되면 실업률이 올라가고 노조와 유권자들이 반대한다. 이것이 정치적 비용이다. 그럼에도 불구하고 지구온난화는 인류 전체의 미래가 달린 문제이기 때문에 일정 부분 합의가 이루어져 왔고, 그에 따른 온실가스 감축 작업도 일부 진행되고 있다.

2) 오존층 파괴

오존층은 지구를 둘러싸고 있는 대기층 가운데 성층권에 속해 있는 부분으로, 주로 오존으로 이루어진 높이 25~30km 사이의 구간을 말한다. 오존층은 자외선을 차단하는 기능을 하는데, 오염물질로 이것이 손상되는 현상이 오존층 파괴이다. 오존O_3은 산소를 가열하거나 황산을 전기분해할 때, 자외선이 공기를 통과할 때 생긴다. 공기 중에 소량이 존재한다. 산소로 분해되는 성질을 이용해 공기정화나 살균에 이용되기도 한다. 자동차 매연과 결합되면 대기오염물질이 되기도 하지만 오존층은 태양의 자외선을 막아 지표면의 사람과 동식물을 보호하는 기능을 한다. 1985년 영국의 남극탐사대가 남극 상공에 형성된 오존층 구멍을 발견한 이후 지구적인 관심사가 되었다. 1990년대 들어 북극과 북미 지역 상공에도 오존구멍이 발견되면서 더욱 중요한 이슈가 되었다.

오존층이 얇아지거나 파괴되면서 발생하는 피해는 무엇보다도 피부암과 백내장 발병의 가능성이 높아진다는 것이다. 또 인간 신체의 면역체계를 약화시키기도 한다.

또 자외선 과다는 식물의 엽록소 감소와 광합성 억제를 유발해 농업생산력을 크게 떨어뜨린다. 산소를 내뿜어 주는 해조류의 증식을 억제해 지구 산소를 감소시키는 역할도 한다. 더 큰 문제는 생태계 파괴이다. 엽록소 파괴로 해양의 식물성 플랑크톤이 감소하고 그에 따라 해양생태계의 교란을 일으킬 수 있다.

오존층 파괴의 주요 원인은 냉장고의 냉매나 분사제로 많이 쓰이는 염화불화탄소 CFC(프레온가스)이다. 할론halon 이나 수소염화불화탄소HCFC, 브롬화메틸methyl bromide 등도 오존층 파괴의 원인으로 지적되고 있다. 할론은 불을 끄는 소화제消火劑로 이용되는 화학물질이다. HCFC는 CFC 대신 냉장고의 냉매로 이용되는 것으로, 공기 중에서 잘 분해되기는 하지만 CFC의 10% 정도의 염소 성분을 가지면서 오존층 파괴에 일부 역할을 하고 있다. 브롬화메틸은 메탄의 수소 원자 1개를 브롬 원자 1개로 대체해 만든 화합물로 독성이 강해 살충제와 살균제로 쓰인다. 이들 화학물질이 공기 중에 배출되면 성층권으로 올라가 오존층을 파괴하는 것이다.

3) 삼림파괴

삼림forest, 특히 열대우림은 인류의 허파라고 불린다. 사람에게 필요한 산소를 공급하기 때문이다. 열대우림의 4분의 3은 아시아와 아프리카, 남미의 개도국에 위치하고 있다. 인도네시아와 말레이시아, 마다가스카르, 브라질 등이 대표적인 열대우림 국가들이다. 산림파괴가 세계적 관심사가 되기 시작한 것은 1980년부터이다. 경제적으로 부유하지 못한 열대우림 국가들이 수출용 목재나 농·공업용지 확보를 위해 삼림을 대량으로 파괴하면서 국제사회가 열대우림 보호의 필요성에 공감하게 되었다.

인류의 삶의 질이 높아지는 과정에서 지난 8,000년 동안 지구 삼림은 절반으로 줄어들었다.[6] 없어진 절반은 목초지나 목장, 논, 밭, 주거지, 공장용지 등으로 바뀌었다. 1980년대 열대우림 국가들이 경제발전에 박차를 가하면서 오랫동안 진행되어 오던 삼림파괴가 더욱 가속화되었다. 열대우림에서 자라는 양질의 나무를 개도국들이 목

---

6   Kegley and Blanton, *World Politics: Trend and Transformation*, p.350.

재 생산을 위해 대규모로 벌채하는 것이 삼림파괴의 가장 큰 원인이다. 이로 인해 표층토가 유실되고 토사가 붕괴되고 하천이 오염되면서 생태계 파괴 현상도 발생하고 있다. 그러면서 삼림파괴는 매우 심각한 지구환경문제가 된 것이다.

열대우림 가운데서도 가장 큰 규모를 자랑하는 아마존은 2018~2019년 사이에만 8,200㎢(서울시 면적의 13.5배)가 파괴되어 세계인들의 우려를 자아내고 있다. 특히 미국과 중국의 무역분쟁과 같은 국제정치적 상황이 아마존 파괴와 연결되는 현상도 나타난다. 미국이 중국산 제품에 관세를 부과하는 데 대한 보복으로 중국이 미국산 사료용 대두에 높은 관세를 부과하자 중국 측의 미국산 대두 수입은 줄었다. 대신 중국의 브라질산 대두 수입이 크게 늘었다. 브라질은 열대우림을 경작지로 바꿔 대두 재배를 늘렸다.[7] 문제는 중국의 대두 수입량은 계속 늘고 있다는 것이다. 대두 재배지 확대를 위한 아마존 파괴가 지속될 가능성이 있는 것이다. 이처럼 벌목뿐만 아니라 경작지 확대, 무분별한 개발, 산사태, 병충해 등으로 인한 삼림 훼손이 계속되고 있어 삼림파괴에 의한 지구환경문제는 더욱 심각한 문제가 되어가고 있다.

4) 해양오염

해양은 전 지구인의 공유자원으로 인간에게 많은 혜택을 제공하고 있기 때문에 삼림과 마찬가지로 지구 차원의 보존대상이다. 해양은 인간에게 식량과 에너지 자원, 주요 수송로를 제공해 줄 뿐만 아니라 수많은 동식물의 서식지가 되고 있다. 또 생태계 균형을 유지해 줄 뿐만 아니라 기후조절의 역할도 하고 있다. 지표면의 70%를 차지하고 있으면서 인간생활에 광범위하게 영향을 주고 있는 것이다.

이렇게 인류에게 많은 혜택을 제공하는 해양은 인간들의 다양한 환경훼손 행위로 인해 오염되고 있다. 산업폐기물과 핵폐기물의 투기, 산업폐수와 생활폐수 배출로 해양이 오염되어 왔고, 석유 유출과 같은 사고도 해양을 오염시키는 원인 중 하나이다. 그뿐만 아니라 무분별한 어업행위와 주요 해양동물의 무분별한 포획도 해양의 생태

---

7   "미국-중국 무역전쟁이 아마존 열대우림을 파괴한다", ≪중앙일보≫, 2019년 5월 25일자.

계를 위협하고 있다.

삼림이 일정한 국가의 소유인 점과는 달리 해양은 소유주가 따로 있지 않다. 인류의 공유재산이다. 그런 만큼 보존의 필요성은 모두 인식하지만, 공유자원이기 때문에 누구도 전적인 책임을 지고 보호하려 하지 않는다는 데 문제가 있다. 그래서 해양오염문제를 해결하는 것이 삼림문제보다 어렵다. 삼림파괴의 경우 삼림의 소유 국가가 일정 정도에 이르면 문제의 심각성을 인지하고 보호에 적극 나서게 된다. 아마존 유역의 국가들이 아마존 보존에 적극 나서는 사례를 보면 잘 알 수 있다. 하지만 해양, 특히 공해는 소유국이 없는 만큼 보호에 주도적으로 나서는 나라가 없고, 대신 국가와 비정부기구 등이 장기적인 협력을 통해 보존의 대책들을 마련해 나가야 하는 상황이다.

5) 생물다양성 위협

생물다양성은 지구 생물의 다양성을 의미하는 포괄적인 용어로, 유전학적 다양성과 생태계 다양성, 종의 다양성을 모두 포함하는 개념이다. 그 가운데서도 종의 다양성을 보존하는 데 관심이 집중되어 왔다. 지금까지 생물학자들이 연구를 통해 약 140만 가지 동식물에 이름을 붙였는데, 이는 지구상 생물의 아주 작은 부분에 지나지 않는다. 그런데 이러한 지구 생물 가운데는 멸종 위기에 처해 있는 것도 많다. 생물다양성이 위협받고 있는 것이다. 그 원인은 서식지가 없어지거나 남획되는 것이다. 서식지 상실이 더 심각한 경우인데, 삼림파괴와 해양오염이 서식지를 직접적으로 위협하는 요인이다. 삼림이 파괴되고, 바다와 강·호수가 오염되면서 서식지가 없어지는 속도가 매우 빠르기 때문에 이를 막을 대응책이 요구되고 있다.

지구생태계는 오랫동안의 적자생존의 과정을 통해 형성되어 왔기 때문에 한쪽이 무너지면 연쇄적인 반응으로 큰 재앙이 되기 십상이다. 강물의 미생물이 없어지면 대규모 오염사태가 발생할 수 있고, 그렇게 되면 주변지역의 인간도 살기 어렵게 된다. 이런 사태는 지구촌 곳곳에서 실제로 발생하고 있다. 그래서 생물다양성을 보존하기 위해 삼림과 초원, 습지, 해양서식지 등에 대한 보존에 관심이 집중되고 있다. 그 가운데서도 열대우림은 지구상 생물 종류의 3분의 2가 살고 있는 지역으로, 이에 대한 훼손은 생물다양성에 결정적인 위협이 되고 있다.

최근에 특히 문제가 되는 것이 다국적기업들의 생물다양성 훼손이다. 다국적기업들은 신약 개발과 새로운 농작물 개발을 위해 다양한 종류의 동식물 유전자를 확보하는 작업을 진행하고 있다. 중세 영국에서 나타났던 인클로저 운동enclosure movement 에 비유되는 현상이다. 15세기 말 영국에서는 모직공업이 발달함에 따라 양모 가격이 급등했다. 그래서 영국의 지주들은 공유지와 농경지를 양을 기르는 목장으로 만들기 시작했다. 그래서 울타리 치기를 대대적으로 벌인 것이다. 그 결과 많은 지주들이 큰 부를 모아 이들의 세력이 증가했고, 농지를 잃은 농민들은 도시로 이전해 임금노동자가 되었다. 현대의 다국적기업들도 잘 알려지지 않은 동식물에 대한 울타리 치기를 하고 있는 것인데, 그에 따라 개도국들의 자원은 점차 훼손되고 있다. 인도의 님neem(멀구슬나무)은 피임약과 살충제, 세제 등 다양한 용도로 개발되어 왔다. 주로 미국과 일본의 다국적기업들이 님의 추출에 나서 많은 특허도 개발했다. 그 바람에 인도의 님은 고갈 위기에 처하게 되었고, 이제 인도인들은 오히려 비싼 값에 님 추출물이나 제품을 사야 할 형편에 놓이게 되었다. 이처럼 생물다양성은 개도국의 경제성장 욕구, 선진국의 희귀 자원 독점 욕구 등 다양한 원인에 의해 위협받고 있다.

2. 지구환경문제에 대한 세계의 대응

지구환경문제의 심각성은 국제사회로 하여금 공동의 대응방안을 찾도록 만들었다. 국가들이 환경을 보호하고 지속 가능한 발전을 추구하기 위해 다양한 규칙과 절차들을 만들도록 한 것이다. 이러한 규칙과 절차들이 환경레짐environmental regime, 즉 국제환경문제에 대한 국제레짐international regime 이다. 환경문제에 대한 국가 간, 특히 선진국과 개도국 사이의 이해관계를 조정해 만들어낸 조약들이 환경레짐인데, 이 환경레짐을 형성하는 작업은 꾸준히 계속되고 있다.

그런데 각국 이해관계의 첨예한 충돌에도 불구하고 환경레짐이 형성·유지되는 현상에 대해 국제정치이론가들은 두 가지로 설명하고 있다. 첫째는 현실주의자들의 설명이다. 현실주의자들은 레짐의 형성도 어디까지나 국가들이 자신의 이익을 지키기 위한 행동의 결과로 본다. 지구환경의 파괴를 그대로 방치할 경우 공멸의 단계에 이름을 인식한 국가들이 스스로의 이익을 지켜내려는 매우 합리적인 판단에 따라 국제레짐 협상에 참여하고 레짐을 만들어낸다는 것이다. 반면에 자유주의자들은 국제사회의 속성이 국가이익의 추구만으로 규정되는 것이 아니고, 국가들은 협력과 조화를 통해 공존을 추구하는 성격도 가지고 있다고 본다. 그런 결과로 환경문제의 해결에 필요한 레짐도 채택되는 것으로 생각하는 것이다.

어쨌든 현실 국제정치에서 환경레짐은 지속적으로 만들어지고 있고, 지구환경을 보존하는 데 중요한 기능을 하고 있다. 다자간 또는 양자 간의 환경협약도 계속 맺어지고 있다. 특히 1970년대 이후 환경협약은 크게 늘어나는 추세를 보이고 있다. 2020년까지 체결된 환경협약을 보면, 다자협약이 1,300여 건, 양자협약이 2,200여 건에 이른다.[8]

지구환경문제에 대해 세계 차원의 본격 대응이 시작된 것도 1970년대부터이다. 1970년 4월 22일 뉴욕을 비롯한 미국 전역에서 2,000만여 명이 환경의 보호와 개선을 위한 행동의 실천을 촉구하는 시위를 벌인 것이 중요한 계기가 되었다. 그래서 국제 NGO들은 4월 22일을 '지구의 날Earth Day'로 지정해 기념하고 있다. 1972년에는 스웨덴의 스톡홀름에서 국제환경문제에 관한 첫 유엔회의가 열렸다. 이 회의에서 각국은 다른 국가의 환경에 피해가 되는 행동을 하지 말아야 한다는 일반 원칙이 선언되었고, 지구환경문제에 대한 체계적인 대응을 위해 유엔전문기구로 유엔환경계획UNEP 설립과 환경기금 조성에 합의했다. 실제로 UNEP는 그 이듬해 1973년에 설립되었다.

환경문제에 대한 각국의 관심을 본격적으로 증대시킨 것은, 1982년 케냐 나이로비에서 열린 2차 유엔환경회의를 거쳐 1992년 브라질 리우데자네이루에서 열린 3차 유엔환경회의이다. 이 회의에는 108개국 정상을 비롯해 172개국에서 정부대표단이 참여했고, 1,400여 개 NGO와 8,000여 명의 기자들을 포함해 모두 185개국에서 2만 5,000여 명이 참가했다. 이 회의에서 유엔기후변화협약UNFCCC: United Nations Framework Convention on Climate Change이 체결되어 기후변화를 방지하기 위한 지구적 노력을 본격화하게 되었다. 리우선언과 의제21도 채택되었다. 리우선언은 지속 가능한 개발과 환경보

---

8   International Environmental Agreements(IEA) Database Project, University of Oregon (https://iea.uoregon.edu/iea-project-contents).

전을 위해 각국이 협력을 계속한다는 것이고, 의제21은 이를 위한 각국의 구체적인 행동지침을 담았다. 이 회의에서는 또 생물다양성협약에 대해 일부 국가들이 합의를 이루기도 했다. 이러한 성과를 통해 리우회의는 이후 주요 환경문제에 대한 세계적 논의를 확대하는 데 중요한 계기가 되었다.

환경문제의 구체적인 이슈에 따른 합의들도 활발하게 이루어져 왔다. 지구온난화에 대한 주요 레짐은 1997년 합의된 교토의정서 Kyoto Protocol 이다. 이는 온실가스 배출에 관한 매우 발전적인 합의이다. 기본적인 내용은 미국과 캐나다, 일본, 호주, EU 등 38개국이 2008~2012년에 온실가스 총배출량을 1990년보다 평균 5.2% 감축한다는 것이다. 이산화탄소, 메탄, 아산화질소, 불화탄소, 수소화불화탄소, 불화유황 등 여섯 가지 온실가스를 규제대상으로 했다. 교토의정서를 통해 국가 간 배출허용량을 사고팔 수 있도록 하는 온실가스 배출권 거래제도와 공동이행제도, 청정개발체제가 도입되었다.[9] 발효가 시작된 것은 러시아가 비준한 2005년부터였다. 한국은 2002년 협약에 가입했는데, 개발도상국으로 분류되어 감축의무국가에서 제외되었다. 하지만 한국은 2020년까지 온실가스를 자발적으로 30% 감축하겠다고 선언했다. 미국은 자국의 산업보호를 위해 2001년 비준을 거부했다.

교토의정서는 당초 2012년까지가 유효기간이었지만 2020년까지 연장되었다. 그 사이에 교토의정서를 대체하는 새로운 기후변화레짐을 위한 협상을 진행했다. 2007년 인도네시아 발리, 2009년 덴마크 코펜하겐, 2010년 멕시코 칸쿤, 2011년 남아공 더반, 2012년 카타르 도하, 2013년 폴란드 바르샤바에서 회의가 열렸다. 코펜하겐 회의에서 선진국의 개도국 지원금 확대에 합의했고, 칸쿤 회의에서는 녹색기후기금 GCF: Green Climate Fund 설립에 합의했다. GCF 사무국은 인천광역시가 유치했다. GCF는 2020년까지 개도국을 지원하기 위한 1,000억 달러의 기금을 선진국으로부터 모아 관리·운영한다.

2015년 프랑스 파리에서 열린 기후변화협약 당사국 총회에서 195개국이 합의에 이르러 결국 협약을 체결하게 되었다. 2021년 1월 1일부터 발효되는 파리기후변화협약

---

9 공동이행제도는 온실가스 감축실적을 계산할 때, 선진국이 다른 선진국에 투자해 이루어낸 감축실적을 그대로 인정해 주고 그만큼 배출권을 주는 제도이다. 청정개발체제는 선진국이 개도국에 투자해 이룬 감축실적을 인정해 주는 제도이다.

은 교토의정서가 선진국에게만 온실가스 감축 의무를 부과했던 것과는 달리 195개 당사국 모두가 감축 의무를 지도록 했다. 이에 따라 미국은 2030년까지 2005년 배출량 대비 26~28% 감축, 유럽연합은 1990년 배출량 대비 40% 감축, 일본은 2013년 배출량 대비 26% 감축 등의 목표를 제시했다. 하지만 오바마 행정부의 비준을 번복해 트럼프 행정부가 2019년 11월 협약 탈퇴를 선언함으로써(실제 효력은 탈퇴선언 1년 후인 2020년 11월) 미국은 새로운 기후변화협약의 미가입국이 되었다.

오존층 파괴를 방지하기 위한 협정은 교토의정서에 앞서 1987년 이루어졌다. 몬트리올 의정서 Montreal Protocol가 그것이다. 22개 국가가 서명했는데, 1998년까지 CFC를 50% 감축한다는 내용이다. 오존층 파괴로 인한 피해가 직접적이고, CFC를 대체할 수 있는 화학물질이 있기 때문에 합의가 비교적 쉽게 이루어진 것이다. 1990년에는 81개국이 2000년까지 CFC를 없애기로 합의했다. 그러다가 1992년 오존층 파괴의 구체적 모습이 나타나자 주요 선진국들이 1995년까지 CFC를 없애기로 합의했고, 실제로 1996년부터 생산하지 않고 있다. 또 개도국의 CFC 대체 프로그램을 지원하기 위해 기금도 부담했다. 개도국은 2005년까지 50%, 2008년까지 85%를 감축하고, 2010년부터는 사용을 전면 금지하기로 했다. 현재는 몬트리올 의정서에 가입한 170개국이 CFC를 사용하지 않고 있다. 한국도 1992년부터 몬트리올 의정서에 가입해 CFC를 줄여왔고, 지금은 사용하지 않고 있다. 이러한 세계적인 노력의 결과 현재는 오존구멍이 점차 줄어들고 있다.

몬트리올 의정서는 환경보전을 위한 국제협약 중 가장 성공적인 것으로 기록되고 있다. 국가들이 직접적인 위협에 대한 인식을 공유하는 데 적극적이었고, 위협에 대처하기 위한 분명한 목표를 설정했으며, 이를 실현하기 위한 수단을 마련하는 데 각국의 협력이 비교적 원활하게 진행된 것이 성공의 요인으로 꼽히고 있다.

열대우림 등 지구의 삼림을 보호하기 위한 국가 간의 합의도 이루어지고 있다. 2013년 남미 아마존 강 유역의 브라질과 볼리비아, 콜롬비아, 에콰도르, 가이아나, 페루, 수리남, 베네수엘라로 구성된 아마존협력조약기구OTCA는 삼림보호를 위한 감시기구 설치에 합의했다. 이 기구는 정책협력과 공동연구 등을 통해 아마존의 삼림을 보호하는 작업을 하고 있다. 또한 브라질 정부는 아마존 삼림보호를 위해 아마존기금을 운영하고 있다. 2008년 설립된 이 기금은 2015년까지 10억 달러를 모아 삼림의 보호와 복구를 위한 활동을 하고 있다. 노르웨이 정부와 독일개발은행 등이 기금모금에 참여하고 있다. 삼림보호를 위한 선진국-개도국의 공동 프로그램도 운영되고 있다. 1990년대 시작된 '외채-자연 교환debt-for-nature' 프로그램이 그것인데, 개도국이 삼림보호를 실행하면 그만큼 외채를 경감해 주는 것이다. 실제로 2006년에 과테말라가 삼림보호 계획을 확대하는 대가로 NGO들과 미국 정부가 나서서 2,000만 달러의 외채를 경감해 주었다.

해양보존에 대한 다자간 협상도 다각적으로 진행되어 왔다. 1954년 원유 유출 규제 조약이 성립되었고, 1972년에는 '폐기물과 기타 물질의 투기에 의한 해양오염 방지에 관한 협약'이 채택되어 방사성 폐기물과 산업폐기물의 투기를 규제하게 되었다. 또한 국가들의 영해를 인정하고 영해를 스스로 이용하면서 보호하도록 하는 조약도 추진되어 왔는데, 그 결실이 유엔해양법협약UN Convention on the Law of the Sea이다. 1973년부터 1982년까지 유엔해양법회의UNCLOS: UN Conference on the Law of the Sea를 통해 체결되었다. 이 조약은 해양에 관한 기본적인 국제법으로 오늘날 통용되고 있다. 1982년 채택되어 1994년부터 발효된 이 조약은 그동안 논란이 되었던 영해와 배타적 경제수역을 확정했다. 영해는 12해리,[10] 배타적 경제수역은 200해리로 정한 것이다. 그러니까 항해와 관련해서는 12해리를 국가의 해양영토로 인정해 다른 나라가 마음대로 들어갈 수 없도록 하고, 해양자원 이용과 관련해서는 200해리까지 국가들이 바다의 자원을 활용하면서 동시에 보호의 책임도 다하도록 한 것이다. 이 조약은 이 밖에도 해양오염 방지를 위한 국가의 권리와 의무를 분명히 하고, 심해저 광물자원을 인류의 공동유산으로 명기했으며, 국제해양법재판소를 설치하는 등 해양과 관련한 주요 사항을 명문화하고 제도화하는 역할을 했다. 한국은 1996년 이 조약에 가입했다.

생물다양성 보호를 위한 '멸종위기에 처한 동식물 교역에 관한 국제협약CITES: Convention on International Trade in Endangered Species of Wild Fauna and Flora'은 1973년 채택되어 1975년 발효되었다. 멸종위기에 처한 야생 동식물의 포획과 거래를 막는다는 것을 주요 내용으로 하고 있다. 한국은 1993년 가입했다. 1992년 브라질 리우데자네이루 유엔환경회

---

10 1해리海里, nautical mile는 1.852km이다. 그러니까 12해리이면 22.224km가 된다. 해리의 단위는 nmile로 쓴다. 배의 속도를 표시하는 노트kn는 1시간에 1해리를 운항하는 속도를 말한다.

의에서 더욱 진전된 내용의 생물다양성협약CBD: Convention on Biological Diversity이 체결되었다. 각종 개발사업의 생물에 대한 악영향을 최소화하고, 유전자원의 이용은 상호 간 협의에 따르며 그에 따른 기술은 각 당사국이 공정하게 활용할 수 있도록 하는 내용이다. 한국은 1994년 가입했다.

3. 공유지의 비극과 무임승차, 그리고 인식공동체

국제환경문제는 지속적으로 심각해지면서도 해결점을 찾기가 쉽지 않다는 특징이 있다. 해결책을 찾기 어려운 이유는 무엇보다도 오염원을 배출하는 국가와 피해를 보는 국가가 다르다는 것이다. 온실가스를 많이 배출하는 것은 미국과 같은 선진국이지만, 기후변화로 생기는 가뭄과 홍수, 폭풍, 쓰나미 등의 피해를 더 많이 보는 것은 개도국이다. 이러한 배출국과 피해국의 불일치 현상이 환경국제정치를 더욱 복잡하고 어렵게 만든다.

국제환경문제가 쉽게 해결되지 않는 더 근본적인 이유는 인간의 이기적인 본성 때문이다. 인간은 누구나 건강하고 편리하고 윤택한 삶을 원한다. 하지만 그에 따른 비용부담은 되도록 지지 않으려 한다. 누구나 좋은 환경에서 살고 싶어 하지만 좋은 환경을 만드는 데 비용이 든다면 이를 꺼린다. 그래서 환경문제는 '공유지의 비극tragedy of the commons'에 비유된다. 중세시대 영국에는 마을마다 공동 방목지가 있었다. 그것이 공유지common이다. 누구나 공유지에서 소에게 풀을 뜯어 먹게 할 수 있었다. 개인들은 한 마리씩 소를 늘려갔다. 그에 따라 공유지는 점점 황폐해졌다. 소들이 너무 많아져 먹을 풀이 없어지게 된 것이다. 이것이 공유지로 인한 비극이다. 결국 영국은 이 공유지를 개인에게 나누어주어 스스로 관리하게 하고 자기 영역에서 소를 키우게 했다. 그러자 다시 풀이 자라고 여기에 소를 키울 수 있게 되었다.

공유지의 비극은 합리적이라고 하는 인간 행동의 모순적인 면을 얘기해 준다. 공유지에 소를 한 마리 늘리면 자신은 그 한 마리만큼의 이익을 고스란히 얻을 수 있다. 여기서 늘어나는 부담은 공유지를 이용하는 사람들이 나누어진다. 소 한 마리가 늘어서 생기는 공유지 황폐화 정도를 1, 공유지 사용자를 n명이라고 한다면, 개인이 지는 부담은 n분의 1밖에 안 된다. 그러니 합리적 인간은 소를 계속 늘린다. 그러다 보면 결국 공유지가 황폐화되는 상황이 오게 된다. 개인에게 이익이 되는 행동이 종국에는 공멸의 행동이 되는 것이다.

이와 같은 공유지의 비극은 환경문제에 그대로 적용된다. 공기정화시설을 만들지 않고 이산화탄소를 마구 배출하면 당장은 이익을 볼 수 있다. 하지만 결국 지구온난화로 인한 피해는 모두의 것으로 돌아온다. 공해물질을 대기에 배출하면 당장은 이익이 되지만 대기오염의 피해는 결국 모두에게 손해가 되고, 바다에서 고기를 무차별하게 잡는 것도 우선은 이익이 되겠지만 나중에는 어족자원의 고갈로 피해는 모두의 부담으로 돌아온다. 영국의 역사에서처럼 세계의 공유지와 공유해역, 공유상공을 모두 국가들에 분배할 수 있다면 문제가 발생하지 않겠지만, 세계문제는 이것이 불가능하다. 우선 남극이나 바다, 상공을 모든 나라가 엄밀하게 나누어 가지기가 어렵고, 나눈다고 해도 한 나라의 행동이 다른 나라에 곧바로 피해를 유발하는 경우가 빈발하기 때문이다.

환경문제는 다른 측면으로 보면 '무임승차 문제free-rider problem'이다. 보존하고 지속 가능성을 강화하는 작업에는 동참하지 않으면서 그로 인한 혜택은 누리려 한다. 환경 비용부담과 관련해 국가들은 두 가지 생각을 한다. 하나는 비용을 부담하지 않으려 한다. 어쩔 수 없는 경우에도 부담을 되도록 적게 하려 한다. 또 하나는 비용을 부담해서 생기는 혜택이 공정하게 분배될 것인지에 대해 의구심을 가지고 있다. 환경개선을 통해 발생하는 긍정의 결과가 돈을 내는 만큼 자국에 분배된다는 보장이 없다는 것이다. 국가들의 이러한 두 가지 의식 때문에 무임승차 문제가 발생하고 환경 관련 국제적인 합의는 그 접점을 찾아내기가 어려운 것이다.

그럼에도 불구하고 지구환경문제는 그 심각성이 크기 때문에 국제사회가 다양한 형태로 문제해결을 시도하고 있다. 이러한 합의들이 효율적으로 운영되고 공유지의 비극이나 무임승차 문제가 완화되도록 하기 위해서는 인식공동체epistemic community 의 역할이 중요하다. 이는 피터 하스Peter Haas가 강조해 온 것으로, 국가들 사이에 학자나 전문가들이 전문적인 식견을 바탕으로 구체적인 사안에 대해 의견을 교환하고 토론하면서 교류를 활발히 하게 되면 국가 간의 협력이 원활하게 된다는 것이다.[11] 전문가들 사이의 인식공동체의 역할은 두 가지이다. 하나는 일정한 문제에 대한 연구와 토론을 진행하면서 문제의 원인과 해결방안 등에 대해 인식을 공유하도록 하는 것이다. 공유된 인식은 공동체의 활동에 따라 일반인 사이로 확산될 수 있다. 인식공동체의 두 번째 역할은 자신들의 활동을 통해 국가들이 국가이익을 재정의하도록 하는 것이다. 국가가 스스로의 단시안적인 이익추구에서 벗어나 선진국이 개도국의 입장을 고려해서 환경보호에 필요한 비용을 더 부담하게 할 수도 있고, 개도국은 선진국을 자국 환경보호를 위한 조력자로 인식하게 할 수 있는 것이다. 이렇게 공유인식과 재정의된 국가이익은 국가 사이의 협의와 합의를 훨씬 원활하게 하는 것이다.

환경문제에서도 서로 다른 국가의 환경기술, 환경정책 전문가들이 만나서 토론하고 교류하게 되면 이들 사이에 일정한 공동체가 형성될 수 있다. 이렇게 형성된 공동체는 국가들 사이의 환경문제 논의의 토대가 될 수 있고, 이러한 바탕 위에서 논의가 진행된다면 일정한 합의에 이르기가 좀 더 수월할 수 있을 것이다. 예를 들어 온실가스 감축과 관련한 국가 간의 논의가 진행되는 단계에서 전문가들이 적극 나서 지구온난화의 위험에 대한 인식을 확산시킨다면 국가들이 가지는 정치적 부담, 즉 유권자와 노조의 반대 등이 상당 부분 완화될 수 있을 것이다. 그런 점에서 환경문제 해결에서 인식공동체의 역할은 매우 중요한 것이 아닐 수 없다.

4. 환경문제와 남북문제

국제환경문제가 가지고 있는 주요 특성이면서 국제적 합의를 어렵게 하는 요소가 남북문제이다. 선진국과 개도국의 대립구도가 분명하게 형성되어 있는 것이다. 온실가스의 경우, 배출량은 산업활동과 비례하고, 실제로 선진국들이 배출하는 것이 전체의 80%에 이른다.[12] 하지만 지구온난화로 인한 피해는 개도국이 훨씬 많이 보고 있다. 대규모 가뭄과 홍수 등 이상기후에 대한 대비가 부족하기 때문이다. 그래서 온실

11 Peter Haas, "Introduction: epistemic communities and international policy coordination," *International Organization*, Vol.46, No.1(1992), p.7.

12 Goldstein and Pevehouse, *International Relations*, p.389.

열대우림 크런치 아이스크림

미국의 원주민지원단체 컬처럴서바이벌 CS: Cultural Survival 이 열대우림 보호를 위해 아이디어를 내서 개발한 아이스크림이다. CS는 열대우림 자체가 경제적으로 이익이 된다면 브라질이 나무를 베지 않을 것이라는 점에 착안해 삼림의 산물로 경제성 높은 제품을 생산해 볼 생각을 했다. 그래서 생각해낸 것이 브라질넛 Brazil nut 을 넣은 아이스크림이다. 브라질넛은 브라질의 밀림에서 자라는 견과류로 담백한 맛에 신체노화를 지연시킨다는 셀레늄 함량이 많다. CS는 브라질 밀림에 브라질넛 껍질을 까는 공장을 건설하는 데 도움을 주는가 하면 생산된 브라질넛을 미국의 아이스크림 회사 벤앤제리즈 Ben and Jerry's 에 납품할 수 있도록 지원했다. 벤앤제리즈는 브라질넛을 넣은 아이스크림을 개발해 열대우림 크런치 Rainforest Crunch 라고 이름 짓고 1988년 출시했다. 이 프로그램은 브라질넛이 자라는 밀림을 보호하는 데 일정 부분 기여한 것으로 평가되고 있다. 시민단체와 개도국, 선진국이 협력해서 환경보호를 위한 프로그램을 개발해 실행한 대표적인 사례로 꼽는다.

가스를 누구에게 얼마나 규제하느냐를 두고 선진국과 개도국이 매우 다른 입장을 갖게 되는 것이다. 결국 환경국제정치는 이미 형성되어 있는 불평등의 문제를 어떻게 다루어야 하는지에 대한 논의, 즉 지구적 정의global justice 의 문제와도 직접적으로 연결되어 있는 것이다.

오존층 파괴의 문제와 관련해서도 결과적으로 원만하게 해결되긴 했지만 CFC를 대체할 수 있는 화학물질을 쉽게 만들어낼 수 있는 선진국과 여기에 비용과 시간이 많이 드는 개도국 사이에 갈등이 존재했다. 그래서 선진국은 일정한 기금을 조성해 개도국을 지원하는 역할을 했고, 개도국은 CFC 사용기간을 연장하되 종국에는 사용을 종료하는 쪽으로 합의한 것이다.

삼림파괴의 문제는 좀 더 직접적이다. 선진국은 세계의 삼림은 인류의 공동유산common heritage of mankind 이며, 인류 모두가 숨을 쉬고 살기 위해서는 삼림을 보호해야 한다고 주장한다. 개도국은 삼림보호의 필요성은 공감하지만 우선 배가 고프기 때문에 벌목을 할 수밖에 없다고 맞선다. 이러한 첨예한 이해대립을 극복하면서 합의를 이루어 나가야 하기 때문에 국제사회가 삼림보호를 위한 효율적인 협약을 마련하는 데 어려움을 겪고 있다.

1982년에 채택된 유엔해양법협약도 선진국과 개도국의 많은 갈등과 경쟁의 결과 만들어진 것이다. 미국은 세계 최강의 해양강국으로 세계 도처의 주요 해저에 대한 개발로 막대한 이익을 확보할 수 있는 능력을 갖추고 있다. 그래서 심해저의 광물자원을 인류공동의 자산으로 간주하는 이 조약이 달갑지가 않았다. 그렇기 때문에 미국은 이 협약에 가입하지 않고 있다. 이처럼 선진국은 환경보호를 위한 국제협약의 구속을 덜 받으려 하고, 개도국은 선진국의 개발을 규제하면서 후발주자로서의 자신들 권한은 인정받으려 하면서 대부분의 환경 이슈를 두고 부딪치고 있다.

환경문제에 대한 이해관계는 매우 복잡하여 선진국 사이에서 의견이 일치하지 않는 경우도 있다. 1992년 리우데자네이루 유엔환경회의에서 채택된 생물다양성 협약에 미국은 서명하지 않았는데, 이는 다른 선진국과는 매우 다른 입장이었다. 다른 선진국들은 생물다양성 보존을 위해 열대우림이 보호되어야 하고 희귀 동식물이 보존되어야 한다는 데 동의했다. 하지만 미국은 이 협약이 미국의 생명공학 발전에 저해될 것이라고 판단했다. 그래서 미국은 이 협약에 가입하지 않았다. 생명공학기술이 고도로 발달해 당장 연구와 개발을 위한 많은 동식물자원이 필요한 미국과 그렇지 못한 선진국 사이에서 의견 차이가 생기고 있는 것이다.

개도국 사이에서도 의견 차이는 관찰된다. 석유수출국기구OPEC 회원국들은 탄소배출을 규제하는 것 자체를 반대하고 있다. 탄소배출 규제가 석유소비 감소를 불러와 유가 하락으로 연결될 것을 염려하고 있는 것이다. 이는 선진국의 탄소 배출을 대폭 감축시켜야 한다는 대부분 개도국들의 입장과는 배치된다. 이처럼 환경문제는 선진국-개도국, 선진국-선진국, 개도국-개도국 사이의 이해가 복잡다기하게 얽혀 있어 하나의 이슈를 해결하는 데도 많은 시간과 각국의 노력이 소요된다.

그래서 국제무역체제 GATT의 사례처럼 탄소배출에 관한 일반협정GARE: General Agreement to Reduce Emissions을 체결하고, 이를 점차 다른 환경규제로 확장시켜 세계무역기구 WTO와 같은 지구환경기구GEO: Global Environmental Organization를 설립하자는 의견도 미국의 연구기관을 중심으로 제시되고 있다. 하지만 그러한 강력한 기구를 만들어내자면 국가들 사이에 매우 긴 협상이 진행되어야 할 것이다.

5. 환경문제와 무역규제

세계는 한편으로 국제무역체제를 통해 자유무역을 추진하면서, 다른 한편으로는 환경규제를 강화하고 있다. 지속 가능한 지구환경을 만드는 일도 무역자유화만큼 시급한 문제이기 때문이다. 그런데 문제는 이 두 가지가 충돌하는 현상을 보이고 있다는 것이다. 지구온난화를 방지하고 환경을 보호하기 위해서는 환경규제를 준수하지 못하는 제품에 대해서 무역규제를 하게 되는데, 이것은 곧 자유무역의 장애요소가 되고 있다.

실제로 이러한 충돌현상은 빈번하게 관찰되고 있다. 대표적인 것이 자동차 연료세 분쟁이다. 1994년 미국은 미국으로 수입되는 유럽산 자동차에 대해 연료과소비세를 부과했다. 환경규제를 강화한 것이다. EU는 이것이 GATT 조항에 어긋난다면서 제소했다. GATT는 EU의 의견이 옳다고 결정했다. 미국이 미국 차들과는 다른 높은 연료 효율성을 요구하면서, 이에 미치지 못할 경우 세금을 물게 하는 것은 잘못이라는 것이었다.

유전자조작식품 분쟁도 유명한 환경-무역 분쟁의 사례이다. 2000년대 초반 EU는 미국과 캐나다, 아르헨티나에서 들어오는 유전자조작식품에 대해 수입제재를 가했다. 이들 나라는 EU를 WTO에 제소했다. 이번에는 미국이 승소했다. 유전자조작식품의 위험성이 과학적으로 확실하지 않은 상태에서 수입제재 조치를 하는 것은 잘못이라는 결정이었다. 최근에는 지구온난화에 대한 위험이 부각되면서 다량의 탄소 배출을 통해 생산된 제품이 수입될 때, 이 제품에 대해 탄소세를 부과하려는 움직임도 일부 선진국을 중심으로 일고 있다.

이처럼 환경문제를 무역규제와 연결시키는 사례가 많아지고 있는데, 이에 대해서도 선진국과 개도국은 이해를 달리하면서 충돌하는 모습을 보이고 있다. 선진국은 환경보호를 위해 환경오염과 관련 있는 상품의 수입을 규제할 수 있도록 해야 한다고 생각한다. 하지만 개도국은 이는 이미 환경기술이 고도화된 선진국에게만 유리한 것이라고 맞선다. 개도국은 경제성장에 초점을 두어 더 값싼 상품으로 선진국과 경쟁해야 하는데 환경규제를 엄격하게 적용하면 자신들의 수출이 어려워지기 때문에 환경문제를 무역과 엄격하게 연결시키는 것을 반대하고 있는 것이다.

환경-무역 연계를 두고 선진국과 선진국이 갈등하는 모습도 나타나고 있다. EU는 2020년부터 수입되는 모든 자동차에 대해 '1km 주행 시 배출 탄소가 95g 이하여야 한다'는 기준을 적용하고 있다. 2023년부터는 이 기준이 62g으로 강화된다. 미국과 일본 등의 자동차가 모두 이 기준을 충족시키고 있는 것은 아니다. 따라서 이 환경기준을 두고 EU와 다른 선진국 사이에 갈등이 심화될 가능성이 존재하고 있다. 이와 같은 갈등이 개도국과 개도국 사이에도 존재한다. 몰디브나 투발루 같은 군소도서국가연맹 AOSIS: Alliance of Small Island States 소속 국가들은 탄소 배출은 어떤 식으로든 빨리 감축되어야 하기 때문에 무역규제와 연결시키는 것도 반대하지 않는다. 하지만 중국, 인도 등 경제성장을 적극 추진하는 나라들은 탄소 배출을 급격하게 줄이고, 심지어 탄소 배출을 무역규제와 직접 연결시키는 것에 대해서는 부정적인 입장이다. 이와 같이 환경-무역 연계의 문제를 두고도 세계의 많은 국가들이 나름의 이해를 가지고 접근하고 있기 때문에, 이 문제 또한 지속적으로 국제관계에서 분쟁과 갈등의 요소가 될 가능성이 높다.

6. 환경문제와 안보

환경문제는 현대적 안보 개념인 인간안보와 직접적으로 연결되어 있다. 인간이 기아와 질병, 공포 등의 고통으로부터 자유로울 수 있도록 보장해 주어야 한다는 것이 인간안보의 내용이니만큼 그 속에 환경안보가 포함되지 않을 수 없다. 대기도 토양도 오염되지 않은 환경에서, 환경오염으로 인한 복지의 심각한 위협이 없는 상태를 보장해 주는 것이 환경안보 environmental security 이고, 이것은 인간안보의 주요 부분이 되는 것이다. 지구온난화나 오존층 파괴, 산림파괴, 해양서식지 상실, 해양오염 등이 무기를 사용하는 전쟁만큼 인간의 미래를 심각하게 위협하고 있다는 인식을 바탕으로 지구환경 보호에 나설 때 진정한 환경안보가 보장될 수 있을 것이다. 이러한 환경안보에 대한 인식이 확산되면서 환경문제는 현대의 국가들이 더욱더 관심을 증대시키는 분야가 되고 있다.

환경문제가 국제정치에서 중요하게 취급되는 것은 그것이 인간안보뿐만 아니라 전통적 안보 개념과도 직접적으로 연관되어 있기 때문이다. 전통적 안보는 군사안보,

즉 외부의 위협과 침략으로부터 국가와 국민을 보호하는 것을 말한다. 환경재난은 국민의 생명과 재산을 직접 위협한다는 점에서 주요 외부위협으로 여겨진다. 환경문제가 이제는 국가안보의 문제로 다루어지고 있는 것이다. 2007년 미 국방부가 지구온난화를 미국의 국가안보에 대한 위협으로 간주해야 한다고 선언한 것은 이러한 현실을 단적으로 보여주고 있다.

환경문제는 국가 간의 분쟁 소지를 많이 안고 있다. 지구온난화로 인한 물 부족의 심화가 국가 간의 분쟁요소가 되고 있음을 우리는 아프리카와 중동, 중앙아시아에서 쉽게 볼 수 있다. 따라서 환경문제를 효율적으로 관리하지 못할 경우에는 국가가 분쟁에 연루될 수 있다. 이런 경우가 되면 환경문제로 국가안보가 직접 위협을 받게 된다. 따라서 이러한 사태를 방지하기 위해 국가들은 국제적인 협력과 협상을 통해 환경문제의 해결점을 찾기 위한 노력을 하고 있는 것이다.

환경분쟁이 국가 간의 전쟁으로 비화되는 경우 더 심각한 환경문제를 야기하고, 이것이 다시 국가 간의 분쟁을 유발할 수도 있다. 베트남전쟁 당시 미군이 정글의 게릴라를 색출하기 위해 대량 살포했던 고엽제는 베트남의 삼림과 토양을 훼손했을 뿐만 아니라 베트남의 군인과 민간인에게 심한 후유증을 남겼다. 베트남의 고엽제 피해자들은 고엽제를 생산한 미국의 농약제조사를 상대로 배상을 요구하고 있다. 이처럼 전쟁이 환경문제를 일으키고 또 분쟁을 야기하는 경우가 발생할 수 있는 것이다.

이처럼 안보에서 경제, 복지에 이르기까지 많은 영역에서 우리에게 위협이 되고 있는 지구환경의 문제는 국가, 정부간기구, 국제비정부기구, 다국적기업, 개인 등 국제정치의 주요 행위자들이 모두 나서 해결방안을 찾아나갈 수밖에 없는 문제이다. 이를 위해서는 먼저 행위자 모두가 이기심을 스스로 계몽하려는 노력이 필요하다. 나뿐만 아니라 상대도 고려해서 판단하려는 '계몽된 이기심enlightened self-interest'을 가져야 하는 것이다. 이와 함께 국제사회의 인식공동체의 지속적인 환경문제에 대한 인식전환 작업, 국제기구의 조정과 합의 노력 등이 종합적으로 작동할 때 지구환경문제는 해결의 길을 찾아갈 수 있을 것이다.

제12장

빈곤·기아와 공적개발원조

1. 세계의 빈곤과 기아

빈곤과 기아의 역사는 인류 역사만큼이나 오래된 것이지만, 여전히 근본적으로 해결되지는 못하고 있다. 한 나라 안에서뿐만 아니라 국가별로도 빈부의 격차가 심하고, 그 속에서 빈곤과 기아에 시달리는 사람들이 여전히 많다. 2015년 유엔의 통계에 따르면 세계적으로 약 7억 4천만 명이 생존에 필요한 최소한의 경제적 자원이 충족되지 않는 절대빈곤 속에서 살고 있다. 이들은 1.9달러 미만의 돈으로 하루를 살고 있다. 절대빈곤 인구는 북아프리카와 사하라 사막 이남, 인도, 동남아시아, 중동 등에 주로 분포되어 있다.[1] IMF가 통계를 갖고 있는 186개 나라의 1인당 GDP를 보면 가난한 나라가 얼마나 많은지, 나라별로 빈부격차가 얼마나 큰지 쉽게 알 수 있다. IMF의 2019년 통계를 기준으로 세계 최빈국들과 주요 국가들의 일인당 GDP는 〈표 12-1〉과 같다.

빈곤과 기아 문제에 세계가 지속적으로 관심을 갖고 문제해결의 방안을 찾으려 하는 이유는, 첫째는 이 문제가 인간의 가장 기본적인 권리인 생존권을 위협함으로써 인간의 존엄성을 훼손하기 때문이다. 둘째는 빈곤과 기아는 여성과 아동 등 취약계층에

---

1   UN, "Sustainable Development Goals"(https://unstats.un.org/sdgs/report/2019/goal- 01/).

〈표 12-1〉 세계 최빈국과 주요 국가의 1인당 GDP

국가	1인당 GDP(단위: 달러)	순위
남수단	275	186
부룬디	309	185
에리트레아	342	184
말라위	370	183
니제르	405	182
중앙아프리카공화국	447	181
마다가스카르	463	180
모잠비크	484	179
콩고민주공화국	500	178
아프가니스탄	513	177
⋮		
중국	10,098	65
⋮		
러시아	11,162	61
⋮		
한국	31,430	27
⋮		
일본	40,846	22
영국	41,030	21
프랑스	41,760	20
⋮		
독일	46,563	16
⋮		
미국	65,111	7
아이슬란드	67,037	6
카타르	69,687	5
아일랜드	77,771	4
노르웨이	77,975	3
스위스	83,716	2
룩셈부르크	113,196	1

자료: International Monetary Fund, "World Economic Outlook Database, October 2019"(https://www. imf.org/external/pubs/ft/weo/2019/02/weodata/weorept.aspx?pr.x=50&pr.y).

대한 인권 침해와 직접 연결되어 있기 때문이다. 빈곤·기아 문제는 여성에 대한 가정폭력과 아동노동을 유발하는 경우가 많다. 이는 사회적 보호대상을 오히려 폭력과 착취의 대상이 되도록 하는 심각성을 안고 있다. 셋째는 빈곤과 기아가 교육 불평등과 직결되어 있기 때문이다. 의식주가 해결되지 않은 상황에서 교육을 받기는 어렵고, 이러한 상황은 빈곤·기아가 대물림되는 악순환을 낳는다. 빈곤과 기아는 그 자체가 인간의 생명을 위협하는 중대한 문제일 뿐만 아니라 이와 같은 심대한 연쇄효과를 가지고 있기 때문에 인류 전체의 문제로 다루어지고 있는 것이다.

빈곤과 기아는 서로 연결되어 있는 문제이기 때문에 함께 관찰하고 대안을 찾는 작업이 계속되고 있는데, 특히 빈곤이 기아의 근본 원인이 된다는 점에서 빈곤문제에 초점을 맞추어 문제해결의 방안을 찾아보려 하는 것이 국제사회의 움직임이다. 그렇다면 빈곤이란 개념적으로 무엇을 말하는 것인가? 좁은 의미로는 물질적인 결핍을 의미한다. 즉, 낮은 수입과 소비, 그리고 교육과 보건, 영양 등 인간개발 여건이 열악한 상태를 말한다.[2] 물질적 관점의 이러한 전통적인 빈곤 개념이 국제사회 빈곤문제 논의의 핵심을 이루고 있고, 이러한 관점에서 빈곤문제 해결에 대한 노력이 우선 전개되고 있다. 이보다 넓은 의미의 빈곤 개념은 비물질적인 요소를 포함한다. 유엔의 빈곤 개념이 대표적이다. 유엔은 빈곤을 의식주 능력의 결여와 교육·의료·금융 접근성의 결여뿐만 아니라 사회에 효과적으로 참여할 수 있는 기본적인 능력의 결여까지 포함하고 있다.[3] 사회에 참여해서 스스로 선택의 기회를 찾을 수 없는 상태도 빈곤이라고 보아야 한다는 것이다. 이처럼 국제사회는 빈곤을 물질적 측면뿐만 아니라 점차 비물질적인 요소까지 포함해서 넓게 인정하려는 경향을 보이고 있다. 하지만 현재의 세계에는 물질적 빈곤에서마저 벗어나지 못하고 있는 사람들이 무수히 많기 때문에 실제 국제사회의 대처 방향은 물질적 빈곤 문제를 해결하는 데 초점이 맞추어져 있다.

빈곤을 성격에 따라 나누어보면 크게 세 종류로 구분된다. 절대적 빈곤과 상대적

---

2   World Bank, *World Development Report 2000/2001: Attacking Poverty*(Washington, D.C.: World Bank, 2000). p.v.(foreword).

3   UN, "Statement of commitment of the Administrative Committee on Coordination for action to eradicate poverty"(June 22, 1998)(http://unsceb.org/CEBPublicFiles/press/9818151e.pdf).

빈곤, 주관적 빈곤이 그것이다. 절대적 빈곤은 인간이 인간으로서의 생활을 영위하는 데 필요한 최소한의 것이 충족되지 않는 상태를 말한다. 상대적 빈곤은 필요한 최소한의 것은 가지고 있지만 다른 사람에 비해 재화나 서비스를 덜 보유하고 있는 경우를 이른다. 주관적 빈곤은 스스로 빈곤하다고 생각하는 경우이다. 이 가운데 세계 빈곤 문제에서 관심의 대상이 되는 것은 물론 절대적 빈곤이다. 신체의 상태를 최소한으로 유지하는 데 필요한 의식주를 제대로 얻지 못하는 상태이니만큼 절대빈곤은 인류가 공동으로 풀어가야 할 과제가 아닐 수 없다. 그런데 이 절대빈곤층이 세계 전체적으로 여전히 많기 때문에 유엔을 비롯한 정부간기구, 국제 NGO, 주요 선진국들이 빈곤 문제에 지속적으로 관심을 가지며 해결방안을 고민하고 있는 것이다.

2. 빈곤의 원인

빈곤의 원인은 세 가지 차원에서 분석되어 왔다. 첫째는 개인 차원이다. 빈곤은 어디까지나 개인의 특성에서 기원하는 것이라는 입장이다. 특히 나태와 노동의욕의 결여, 무절제, 의타성 등이 빈곤의 직접적인 원인이라고 지적한다. 둘째는 국가 차원이다. 빈곤은 국가의 산업화·근대화 작업의 지연으로 발생한다는 설명이다. 국가 차원의 경제개발이 이루어지지 못하는 경우 국민이 자연스럽게 빈곤을 벗어나지 못하게 된다는 것이다. 어떤 원인 때문에 국가가 빈곤에서 벗어나지 못하는가에 대해서는 다양한 분석들이 존재한다. 지리적인 위치·기후와 같은 자연적인 원인 또는 문화·국민성과 같은 사회적인 원인이 빈곤국을 만드는 주요 요인으로 지적되어 왔다. 하지만 최근에는 제도적인 원인을 주요 요인으로 지목하는 연구가 주목받고 있다. MIT 경제학과의 대런 애쓰모글루Daron Acemoglu 교수와 하버드대 정치학과의 제임스 로빈슨James Robinson 교수는 2012년 발간한 저서 『국가는 왜 실패하는가Why Nations Fail』에서 국가의 제도가 흥망을 결정한다고 주장한다. 정치적으로는 민주주의와 중앙집권, 법치주의가 보장되고, 경제적으로는 사유재산제도와 자유로운 계약·교환 시스템이 확립된 국가가 경제적으로 번영한다는 주장이다. 미국과 캐나다는 이러한 포용적인inclusive 제도가 보장되었기 때문에 성장했고, 남미 국가들은 금과 은, 노동력 모두 풍부했는데도, 남미를 지배한 스페인이 이러한 제도를 갖추지 못하고 스페인 왕실의 부를 늘리는 데에만 골몰했기 때문에 경제성장을 이루지 못했다는 것이다. 이와는 조금 다른 차원인 국내의 불공정 분배에서 빈곤의 원인을 찾는 설명도 국가 차원의 분석이다. 국가의 경제성장에 따라 축적된 부를 공평하게 분배하는 경우 빈곤이 사라질 수 있는데 그렇지 못하기 때문에 빈곤문제가 발생한다는 것이다. '좋은 거버넌스good governance'와 '나쁜 거버넌스bad governance'에 대한 논의는 국가 차원 설명의 종합판과 같은 성격을 가지고 있다. 한 나라의 정부가 투명성과 책임성, 형평성, 윤리성을 고루 갖추고 있으면서 다양한 세력이 정책결정에 참여하도록 하고 부의 공평한 분배를 이루는 '좋은 거버넌스'를 실행하는 경우 빈곤이 감소하고, 반대로 부정과 부패, 비윤리성의 특성을 가진 '나쁜 거버넌스'를 하는 경우는 빈곤이 심화한다는 것이다.

셋째는 국제 차원이다. 신자유주의에 기반을 둔 세계화로 인해 빈곤국가와 빈곤한 개인이 양산된다는 설명이다. 세계화는 상품과 서비스, 자본, 인력의 이동이 자유로워지는 현상이고, 그에 따라 선진국의 거대자본이 세계 곳곳에 공장과 지부를 설립해 이익을 취하게 되면서 후진국과 후진국의 국민들은 더욱더 빈곤하게 되어가고 있다는 것이다. 다국적기업을 중심으로 한 선진국의 자본은 세계시장의 중심세력으로 스스로의 이익을 최대화하는 방향으로 규칙과 질서를 만들어나가고 각국의 경제정책에도 커다란 영향을 미치고 있기 때문에, 후진국의 노력이 빈곤을 퇴치하는 데는 한계가 있다는 것이 국제 차원의 설명이다.

빈곤의 원인에 대한 분석을 두고는 선진국과 후진국의 견해가 상반되어 있고, 이러한 시각 차이는 남북문제의 중요한 부분을 이루고 있다. 후진국은 국제 차원의 원인이 빈곤의 출발점이라고 본다. 무역과 자본이동의 자유화가 선진국과 후진국의 불균형 발전, 후진국의 빈곤을 가속화했다고 보는 것이다. 후진국이 빈곤을 벗어나기 위해서는 후진국 시장을 보호하는 정책, 특히 후진국의 유치산업을 보호·육성하는 정책이 우선적으로 시행되어야 한다는 것이 후진국들의 지속적인 주장이다. 세계무역질서도 개방과 자유화 일변도가 되어서는 안 되며, 후진국에 대해서는 초기 단계의 경제개발이 가능하도록 여건을 마련해 주어야 한다는 입장이다. 또한 분배의 문제에 대해 선진국들이 더 많은 고민과 노력을 해야 한다는 것이 후진국들의 입장이다. 실제로 유엔식량농업기구FAO: Food and Agriculture Organization 의 추산에 따르면 세계 식량생산량은 세계의 모든 사람들에게 하루 3,600kcal를 공급할 수 있을 만큼 충분하다.[4] 유엔이 권장하는 하루 최소 식량섭취량이 2,400kcal이니까 생산량으로 따지면 굶는 사람이 없어야 함에도 세계에서 굶주리는 사람은 여전히 많다. 이러한 현황 속에서 후진국들은 빈곤과 기아 문제를 해결하기 위해서는 세계적 분배문제 해결이 우선적으로 추진되어야 한다고 주장하고 있다.

선진국들은 개인·국가 차원의 원인이 후진국의 빈곤을 지속적으로 재생산한다고 주장한다. 후진국의 노동생산성이 떨어지고, 기술수준이 낮고, 기업과 정부 운영형태가 불투명하고 비효율적이기 때문에 빈곤이 계속된다는 말이다. 이러한 진단에 따라 빈곤을 퇴치하는 방법에 대해서도 선진국은 후진국과 정반대의 처방을 제시한다. 후진국이 시장을 적극 개방하고 세계시장에 적극 참여해야 한다는 주장이다. 그렇게 함으로써 경쟁을 통해서 후진국의 상품경쟁력이 강화될 수 있고, 기업과 정부의 운영형태도 투명성과 효율성이 높아질 수 있다는 것이다. 이렇게 후진국과 선진국은 빈곤의 원인에 대한 진단, 그에 따른 대안에서 큰 차이를 보이고 있고, 이러한 차이는 빈곤문제를 세계 차원에서 해결해 나가는 데 큰 장애가 되고 있다.

3. 세계 차원의 대응

빈곤문제가 세계문제로 부각되기 시작한 것은 제2차 세계대전 직후부터이다. 제2차 세계대전 이후 독립한 아시아와 아프리카의 많은 신생국가들이 자신들이 안고 있는 빈곤문제를 해결하기 위해 국제사회의 관심을 촉구하면서 국제문제로 부각된 것이다. 1955년 인도네시아 반둥에서 열린 반둥회의는 후진국의 빈곤과 개발 문제에 대해 국제사회가 관심을 갖기 시작하는 계기가 되었다. 이 회의에 모인 아시아와 아프리카 29개국은 냉전 상황 속에서 비동맹을 선언하면서 개발 문제에 대한 국제협력도 천명해 제3세계 개발 문제에 대한 세계의 인식을 확대하는 데 크게 기여했다. 1964년에는

---

4   Baylis, Smith and Owens, *The Globalization of World Politics: An Introduction to International Relations*, 5th edition, p.472.

저개발국가 77개국이 유엔총회 산하에 유엔무역개발회의UNCTAD: UN Conference on Trade and Development를 구성해 무역과 후진국 개발 문제를 집중적으로 제기하게 되었다. 이 77그룹은 선진국 중심의 세계경제질서를 신국제경제질서NIEO: New International Economic Order 로 전환할 것을 요구했는데, NIEO는 저개발국에 대한 무역특혜와 경제주권 보장, IMF·세계은행에서의 발언권 강화 등을 통해 세계경제가 더욱 균형적인 관계 속에서 운영되어야 한다는 내용을 담고 있었다. 1970년대 초중반에 이러한 저개발국들의 요구는 세계의 관심을 끌었지만 이후 이렇다 할 성과를 내지 못하고 시들해졌다. 냉전의 구조 속에서 체제경쟁을 벌이고 있던 선진국들이 후진국의 요구에 귀를 기울일 여유가 없었던 것이다.

냉전이 끝나고 1990년대 탈냉전의 시대가 도래하면서 국제사회는 빈곤과 기아에 본격적으로 관심을 가지기 시작했다. 냉전시대에 군비경쟁에 소요되던 비용이 냉전 종식 후에는 인류문제 해결에 사용될 수 있을 것이라는 기대 속에서 빈곤과 기아에 대한 관심이 높아진 것이다. 선진국과 국제기구들이 관심을 확대하면서 빈곤문제를 해결하기 위한 논의가 크게 활성화되었다. 그러다가 1995년 코펜하겐에서 열린 '사회개발에 관한 세계정상회의World Summit on Social Development'에서 중요한 합의가 이루어졌다. 115개국의 대표와 세계 각국의 비정부기구들이 참여한 가운데 열린 회의에서 빈곤퇴치를 국제사회의 주요 의제로 다룬다는 합의가 이루어진 것이다. 1990년대 말에는 선진국과 국제금융기관들이 '포스트 워싱턴 컨센서스'post-Washington Consensus 개념을 제시하면서 기존의 신자유주의 일변도의 워싱턴 컨센서스를 수정한 정책을 강조하기도 했다. 무역자유화를 통한 성장을 기본적으로 추진하면서도 빈곤국가의 성장을 위한 대책과 빈곤타파 방안을 동시에 추진해야 한다는 것이었다.

유엔도 지속적으로 빈곤문제에 관심을 가져왔는데, 2000년에는 191개국의 대표들이 참석한 가운데 새천년정상회의를 열어 '새천년개발목표MDGs: Millennium Development Goals'라는 범세계적인 빈곤퇴치의 의제를 채택했다. 빈곤감소와 보건증진, 교육개선, 환경보호에 관한 여덟 가지 실천적 목표를 정해 실행하기로 한 것이다. 구체적인 내용은 ① 절대빈곤과 기아 퇴치, ② 보편적 초등교육 달성, ③ 양성평등 촉진과 여권 신장, ④ 유아 사망률 감소, ⑤ 임산부 건강개선, ⑥ 에이즈·말라리아 등 질병 통제, ⑦ 지속가능한 환경 보장, ⑧ 개발을 위한 지구적 동반관계의 구축 등이다. 이러한 목표로 유엔이 적극적인 활동을 펼쳐 어느 정도 성과도 보였다.

그런데 MDGs 추진 과정에 대해서는 몇 가지 비판적인 평가들도 나왔다.[5] 첫째는 MDGs를 책임지고 추진하는 주체가 불분명했다는 것이다. MDGs와 관련된 유엔전문 기구들의 협의체로 유엔개발그룹UNDG: United Nations Development Group이 구성되어 있었지만 MDGs를 총괄하는 역할을 하지 못한 채 여러 기구들이 개별적으로 빈곤퇴치 업무를 추진했다는 것이다. 둘째는 추진 과정에서 유엔과 IMF, 세계은행 등이 유기적인 협력관계보다는 조직의 이익을 추구하는 경향을 보였다는 것이다. 게다가 이들 관련 기구들이 국가 중심의 20세기형 조직이어서 초국가적이고 범세계적인 세계빈곤문제에 대해 효과적으로 대응하지 못했다는 지적이다. 빈곤문제라는 것이 한 나라만의 문제가 아니라 지구 차원의 문제이기 때문에 국제기구들과 관련 국가들이 기민하게 협력관계를 유지하면서 다루어야 하는데, 그런 부분이 이루어지지 않았다는 것이다. 또한 각국 사정에 따라 빈곤의 원인에 차이가 존재하고 그에 따라 처방도 융통성 있게 이루어져야 했는데 이런 부분도 미흡했다는 것이다.

셋째는 MDGs의 빈곤퇴치 사업이 대부분 상의하달식top-down으로 이루어졌다는 것이다. 빈곤국가들이나 국제 NGO들의 의사를 충분히 반영하기보다는 주요 국제기구들이 나름의 정책을 입안하고 시행하는 방식으로 되었다는 것이다. 특히 전문성과 객관성을 갖춘 국제 NGO의 빈곤퇴치 정책에 대한 접근성은 MDGs의 성패에 많은 영향을 줄 수 있는 만큼 충분히 보장되어야 했다는 지적이다.

MDGs는 2015년 종료되고 2016년부터는 '지속가능개발목표SDGs: Sustainable Development Goals'가 유엔과 국제사회의 공동 목표로 시행되고 있다. 빈곤과 저개발의 문제를 일차원적으로 해석하는 경향을 보였던 MDGs의 단점을 보완해 이러한 문제를 보다 다차원적으로, 보다 근본적으로 해결하는 데 중점을 둔 계획이다. 이 계획은 빈곤·질병·난민·교육·성평등 등 인류 보편의 문제, 기후변화·환경·물·생물다양성·에너지 등 지구환경문제, 주거·고용·노사·사회구조 등 사회경제문제를 지구전체가 지속가능한 방향으로 발전시킨다는 개념을 바탕으로 17개 목표와 169개 세부목표를 설정해 2030년까

---

5   박한규, 「세계빈곤 문제 해결을 위한 상향식 접근으로서의 역량강화」, ≪OUGHTOPIA≫, Vol. 28, No. 2(2013), 17~18쪽.

지 달성하려 하고 있다.

　17개 목표는 ① 빈곤 퇴치, ② 기아 종식과 식량안보 달성 및 지속 가능한 농업 발전, ③ 건강한 삶 보장, ④ 포용적이고 공평한 양질의 교육 보장 및 평생학습 기회 증진, ⑤ 양성평등 달성 및 여성 권익 신장, ⑥ 물과 위생의 제공 및 관리 강화, ⑦ 저렴하고 신뢰성 있으며 지속가능하고 현대적인 에너지에 대한 접근 보장, ⑧ 지속가능한 경제성장 및 양질의 일자리 확대, ⑨ 회복력 있는 사회기반시설 구축 및 지속가능한 산업화 증진, ⑩ 국가 내 및 국가 간 불평등 완화, ⑪ 지속가능한 도시와 정주지 조성, ⑫ 지속가능한 소비 및 생산 양식 보장, ⑬ 기후변화에 대응한 긴급한 행동의 시행, ⑭ 해양 및 해양자원의 보존과 지속가능한 이용, ⑮ 육상 생태계의 보호, 복원 및 지속가능한 이용, ⑯ 포용적인 사회 증진 및 포용적인 제도 구축, ⑰ 이행수단 강화 및 지속가능개발을 위한 글로벌 파트너십 강화 등이다.

　SDGs에서도 빈곤과 기아의 직접적인 퇴치는 유엔이 가장 우선적으로 추진해야 할 목표로 제시되고 있다. 이처럼 빈곤문제에 대해 세계가 지속적으로 관심을 쏟고 있어 문제해결의 가능성을 높여주고 있다. 이와 같은 관심의 확대는 우선 빈곤문제가 개별 국가의 문제만은 아니라는 인식이 그만큼 확산되었음을 보여주는 것이기도 하다. 이는 동시에 빈곤문제가 해결되지 않으면 세계의 안정성도 보장되기 어렵다는 공감 또한 확산되어 있음을 나타내는 것이라고 할 수 있다.

4. 공적개발원조

1) 공적개발원조의 의미와 기능

　국제사회의 빈곤퇴치 활동과 관련된 개념이 '국제개발협력 international development cooperation'이다. 개발과 관련한 국가 간의 협력행위를 이르는 말이다. 개발 development 은 "경제성장의 촉진, 불평등의 감소, 빈곤퇴치뿐만 아니라 사회구조와 대중의 태도, 국가제도에서 주요한 변화를 일으키는 다차원적 과정"을 의미한다.[6] 쉽게 말하면 개발이란 경제성장뿐만 아니라 성장을 통해 빈곤, 소득격차, 불평등한 사회구조 등을 해소해 나가는 과정을 말하는 것이다. 국제개발협력은 개도국의 개발을 위해 국제사회가 수행하는 광범위한 협력행위를 이른다. 국제개발협력 가운데 선진국의 개도국에 대한 순수 개발 목적의 원조를 개발원조^{development assistance}라고 한다. 선진국이 개도국에 물자 또는 용역을 제공하는 행위를 이르는 원조^{aid 또는 assistance} 가운데 군사적·경제적 목적을 갖고 있지 않은 개발만을 지향하는 원조를 말한다. 개발원조 가운데서도 민간이 아닌 공공부문(정부 또는 공공기관)이 공여하는 것을 공적개발원조^{ODA: Official Development Assistance}라고 한다. 다시 말해 ODA는 정부나 공공기관이 개도국의 경제개발이나 복지증진을 위해 공여하는 원조를 말한다. 주체는 선진국의 정부나 공공기관이 되고, 기업이나 NGO 등 민간의 지원은 ODA에 포함되지 않는다. 그 대상은 개도국이나 국제기구가 되며, 공여의 목적은 개도국의 경제개발 또는 복지증진이 된다. 군사적 원조나 종교·학술교류 차원의 지원 등은 ODA에 해당되지 않는다.

세계 빈곤문제를 해결하기 위해 국제사회가 나서서 진행하고 있는 다양한 프로그램 중에 가장 주목받고 있는 것이 ODA이다. 현대적 ODA의 시작은 제2차 세계대전 직후 미국의 유럽 지원책인 마셜 계획^{Marshall Plan}이라고 할 수 있는데, ODA는 다른 형태의 원조에 비해 규모가 커서 개도국 개발에 직접적인 도움을 줄 수 있다는 점에서 국제개발협력에서 매우 중시되는 영역이다. 실제로 2018년 한 해 동안 세계적으로 개도국에 지원한 ODA는 약 1,658억 달러에 이른다.[7] 이렇게 대규모의 자금이 개도국에 공여되기 때문에 특히 최빈국들의 빈곤퇴치에는 상당한 기여를 하고 있다. 또한 ODA는 선진국과 개도국의 협력을 통해 협력적인 국제관계, 장기적인 국제평화에 기여할 수 있다는 점에서 주목을 받고 있다. 원조를 매개로 선진국과 개도국이 지속적인 협력관계를 발전시켜 가면서 갈등의 요소를 줄이고 평화의 문화를 형성할 수 있다는 기대를 주고 있는 것이다. 국제적 관심이 높아짐에 따라 ODA를 지원하는 국가들은 경제협력개발기구^{OECD} 내에 개발원조위원회^{DAC: Development Assistance Committee}를 구성해 원조의 확대와 효율성을 높이기 위한 방안을 서로 협의하고 있다. DAC에 가입하기 위해

---

6   Michael P. Todaro and Stephen C. Smith, *Economic Development*, 11th edition(New York: Addison- Wesley, 2012), p.16.

7   OECD, "International Development Statistics"(https://stats.oecd.org/qwids/#?x=1&y=6&f).

서는 ODA 총액이 1억 달러 이상이거나 국민총소득^{GNI}의 0.2%를 넘어야 하는데, 한국은 2009년에 가입했다.

ODA가 빈곤퇴치에 더욱 효과적으로 기여하기 위해서는 우선적으로 ODA 규모가 커져야 한다는 데 국제사회는 공감하고 있다. 1970년대부터 선진국들은 ODA를 국민총소득^{GNI}의 0.7%까지 확대한다는 데 공감을 이루어왔다. 2002년 멕시코 몬테레이에서 '유엔 개발재원에 관한 회의^{UN Conference on Financing for Development}'에서 '0.7%로의 확대' 방침이 다시 확인되었고, 이후 주요 선진국들은 이를 충족시키려는 노력을 계속하고 있다. 하지만 아직은 여기에 훨씬 미치지 못하고 있다. 2018년 통계에 따르면 OECD-DAC 회원국의 ODA 규모는 GNI의 0.31%에 불과한 실정이다.[8] 하지만 그 규모는 차츰 증가 추세에 있기 때문에 ODA는 빈곤문제를 비롯한 개도국의 개발 문제를 해결하는 데 지속적으로 기여할 것으로 기대된다.

2) 원조와 국제정치이론[9]

선진국의 개도국에 대한 지원, 즉 원조에 대한 국제정치이론 분파들의 시각은 기본적으로 국제협력에 대한 관점을 바탕으로 하고 있다. 국제정치이론가들이 원조에 대한 시각을 구체적으로 말하는 경우는 드물지만 국제협력에 대한 시각 속에 원조를 보는 관점이 담겨 있다. 현실주의^{realism}는 기본적으로 국제협력이 불가능하지는 않지만 이루어지기 어렵다고 본다. 국가들은 본능적으로 무한대의 힘^{power}을 추구하면서 경쟁하기 때문에 국제관계는 협력보다는 갈등의 관계가 되기 쉽다는 주장이다. 신현실주의^{neorealism}는 특히 상대적 이익^{relative gains} 개념으로 협력의 어려움을 설명한다. 신현실주의자들에 의하면 국가 간의 협력에서 국가는 자국보다 상대국이 더 많은 이익을 얻게 될 것을 우려한다. 상대국이 조금이라도 더 많은 이익을 얻으면 이것이 곧 상대

---

8 OECD, "Development aid drops in 2018, especially to neediest countries"(https://www.oecd.org/dac/financing-sustainable-development/development-finance-data/ODA-2018-detailed-summary.pdf). 2018년 한국의 ODA는 GNI의 0.15%(약 23억 5,100만 달러)이었다.

9 이 부분은 안문석, 「한국의 국제개발협력에 대한 국제정치이론 관점의 성찰: 구성주의적 대안을 중심으로」, ≪국제정치논총≫, Vol.53, No.4(2013), 301~310쪽의 내용을 수정·보완한 것이다.

국의 군비를 증강하는 데 쓰이는 것으로 간주한다.[10] 결국 그만큼 자국의 안보는 약화된다고 보는 것이다. 이러한 상대적 이익에 대한 우려 때문에 국가 간의 협력은 이루어지기 어렵게 되는 것이다. 결국 국가는 자국이 상대적 이익을 확보할 수 있는 경우에만 국제협력을 하게 된다.

그런가 하면 상대적 이익 개념을 인정하면서도 협력의 가능성도 동시에 인정하는 주장도 존재한다. 던컨 스나이덜Duncan Snidal이 대표적인데, 그는 국가들이 상대적 이익을 추구하지만 실제로는 국제관계에서 많은 수의 국가들이 관계를 서로 연쇄적으로 맺고 있기 때문에 협력이 가능하다고 주장한다.[11] A국가가 B국가와의 관계에서 상대적 손실을 볼 수도 있지만, C국가와의 관계에서 상대적 이익을 확보해 그 손실을 보상받을 수 있기 때문에 국제협력이 가능하다는 것이다.

현실주의는 국제원조도 국가이익의 관점에서 관찰한다. 우선 모든 형태의 원조는 정치적 의도를 가지고 있다고 생각한다. 심지어 인도적 지원도 그 자체는 비정치적이지만 얼마든지 정치적으로 활용될 수 있다는 시각을 가지고 있다.[12] 국제원조의 바탕은 국가의 이기주의적 고려이며, 원조는 자국의 국가이익을 실현하기 위한 외교적 주요 도구에 불과하다는 것이 현실주의의 시각이다.[13] 고전적 현실주의는 국가의 가장 중요한 목표를 힘의 최대화라고 보고, 신현실주의는 안보의 확보를 근본적인 목표로 간주하고 있기 때문에, ODA 또한 힘이나 안보를 확보하는 데 도움이 된다고 판단하는 경우에만 가능하다는 것이 현실주의 입장인 것이다. 이러한 현실주의의 인식은 실제 미국과 같은 선진국이 시행하고 있는 후진국의 빈곤과 기근, 자연재해 등에 대한 원조를 결국 선진국의 국가이익 확보를 위한 행동으로 본다.

---

10 Joseph Grieco, "Anarchy and the limits of cooperation: A realistic critique of the newest liberal institutionalism," *International Organization*, Vol.42, No.3(1988), p.487.

11 Duncan Snidal, "International Cooperation Among Relative Gains Maximizers," *International Studies Quarterly*, Vol.34, No.4(1991).

12 Hans Morgenthau, "A Political Theory of Foreign Aid," *American Political Science Review*, Vol.56, No.2(1962), p.301.

13 Robert Gilpin, *The Political Economy of International Relations*(Princeton: Princeton University Press, 1987).

이러한 현실주의적 인식을 바탕으로 원조가 이루어지는 경우에는 원조를 받아서 바로 경제발전을 이룰 수 있는 나라에 대해서 주로 원조가 집행된다. 수원국이 발전하면 발전된 수원국과 경제거래를 통해 공여국이 경제적 이익을 확보할 수 있기 때문이다. 따라서 원조대상국이 최빈국LDCs: Least Developed Countries 보다는 저소득국LICs: Low Income Countries이나 하위중소득국LMICs: Lower Middle-Income Countries 이 될 가능성이 높다. 결국은 현실주의 관점의 원조는 원조를 받는 나라보다는 원조를 주는 나라의 이익을 실현하기 위한 원조가 되는 것이고, 국제사회가 필요로 하는 후진국의 개발과 복지증진에 근본적으로 기여하는 원조는 되지 못하는 것이다.

자유주의liberalism는 국제관계에는 힘 이외에도 다양한 요소들이 작용한다고 간주한다. 국가는 힘을 추구할뿐더러 국제기구와 같은 제도의 틀 속에서 때로는 다른 국가와 협력하고 조화를 이루기도 한다는 것이다. 또한 국제정치에서 중요한 역할을 하는 행위자는 국가 말고도 국제기구와 다국적기업 등 많이 존재하기 때문에 이런 다양한 행위자들이 관여하면서 국제관계에서 협력은 언제든지 일어날 가능성이 있다고 본다. 국제협력을 통해 0보다 많은 이익이 발생하면 국가들은 협력을 한다고 주장한다. 즉, 국가는 상대적 이익보다는 절대적 이익absolute gains 을 기대하면서 협력에 나선다는 것이다. 특히 신자유주의적 제도주의neoliberal institutionalism는 조약이나 국제기구 같은 국제제도가 발달하면, 협력을 막는 배신, 상대국 의도에 대한 불확실성uncertainty 등의 문제를 일정 부분 해결해 주기 때문에 국제협력이 더욱 쉽게 일어난다고 주장한다.[14] 이러한 자유주의는 국제개발협력도 공여국과 수원국 모두에게 절대적 이익이 기대되기만 하면 발생한다고 본다. 공여국 입장에서 상대적 이익을 기대하는 것이 아니라 원조를 함으로써 0보다 많은 정치적 또는 안보적 이익만 확보할 수 있으면 원조가 이루어질 수 있다는 것이다. 결국 현실주의보다는 원조의 가능성을 훨씬 높게 보는 것이다.

자유주의보다 국제관계를 더 낙관적으로 보는 이상주의idealism는 국제사회에서 도덕과 인도주의적 명제가 여전히 중요한 기능을 하고 있고, 국제원조는 인도적 목적에서 시행되는 경우가 많다고 본다.[15] 원조는 공여국의 국가이익으로 모두 설명될 수 있

---

14 Robert O. Keohane, *After Hegemony*(Princeton: Princeton University Press, 1984), p.246.

15 David Louis Gingranelli, *Ethics, American Foreign Policy and the Third World*(New York: St

는 성질이 아니며, 공여국의 인도주의적이고 이타적인 신념이 중요하게 작용해서 이루어지는 것이라고 여긴다.[16] 이상주의 입장은 양자 간의 원조보다는 국제기구를 통한 다자간 원조를 더 바람직한 것으로 본다. 공여국의 수원국에 대한 영향력의 발생을 방지할 수 있고, 국제기구를 통한 원조의 시행이 인도적 목적을 더욱더 효과적으로 수행할 수 있다고 보는 것이다. 원조의 형태와 관련해서도 유상보다는 무상, 구속성보다는 비구속성이 바람직하다고 본다.[17]

구조주의 structuralism(마르크스주의)는 국제관계를 자본주의라는 초국가적인 체제에 의해 규정되는 것으로 파악한다. 저개발 문제의 원인도 개인 차원이나 국가 차원이 아니라 세계경제체제의 구조적인 특성에서 찾는다. 자본주의 세계경제체제 아래에서 중심부를 구성하는 선진 자본주의 국가들이 주변부를 이루는 후진국들을 착취하고 세계경제 전체의 잉여가치를 수탈하기 때문에 후진국이 저개발에서 벗어나지 못하고 있다는 주장이다.[18] 자본주의 세계체제가 유지되는 한 선진국의 공산품은 비싼 값에, 후진국의 농산물은 싼 값에 거래되는 '불평등교환 unequal exchange'은 끝없이 계속되어 저개발 문제가 해결되지 않는다는 것이 구조주의의 인식이다.[19] 구조주의는 국제무역도 선진국과 후진국이 원원하는 포지티브섬 게임 positive-sum game 이 아니라 결국은 후진국의 부가 선진국으로 흘러 들어가는 제로섬 게임 zero-sum game 이라고 주장한다. 이러한

Martin's Press, 1993).

16 David Halloran Lumsdaine, *Moral Vision in International Politics: The Foreign Aid Regime, 1949-89*(Princeton: Princeton University Press, 1993), p.29.

17 구속성 원조 tied aid 란 원조를 받은 수원국이 구입하는 물자나 용역을 공여국 또는 일부 소수 국가로 한정하는 원조를 말한다. 비구속성 원조 untied aid 는 이런 제한 없이 수원국이 자유롭게 쓸 수 있는 원조를 가리킨다.

18 Wallerstein, "The Rise and Future Demise of the World Capitalist System: Concepts for Comparative Analysis," p.401.

19 불평등교환의 대표적인 사례는 1974년 4월 유엔특별총회에서 가나의 외무장관 크와메 바Kwame Baah가 가나의 사례를 언급한 것이다. "가나의 코코아 생산량은 1954년에는 21만 톤이었으며, 그 수입은 8,500만 파운드를 기록하였다. 10년 후 1964년에는 59만 톤을 생산하면서도 그 수입은 역으로 7,700만 파운드로 감소되었다. 이 10년간 가나에서는 5톤 적재 트럭의 판매가격이 11배나 뛰었다"라며 불평등교환의 부당성을 역설했다[하경근, 「제3세계와 세계정치」, 김학준·사무엘 팔머·낫셀 외, 『제3세계의 이해』(형성사, 1979), 14쪽].

관점의 구조주의는 국제원조도 선진국과 후진국 간 경제적 불평등이 심화되고 후진국의 선진국에 대한 장기적인 종속이 제도화되는 과정으로 파악한다.[20] 원조가 진행되면서 선진국은 원조자금을 통제함으로써 수원국의 경제를 더욱 종속적 구조로 만들 수 있다는 것이다. 국제기구가 시행하는 원조도 실제로는 재원을 부담하는 선진국들의 의도가 개입되어 있기 때문에 종국에는 후진국의 종속에 기여하는 역할을 한다는 것이 구조주의의 관점이다. 구조주의자들이 볼 때 ODA는 국내정치적으로도 선진국과 수원국의 지배 엘리트의 권력을 강화하는 도구로 이용된다. 수원국의 엘리트는 원조자금을 활용해서, 선진국의 엘리트는 수원국 엘리트의 보은 차원의 충성과 물질적 보상으로 자신들의 지배권력을 강화한다. 따라서 ODA가 지원될수록 선진국과 후진국의 지배-종속관계는 더욱더 강화되는 것이다.

국제관계에서 물질적인 힘보다는 관념을 중시하는 구성주의constructivism는 그 자체가 국제협력을 강조하는 이론은 아니다. 국가 간의 상호교류의 과정에서 형성되는 정체성identity과 이익interest을 통해 국가 간의 관계가 규정된다는 것이 구성주의의 핵심적 주장인데,[21] 그렇다고 해서 구성주의가 이러한 상호작용이 반드시 협력적 관계로 발전한다고 주장하지는 않는다. 구성주의자들의 주장에 따르면, 정체성과 이익은 비협력적인 성격으로 형성될 수도 있다. 하지만 상호교류의 과정에서 공동의 규범shared norms이 형성되고 이를 기반으로 서로 협력적인 정체성과 이익이 구성되면 국가들 사이는 협력적인 관계가 된다. 규범은 "행위자들의 공동체가 적절한 행동에 대해서 공유하고 있는 기대"를 말하는 것으로,[22] 이 규범을 공유하도록 국가들이 교류의 폭을 넓히는 것이 중요하다. 교류를 확대해 이러한 규범을 공유하게 되면 협력에 대한 필요를 함께 느끼게 되는 것이다. 국제개발원조와 관련해서는 빈곤퇴치나 양성평등, 교육평등 등과 같은 규범을 공여국과 수원국이 공유하면, 양국 사이의 정체성과 이익의 접근을 가져오고, 그 기반 위에서 원조가 이루어질 때 양국이 모두 만족하는 원조가 가능하게 되는 것이다. 예를 들어 한국이 캄보디아에 원조를 하려고 할 때, 사전에 양국의 대화

---

20 Teresa Hayter, *Aid As Imperialism*(Baltimore: Penguin Books, 1972), p.9.

21 Wendt, *Social Theory of International Politics*, pp.165~178.

22 Finnemore, *National Interest in International Society*, p.22.

가 충분히 이루어져 양국이 모두 빈곤문제를 가장 먼저 해결해야 한다는 규범을 공유하게 되고, 그에 따라 이 방향으로 양국이 스스로를 이해하게 되면(즉, 양국의 정체성이 비슷해지면), 빈곤퇴치 프로그램으로 원조가 이루어지는 것이다. 이런 식으로 원조가 이루어지기 위해서는 공여국과 수원국의 정부뿐만 아니라 NGO들도 적극 관여해 교류의 폭을 먼저 확장하는 것이 중요하다.

다양한 국제정치이론과 국제원조의 관계를 알아보았지만, 현실주의 입장의 원조는 수원국의 수요에 부합하지 않을 수 있다는 데 문제가 있다. 자유주의 입장은 국제개발협력이라고 하는 것도 기본적으로는 국가들이 절대이익이 존재한다고 판단할 때 일어날 수 있다고 본다. 이상주의는 당위적 차원의 접근으로는 바람직하겠지만 국제정치의 현실과는 부합하지 않는 측면이 있다. 구조주의는 선진국과 후진국 사이의 부의 재분배를 위한 지향점 제시 차원에서는 의미가 있지만, 국제개발협력을 지나치게 부정적으로 보면서 대안 제시에는 소홀한 면이 있다. 구성주의는 선진국과 후진국이 모두 원하는 형태의 원조가 이루어지기 위한 바람직한 방향을 제시하고 있다. 물론 이를 위해서는 공여국이 더 많은 시간과 노력을 들여야 하겠지만 국제원조, 특히 ODA가 국제평화 달성에 좀 더 효율적으로 기여하기 위해서는 구성주의적 원조의 확대에 관심을 더 기울여야 할 것으로 보인다.

3) 공적개발원조의 문제점과 발전방안

선진국의 자금이 개도국에 흘러 들어가 개도국의 경제와 사회복지 수준을 높이는 데 상당한 기여를 하고 있는 ODA이지만, 여전히 문제점을 안고 있다. 첫째, 많은 선진국들이 ODA를 제공하고 있지만 이들 사이의 유기적 연계성이 떨어져 원조의 효과가 최대화되지 못하고 있다. 원조 공여국 사이에 원조 프로그램들을 놓고 구체적으로 논의하는 시스템이 발달되어 있지 않기 때문이다. 심지어는 하나의 국가가 제공하는 원조 프로젝트들 사이에도 중복현상이 있어 효과가 반감되는 경우가 있다. 여러 기관이 나누어서 원조를 제공하기 때문에 생기는 현상이다. 이러한 문제가 개선된다면 같은 액수의 지원으로 더욱 큰 효과를 발휘할 수 있을 것이다. 둘째, 원조 프로그램의 지속성이 낮다. 일정한 국가, 일정한 지역에 장기적인 안목을 가진 프로그램을 적용·지원하는 것이 효과적이지만, 공여국 입장에서는 다양한 나라에 원조를 제공하려 하기 때문에 전반적으로 ODA의 지속성은 낮은 편이다. 물론 한정된 자원에 문제의 근본적인 원인이 있지만 지속적 지원을 통한 효과의 최대화는 ODA 실행에서 지속적으로 고민해야 하는 문제가 아닐 수 없다.

셋째, ODA 지원을 받는 수원국의 수요와 실정에 맞지 않는 원조가 많다. 수원국들은 경제수준, 교육수준, 정치환경, 사회적 인프라 등 모든 면에서 각양각색이기 때문에 그들의 수요가 무엇인지 면밀히 조사하는 작업이 우선되어야 하지만 이것이 제대로 안 되는 경우가 많은 것이다. 앞에서 언급한 구성주의적 접근 방식이 아직 정착되지 않았기 때문이다. ODA가 빈곤을 비롯한 지구문제를 해결하고 국제평화에 더욱 효율적으로 기여하기 위해서는 수원국과 공여국 사이에 정체성과 이익의 접근이 우선 이루어지고, 그 기반 위에서 원조의 방향이 결정되는 구조가 되어야 할 것이다.

넷째, 일부 선진국의 경우 스스로의 경제적 이익 관점에서 ODA를 지원하고 있다. 일본의 경우가 대표적인데, 일본은 개도국의 경제발전과 그에 따른 일본의 경제적 이점을 주로 고려하면서 ODA를 추진해 국제사회의 비판을 받아왔다. 일본은 수원국이 스스로 필요한 부분을 요청하면 그에 따라 원조를 실시하는 요청주의를 지향하고 있다고 대외적으로 밝혔다. 하지만 실제로는 일본 컨설팅 업체들이 프로젝트 탐색 project finding 과정에서 수원국이 원치 않는 내용을 원조 요청에 포함시키는 방식을 활용해서 일본 중심의 원조를 진행하고 있는 것으로 지적되고 있다. 미국은 세계적 영향력을 증대하고 국제안보질서를 주도하기 위한 목적을 달성할 수 있는 방안으로 원조를 활용해 왔고, 영국과 프랑스도 구(舊)식민지국가들과 연대를 유지하기 위해서 원조를 이용해 왔다. 이와는 달리 스웨덴을 비롯한 북유럽 국가들은 빈곤퇴치라는 국제개발의 본래적 목적에 부합하는 원조활동에 집중해 온 것으로 평가받고 있다. 더 많은 원조가 이와 같이 국제개발의 근본 취지에 맞는 방향으로 진행되도록 해야 하는 것이 국제사회의 주요 과제 가운데 하나이다.

실제의 세계에서 이루어지는 원조는 크게 세 가지로 나누어진다.[23] 첫째는 재난구

---

23 Goldstein and Pevehouse, *International Relations*, pp.495~500.

선교사형 원조의 실패

케냐의 사하라 사막 부근의 투르카나 호수 인근에는 투르카나족이 살고 있다. 유목민인 투르카나족은 늘 가난에 시달려왔다. 특히 가뭄이 들면 풀이 말라 죽고 그 바람에 소와 양을 기를 수가 없어 더욱 심한 고통을 겪어야 했다. 1970년대 서구 원조국들이 투르카나족에 대한 원조를 시작했다. 방법은 투르카나 호수에 풍부한 틸라피아라는 민물고기를 잡아 생계를 유지할 수 있도록 하는 것이었다. 어업 선진국 노르웨이가 어업기술을 맡아서 가르치고, 냉동보관 후 판매하는 방법까지 교육했다. 냉동공장도 세웠다.

하지만 곧 이 원조사업은 완전히 실패하게 되었다. 냉동창고가 곧 작동불능 상태가 되었기 때문이다. 지역의 기온이 너무 높아 냉동창고에 과부하가 걸렸고, 결국은 가동이 불가능하게 된 것이다. 얼마 있다가는 인근지역의 가뭄으로 호수로 유입되는 물이 줄고 호수도 말라버려 고기를 잡을 수 없게 되었다. 게다가 투르카나족은 목축을 중시하고 어업을 천하게 여겨 주민들의 적극적인 참여와 노력으로 인한 여건의 개선도 기대할 수 없었다. 결국 사업은 실패하고 투르카나족은 목축업으로 되돌아가 여전히 어려운 생활을 계속하고 있다. 투르카나족 사례는 수원국에 대한 철저한 연구 없이 공여국의 사고와 구체적 방안을 그대로 적용하는 경우에는 원조가 실패할 가능성이 높음을 잘 보여주고 있다.

호disaster relief형 원조이다. 홍수나 지진, 가뭄 등의 재난을 당한 나라에 식량이나 의복, 기타 생필품 등을 지원해 주는 것이다. 국제사회에서 가장 광범위하게 이루어지는 원조 형태인 재난구호는 재난을 당한 후진국 지원을 통해 세계적 안정성을 강화한다는 측면에서 일종의 공공재로 인식되고 있다. 둘째는 선교사missionary형 원조이다. 선교사들의 자선사업과 같은 형태로 선진국에 의해 기획되고 실행되는 다양한 후진국 개발 지원을 말한다. 이 또한 후진국의 성장에 상당한 기여를 하고 있지만 공여국 주도의 원조이기 때문에 수원국의 사정이나 문화적 전통에 어울리지 않는 형태의 지원이 이루어질 수 있는 성격을 가지고 있다. 셋째는 옥스팜Oxfam형 원조이다. 옥스팜 아메리카Oxfam America(1942년 영국에 설립된 옥스팜에서 분리되어 나온 7개 단체 가운데 하나)가 실행해 온 원조 형태이다. 단순한 물자지원이 아니라 스스로 먹고살 수 있는 방법을 가르쳐주는 것이다. 농업이나 수산업 기능, 의류제조기술 등을 교육시켜 자립할 수 있도록 해주는 것이다. 단기적인 자금지원에 그치지 않고 수원국의 원조 수령단체 등을 사업 파트너로 삼아 장기적으로 사업을 전개하면서 다양한 노하우를 전해주고 결국

빈민들에게 희망을 준 유누스

ODA 프로그램은 아니지만 '역량 강화'의 대표적인 사례로 방글라데시의 무함마드 유누스Muhammad Yunus 교수가 시행한 무담보 소액대출micro-credit이 꼽힌다. 방글라데시의 치타공 대학Chittagong University 경제학과 교수였던 유누스는 1970년대 초 주변의 빈민층에게 소액을 무담보로 대출해 주기 시작했다. 의외로 돈을 대출받은 빈민들은 대부분 대출 만기 전에 대출금을 반환했다. 필요할 때 또 대출을 받기 위해서였다. 이를 기반으로 유누스는 1976년 그라민Grameen은행을 세웠다. 더 많은 사람들에게 무담보로 적은 돈을 빌려줬다. 돈을 빌려가는 사람들은 대부분 여성들이었다. 빌린 돈으로 이들은 재봉틀을 사서 옷을 만들어 팔기도 하고 빵 만드는 기계를 사서 빵을 만들어 팔기도 했다. 그렇게 스스로 살아가는 길을 마련한 것이다.

그라민은행의 영향으로 방글라데시 정부도 1979년부터는 무담보 소액대출을 시작해 빈민구제에 나서게 되었다. 그라민은행에서 대출을 받은 사람은 600만 명이 넘는데, 회수율은 99%에 이르고, 대출자 절반 이상이 극빈층에서 벗어났다. 은행도 1993년부터는 흑자가 되었다. 빈민구제에 기여한 공로로 유누스는 2006년 노벨평화상을 받았다. 유누스의 사례는 빈민들에게 돈을 빌려주면 회수하지 못할 것이라는 일반적인 우려를 해소해 주었다는 데 큰 의미가 있다. 또한 빈민들도 인간으로서의 존엄성을 인정받고 희망을 발견하게 되면 얼마든지 스스로의 힘으로 자립의 길을 찾아갈 수 있음을 잘 보여주었다.

은 독립적으로 사업을 운영해 나갈 수 있도록 하는 것이다.

국제개발협력과 관련해 특히 최근에 주목을 받은 것이 세 번째 옥스팜형이다. 수원국을 적극적으로 참여시켜 원조의 효과를 높일 수 있을 뿐만 아니라, 원조가 종속의 형태가 아니라 대등한 관계 속에서 이루어질 수 있기 때문이다. 요즈음 국제개발학계에서 적극적으로 제시되고 있는 '역량 강화empowerment'도 옥스팜형을 따르는 것이다. 빈곤계층에게 스스로 자원을 통제할 수 있는 능력을 길러주는 것이 역량 강화인데, 결국은 자립의 길을 열어주는 것이다. 스스로 능력을 개발하고 직업을 가지고 생활을 영위할 수 있도록 해주는 것이 역량 강화인 것이다. 전통적인 지원방식이 물질적 지원 중심이었다면 역량 강화는 스스로 문제를 파악하고 이를 해결하면서 자립성을 배양하는 데에 초점을 맞추고 있다. ODA의 장기적인 발전방안과 관련해서, 역량 강화는 시간이 걸리지만 문제의 근본적인 해결방안이니만큼 선진국들이 더 관심을 집중해야 할 영역으로 보인다. 이와 함께 역량 강화의 기본적인 조건으로 '좋은 거버넌스'

가 요구되고 있기 때문에, '좋은 거버넌스'를 형성하기 위한 ODA에도 선진국들이 관심을 확대해야 할 것이다. 공정한 선거제도 정착, 인권증진 제도 구축 등 제도개선 작업을 실질적으로 추진해 차츰 정치, 경제, 사회 등 전 분야를 아우르는 '좋은 거버넌스'가 완성될 수 있도록 지속적으로 ODA를 추진해 나가는 것이 무엇보다 중요한 일이 아닐 수 없다.

제5부

외교와 동북아 국제질서

제13장
외교와 외교정책

1. 외교란?

　외교는 학자에 따라서 여러 가지로 정의를 내리고 있지만, 크게 보면 한 나라가 다른 나라와 협의하고 교섭하는 일체의 행위를 말한다. 우선 어원적으로 살펴보자. 외교를 뜻하는 'diplomacy'는 '접는다'는 의미를 가진 그리스어 'diploun'에서 왔다. 'diploun'은 로마 시대의 통행증을 의미하는 'diplomas'로 발전했다. 로마는 금속판을 접어서 만든 통행증을 사용했는데, 이를 'diplomas'라고 부른 것이다. 접어서 만들었기 때문이다. 여기서 발전한 'diploma'는 공문서의 의미로 사용되었다. 접어서 만든 것으로 공적 업무에 사용하는 문서라는 의미였다. 지금도 'diploma'라는 영어 단어는 졸업장, 수료증의 의미로 사용된다.

　'diploma'가 'diplomacy'로 발전했는데, 서양에서 'diplomacy'라는 말이 외교라는 의미로 쓰이기 시작한 것은 18세기부터이다. 그 이전에는 국가 간의 교섭행위를 'negotiation'으로 표현했다. 영국의 에드먼드 버크^{Edmund Burke}가 1796년 처음으로 외교의 의미로 'diplomacy'를 사용했다.[1] 이때는 이미 근대적 외교제도가 정립되어 국가원수가 대사를 파견하면서 신임장을 주고, 이를 상대 국가수반에게 제시하도록 했다. '내

---

[1]　Harold Nicolson, *Diplomacy*, 2nd edition(London: Oxford University Press, 1950), p.28.

가 이 사람을 나의 대리인으로 임명하니 주요 사안을 이 사람과 논의해 주시오'라는 의미였다. 이 신임장이 양면을 접어서 만든 형태이기 때문에 '접어서 만든 신임장을 사용하는 행위'라는 의미로 'diplomacy'를 사용한 것이다.

이제 외교가 정확히 무엇인지 저명한 학자들의 정의를 중심으로 자세히 살펴보자. 한스 모겐소Hans Morgenthau는 외교를 국가의 목표를 달성하기 위해 국력의 여러 구성요소들을 효율적으로 통합하는 기술이라고 설명했다.[2] 군사력과 경제력, 인구, 자연자원, 국민성, 국민의 사기 등 국력의 다양한 구성요소들을 적절하게 조화시켜 일정한 목표를 달성할 수 있게 해주는 국가의 행위를 외교라고 본 것이다. 칼레비 홀스티Kalevi Holsti는 정부가 설정한 목표를 달성할 목적으로 다른 나라의 정책과 행위 또는 외부환경을 변화시키기 위해 행하는 조직적 행위라고 정의했다.[3] 일정한 목표를 가진 국가가 다른 나라를 일정한 방향으로 변화시키기 위해서 하는 행위가 외교라고 생각한 것이다.

20세기 중반 영국의 외교관이면서 저명한 저술가였던 해럴드 니컬슨Harold Nicolson이 내린 정의는 외교에 대한 포괄적인 정의로 잘 알려져 있다. 그는 외교를 "협상에 의한 국제관계의 관리이며, 대사나 특사가 국제관계를 조정하고 관리하는 방법이고, 외교관의 업무 또는 기술"이라고 정의했다.[4] 국가와 국가 사이의 일이면서, 협상과 협의를 내용으로 하고, 전문성을 가지고 있는 외교관들이 하는 행위로 규정한 것이다. 니콜슨은 더 자세히 말하면 외교는 다섯 가지 의미를 가지고 있다면서 다음과 같이 설명했다. 첫째, 외교는 외교정책을 의미한다. '근동지역의 영국 외교는 용기가 부족하다'라고 말할 때, 외교는 외교정책을 의미한다. 둘째, 외교는 협상의 의미로 쓰인다. '그 문제는 외교에 의해서 해결될 만한 문제야'라고 말할 때, 외교는 협상을 뜻한다. 셋째, 외교가 협상의 과정과 시스템을 의미하는 경우가 있다. 국가 간 협상의 구체적인 과정에 대한 설명을 하면서 외교라는 말을 사용할 때 그런 의미로 사용된다. 외교의 네

---

2 Morgenthau, *Politics among Nations: The Struggle for Power and Peace*, p.152.

3 K. J. Holsti, "The Study of Diplomacy," in James N. Rosenau, Kenneth W. Thompson and Gavin Boyds(eds.), *World Politics: An Introduction*(New York: Free Press, 1976), p.293.

4 Nicolson, *Diplomacy*, p.15.

번째 의미는 외교부의 부처이다. '내 조카가 외교에 종사하고 있다'라고 말하는 경우가 여기에 해당한다. 다섯 번째 의미는 협상의 기술이다. 좋게 말하면 국제적인 협상에서의 기술을 말하는 것이고, 나쁘게 말하면 음험한 요령을 의미하는 것이다.[5] 외교는 때로는 외교정책, 때로는 협상, 협상의 과정, 구체적인 부서, 협상기술, 교활한 요령을 의미하면서 다양하게 쓰인다는 것이 니콜슨의 분석이다.

이처럼 외교는 다양한 각도에서 다양한 관점으로 정의될 수 있다. 이들의 정의를 종합해 간결하게 표현해 본다면, 외교는 '국가가 자신의 이익을 실현하기 위해 다양한 국력의 요소를 효과적으로 활용해 다른 나라의 선호와 정책을 바꾸기 위해서 수행하는 협상과 협상의 기술'이라고 말할 수 있다.

한 국가가 국제무대에서 다른 국가를 상대로 하는 행위는 크게 세 가지로 분류된다. 외교와 공작covert action, 전쟁war이다. 외교는 상대국과 의사소통을 통해 원하는 바를 달성하거나 문제를 해결하는 행위인 반면에, 공작은 비밀스럽게 꾸민 모략을 통해 상대국을 원하는 방향으로 움직이게 하는 것을 말한다. 국가의 정보기관들이 공작을 담당한다. 〈007〉과 같은 영화에서 볼 수 있는 회유와 협박, 모략, 매수 등 다양한 책략들이 실제로 행해지기도 하는 것이다. 전쟁은 군사적인 행동을 말한다. 통상 국가는 목적하는 바를 얻기 위해 초기 단계에서 외교를, 다음으로 공작을 시행하고, 이들이 모두 실패하고 목적하는 바가 국가의 존망과 직결되어 있는 경우에는 전쟁으로 나아간다. 외교가 성공적으로 이루어지면 공작이나 전쟁으로 갈 필요는 없어지게 된다. 따라서 외교는 전쟁을 방지하고 국제평화를 유지하는 데 매우 중요한 수단이다.

외교를 실제로 수행하는 데에는 다양한 자원이 동원된다. 군사적 자원, 경제적 자원, 문화적 자원, 개인적 자원 등이 그것이다. 전통적으로는 군사적 자원이 중요한 요소로 외교에 활용되었다. 외교를 수행할 때 군사력을 배경으로 하는 것이다. 1876년 조선에 강화도 조약을 강요할 당시 일본은 군함 2척과 운송선 3척, 병력 400명을 이끌고 왔고, 미국도 1854년 일본과 화친조약을 맺을 때 해군을 동원했다. 이처럼 군을 동원한 외교를 '함포외교艦砲外交, gunboat diplomacy'라고 한다. '군함과 대포를 이용한 외교'라

---

5   같은 책, 13~14쪽.

는 의미이다. 경제력도 외교의 중요한 자원이다. 상대국을 설득할 때 경제적 지원을 수단으로 사용할 수 있는 것이다. 외교에서 흔히 사용하는 '당근과 채찍 전략stick and carrot strategy'에서 당근은 경제적 지원을, 채찍은 군사적 위협을 말하는 것이다. 현대의 외교에서는 강대국도 약소국을 군사적 수단으로만 다루기는 어렵다. 세계 여론world opinion을 의식하면서 외교를 해야 강대국도 장기적으로 스스로의 권력을 강화할 수 있기 때문이다. 강대국이 약소국의 지원을 필요로 할 때, 예를 들어 유엔에서 많은 표가 필요한 경우, 약소국에 대한 경제적 원조를 약속하고 지원을 얻어내는 경우가 많다. 따라서 현대 외교에서 가장 실효성이 높으면서 강력한 외교자원은 경제력이라고 할 수 있다.

국가의 문화적인 전통과 자산도 외교에 활용된다. 자국 출신의 유명한 화가의 그림, 음악가의 음악을 협상의 현장에 동원해 자국에 유리한 환경을 만들어낼 수 있다. 음식 문화, 술 문화도 외교수단이 될 수 있다. 개인적 자원, 즉 외교관 개인의 능력도 외교에서 매우 중요한 요소이다. 외교는 시스템과 사람이 하는데, 사람의 비중도 시스템 못지않게 크다. 외교관 개인이 어느 정도의 능력을 가지고 있느냐에 따라 결과가 많이 달라질 수 있는 것이다. 상대국의 언어와 문화를 이해하는 능력은 물론, 국제 정세와 상대국의 정치·경제에 대한 이해도가 높을 때 상대를 설득하고 원하는 바를 이루어낼 가능성이 큰 것이다. 각국이 외교관 선발과 양성에 많은 노력을 기울이는 것도 이런 이유 때문이다.

2. 외교의 제도화 과정

외교의 역사는 인류의 역사만큼이나 오래되었다. 인류가 집단을 이루어 살기 시작하면서 다른 집단과의 의사소통, 교섭을 해온 것이다. 하지만 이러한 원시적인 형태에서 일정 정도 진전을 이루어 외교사절을 파견하기 시작한 것은 그리스시대부터이다. 기원전 6세기경부터 그리스의 도시국가들은 다른 도시국가와 교섭할 필요가 있을 때 외교사절을 선정하고 파견해 이들을 통해 협상했다. 동양에서도 이미 춘추전국시대부터(기원전 8세기~기원전 3세기) 상대국에 특사를 보내 항복을 받아내기도 하고,

동맹을 맺기도 했다. 그리스 도시국가는 주변국과 끊임없이 전쟁도 하고 동맹도 맺었는데, 그런 사정은 로마시대에도 계속되었다. 로마는 이집트, 갈리아, 소아시아 등 주변지역과 끊임없이 전쟁과 교섭의 역사를 전개했다. 이러한 그리스·로마시대의 역사는 주변국과의 관계 설정의 역사라고 할 수 있고, 이는 서양 외교제도 생성과 발전의 바탕이 되었다.

하지만 로마가 무너지고 중세가 시작되면서 외교는 암흑기에 들어선다. 중세는 교황 중심의 사회였다. 완전한 주권을 가진 독립국가는 존재하지 않았고, 모두가 교황의 통치권 아래 있었다. 심지어 왕이 이혼하는 것도 교황의 허가를 받아야 했다. 영국의 왕 헨리 8세는 교황이 왕비 캐서린과의 이혼을 허가해 주지 않자 가톨릭을 버리고 성공회를 설립했다. 이것이 1534년 중세 말의 현상이다. 그러니 중세 동안에는 진정한 의미의 국가와 국제관계, 외교라는 것이 있을 수 없었다.

외교의 암흑기 와중에서도 그나마 외교 행위를 조금씩 시작한 것이 이탈리아 북부의 도시국가들이다. 피렌체와 밀라노 등 이 지역의 도시국가들은 13·14세기 무렵 지중해무역으로 부유해졌고, 정치와 경제, 사회 모든 측면에서 상대적으로 자유로운 모습을 보이고 있었다. 이러한 환경에서 타국에 외교관을 상주시키는 상주공관 제도도 처음으로 출현했다. 1455년 밀라노의 통치자 프란체스코 스포르차^{Francesco Sforza}가 제노바에 상주공관을 처음 설치했다. 이로써 외교제도의 중요한 부분인 상주외교의 시대를 열었다. 이후 사보이가 로마에 공관을 설치하고, 다른 이탈리아 도시국가들도 런던이나 파리 등에 상주공관을 설립해 상주공관 제도를 다른 유럽지역으로 전파했다.

16세기가 되어서는 대사^{ambassador}라는 호칭이 유럽에서 보편적으로 사용되었다. 외교관의 등급과 외교관 예우에 관한 제도도 정립되고, 각 나라별로 외교업무를 전담하는 기관도 설치된다. 17세기 절대국가체제가 되면서 국가들이 통상과 교섭을 확대해 외교는 더욱 활성화된다. 서로 경쟁하면서도 경제적인 거래를 계속하고, 그러면서 협상도 하고 동맹도 맺고 전쟁도 했다. 이런 와중에 외교는 더욱더 활발하게 전개되면서 체계적인 모습이 되어간다.

근대적 외교의 본격적인 시작은 1648년 베스트팔렌 조약이다. 완전한 주권을 가진 국가들이 자율적 판단에 따라 국가 간의 관계를 맺어가는 단계를 근대적 외교라고 할 수 있는데, 이러한 근대적 외교가 이때부터 시작된 것이다. 베스트팔렌 조약으로 유럽의 국가들은 봉건적 위계질서에서 벗어나 완전한 독립주권을 가진 주권국가를 형성하게 되었다. 근대적 주권국가가 등장함에 따라 근대 외교가 가능해진 것이다. 주권국가 사이의 외교가 시작된 가운데 프랑스의 루이 14세는 외교를 더욱 높은 수준으로 제도화하는 데 기여했다. 외무성을 독립된 부처로 신설했고, 외교관 채용제도와 외교관 양성소를 정착시켰다. 이러한 제도는 프랑스를 근대 외교제도의 본보기로 만들었고, 프랑스의 제도는 전 유럽으로 확산되었다. 이때 확산된 제도가 현재 세계에서 운용되고 있는 외교제도의 기본 골격이 되었다.

3. 외교의 형태

1) 비밀외교와 공개외교

19세기 초부터 제1차 세계대전이 발발할 때까지 100년 동안 유럽은 비교적 평화적인 상태였다. 그래서 이 시기의 유럽체제를 '유럽의 협조Concert of Europe' 체제라고 표현한다. 하지만 이 시기는 수많은 비밀회담과 비밀협정이 체결된 시기이기도 했다. 이 시기 외교의 특징은 다섯 가지로 정리된다.[6] 첫째는 유럽을 중심으로 한 외교였다. 둘째는 유럽협조체제의 주도 국가들인 강대국 중심의 외교였다. 셋째는 유럽 국가들의 외교제도가 정착되어 전문성을 가진 외교관들이 외교를 관장했다. 넷째는 프랑스식 외교제도가 유럽에 보급되어 그 틀에 따라 외교가 진행되었다. 다섯째는 협상의 과정은 비밀에 부쳐졌다.

유럽협조체제 당시의 외교처럼 대외에 공개하지 않고 당사국의 핵심 세력들 사이에서만 이루어지는 외교가 비밀외교secret diplomacy이다. 특히 프로이센의 총리 오토 폰 비스마르크Otto von Bismarck는 비밀외교에 능했다. 프랑스를 고립시키고 독일을 성장시키면서도 유럽에서 전쟁은 발생하지 않도록 하기 위해 오스트리아, 러시아 등 주변의

---

6   김홍철, 『외교제도사』(민음사, 1985), 210쪽.

국가들과 많은 비밀조약을 맺었다. 이런 과정을 통해 형성된 삼국협상(영국, 프랑스, 러시아)과 삼국동맹(독일, 오스트리아, 이탈리아) 세력 사이의 갈등 심화가 제1차 세계대전의 원인이 되었다.

비밀외교와는 달리 협상의 과정과 내용, 협상의 결과까지 공개되는 형태의 외교가 공개외교open diplomacy이다. 우드로 윌슨Woodrow Wilson 미국 대통령이 제1차 세계대전 중(1918년 1월) 제시한 14개 조항에서, 맨 첫 번째 조항으로 공개외교를 제창함으로써 공개외교가 국제사회에 주요 이슈로 등장했다. 윌슨은 당시 14개 조항 제1항에서 "강화조약은 공개적으로 진행되고 공표되어야 한다. 이후 국제 사안에 대한 어떠한 종류의 비밀회담도 있어서는 안 된다. 외교는 항상 솔직하게, 또 공개적으로 진행되어야 한다"라고 역설했다. 윌슨은 제1차 세계대전의 주요 원인으로 비밀외교를 지목하고, 이를 공개외교로 전환할 것을 세계에 제의한 것이다.

윌슨의 제안 이후 공개외교의 원칙은 국제사회에서 일반적으로 수용되었고, 현재 세계 각국은 기본적으로 공개외교의 원칙을 지지하고 있다. 합의된 조약이나 협정의 사본을 유엔에 예치함으로써 이 원칙을 준수하고 있다. 또한 국가의 외교는 국민의 복지나 국민생활과 직결되고, 더욱이 국제평화와도 연결되어 있기 때문에 공개외교로 진행되는 것이 바람직할 것이다. 하지만 외교의 속성상 협상과 합의의 모든 내용이 공개되는 것은 현실적으로 어려운 일이다. 국가의 기밀과 관련된 내용이 담겨 있을 수도 있고, 이런 내용이 공개되면 제3국에 유리한 정보를 제공하는 결과가 될 수도 있어서 공개되지 않는 사항도 실제로는 많은 것이 현실이다.

2) 양자외교와 다자외교

양자외교bilateral diplomacy는 양국이 만나서 교섭하고 협상하는 것을 말한다. 두 개의 국가가 일정한 의제를 두고 주고받기를 하는 것인데, 많은 나라들이 우선은 양자외교에 관심을 쏟고 있다. 주변국 또는 세계의 주요 국가들과 어떤 관계를 유지하느냐가 안보를 확보하고 경제를 발전시키는 데 중요하기 때문이다. 한국도 미국, 중국, 일본, 러시아 등과의 양자외교에 많은 자원과 인력을 투입하고 있다. 양자외교는 단지 양자 사이의 협상이기 때문에 이슈 집중력이 높은 것이 장점이다. 정해진 의제에 대한 집중적인 논의와 협상이 이루어질 수 있는 것이다. 따라서 실질적인 협상의 성과를 낼 가능성이 높다. 하지만 많은 나라가 공동으로 관련된 문제를 풀어내기 어렵다는 것이 양자외교의 단점이다. 강대국은 통상 양자외교를 선호한다. 자신이 가진 국력을 바탕으로 상대국과 일대일로 협상을 하는 것이 더욱 유리하기 때문이다.

다자외교multilateral diplomacy는 3국 이상이 만나서 일정한 의제를 두고 교섭하고 협상하는 것이다. 현대 외교에서 점점 비중이 늘고, 중요성이 더해지고 있는 형태이다. 그 이유는 지구적인 문제가 점차 증가하고 있기 때문이다. 지구온난화, 인권침해, 테러, 대량살상무기 확산, 해적, 인신매매 등은 양자회담으로 해결하기 어렵다. 우선 많은 나라들이 관련되어 있다. 지구상의 모든 나라가 탄소를 배출하고 있고, 그로 인한 피해도 세계에 걸쳐 있다. 인권침해, 테러 등도 많은 나라가 함께 관련되어 있는 문제이다. 이러한 지구적 문제는 많은 나라들이 관련되어 있을 뿐만 아니라 그 원인과 해결책을 두고 각국이 다른 입장을 가지고 있다. 따라서 다자외교를 통한 공동의 논의와 대응책 마련이 필요하다. 이러한 지구적 문제가 증가함에 따라 다자외교도 이전보다 훨씬 많아지고, 그 중요성도 더욱 커지고 있다.

다자외교는 행위자가 많은 만큼 효율성은 떨어진다. 이슈 집중력이 떨어지고 결과물이 나오기가 어렵다. 북핵문제를 풀기 위한 6자회담의 경우도 실제로 이 메커니즘을 통해서 문제를 실질적으로 해결하지는 못했다. 북미양자회담을 통해서 합의한 것을 6자회담이 추인하고 보증하는 형태로 운영되었다. 6자회담의 구성국인 일본은 핵문제 외에도 일본인 납치자 문제의 해결을 6자회담에서 꾸준히 제기해 왔는데, 이는 회담의 이슈 집중력을 약화시켜 비효율성을 높이는 역할을 했다. 이처럼 다자외교는 효율성 측면에서는 양자외교에 비해 약하다.

하지만 낮은 효율에도 불구하고 약소국은 다자외교를 선호한다. 강대국과 일대일로 상대하는 것보다는 많은 국가들이 모인 가운데, 다자회의체 구성원의 하나로서 나름의 목소리를 낼 수 있기 때문이다. 다자회의에서는 강대국도 '많은 나라 중 하나'의 성격을 벗어나기 어렵다. 따라서 약소국 입장에서는 양자외교보다는 이러한 다자외교에서 목표하는 바, 국가이익을 실현할 가능성이 높아지는 것이다. 최근 들어서는 강대국도 다자외교에 적극적으로 참여하면서 문제해결을 시도하는 모습을 볼 수 있다. 지구적 문제가 증가하면서 다자외교가 많아졌기 때문이고, 강대국들도 이러한 세계적 조류를 인식하고 다자외교에 적극 참여하고 있다. 오히려 강대국들이 다자외교를 활용해 자신들의 이익을 실현하고, 문제해결을 위한 비용도 약소국들과 나눠 지려하는 모습을 보이기도 한다.

3) 정부 간 외교와 공공외교

정부 간 외교government to government diplomacy는 정부가 중심이 되어 상대국 정부를 상대로 하는 외교이다. 전통적인 외교는 이런 방식이다. 주로는 외교부 소속의 외교관들이 맡아서 하고, 국가수반이나 각 부처의 장관들도 정부 간 외교의 주체가 된다. 보통 정무와 통상, 경제 등이 중심을 이루고 문화, 교육, 영사 업무도 정부 간 외교의 주요 영역을 이룬다. 전통적인 방식이지만 현대의 외교에서도 정부 간 외교는 여전히 외교의 중요한 부분이 아닐 수 없다.

하지만 최근에는 정부 간 외교뿐만 아니라 공공외교public diplomacy의 중요성이 커지고 있다. 공공외교는 "국민들의 이익을 증진하고 가치를 높이기 위해 다른 국가의 국민들과 직접적인 관계를 맺는 과정"을 의미하며, 달리 말하면 "국가적 목표와 정책뿐 아니라 사상과 이상, 제도와 문화에 대한 이해를 증진시키기 위하여 정부가 타국의 대중과 의사소통하는 과정"을 이른다.[7] 국가가 다른 나라 정부를 상대로 대화와 설득 작업을 하는 것이 아니라 상대국의 국민을 상대로 자국의 이미지 개선 작업을 전개해 나가는 것을 말하는 것이다. 결국 공공외교도 국가이익을 증진하려는 목적을 가진 것은 정부 간 외교나 마찬가지이다. 하지만 구체적인 접근 방식에서 정부를 상대로 한 것이 아니라 상대국의 국민을 직접 상대한다는 점에서 정부 간 외교와는 큰 차이가 있다.

공공외교 개념은 9·11 테러 이후 미국을 중심으로 발전했다. 미국은 중동 국가 국민들의 미국에 대한 부정적인 인식에서 9·11 테러와 같은 비극이 발생한다고 판단하고 미국에 대한 아랍인들의 인식 개선의 필요를 느꼈다. 그래서 중동 국가뿐만 아니라 전 세계인을 상대로 미국의 문화와 전통을 소개하고 미국에 대한 긍정 이미지를

---

7   얀 멜리센, 『신공공외교: 국제관계와 소프트파워』, 박종길 외 옮김(인간, 2005), 45쪽.

심기 위한 노력을 전개하기 시작한 것이다. 이를 위해 부시 행정부는 '변환외교 transformational diplomacy'라는 모토를 제시하며 외교체제를 전면적으로 개혁했다. 유럽우선 주의에서 벗어나 인구가 많은 지역에 많은 외교관을 배치하는 방향으로 조정했다. 또 외교관을 상대국의 수도에 중점 배치하던 관행도 버리고 상대국의 지방으로 분산시 켰다. 정보통신기술ICT: Information Communication Technology을 적극 활용해 주재국의 국민과 직 접 소통하는 외교도 강화했다.[8]

부시 행정부 이후 오바마 행정부도 공공외교에 많은 관심과 자원을 투입했다. 힐러 리 클린턴Hilllary Clinton 국무장관이 2009년 서울에 와서 이화여대를 방문한 것도 한국의 정부뿐만 아니라 젊은 대학생들과 대화하면서 미국과 한국 국민 사이를 좁혀보려는 노력의 일환이었다. 중국이 세계 곳곳에 공자학원을 세워 중국의 문화와 언어를 보급 하면서 세계인과 접촉면을 넓혀가는 것도 같은 차원이다. 주로 강대국들이 자신들이 가진 국제정치에서의 위상을 유지하고 관리하기 위해 공공외교를 확대하면서 이에 대한 관심을 증대시켜 왔지만, 호주나 캐나다, 스웨덴 같은 중견국, 심지어 약소국 입 장에서도 공공외교는 점점 중요해지고 있다. 중견국들은 강대국과 약소국 간의 중재 와 조정 역할을 하면서 스스로의 국익을 확보해 나가기 위해서는 강대국과 약소국 모 두로부터 좋은 평판을 유지해야 한다. 그러기 위해서는 공공외교에 관심을 갖지 않을 수 없다. 약소국도 특히 강대국과의 원활한 관계 속에서 생존을 유지하기 위해서는 강대국과 주변국의 국민들의 마음을 얻는 작업을 지속적으로 하지 않을 수 없다.

상대국 국민을 상대로 한 공공외교는 세계화 시대 외교의 특징인 외교행위자의 확 대 현상과도 잘 부합한다. 국가 중심이 아니라 개인이나 NGO, 기업 등 다양한 행위자 가 다양한 형태로 외교를 할 때, 공공외교는 더 효율적으로 전개될 수 있다. 민간외교 관civic diplomat의 역할이 커지는 것이다. 이들이 자국의 정책이나 상황을 상대국의 국민 에게 설명하고, 그렇게 함으로써 자국에 대한 좋은 평판이 형성되도록 하는 것이다.

상대국 국민이 자국에 대한 긍정 이미지를 갖도록 하는 것이 공공외교이기 때문에 무엇보다 소프트파워soft power(연성권력)가 외교의 중심을 이룬다. 힘을 보여주고 힘으

---

8   김상배, 「소셜 미디어와 공공외교: 행위자-네트워크 이론으로 보는 미국의 전략」, ≪국제정치논총 ≫, Vol. 52, No. 2(2012), 129쪽.

로 영향력을 행사하는 것과는 오히려 정반대의 전략으로 상대국 국민들의 마음에 호소해야 한다. 자국이 가진 문화·예술의 전통을 보여주거나, 자국이 가진 이념·제도 등의 우수성을 홍보하는 것, 감동을 부를 만한 역사를 소개하는 것, 그럼으로써 상대국 국민들과의 교감을 확대하는 것 등이 소프트파워를 활용한 공공외교이다. 재난을 당한 나라에 대한 헌신적인 지원, 평화유지활동에 대한 지속적 참여 등도 소프트파워를 증대시키는 것으로 공공외교의 중요한 방식이 되고 있다.

4. 세계화 시대 외교의 변화

현대 인간생활의 전반에 걸쳐 일어나고 있는 정보화와 그에 따른 세계화 현상은 외교에도 직접적으로 영향을 미치고 있다. 전통적인 외교는 국가가 상대국에 공관을 설치하고 외교관을 파견해 그 국가와 접촉하고 대화하면서 문제를 풀어가는 형식이었다. 하지만 정보화에 따라 국가 이외의 다양한 행위자가 많은 정보를 가지고 세계와 교류하고 통신할 수 있는 상황이 되었기 때문에 외교의 양식도 많이 달라지고 있다. 지구촌이 국경 없이 하나가 되어가는 세계화 현상은 외교의 영역도 다양화·다변화시키고 있다. 정보화와 세계화가 외교에 변화를 주고 있는 모습을 정리해 보면 다음 여섯 가지로 요약할 수 있다.

첫째는 외교 영역의 확대이다. 세계화는 국가 이외의 다양한 행위자들의 활성화를 가져왔다. 국제적인 네트워크를 가진 NGO, 다국적기업, 연구기관들의 활동이 급속히 증가했고, 심지어 국제테러단체도 더욱 활성화되었다. 정부간기구의 회의에도 이러한 비국가행위자들이 참여하고 있고, 시위와 홍보활동 등 다양한 형태로 세계정치에 영향을 미치고 있다. 따라서 외교활동도 전통적인 형태로 국가만을 상대하는 것으로는 부족하게 되었다. 일정한 국가목표를 달성하고 국가이익을 실현하기 위해서 때로는 NGO, 다국적기업 등 비국가행위자들과 대화하고 소통해야 하는 상황이 된 것이다. 서아프리카 해안과 말라카 해협 인근에서는 해적들이 지속적으로 활동하고 있는데, 한국의 선박이 납치되는 경우 한국정부도 해적단체와 협상을 하게 된다. 일부 해적단체들은 정보화와 세계화의 이점을 활용해 해적펀드까지 만들어 활동을 확대하고 있다. 세계 여러 지역의 자본을 끌어들여 펀드를 만들고, 이 자본으로 무장력을 강화한 다음 해적 행위가 성공하면 탈취한 돈을 투자한 사람들에게 분배하는 것이다. 이처럼 해적단체들이 활동을 강화하면서 국가들이 이들과 접촉해야 하는 경우가 많아지고 있다. 정보화와 세계화는 이렇게 국가로 하여금 비국가행위자들과의 접촉면을 증가하도록 하고 있는 것이다.

둘째는 외교행위자의 다양화이다. 정보와 사람, 자본 이동의 자유화는 세계화의 핵심적인 특징이다. 이러한 현상은 개인과 기업, NGO, 국제기구 등이 국경을 넘는 활동을 증대시켜 왔다. 이들이 상대국에서 벌이는 활동은 외교와 직간접적으로 연결되는 경우가 많다. 예를 들어 한국의 환경운동연합이 그린피스와 뉴욕에서 지구온난화대책 세미나를 개최한다면 이는 한국 정부의 환경외교와 관련이 깊은 것이다. 이 세미나에서 환경운동연합은 선진국의 CO_2 배출량 축소를 요구할 것이고, 이는 한국 정부의 요구와 부합하는 것이 될 수 있다. 삼성이 고급 핸드폰을 중국에 많이 판매하는 것은 한국의 고급 이미지를 높이는 데 도움이 되기도 한다. 이와 같이 국가만이 움직이면서 외교를 하던 전통적인 양태에서 벗어나 국가 이외의 다양한 행위자들이 다양한 영역에서 외교 행위를 하는 상황이 된 것이다.

셋째는 외교 이슈의 다양화이다. 외교의 영역이 확대되고, 행위자가 다양해지는 현상은 외교 이슈의 다양화도 가져왔다. 전통적인 이슈였던 주권과 영토 문제를 중심으로 한 정치와 군사안보 문제뿐만 아니라 경제외교는 이미 매우 중요한 외교의 주제가 되었고, 환경과 인권, 문화 등도 외교에서 그 중요성이 커지고 있다. 상위정치 high politics 중심의 외교에서 하위정치 low politics 중심의 외교로 변화하고 있는 것이다.[9] 이러한 환경에서 이슈별 상호연계와 상승효과가 외교의 중요한 과제로 등장하고 있다. 하위정치 영역의 외교가 상위정치 영역의 외교에 중요한 토대가 될 수 있고, 이를 어떻게 활용하느냐 하는 것이 외교의 성패에 중요한 역할을 하는 것이다. 예컨대 김대

---

9 상위정치는 정치와 군사안보의 영역을, 하위정치는 경제와 문화 등 정치와 군사안보 이외의 영역을 말한다. 미 국무부에서는 정치와 군사안보를 다루는 부서가 전통적으로 강력한 힘을 보유하고, 경제와 문화를 담당하는 부서는 권한이 상대적으로 약했다. 그래서 정치와 군사안보 분야를 'high politics', 경제와 문화 등의 분야를 'low politics'라고 부르게 되었다.

중 정부는 외환위기 속에서 출범해 경제회복이 시급한 상황이었다. 그런데 출범 직후 김대중 정부는 일본의 영화와 출판물을 개방하는 일본문화개방정책을 실시했다. 이는 한일관계를 원활하게 하는 데 일정한 역할을 했고, 일본의 자금이 한국으로 유입되는 데 많은 기여를 했다. 따라서 다양한 외교 이슈를 유기적으로 연계하고 전체적으로 시너지 효과가 발생할 수 있도록 하는 국가의 종합적인 외교능력이 중요한 환경이 되었다고 할 수 있다.

넷째는 연성권력의 가치 중시 현상이다. 다양한 영역에서 많은 행위자가 다양한 이슈를 두고 진행하는 것이 현대 외교의 특징이기 때문에, 국가의 물리력hard power 보다는 상대를 설득할 수 있는 연성권력soft power 이 중요한 의미를 갖게 되었다. 개인이나 기업, NGO가 국제적인 활동을 전개할 때 국가의 군사력과 경제력보다는 문화적인 능력, 도덕적 권위와 같은 부분이 더 큰 요소로 작용하는 것이다. 다른 표현으로 하면 그 나라가 상대국을 끌어당기는 매력attraction이 있을 때 더욱 원활하게 대화가 되고 원하는 바를 얻을 가능성이 높아진다.

다섯째는 외교 과정의 정보화이다. 상대 국가의 외교관을 면대면face to face으로 만나서 협의하고 협상하는 것이 여전히 중요하지만 그에 못지않게 사이버외교도 중요해지고 있다. 웬만한 민원이나 영사 업무도 온라인으로 이뤄지고 있고, 대사관의 업무 가운데 많은 부분은 홈페이지나 SNSSocial Network Service를 통해 자국의 현안을 설명하고 필요한 홍보를 하고 있다. 온라인상의 외교virtual diplomacy와 온라인상의 공관virtual embassy 이 상주외교나 상주공관만큼 중요해지고 있는 것이다. 실제로 다양한 행위자와 의사소통을 하면서 외교의 방향을 정하고 세계 곳곳의 국가, 비국가행위자들과 필요한 네트워크를 형성해 나가는 활동이 현대의 외교에서 중요해졌고, 이러한 활동을 하기에는 온라인이 효율적이기 때문에 외교의 사이버화는 계속 진행될 것으로 보인다.

여섯째 외교의 전문화 현상이다. 외교에 참여하는 행위자가 많아지는 현상은 주제별로 다양한 전문가의 전문적인 지식이 외교에 중요한 역할을 하도록 하고 있다. 국제환경레짐을 만드는 과정에서 환경 NGO나 환경학자들이 전문지식을 바탕으로 주도적인 역할을 할 수 있는 것이다. 특히 이들은 국제적인 인식공동체epistemic community를 형성해 전문가들 나름의 공동구상을 설립·실현하려 할 수도 있다. 이처럼 주제별로 전문가의 외교참여 가능성이 높아진 만큼 국가의 외교도 세분화·전문화되어 가고 있

외교관은 어떻게 되나?

나라마다 외교관을 뽑는 방법은 다르다. 한국의 경우 종전에는 외무고시를 통해 외교관을 뽑았다. 하지만 2013년 시험을 마지막으로 외무고시는 폐지되었다. 대신 국립외교원이 생겼다. 국립외교원에서 외교관 후보자 선발시험을 실시해 합격자를 1년간 교육시킨 뒤 임용하는 방식으로 외교관을 채용한다. 2013년 치러진 첫 외교관 후보자 선발시험에서 22대1의 경쟁률을 뚫고 43명이 합격했다.

선발시험은 1·2·3차에 걸쳐 치러진다. 1차 시험은 언어논리와 자료해석 영역, 상황판단 영역, 헌법, 영어, 한국사, 영어, 제2외국어 등이다. 2차 시험은 전공평가(국제정치학·국제법·경제학)와 학제통합 논술시험이고, 3차 시험은 면접이다. 국립외교원 외교관 후보자 선발시험 이외에 비정기적으로 필요한 특정 분야의 전문가를 특별채용공고를 통해 뽑기도 한다. 7급 외무영사직 시험도 있다. 7급으로 임용이 되면 초기엔 영사관에서 재외국민이나 한국인 여행자 등을 돕는 일을 하게 되지만 직급이 올라가면서 정무적인 업무를 하게 되면 일반 외교관과 다를 바가 없게 된다.

선진국의 경우도 외교관 시험은 경쟁률이 매우 높다. 미국의 경우도 통상 50대1의 경쟁률을 보이고 있다. 미국은 FSE Foreign Service Examination 를 통해서 외교관을 선발하는데, 필기 시험과 인터뷰, 모의협상 등이 시험과목이다. 영국의 경우는 1차로 논리와 수리적 능력, 위기대응능력 등에 대한 시험과 대학의 학점 등을 종합해 선발하고, 2차로는 프레젠테이션과 함께 심층면접을 실시한다.

프랑스는 콩쿠르나시오날 concours national 이라는 외교관 국가고시가 있다. Category A, B, C로 분야가 나뉘어 있는데, 카테고리 A는 정무와 경제, B는 영사와 행정, 예산, C는 총무 분야이다. A나 B 카테고리에 응시해야 실제 외교관 업무를 수행할 수 있다. 1차 시험은 상식과 국제시사, 국제경제, 지역학, 영어, 제2외국어로 구성되어 있고, 2차 시험은 경제학과 유럽지역학에 대한 구술시험이다.

일본은 2000년에 외무고시가 없어져 외교관 시험이 따로 없고, 국가 공무원 종합직 시험으로 통합해 선발하고 있다. 1차 시험은 판단력과 이해력, 추리력 등을 평가하는 시험이고, 2차 시험은 정치(또는 국제관계), 법, 경제에 관한 논술시험과 면접으로 구성된다. 3차 시험은 각 부처별로 실시한다. 외교관 희망자는 외무성의 면접을 통과해야 최종 합격하는 것이다.

다. 국제안보, 국제법, 문화외교 등 분야를 나누어 외교관을 선발·양성해 전문적인 식견을 바탕으로 외교를 할 수 있도록 하고 있는 것이다.

정보화와 세계화는 현대 국제관계의 지배적인 특징으로 자리 잡았고, 그 정도는 더욱 심화되어 가고 있다. 이러한 현상은 국제무역, 국제금융통화, 국제안보, 국제환경문제, 국제문화교류 등 국제관계의 모든 영역에서 관찰되는 현상이다. 따라서 외교에도 정보화·세계화의 특성은 충분히 반영되어 왔고, 앞으로도 정보화·세계화 현상이 심화됨에 따라 외교의 양상은 지속적인 변화의 길을 걸을 것으로 보인다.

5. 외교와 외교정책의 관계

외교가 타국과의 교섭과 협상이라면, 외교정책은 외교라는 수단을 이용해 일정한 목적을 달성하기 위한 행동계획을 말한다. 외교는 대외관계 전반이라고 말할 수 있을 만큼 광범위한 것이지만, 외교정책은 특정 목표를 이루기 위한 계획을 의미하는 것이다.[10] 한미동맹 강화와 한국군 작전능력 증진이라는 목표를 내용으로 하는 대미외교정책, 남북교류 활성화와 남북관계 발전을 내용으로 하는 대북정책 등이 외교정책이다. 외교가 수단과 방법이라면, 외교정책은 가치와 목표, 목적이다. 즉, 외교는 '어떻게how'에 관련된 것이고, 외교정책은 '무엇what'과 관련된 것이다.

목표와 가치에 관한 것이 외교정책이지만 그것이 변하지 않고 고정되어 있는 것은 아니다. 국가가 처한 환경, 국제체제의 변화, 국민 요구의 변화 등에 따라 달라질 수 있다. 제1차 세계대전 후 파리강화회의에 영국 대표로 참여했던 영국 외교관 에드거 세실Edgar Cecil은 외교정책의 이러한 성격을 잘 표현했는데, "한 국가의 외교정책은 일진광풍을 만나 피난처를 훌륭하게 찾아가는 양羊의 행동만큼 철저하게 기류를 타는 것"이라고 말했다.[11]

이러한 기본적인 속성을 가지고 있는 외교정책의 주요 특징을 하나씩 살펴보자.[12] 첫째, 외교정책은 국가가 중심이 되어 실행한다. 외교는 다양한 영역에서 다양한 행위자들이 참여하는 성격을 가지고 있지만, 외교정책은 어디까지나 국가가 행위의 주

---

10 박준영, 『국제정치학』(박영사, 2009), 92쪽.
11 해럴드 니컬슨, 『외교론』, 신복룡 옮김(평민사, 1998), 머리말에서 재인용.
12 외교정책의 특징에 대해서는 남궁곤, 「한국 외교정책과 한국 외교정책의 탐구」, 함택영·남궁곤 엮음, 『한국 외교정책: 역사와 쟁점』(사회평론, 2010), 23쪽을 참조했다.

체가 된다. 외교정책 자체가 타국과의 관계에서 국가이익을 실현하기 위한 구체적인 목표와 행동계획이기 때문에, 목표와 행동계획을 세우는 행위자가 국가 중심인 것이다. 물론 외교정책을 결정하고 실행하는 과정에서 NGO나 여론, 언론, 국제기구 등이 영향을 미치지 않는 것은 아니다. 하지만 그 중심에는 항상 국가가 있다.

둘째, 외교정책은 국내정치와 국제정치의 접점에서 형성된다. 외교정책을 결정할 때 국가는 국내 다양한 세력의 요구를 고려하여 정책을 결정한다. 그뿐만 아니라 어느 나라가 패권국인지, 여기에 도전하는 나라는 있는지 등 국제체제의 구조를 고려해야 한다. 또한 주변국들의 역학관계도 참고하지 않을 수 없다. 이처럼 국내정치와 국제정치의 다양한 변수를 함께 고려해 나오는 것이 외교정책이고, 따라서 외교정책은 국내정치와 국제정치가 만나는 접점이 되는 것이다.

셋째, 외교정책은 국제정치를 이루는 주요 요소가 된다. 국제정치 현상은 국가들의 행동이 만들어내는 것이고, 국가들의 행동은 곧 외교정책에서 나온다. 외교정책은 다른 국가 또는 국제사회를 향한 행위이고, 이러한 국가들의 행위가 모여 국제정치 현상을 구성한다. 따라서 외교정책은 실제로 국제정치를 형성하고 변화시키는 중요한 요소가 되는 것이다.

6. 외교정책이론

제2장에서 살펴본 국제정치이론은 국제체제 차원의 이론으로 큰 틀에서 국제체제 자체가 어떻게 형성되어 있고, 어떤 원리에 따라 운영되는지에 관한 이론이다. 이와는 달리 외교정책이론은 각국의 외교정책이 실제로 어떻게 결정되는지에 대한 이론이다. 국제정치이론이 거대이론grand theory이라면, 외교정책이론은 그보다 작은 중범위이론 middle-range theory이 된다. 외교정책이론은 두 갈래로 나뉘는데, 하나는 외교정책 결정에 작용하는 요인과 변수에 관한 이론이고, 다른 하나는 외교정책의 결정 과정에 대한 이론이다.

1) 외교정책의 결정요인에 대한 이론

외교정책이 형성되는 데는 큰 그림에서 네 가지의 요소가 순서에 따라 결정되어야
한다.[13] 첫째는 목표가 설정되어야 한다. 목표 설정에서 중요한 것은 실제로 또는 잠
재적으로 이용 가능한 힘을 고려해야 한다는 것이다. 둘째는 이러한 힘에 대한 정확
한 평가가 이루어져야 한다. 아울러 상대국의 목표와 힘에 대한 평가도 동시에 이루
어져야 한다. 셋째는 국가가 가지는 여러 목표 사이의 양립 가능성을 확인해야 한다.
충돌하는 목표는 없는지, 서로 상승효과를 발휘할 수 있는 목표들은 어떤 것인지 등에
대한 판단이 이루어져야 한다. 넷째는 목표를 달성하기 위한 수단을 결정해야 한다.
이러한 네 가지 작업이 효과적으로 이루어질 때 국가이익의 실현 가능성을 높여주는
외교정책이 형성되는 것이다.

그런데 이러한 네 가지 작업이 이루어지는 과정에 어떤 요인들이 영향을 미치는가
하는 것이 외교정책 결정요인에 관한 이론들이 관심을 갖고 있는 사항이다. 외교정책
결정에 영향을 미치는 요인은 실제로 다양한데, 제임스 로즈노James Rosenau는 그 요인
을 다섯 가지 차원으로 정리한다. 개인 차원, 역할 차원, 정부 차원, 사회 차원, 국제체
제 차원이 그것이다.[14] 차례로 그 내용을 살펴보자.

첫째, 개인 차원의 요인이다. 정책결정자 개인의 성향personality이나 신념, 세계관, 경
험 등이 외교정책 결정에 영향을 미친다는 것이다. 1953~1958년에 미국 국무장관이
었던 존 덜레스John Dulles는 공산주의에 대한 반감을 가지고 있었다. 당시 미국의 소련
에 대한 강격정책은 그의 이러한 성향의 소산이라고 분석할 수 있다는 것이 개인 차원
의 설명이다. 반면에 1971~1976년에 미국 국무장관을 맡았던 헨리 키신저Henry Kissinger
는 소련에 대해 상대적으로 열린 태도를 가지고 있었다. 이런 것이 데탕트 정책에 영
향을 주었다고 볼 수 있다는 것이다. 둘째, 역할 차원의 요인이다. 정책결정자가 맡고

---

13 Morgenthau, *Politics among Nations: The Struggle for Power and Peace*, p.539.

14 James N. Rosenau, "Pre-theories and Theories of Foreign Policy," in R. Barry(ed.), *Approaches to Comparative and International Politics*(Evanston, IL: Northwestern University Press, 1966), pp.27~92.

있는 역할^{role}이 정책을 결정하는 데 중요한 영향을 미친다는 것이다. 국방부장관은 개인적인 성향보다는 군의 조직과 예산을 확대하기 위해 강경한 외교정책을 지지하고, 외교부장관은 스스로가 외교부의 수장이기 때문에 외국과의 협상을 담당하는 외교부의 이익을 확장하기 위해 대화와 협상 위주의 온건정책을 주장한다는 것이다.

셋째는 정부 차원의 요인이다. 정부의 형태, 국내정치의 운영형태가 외교정책 결정에 중요한 요인으로 작용한다는 것이다. 대통령제는 대통령의 외교에 관한 권한이 강하고 의사결정 절차가 단순하기 때문에 의원내각제 정부보다 강경정책을 사용하는 경우가 많다고 볼 수 있다. 이처럼 국내의 정부나 정치 구조가 외교정책의 중요한 결정요인이 된다는 것이 정부 차원의 외교정책 결정요인에 대한 설명이다. 넷째는 사회 차원의 요인이다. 한 국가 내에서 NGO나 이익단체의 영향력이 얼마나 강한지, 그 사회가 지향하는 가치가 무엇인지, 국민성은 어떤지 등이 외교정책을 결정하는 데 중요하게 영향을 미친다는 것이다. 군부와 군수산업 간의 유착관계에 의해 형성되는 군산복합체^{military-industrial complex}가 외교와 안보정책을 결정하는 데 중요한 역할을 한다고 보는 것이 사회 차원의 외교정책 결정요인에 대한 설명이 된다. 다섯째는 국제체제 차원의 요인이다. 국제체제의 구조나 국제관계의 다양한 양상이 외교정책 결정의 주요 요인이 된다는 것이다. 미국 중심의 단극체제가 한국이 대미정책을 결정하는 데 중요한 변수가 된다는 분석, 중국의 부상이 한국의 대북정책 결정에 영향을 준다는 분석 등은 국제체제 차원으로 외교정책 결정요인을 설명하려는 것이다.

로즈노 이외에도 많은 학자들이 외교정책 결정요인을 분석했는데, 로이드 젠슨^{Lloyd Jensen}은 인적·국내정치적·국제정치적 요소가 외교정책 결정에 영향을 미친다고 분석한다.[15] 인적 요소는 정책결정자의 성격, 국내정치적 요소는 국력과 지정학적 위치, 국가의 정치이념 등을 말하는 것이다. 국제정치적 요소는 국제체제의 성격과 국제기구의 영향, 제3국의 중재 등을 구체적인 내용으로 하고 있다. 케네스 톰슨^{Kenneth Thompson}·로이 매크리디스^{Roy Macridis}는 인적 요소와 물적 요소 두 가지로 구분해 외교정책 결정요인을 설명한다.[16] 인적 요소에는 정책결정자의 정보 수준, 정치적 신념 등을

---

15 Lloyd Jensen, *Explaining Foreign Policy*(Englewood Cliffs, N.J.: Prentice-Hall, 1982).

16 Kenneth W. Thompson and Roy C. Macridis, "The Comparative Study of Foreign Policy," in Roy

포함시키고 있으며, 물적 요소로는 자연자원과 식량, 에너지, 공업능력, 군사적 능력 등을 주요 내용으로 다루고 있다.

로즈노는 개인·역할·정부·사회·국제체제 차원의 요인을, 젠슨은 인적·국내정치적·국제정치적 요소를, 톰슨과 매크리디스는 인적·물적 요소를 외교정책 결정요인으로 설명하고 있지만, 이 중 한 가지만이 배타적으로 한 나라의 외교정책 결정에 영향을 미치는 것은 아니다. 두 가지 이상이 동시에 외교정책 결정요인으로 작용할 수 있는 것이다. 예컨대 트럼프 행정부의 경우, 트럼프의 개인적 성향과 함께 대통령제라는 미국 정부의 특성, 미중 간의 경쟁이 심해지는 국제체제 차원의 요인이 복합적으로 작용해 외교정책이 결정될 수 있다. 또한 외교정책 결정요인이 고정적인 것도 아니다. 한국의 경우를 보더라도 이승만·박정희 정부 당시에는 개인 차원의 요인이 중요한 외교정책 결정요인이었지만 민주화 이후 시민사회의 세력이 강해지면서 김대중·노무현 정부 당시에는 사회 차원의 요인이 이전보다 훨씬 중요한 요인으로 작용했다고 할 수 있다. 국가에 따라서, 또는 같은 국가라도 시기에 따라서 중요한 요인이 달라질 수 있는 것이다.

2) 외교정책의 결정 과정에 대한 이론

한 나라의 외교정책이 어떤 과정을 통해서 결정되는지에 대해서도 많은 연구들이 진행되어 왔다. 외교정책 결정 과정에 관한 모델은 크게 네 가지로 나눌 수 있다.[17] 합리적 행위자 모델rational actor model, 인지적 모델cognitive model, 조직과정 모델organizational process model, 관료정치 모델bureaucratic politics model 등이 그것이다. 합리적 행위자 모델은 외교정책결정자가 정책을 결정할 때 합리적 계산과 이성적인 판단으로 가장 효율적인 정책을 수립한다는 것이다. 정책결정자는 어떤 정책을 결정해야 하는 순간에 자신이 선택

C. Macridis(ed.), *Foreign Policy in World Politics*, 5th edition(Englewood Cliffs, N.J.: Prentice-Hall, 1976), pp.1~31.

17 네 가지 모델에 대한 설명은 안문석, 「북한 핵실험에 대한 한국의 대북정책 결정 과정 분석: 관료정치 모델의 적용」, ≪한국정치학회보≫, Vol.42, No.1(2008), 209~210쪽의 내용을 수정·보완한 것이다.

할 수 있는 모든 정책 대안들을 펼쳐놓고, 그 방안들을 선택한 결과 발생할 수 있는 모든 상황을 계산해 본다. 계산 결과, 그 가운데 가장 기대효용이 큰 방안을 정책으로 선택한다는 것이다.

인지적 모델은 외교적 사안이 발생하면 정책결정자가 전례에 비추어 문제의 성격을 파악하고, 그렇게 파악된 사안의 성격이 정책결정자의 세계관이나 신념과 상호작용하는 과정을 통해 최종적인 외교정책이 결정된다는 설명이다. 조직과정 모델은 외교정책은 조직의 표준화된 행동절차SOP: Standard Operating Procedure 에 따라 이루어진다는 설명이다. 외교 사안은 이미 세분화되어 하부조직으로 분담되어 있고, 각 조직은 나름의 SOP를 가지고 있으며, 문제가 발생하면 이 SOP를 적용해 문제에 대처해 나간다는 것이다.

관료정치 모델은 외교정책을 기본적으로 다수의 정책결정 참가자 간의 정치적 타협과 흥정의 결과라고 본다. 1970년대 그레이엄 앨리슨Graham Allison 과 모턴 핼퍼린Morton Halperin 에 의해서 주창되고 발전된 이론이다. 미국의 외교정책 결정 과정을 관찰한 뒤 나온 이론이지만 세계의 모든 나라에 적용될 수 있는 성격을 가지고 있기 때문에 지금은 각국 외교정책 결정 과정 분석에 많이 활용되고 있다. 앨리슨·핼퍼린은 기본적으로 "정부 정책은 하나의 합리적인 결정자가 아니라 다수의 조직과 정치적 행위자들의 집단에 의해서 결정된다. 그런데 이 조직과 행위자들은 정부가 뭘 해야 하는지에 대해서 의견이 다르다"고 강조한다.[18] 외교정책은 하나의 행위자에 의해 결정되는 것이 아니고, 관료체제에 포함되어 있는 많은 행위자들이 갈등, 분규, 타협, 즉 '밀고 당기기pulling and hauling'를 하면서 그 과정에서 결정된다는 것이다.

앨리슨은 1962년 쿠바 미사일 위기 당시 미국의 케네디 행정부가 쿠바를 군사적으로 봉쇄하기로 결정한 것은 대통령과 국방부, 군, 중앙정보국 등의 다양한 기관이 쿠바 미사일에 대한 대응책을 두고 치열하게 다툰 결과였다고 분석한다.[19] 또 핼퍼린은

---

18 Graham T. Allison and Morton H. Halperin, "Bureaucratic Politics: A Paradigm and Some Policy Implications," *World Politics*, Vol.24(1972), p.42.

19 Graham T. Allison, "Conceptual Models and the Cuban Missile Crisis," *American Political Science Review*, Vol.63, No.3(1969), pp.698~718.

존슨 미국 대통령이 탄도탄 요격 미사일을 배치하는 결정을 내리는 과정을 자세히 분석한 뒤, 이 결정이 군과 정부관료, 의회 지도자들 사이의 밀고 당기기에 의해 내려졌고, 그 과정에 일반의 여론도 영향을 미친 것으로 결론짓는다.[20]

합리적 행위자 모델이 대통령과 같은 최고정책결정자의 외교정책 결정 과정에서의 역할을 강조하는 반면에, 관료정치 모델은 상대적으로 다원적인 권력투쟁에 주목한다. 이러한 권력투쟁의 추진력은 각 행위자의 이익 추구에서 나오는데, 행위자는 일차적으로 조직의 생존 확보와 영향력 유지를 위해서, 나아가 조직의 자율성과 사기 진작, 예산 확충 등을 위해서 각각이 해석하는 최선의 정책을 산출하려고 노력한다는 것이 관료정치 모델의 설명이다. 다양한 이익의 충돌과 각 행위자가 생각하는 '올바른 정책 correct policy'에 대한 각기 다른 판단 때문에 행위자 사이의 갈등은 불가피하고, 이러한 갈등을 극복하고 정책을 결정해 나가는 과정은 복잡하며 투쟁적일 수밖에 없다는 것이 관료정치 모델의 주요 주장이다.

한국의 외교정책 결정 과정도 민주화 이전의 단계에서는 합리적 행위자 모델로 설명하는 것이 적실성이 높았다. 독재적 권력자가 소수의 참모들의 도움을 받아 주요 외교정책을 결정한 것이다. 하지만 1980년대 후반 민주화의 과정을 거치면서 단선적인 정책결정구조가 종합적이고 개방적인 방향으로 전환되었다. 그러면서 관료정치의 모습이 나타나게 되었고, 지금은 주요 외교정책이 관료정치의 과정을 통해서 산출되고 있다고 볼 수 있다.

단적인 사례가 2006년 10월 북한의 첫 핵실험 이후 대북정책 결정 과정이다. 당시 북한 핵실험 직후 윤광웅 국방부장관은 북한에 대한 강력한 조치를 주장했다. 개성공단과 금강산관광 사업에 대해 단호한 조치를 주문한 것이다. 북한이 이전과 비교할 수 없는 강력한 도발을 한 만큼 두 사업의 중단을 포함한 상응조치를 취해야 한다는 것이었다. 강경정책은 군부의 영향력을 강화시키는 것이고, 그래서 국방부장관은 군의 이익을 보호·확장하기 위해 그러한 주장을 한 것으로 볼 수 있다. 외교부도 비슷한 입장이었다. 미국과 일본의 요구가 강경조치였고, 그런 조치를 취함으로써 외교부는

---

20 Morton H. Halperin, *Bureaucratic Politics and Foreign Policy*(Washington, D.C.: The Brookings Institution, 1974), p.306.

미국·일본과의 관계를 원활하게 운영할 수 있기 때문에 국방부에 동조한 것으로 볼 수 있다. 이에 대해 이종석 통일부장관은 두 사업은 계속되어야 한다고 맞섰다. 두 사업이 남북관계에서 가지는 의미와 상징성이 크기 때문에 어려운 상황이지만 중단하면 안 된다는 입장이었다. 남북관계와 남북협상의 지속이 통일부 조직의 위상을 강화할 수 있다는 점에서 두 사업의 지속 주장은 통일부의 이익을 확보하기 위한 주장이라고 분석할 수 있다.

이들 관련 부처는 열흘간 논쟁을 계속했다. 그 결과 개성공단과 금강산관광 사업을 중단하지 않고 지속하면서, 금강산관광에 대한 중고생 정부보조금은 중단하고, 금강산 관광지구 내 시설공사비 지원도 중단하는 것으로 결정지었다. 사업을 중단하지 말자는 통일부 입장을 중시해 사업은 계속하되, 사업 중단을 포함한 강경조치를 주장한 국방부와 외교부의 입장을 반영해 금강산관광에 대한 지원은 중단하는 선에서 접점을 찾은 것이다. 이처럼 한국의 외교정책도 부처와 부처, 관료들과 관료들 사이의 흥정과 타협으로 결정되는 모습이 분명히 관찰되고 있는 것이다.

제14장

세계외교의 역사

1. 베스트팔렌 조약과 근대 외교의 시작

16세기 전반기 유럽은 종교개혁의 소용돌이 속에 있었다. 가톨릭 내부에서 일어난 종교개혁운동은 르네상스와 더불어 중세를 마감하고 근대의 문을 여는 데 중요한 역할을 했다. 16세기 후반이 되어서는 영국, 네덜란드 등 신교 국가와 스페인, 이탈리아, 프랑스 등 구교 국가 사이에 대립이 심화되었다. 네덜란드가 1581년 스페인으로부터 독립을 선언하고, 스페인의 무적함대가 1588년 영국을 공격한 것도 종교 갈등 때문이었다. 스페인은 영국과의 1588년 전쟁에서 패배해 해상무역권을 영국에게 넘겨주게 되었다. 16세기 유럽의 주도권을 쥐고 있던 스페인도 이를 계기로 쇠락의 길을 걷게 되었다.

독일에서는 신성로마황제 페르디난트 2세$^{Ferdinand II}$가 신교도들을 심하게 탄압하고 있었다. 이 탄압에 저항해 보헤미아의 신교도들이 1618년 반란을 일으켰다. 30년전쟁(1618~1648)은 이렇게 시작되었다. 독일 땅에서 시작되었지만 곧 덴마크와 네덜란드, 스웨덴, 프랑스, 스페인으로 확대되어 유럽 대부분의 나라가 전쟁에 휩싸이게 되었다. 독일과 스페인이 신성로마황제를 도와 구교파를, 프랑스와 덴마크, 네덜란드, 스웨덴은 신교파를 형성해 30년 동안 전쟁을 계속했다. 1648년 봄 전쟁의 최초 발화점인 프라하를 스웨덴이 점령하고, 프랑스가 신성로마황제군과 스페인 군대를 물리치면서 종전협상이 이뤄지게 되었다. 1648년 5월에 민스터에서, 10월에 오스나브뤼

크에서 조약이 맺어졌다. 두 도시 모두 독일 베스트팔렌^{Westfalen} 지방에 있기 때문에 이 두 조약을 합쳐서 베스트팔렌 조약이라고 한다.

두 조약의 핵심 내용은 각국의 영토를 분명히 하고 독립적 주권을 인정하면서 신교도에게도 종교의 자유를 인정하는 것이었다. 주요 내용을 요약하면 다음과 같다. ① 네덜란드는 스페인에서 독립한다. ② 스위스는 신성로마제국에서 독립한다. ③ 프랑스는 스트라스부르를 제외한 알자스 - 로렌 지방을 획득한다. ④ 스웨덴은 독일 영토 가운데 서부 포메른과 비스마르, 브레멘 지역을 차지한다. ⑤ 브란덴부르크 - 프로이센은 동부 포메른과 마크데부르크, 덴 지역을 영토로 한다. ⑥ 독일의 영방 領邦(제후들이 세운 지방국가) 제후들은 영토에 대한 완전한 주권과 외교권, 조약체결권을 가진다. ⑦ 칼뱅파에게도 루터파와 같은 권리가 인정되고, 농노나 예속인들은 영주와 종교가 다른 경우에도 종교 행사에 참가할 수 있는 권리를 가진다.

이와 같은 내용의 베스트팔렌 조약이 국제정치사에서 중요한 의미를 가지는 것은, 이 조약을 계기로 각국이 가톨릭교회의 영향에서 벗어나 완전한 주권을 가지게 되고, 주권국가가 등장하게 되었다는 것이다. 이로 인해서 적대국과 우방국의 개념하에 국제관계의 변화가 다양하게 나타나고, 전쟁도 종교나 초국가적인 명분이 아니라 국가이익에 따라 결정되게 된다.[1] 다시 말해 베스트팔렌 조약으로 인해 진정한 근대적 의미의 국제관계와 외교가 시작된 것이다. 독일의 지방국가 제후들에게도 완전한 영토적 주권이 인정되어 유럽의 외교는 이를 계기로 크게 활성화된다. 조약의 내용이 실행되면서 주권국가 중심의 외교, 주권의 평등과 불가침성, 내정불간섭 등을 내용으로 하는 베스트팔렌 체제가 성립되게 된다. 세계화와 글로벌 거버넌스의 활성화로 국가의 주권이 일부 침식당하고 있지만 베스트팔렌 체제는 여전히 국제정치 운영의 주요 기반으로 역할을 하고 있다.

베스트팔렌 조약을 계기로 신성로마제국은 오스트리아 지역으로 축소되었고, 프랑스와 스웨덴, 독일 북부의 프로이센이 크게 성장했다. 특히 프랑스는 스페인에 프랑스와 같은 왕조인 부르봉 왕조를 세우고 유럽의 최강국으로 성장한다. 프랑스를 비롯

---

1   백경남, 『국제관계사』(법지사, 2001), 30쪽.

한 유럽의 강국들은 과학기술능력과 국력을 확대하고, 왕정을 강화하면서 절대국가 체제로 발전하게 된다. 봉건성을 벗어난 유럽은 해외 개척에도 나서 부를 더욱 증대시키고, 생산과 교역의 중심지에 도시들도 확대되는 과정으로 들어서게 된다.

2. 나폴레옹전쟁과 유럽협조체제

베스트팔렌 조약 이후 성장을 계속한 프랑스는 18세기에 이르러 유럽에서 가장 강한 나라가 되었다. 절대국가체제하의 강력한 왕권을 바탕으로 국력을 신장시켰다. 그래서 영국과 오스트리아, 프로이센 등은 프랑스를 경계의 대상으로 여기고 있었다. 유럽 최강국 프랑스에서 1789년 7월 14일 혁명이 발생했다. 루이 16세의 폭압적 정치에 시민들이 봉기한 것이다. 혁명정부가 들어서고 루이 16세는 쫓겨났다(1793년 1월에 처형된다). 부르봉 왕가의 몰락을 보고 긴장한 오스트리아와 프로이센은 대(對)프랑스동맹을 결성한다. 여기에 프랑스가 선제공격에 나서 1792년 4월 오스트리아를 침공한다. 이로써 유럽을 또다시 전쟁의 소용돌이로 몰아넣는 나폴레옹전쟁이 시작된다.

전쟁 초기 프랑스는 승전을 거듭했다. 이탈리아와 나폴리, 스페인 등을 점령했다. 나폴레옹의 최후의 적은 영국과 러시아였다. 1805년 영국 침략에 나섰다. 하지만 스페인의 트라팔가 연안에서 넬슨이 지휘하는 영국 해군에 패했다. 영국 점령에 실패한 프랑스는 러시아 공격에 나섰다. 영국에 대한 대륙봉쇄령을 지키지 않았다는 명분을 내세웠다. 당시 공업 능력이 약했던 러시아는 영국과 거래하지 말라는 나폴레옹의 대륙봉쇄령을 지킬 수 없었다. 영국에 밀을 수출하고 값싼 영국의 공업제품을 수입해와야 했다. 그래서 대륙봉쇄령을 지키지 못했다. 1812년 러시아 점령에 나선 나폴레옹은 모스크바까지 점령했으나 반격에 나선 러시아에 패했다. 나폴레옹이 러시아와의 전쟁에서 지자 프로이센과 오스트리아, 영국, 러시아의 연합군이 대대적으로 프랑스를 공격해 패배시키고 결국 나폴레옹은 1814년 황제의 자리에서 물러났다.

나폴레옹전쟁은 처음에는 혁명정부를 방어하려는 전쟁이었지만 유럽 전체에 대한 점령전쟁으로 발전하면서 프랑스혁명의 자유와 평등, 박애 정신을 전파하는 역할을 했다. 이를 통해 유럽 각국에 자유주의가 확산되고, 프랑스에 대항하면서 민족에 대한 자각도 형성되어 민족주의도 전 유럽으로 퍼져나갔다. 동시에 유럽 각국이 구제도를 타파하고 입헌정치를 도입하는 전기가 되기도 했다.

나폴레옹전쟁이 끝나면서 오스트리아와 프로이센, 러시아, 영국 등 유럽 국가들은 오스트리아 빈에서 회의를 열어 전후체제를 논의했다. 열강의 대표들이 부인과 친척, 심지어는 정부情婦까지 데려오는 바람에 회의는 쉽게 진척되지 않았다. 오스트리아의 원수元帥를 지낸 샤를 조제프 드리뉴Charles-Joseph de Ligne가 이를 보고 "회의는 춤춘다. 그러나 진행되지 않는다"라고 말해서 빈 회의는 더 유명해졌다. 회의의 좌장은 오스트리아의 외무장관 클레멘스 폰 메테르니히Clemens von Metternich였다. 회의를 관통하는 이념은 복고주의와 반동주의였다. 프랑스혁명과 나폴레옹전쟁 전의 체제로 유럽을 되돌리는 것이 주요 목표가 되었다. 프랑스가 점령한 영토는 원래대로 되돌려졌다. 오스트리아는 밀라노와 토스카나 공국을 되찾았다. 스페인과 포르투갈에서도 왕정이 복구되었다. 프로이센은 영토를 확장해 라인강 서쪽 지역을 대부분 차지했고, 슐레지엔 지방과 폴란드의 일부도 확보했다. 자유주의와 민족주의 확산 저지를 위해 강대국들은 군과 비밀경찰, 언론검열을 강화했다. 이렇게 빈 회의 결과 정립된 복고주의와 반동주의를 바탕으로 한 유럽 국가들의 질서를 빈 체제, 또는 메테르니히 체제라고 한다.

빈 회의가 끝난 후 오스트리아와 프로이센, 러시아는 1815년 9월 신성동맹을 체결했다. 혁명을 막기 위해 3국 간의 협력을 강화한다는 내용의 동맹이었다. 이는 다시 1815년 11월 영국이 포함된 4국동맹으로 발전하고, 1818년 11월에는 프랑스도 참가해 5국동맹이 되었다. 이러한 동맹은 왕정의 유지와 유럽의 현상유지를 위한 강대국들의 군사적·외교적 협력기구의 역할을 했다. 유럽의 현상유지를 위해 독일과 이탈리아는 통일 작업을 전개할 수 없었고, 약소국들의 이익은 무시되었다. 국제질서의 측면에서, 빈 회의 이후 오스트리아와 프로이센, 영국, 러시아가 중심이 되고, 나중에 프랑스가 참여해서 5개 강대국이 세력균형을 유지하면서 전쟁을 막고 평화를 유지해 나가던 체제를 '유럽의 협조concert of Europe' 체제라고 부른다. 1871년 독일이 통일된 뒤 독일과 프랑스 사이의 경쟁과 갈등이 심해지면서 이 체제는 사실상 막을 내렸다. 1차 세계대전까지는 대규모 전쟁이 없었기 때문에 1차 세계대전까지를 '유럽의 협조' 체제로 볼 수도 있지만, 독일 통일 전과 후는 평화로운 정도가 다른 것이었다. 독일 통일 이후 비스마르크가 중심이 되어 강대국 사이의 동맹관계를 통해 국제체제를 유지하

19세기 초 유럽을 좌지우지한 메테르니히

메테르니히는 수완 좋은 외교관의 대명사이다. 능력과 수완, 언변, 배짱을 지녀 오랫동안 유럽 외교의 1인자로 군림했다. 오스트리아 외무장관과 수상을 지내면서 19세기 초 유럽 질서를 좌지우지했다. 그는 1773년 독일 프랑크푸르트 인근의 코블렌츠에서 태어났다. 16살에 스트라스부르대학에 입학해 외교학을 공부했고, 마인츠대학에서 외교학·법학을 교육받았다. 프랑스혁명 이후 프랑스가 알자스·라인란트 지역을 침략하는 바람에 메테르니히는 가족과 함께 오스트리아 빈으로 이주해 1795년 오스트리아 수상이었던 카우니츠의 손녀 엘레오노레와 결혼했다.

1803년 드레스덴 주재 공사, 1806년 프랑스 주재 공사를 거쳐 1806년 프랑스 주재 대사가 되었다. 당시 프랑스는 나폴레옹의 통치하에 있었다. 1809년에는 오스트리아 외무장관이 되어 오스트리아 황제 프란츠 2세의 측근이 되었다. 이를 바탕으로 1810년 황제의 딸 마리 루이즈를 나폴레옹의 두 번째 황후(첫 번째 황후는 조세핀이다. 조세핀은 나폴레옹이 마리 루이즈와 약혼한 직후 이혼을 당했다)로 만드는 데 중요한 역할을 했다.

나폴레옹전쟁 동안에는 프랑스에 대항하는 연합세력의 구축에 힘을 기울였는데, 특히 1813년 러시아와 동맹을 이루어 곧 대對프랑스 전쟁을 승리로 이끌었다. 1814년에서 1815년에 걸쳐 오랫동안 진행되는 빈 회의를 실질적으로 주도하면서 전후 질서를 구축했다. 1821년에는 수상에 올랐다. 대외적으로는 강대국 사이의 동맹체제 구축과 유럽 각국에서 일어나는 혁명운동의 진화에 나섰고, 대내적으로도 강력한 전제적 체제를 유지하기 위해 검열제도를 강화했다. 메테르니히의 오랜 권력도 1848년 3월혁명으로 사라지고, 그는 영국으로 망명했다. 3년 후 다시 반혁명세력이 전세를 역전시키자 오스트리아로 복귀해 1859년까지 살았다.

는 동맹체제가 형성된다.

보수적인 빈 체제에 대한 저항은 1820년대 초 유럽의 여러 나라에서 시작되었다. 독일과 스페인, 이탈리아 등에서 계속되었다. 1830년 프랑스의 7월혁명과 그리스의 오스만제국으로부터의 독립으로 빈 체제는 더욱 약화되었다. 특히 1830년대부터는 유럽에서 공업화가 본격적으로 진행되면서 신흥 부르주아 세력이 강해졌고, 자유주의적 개혁 요구는 더욱 거세졌다. 이러한 여파로 1848년 프랑스에서는 2월혁명으로 공화정이 수립되고, 오스트리아에서도 3월혁명으로 메테르니히가 재상에서 물러났다. 이로써 33년간 지속된 빈 체제는 붕괴되었다.

3. 비스마르크의 동맹외교와 유럽의 현상유지

반동적인 빈 체제가 무너져 자유주의와 민족주의가 번성하는 가운데 유럽의 국가들은 스스로의 경제적·군사적 발전에 더욱 박차를 가한다. 프로이센은 1862년 오토 폰 비스마르크Otto von Bismarck가 수상이 되면서 본격적인 군비확장과 독일통일에 나선다. 1864년 덴마크, 1866년 오스트리아, 1870년 프랑스와의 전쟁에서 잇따라 승리하고, 1871년 독일의 통일을 이루었다.

통일 이후 비스마르크의 관심은 프랑스의 고립과 유럽의 현상유지였다. 프로이센-프랑스 전쟁에서 패한 프랑스가 재기해 보복하는 것을 막고, 유럽에서 다른 전쟁의 발생도 예방하면서 독일의 발전을 추구하는 것이 목표였던 것이다. 그래서 비스마르크는 주변국과 복잡한 동맹체제를 만들어낸다. 모두 비밀협상에 의한 비밀동맹체제였다. 이를 하나씩 보자.

첫째는 제1차 3제협상3帝協商이다. 1873년 맺어진 독일과 오스트리아, 러시아 사이의 협력체제이다. 3국 간의 주요 문제에 대해 상호 협력한다는 내용이었다. 비스마르크는 우선 러시아에 대한 견제의 필요성을 역설해 오스트리아를 설득했다. 이후 다시 러시아를 끌어들여 3제협상을 이루었다. 이 동맹을 통해 독일은 우선 프랑스를 오스트리아와 러시아로부터 고립시켜 놓고, 독일이 프랑스와 전쟁을 하는 경우 오스트리아와 러시아로부터 도움을 받으려 했다. 발칸 반도에 분쟁이 생기는 경우에도, 독일은 러시아와 오스트리아 중 택일을 하지 않아도 되는 상황이 되었다. 이것도 독일이 3제협상을 구성한 이유 중 하나였다.

둘째는 독일-오스트리아 동맹이다. 1879년에 체결했다. 러시아의 침략에 대비한 동맹이었다. 독일의 빌헬름 1세는 러시아의 알렉산드르 2세가 자신의 조카였기 때문에 러시아에 대항하는 동맹을 체결하는 것에 반대했다. 비스마르크는 두 번이나 사임하겠다고 협박해 빌헬름 1세의 동의를 얻었다. 독일과 오스트리아 중 한 나라가 러시아의 공격을 받으면 다른 나라는 병력을 모두 동원해 도와야 한다는 내용이었다.

셋째는 제2차 3제협상이다. 독일과 오스트리아, 러시아 사이에 1881년에 이루어졌다. 제1차 3제협상의 막연한 협력 약속보다 협력의 내용이 구체화되고 강화되었다. 세 나라 중 하나가 제4국과 전쟁을 하는 경우 나머지 두 나라는 우호적인 중립을 지키기로 했다. 에게해와 흑해 사이에 있는 다르다넬스·보스포루스 해협도 봉쇄하기로 했다. 영국 함대의 흑해 진입에 대한 러시아의 우려를 불식시키기 위한 조치였다. 또 오스트리아에게는 필요할 경우 보스니아-헤르체고비나를 병합할 수 있도록 했다. 러시아와 오스트리아의 요구를 들어줌으로써 대^對프랑스 연대를 더욱 강화하려는 독일의 의도가 더욱 분명하게 드러난 동맹이었다.

넷째는 삼국동맹이다. 1882년 독일과 오스트리아, 이탈리아 간의 동맹이다. 당시 프랑스가 이탈리아의 해외 진출을 반대해 프랑스-이탈리아 갈등이 고조되고 있었는데, 독일은 이를 기회로 이탈리아를 끌어들여 삼국동맹을 체결했다. 이탈리아를 동맹체제에 묶어둠으로써 이탈리아-프랑스 동맹을 사전에 막으려는 목적이었다. 그래서 동맹조약은 "세 나라는 다른 두 나라를 적으로 대하는 동맹에 가입하지 않는다"고 명기했다. 또 세 나라 중 하나 또는 둘이 세 나라 이외의 다른 2개국 이상으로부터 공격을 당할 때, 공격을 받지 않은 나라는 공격당한 나라를 지원하도록 했다.

다섯째는 재보장조약이다. 1887년 독일과 러시아 사이의 조약이다. 양국 사이 우호적 중립을 다시 한 번 약속하는 내용이다. 두 나라 중 한 나라가 제3국과 전쟁을 시작하게 되면 다른 나라는 우호적 중립을 지킨다는 것이었다. 이 역시 러시아가 프랑스와 가까워지는 것을 막기 위한 조약이었다. 러시아는 이 조약 체결 직전 프랑스와의 동맹체결도 고려했다. 하지만 비스마르크가 독일-오스트리아 사이에도 이미 동맹조약이 체결되어 있음을 밝히면서 러시아에 동맹 체결을 강권해 독일-러시아 조약을 성사시켰다.

여섯째는 독일-이탈리아 군사합의이다. 1888년 이루어진 합의로, 독일과 프랑스가 전쟁에 돌입하면 이탈리아가 독일을 군사적으로 지원한다는 내용이다. 1880년대 중반부터 이탈리아와 프랑스 사이에서는 경제적으로 마찰이 발생했다. 이러한 상황에서 이탈리아는 경제 측면에서도 독일에 더 의존해야 하는 형편이 되었다. 그래서 군사적 지원에 대한 합의도 해주게 되는 것이다.

이 밖에도 독일은 세르비아와 루마니아 등 약소국들과도 많은 동맹관계를 형성했다. 이렇게 복잡다기한 동맹으로 만들어진 비스마르크 체제는 빈 체제와 마찬가지로 유럽의 왕정체제와 현존의 국제질서를 유지하려는 보수적인 체제였다. 이 체제는 1880년대 후반 프랑스가 러시아에 저리의 차관을 제공하고 양국이 정치적으로 가까워지면서 흔들리기 시작해 1890년 비스마르크가 수상에서 물러나면서 막을 내렸다. 그에 따라 유럽의 현상유지도 더 이상 지탱되기 어려운 환경에 처하게 된다.

4. 19세기 동아시아 국제관계와 조선

동양의 전통적인 외교질서는 조공관계였다. 주변국은 중국에 조공^{朝貢}(예물)을 바치고 국왕의 책봉^{冊封}을 받아 중국과 종주국-조공국 관계를 유지했다. 조공은 중국이 주변국을 지배하는 수단이었고, 주변국 입장에서는 중국과 무역을 하는 중요한 통로의 역할을 했다. 19세기 들어 서양세력이 동양으로 본격 진출하면서 조공관계는 더 이상 동양의 국제관계를 운영하는 원리로 기능하지 못하게 된다. 서양이 동아시아 진출에 활용한 도구는 아편과 성경, 대포의 삼위일체였다.[2] 아편전쟁과 이후의 과정은 서양의 동아시아 진출의 중요한 계기이면서 삼위일체 전략을 단적으로 보여주는 사례이다.

영국은 동인도회사를 통해 중국에 인도의 면화와 면직물을 수출하고 차를 수입했다. 무역적자가 계속되자 영국은 아편을 수출했다. 결제수단인 은의 유출이 심해지자 중국 농민의 조세부담이 커졌고, 농민들의 반발이 심화되어 중국은 1826년 아편 수입을 금지했다. 이에 대한 보복으로 영국은 1840년 중국의 광둥성 등을 공격했다. 1841년 샤먼^{厦門}, 닝보^{寧波}, 딩하이^{定海} 등이 함락되자 중국은 항복하고 1842년 난징조약을 체결했다. 주요 내용은 ① 홍콩 할양, ② 광저우^{廣州}, 샤먼^{厦門}, 푸저우^{福州}, 닝보^{寧波}, 상하이^{上海} 개방, ③ 독점상인 폐지 등이었다. 영국은 이후 추가 조약을 통해 영사재판권을 인정받는 등 특권을 확대해 나갔다. 1858년 톈진조약으로 항구가 추가로 개방되고 기독교 선교도 자유롭게 되었다. 1860년 베이징조약으로 주룽 반도 등이 추가로 영국에 할양되었고, 외국인의 내륙 진출도 허용되었다.

처음에는 아편, 다음으로는 대포, 그다음에는 선교의 자유를 인정받아 성경을 가지고 들어오는 과정을 영국의 중국 침략 역사가 잘 보여주고 있다. 이러한 영국의 침략

---

2   김용구, 『세계외교사』(서울대학교출판문화원, 2006), 285쪽.

에 이어 미국은 1844년 왕샤望廈조약으로, 같은 해 프랑스는 황푸黃埔조약으로 특권을 인정받게 되었다. 난징조약은 중국과 서양세력 사이 불평등조약의 모델이 되었고, 중국은 이 조약을 계기로 서양세계에 문을 활짝 열게 되었다. 또한 중국이 전통적으로 가지고 있던 '중국이 세상의 중심'이라는 중화사상에 대해서도 새롭게 성찰을 하기 시작하는 계기가 되었다.

일본의 개항은 중국보다 10여 년 늦게 시작된다. 1853년 미국의 매슈 페리Matthew Perry 제독이 이끄는 함대의 개항 요구를 거절했던 일본은 페리가 1854년 다시 나타나 개항을 강요하자 문을 열었다. 그래서 체결한 것이 1854년 가나가와神奈川 조약(일명 미일화친조약)이다. 주요 내용은 시모다下田·하코다테函館 항의 개방, 미국 선박에 대한 식량·연료·식수의 공급, 최혜국 대우, 외교관의 시모다항 주재 등이었다. 1857년 미국은 영사재판권을 인정받게 되었고, 1858년 미일수호통상조약에 의해 더욱 광범위한 특권이 인정되었다. 가나가와 조약이 계기가 되어 1854년 영국, 1855년 러시아, 1856년 네덜란드와 화친조약을 맺는 등 일본도 서양세계와 본격적인 교류의 단계로 들어가게 되었다.

일본의 개항은 국내적으로 중국과는 다른 결과를 불러왔다. 중국의 청나라 정부가 속수무책으로 서양의 요구를 수용했지만, 일본에서는 개항이 내부 혁신의 중요한 계기가 되었다. 개항으로 무역이 활성화되자 일본의 국내 수공업은 큰 타격을 받고 물가가 올라갔다. 통치를 맡고 있던 막부幕府(바쿠후)에 대한 비판도 높아졌다.[3] 결국 막부에서 소외되어 있던 무사들이 반란을 일으켰다. 막부를 몰아내고 천황을 옹립한 것이다. 이것이 1868년 메이지明治유신이다. 메이지 정부는 강력한 중앙집권체제로 서양식 군대와 근대산업을 성장시켰다. 서구의 근대국가를 모델로 징병제를 실시하고, 학제와 조세제도를 근대적으로 개혁했다. 이로써 일본은 근대적 통일국가를 형성하고, 정치적으로는 입헌정치, 경제적으로는 자본주의 체제를 갖추어 다른 동아시아 국

---

3 막부는 원래 군대에서 지휘관이 머물면서 군사를 지휘하던 군막軍幕을 이르는 말이다. 일본에서는 1192년부터 메이지유신이 일어나는 1868년까지 일본을 통치한 쇼군의 정부를 이른다. 천황이 존재했지만 상징적인 존재에 불과했고, 막부의 우두머리인 쇼군이 실질적인 통치권을 가지고 있었다. 1192년에 미나모토 요리토모源賴朝가 가마쿠라鎌倉에 최초로 막부를 설치한 것이 막부정치의 시작이었다.

가들과는 달리 급속한 발전의 길을 가게 된다.

조선에 대해서도 1860년대부터 서양의 개항 요구가 높아졌다. 그럼에도 문을 닫고 있던 조선은 일본의 무력을 동원한 개항 요구로 1876년 강화도 조약을 맺게 된다. 조약의 내용은 ① 조선은 자주국으로서 일본과 평등한 권리를 가진다, ② 부산과 그 밖의 2개 항구를 개방한다, ③ 개항장 내에 조계 租界 를 설정하여 일본 상인의 자유로운 무역을 보장한다, ④ 개항장 내 일본인 범죄자들에 대해서는 일본영사가 재판한다 등이었다. 일본은 미국으로부터 강요당했던 불평등조약을 한국에 그대로 강요해 이러한 내용의 조약을 만들어냈다. 강화도 조약으로 조선은 일본과 서양에 문호를 개방하기 시작했고, 그러면서 동시에 열강의 침략을 받는 역사도 시작되었다.

메이지유신으로 근대화를 이룬 일본은 국력을 활용해 주변국에 대한 제국주의적 침략에 나선다. 중국과 조선이 서양 제국주의 세력의 압박을 이기지 못하고 수동적으로 국제사회에 편입되었다면, 일본은 서양 제국의 강요로 국제사회에 편입된 이후 제국주의적 전략을 그대로 학습해 곧 다른 나라에 제국주의적 침략을 실행했다. 1874년 일본은 타이완에 출병을 하고, 1879년에는 류큐琉球를 병합해 오키나와현을 세웠다. 이전까지 류큐는 청나라와 일본에 모두 조공을 바치고 있었다. 강화도 조약 이후 조선에 대한 영향력도 점점 확대했다. 1882년 임오군란이 일어나자 출병했고, 1884년에는 개화파의 갑신정변을 지원했다. 하지만 갑신정변이 청나라 군사에 의해 진압되어 일본은 약세에 놓이게 되었다. 1885년 톈진조약으로 청나라와 일본은 군대를 철수했고, 조선 출병 시 서로 사전 통보하기로 했다. 하지만 청나라의 위안스카이袁世凱는 조선에 남아 영향력을 행사하고 있었다. 1894년 동학혁명이 발생하면서 청나라가 조선의 요청을 받아 출병했고, 일본도 톈진조약을 내세우며 군대를 보냈다. 동학혁명 진압 이후에도 양국은 조선 각지에 남아 충돌하기 시작했다.

일본의 선전포고는 1894년 8월 1일이지만, 7월 23일 일본이 경복궁을 공격하면서 청일전쟁이 시작되었다. 곧 일본은 풍도 앞바다에서 청국 함대를 공격해 해전도 본격화되었다. 일본은 초반부터 승전을 거듭했고, 9월에 평양에서 크게 승리하면서 대세를 결정지었다. 일본은 곧 중국 본토에 대한 공격에 나서 11월에 랴오둥遼東 반도의 뤼순旅順과 다롄大連을 점령했다. 1895년 2월에는 산둥山東 반도 웨이하이웨이威海衛 에 있는 청나라의 북양함대기지를 공격했다. 이렇게 되자 청나라는 휴전협상에 나서지 않을 수 없었다. 2개월의 협상 끝에 시모노세키 조약이 맺어졌다. 이 조약으로 일본은 랴오둥 반도와 타이완, 펑후澎湖 섬을 차지하게 되었다. 조선에 대한 청나라의 종주권도 종식되었다. 청나라는 3억 엔에 이르는 배상금도 일본에 물어야 했다. 청일전쟁을 계기로 중국에 대한 열강의 침략은 가속화되었고, 오랫동안 중국의 손에 있었던 아시아 지역의 패권은 일본으로 옮겨가게 되었다. 또한 일본은 주변국에 대한 침략에 한층 박차를 가하게 된다.

동아시아 국제질서에 일대 변화를 몰고 온 시모노세키 조약에 대해 심한 불만을 가진 나라가 러시아였다. 랴오둥반도가 일본에 넘어가는 것이 불만이었다. 만주 진출 의도를 가지고 있었기 때문이다. 러시아는 프랑스, 독일과 함께 랴오둥반도를 중국에 돌려주라고 일본을 압박했다. 3국이 함께 나서자 일본은 돌려주지 않을 수 없었다. 일본은 이때부터 러시아에 대한 반감을 가지게 되었다.

랴오둥반도를 중국에 반환시킨 러시아는 만주에 대한 지배전략을 본격화한다. 1896년 청나라와 비밀합의를 통해 동청철도 부설권을 확보하고 1898년 뤼순과 다롄을 25년간 조차한다. 일본과 러시아는 1903년 만주와 조선에서의 권리 확보를 두고 협상을 시작한다. 일본이 조선에 대한 우월한 지위를 요구했지만 러시아는 인정하지 않아 협상은 결렬된다. 이에 일본은 1904년 2월 러시아에 대한 전쟁을 결정한다. 일본 해군이 2월 8일 밤 뤼순을 공격함으로써 러일전쟁은 시작된다. 조선에 대한 공격도 시작되어 서울과 인천 등 주요 지역이 점령되었다.

일본은 1905년 1월 뤼순을 점령하고, 3월에 펑톈奉天에서 승리함으로써 승기를 잡았다. 5월에는 동해에서 도고 헤이하치로東鄉平八郎가 러시아의 발틱 함대를 무찔러 전쟁을 사실상의 승리로 이끌었다. 전쟁이 완전히 끝나지는 않았지만 일본이 아주 유리한 상황에서 1905년 9월 강화회의가 시작되었다. 일본은 장기전에 드는 전비가 부담이 되었고, 러시아는 국내의 반제혁명으로 전쟁을 계속하기 어려웠다. 시어도어 루스벨트Theodore Roosevelt 미국 대통령의 중재로 1905년 9월 포츠머스 강화조약이 체결되었다. 이 조약으로 일본은 뤼순과 다롄의 조차권을 확보하고 남만주철도 부설권도 획득했다. 사할린도 차지하고 한국에 대한 보호권도 인정받았다.

러시아를 물리친 일본은 동아시아 최강국으로 부상했다. 그에 따라 조선에 대한 침략도 더 심화했다. 1905년 7월 미국과 가쓰라-태프트 밀약을 맺어 조선에 대한 권한을 인정받았다. 1905년 11월 을사늑약에 따라 조선은 외교권을 박탈당했다. 1906년 조선에 통감부가 설치되고, 1907년에는 정미7조약으로 내정의 권한도 통감부로 넘어가게 되었다. 결국 1910년 8월 22일 일본은 조선을 식민지화해 1945년 8월 15일 해방까지 강점하게 된다.

5. 제1차 세계대전과 베르사유 체제

현상유지를 지향했던 비스마르크 체제가 무너지면서 유럽은 새로운 국면에 들어간다. 1888년 독일 황제에 오른 뒤 1890년 비스마르크를 수상에서 해임한 빌헬름 2세는 군비 강화를 적극 추진한다. 특히 1897년 해군제독 알프레드 티르피츠^{Alfred Tirpitz}를 해군장관으로 등용하고 군함을 대폭 건조하는 정책으로 해군을 강화한다. 또한 이를 바탕으로 아프리카와 중동 등 해외로의 진출을 적극 모색한다. 비스마르크는 주변국과 동맹을 통해 독일에 대한 적대적 동맹의 형성을 사전에 예방하는 데 관심을 쏟은 반면에, 빌헬름 2세는 독일 자체의 국력신장과 해외진출에 주력한 것이다.

독일이 군함을 건조하고 해군을 강화하자 영국이 긴장한다. 독일과 영국이 군축과 동맹을 모색하기 위해 1898년부터 협상을 벌이기도 했지만 접점을 찾지는 못하고 1902년에 결렬로 결론이 난다. 한편 비스마르크의 프랑스 고립외교로 고립 상태에 있던 프랑스는 경제적 원조를 매개로 러시아에 접근한다. 1891년 양국이 평화문제를 서로 협의한다는 정치협정에 이르게 되고, 1892년에는 양국이 군사협정을 맺어 동맹체제를 형성한다. 이후 영국은 1904년 프랑스와 동맹을 맺는다. 프랑스가 독일의 침략을 받을 때 영국이 돕기로 한 것이다. 또한 영국은 프랑스의 모로코에 대한 권익을 인정하고, 프랑스는 영국의 이집트에 대한 정책을 간섭하지 않기로 했다. 이어 영국은 1907년에 러시아와도 협정을 체결한다. 당시 독일은 터키의 이스탄불에서 페르시아 만을 연결하는 바그다드 철도를 건설하려고 계획하고 있었는데, 이것이 러시아를 불안하게 했다. 이렇게 해서 독일을 포위하는 영국과 프랑스, 러시아 사이의 삼국협상 체제가 완성된다.

독일은 오스트리아, 이탈리아와 1882년 체결한 삼국동맹을 여섯 차례(1887년, 1891

년, 1896년, 1902년, 1907년, 1912년)에 걸쳐 갱신하면서 프랑스를 견제하고, 삼국협상 체제에 맞선다. 발칸 반도와 중근동 지역을 두고 삼국협상과 삼국동맹의 경쟁은 점점 심화된다. 1914년 6월 28일 오스트리아 황태자 프란츠 페르디난트 $^{Franz\ Ferdinand}$가 보스니아의 사라예보에서 세르비아인에게 암살을 당한다. 이를 발화점으로 해서 7월 28일 오스트리아가 세르비아에 선전포고를 함으로써 제1차 세계대전은 시작된다. 세르비아의 우군 러시아가 곧 총동원체제에 들어가고, 러시아의 동맹 프랑스도 전쟁 준비에 착수한다. 이에 대항해 독일도 총동원령을 내리고 러시아에 대해 선전포고를 한다. 곧이어 독일은 프랑스에 대해서도 선전포고를 하고 8월 3일 벨기에를 침공한다. 이를 보고 영국은 8월 4일 독일에 대해 선전포고를 하고 전쟁에 참여한다. 오스트리아와는 미수복지 문제로 갈등관계에 있던 이탈리아는 중립을 선언했다가 영국 쪽에 가담하고, 일본과 그리스, 루마니아도 영국 편에 참전한다. 터키와 불가리아는 독일 편에 가담한다.

1917년 4월 미국이 참전함으로써 독일은 열세에 몰리게 되고 결국 1918년 11월 11일 항복한다. 곧 전후협상이 시작되어 1919년 6월 베르사유 조약이 체결된다. 조약의 주요 내용을 정리하면 이렇다. ① 독일은 해외 식민지(카메룬, 탄자니아, 르완다, 부룬디, 나미비아 등)를 포기하고 알자스-로렌 지역을 프랑스에 반환한다. ② 독일은 단치히 회랑지대와 슐레스비히 북부, 슐레지엔 상부, 포즈난을 포기하고, 라인 강 유역과 자르 지역은 국제연맹이 관할하는 비무장지대로 만든다. ③ 독일은 연합국의 손해에 대해 배상금을 부담한다(배상액은 1921년 1,320억 마르크로 정해진다). ④ 독일은 육군 병력 10만 명, 해군 군함 10만 톤 이내로 군비가 제한되고, 공군과 잠수함의 보유도 금지된다. ⑤ 국제협력과 국제평화·안보를 증진하기 위한 기구로 국제연맹을 창설한다.

이러한 내용의 조약을 바탕으로 정립된 베르사유 체제는 독일의 영토를 대폭 축소하고 군비도 제한함으로써 국제사회에 대한 재도전의 기회를 갖지 못하게 하는 데 첫 번째 목표를 두고 있었다. 이와 함께 국제연맹을 창설함으로써 제도를 통해 국제평화를 달성하고, 세계전쟁을 방지하려는 의도도 가지고 있었다. 특히 집단안전보장체제 $^{collective\ security\ system}$를 도입해 도발국가에 대해 공동으로 대처함으로써 또 다른 세계대전의 사전예방에 초점을 두고 있었다. 하지만 베르사유 체제는 독일에 대해 지나친 경제적 배상과 군비제한, 영토축소라는 부담을 가함으로써 독일의 민족주의가 부흥하는 단서를 제공했다. 또한 그동안 유럽 질서 유지의 기본적인 원리로 작동했던 세력균형의 원리를 버리고 집단안전보장이란 이상적인 형태의 새로운 제도를 도입했지만 효율적으로 운영하지 못해 곧 한계를 드러내게 된다.

6. 전간기의 세계외교

제1차 세계대전 종료와 함께 형성된 베르사유 체제는 국제연맹을 중심으로 운영되는 질서였다. 하지만 국제연맹은 허약하기 이를 데 없었다. 우선 미국이 참여하지 않았다. 영국과 프랑스는 국제연맹 운영을 두고 수시로 충돌했다. 이러한 국제연맹은 핵심적인 기능인 집단안전보장, 즉 한 나라가 도발을 하는 경우 이에 대한 보복을 제대로 할 수 없었다. 국제연맹의 허약성은 신흥 강국들이 주변국에 대해 도발을 감행하면서 더욱 분명히 드러났다. 불안스럽게 유지되던 베르사유 체제에 결정적인 타격을 가하는 계기는 1929년 미국에서 시작된 대공황이었다. 월스트리트 주식시장의 붕괴로 시작된 공황의 여파는 세계로 확산되었다. 특히 독일과 오스트리아가 큰 영향을 받았다. 그동안 미국 자본의 도움으로 경제를 운영해 왔기 때문이다. 독일의 경우 실업자가 1929년 240만 명에서 1932년에는 600만 명으로 급증했다.

일본도 예외는 아니었다. 자본주의 기반이 약했기 때문에 그 타격이 컸고, 이를 타개하기 위해 일본은 만주로 진출했다. 1931년 9월 만주사변을 일으켜 중국 침략을 본격화한 것이다. 국제연맹은 이사회를 소집해 세 차례나 일본군의 철수를 결의했다. 조사단을 구성해 진상조사도 실시했다. 조사단의 결론도 '국제연맹은 만주국을 끝까지 승인하면 안 된다'는 것이었다. 하지만 이는 그저 권고에 불과할 뿐 아무런 강제력을 발동하지 못했다. 일본은 1933년 허수아비와 같은 국제연맹을 탈퇴하고, 본격적인 중국 침략에 박차를 가했다.

독일도 베르사유 체제에 대한 정면도전에 나섰다. 아돌프 히틀러 Adolf Hitler 는 어려운 경제와 그 속에서 싹튼 민족주의를 기반으로 1933년 정권을 잡았다. 히틀러 외교정책의 내용은 다섯 가지였다.[4] 첫째는 베르사유 조약에 따른 군비제한을 철폐한다. 둘째,

동유럽의 프랑스 동맹체제를 해체한다. 셋째, 프랑스를 굴복시킨다. 넷째, 러시아 지역에 독일의 생활권을 얻어낸다. 다섯째, 영국, 미국, 일본과 함께 세계를 지배한다.

이러한 외교 목표하에 히틀러는 우선 군비 강화에 나섰다. 제네바에서 열린 국제연맹 군축회의에 대표를 파견해 독일군 증대를 인정받으려 했다. 독일이 프랑스, 이탈리아 등과 똑같이 육군 20만을 보유하는 안이 토의되기도 했다. 하지만 히틀러는 여기에 만족하지 않고, 20만 육군뿐만 아니라 특수부대도 가져야 한다고 주장했다. 자신의 주장이 수용되지 않자 히틀러는 집권 9개월 만인 1933년 10월 국제연맹을 탈퇴했다. 1935년 3월 재군비를 공식 선언하고, 1936년 3월에는 국제연맹이 관할하고 있던 라인란트 비무장지대에 군을 진주시켰다. 이로써 베르사유 체제는 사실상 무너졌다. 일본과 독일의 전례를 확인한 이탈리아는 1935년 10월 에티오피아를 침공했다. 일본은 1937년 7월 노구교사건을 계기로 중일전쟁을 일으켜 중국에 대한 전면전쟁에 들어갔다.

독일과 일본은 1936년 공산주의에 대항한다는 명분으로 반소협정을 체결하고, 이듬해 이탈리아까지 합세해 반소 3국협정이 체결되었다. 한편으로 독일은 1938년 3월 오스트리아를 압박해 합병에 성공했다. 이어 독일과 오스트리아, 체코슬로바키아의 국경지역에 있는 체코슬로바키아의 수데텐 Sudeten 지방까지 합병하려 했다. 이 문제를 해결하기 위해 영국 총리 네빌 체임벌린 Neville Chamberlain 이 1938년 9월 15일과 22일 히틀러를 만났다. 하지만 소득은 없었다. 29일 뮌헨에서 열린 회담에 체임벌린과 히틀러, 이탈리아 총리 베니토 무솔리니 Benito Mussolini , 프랑스 총리 에두아르 달라디에 Édouard Daladier 가 참석했다. 회담은 수데텐을 독일이 차지하는 것으로 결정했다. 이것이 유화정책 appeasement policy 의 대표적인 사료로 꼽히는 유명한 뮌헨협정이다.

체임벌린이 주도한 이 유화정책은 실패한 외교정책으로 지적을 받고 있는 데, 이는 히틀러의 팽창주의를 간파하지 못하고 수데텐을 독일에 할양했기 때문이다. 실제로 히틀러는 1938년 수데텐 지역을 할양받은 후 거기에 머물지 않았다. 체코와 슬로바키아를 분리시킨 뒤, 1939년 3월 체코를 위협해 강제로 병합했다. 오스트리아·수데텐

---

4   김용구, 『세계외교사』, 715쪽.

합병과 체코 합병은 완전히 다른 차원의 문제였다. 오스트리아와 수데텐은 독일인들이 많이 사는 지역이었다. 히틀러의 합병 명분도 독일인들이 많이 거주하고 있다는 것이었다. 하지만 체코는 그렇지 않았다. 독일인 거주지역이 아니었다. 체코 합병으로 히틀러의 영토 확장 욕구는 분명하게 드러나게 되었다.

7. 제2차 세계대전과 얄타체제

체코를 합병한 독일은 1939년 8월 소련과 독소불가침 협정을 체결한다. 명칭이 불가침 협정이고 대외적으로 발표한 내용은 '상호 침략하지 않는다'는 것이지만, 더 중요한 것은 폴란드에 대한 영토 분할을 규정한 비밀조항이었다. 이렇게 소련과의 전쟁 가능성을 제거하고 폴란드 영토 분할까지 합의해 놓은 뒤, 독일은 9월 1일 폴란드를 침공한다. 이로써 제2차 세계대전이 시작된다. 이틀 뒤 영국과 프랑스는 독일에 선전포고를 함으로써 전쟁은 유럽 전체로 확산된다.

1940년 4월부터 독일군은 서유럽 공격에 나서 6월에는 프랑스가 함락된다. 프랑스가 항복할 무렵 이탈리아는 독일 쪽에 가담해 참전한다. 7월부터 독일은 영국에 대한 대대적인 공중 폭격을 실시했지만 영국을 점령하는 데는 실패하고, 1940년 9월 이탈리아, 일본과 3국동맹을 체결해 연합국에 대항하는 추축국의 연대를 분명히 형성한다. 이후 독일은 전선을 동쪽으로 확대해 1941년 6월에는 소련을 침공한다. 독일은 우크라이나의 곡창지대와 돈 강 유역의 산업지대, 카프카스 지역의 석유가 필요했다. 초반 전세는 독일이 유리했다. 하지만 1942년 스탈린그라드 전투를 계기로 소련이 주도권을 갖게 되었고, 이후 독일은 줄곧 수세에 몰리게 된다.

한편 일본은 1941년 12월 하와이 진주만을 공격해 태평양전쟁을 일으킨다. 초반 일본의 공세는 거셌다. 홍콩과 싱가포르, 마닐라, 보르네오 등 동남아를 비롯해 남태평양 대부분의 섬을 점령했다. 하지만 1942년 6월 미드웨이 해전 패배로 일본 역시 수세에 몰리게 된다. 1943년 9월이 되면 추축국의 패색은 짙게 되어 먼저 이탈리아가 항복한다. 1944년 6월 미국과 영국의 노르망디 상륙작전으로 독일은 서쪽에서 영·미군, 동쪽에서 소련군의 공격을 받게 되어 결국 1945년 5월 8일 항복한다. 일본은 8월 6일과 9일 미국의 핵무기 공격을 받고 8월 15일에 항복해 제2차 세계대전은 5,000만 명 이상의 사망자를 낸 뒤 종료된다.

연합국의 승리가 분명해진 시점인 1945년 2월 루스벨트와 처칠, 스탈린이 소련의 우크라이나 지역에 있는 크림반도의 얄타^{Yalta}에서 만나 전후체제를 논의한다. 얄타회담이다. 여기서 대전 후 세계질서를 정하는 중요한 결정들이 이루어진다. 그래서 제2차 세계대전 이후의 세계질서를 얄타체제라고 한다. 얄타체제의 핵심은 독일의 분할과 무장해제이다. 얄타회담의 결정이 여기에 중점을 두고 있었다. 독일에 대해서는 미국, 영국, 프랑스, 소련이 분할 점령하기로 결정한다. 또한 독일의 군수공장은 폐쇄하기로 하고, 주요 전범은 재판에 회부하기로 한다. 폴란드 문제는 자유선거를 통해 정부를 구성하는 것으로 정한다. 소련의 대(對)일본 전쟁 참전도 결정된다. 대신 소련은 러일전쟁으로 잃은 쿠릴 열도와 사할린 섬을 회복하고, 외몽골에 대한 지배권도 확보한다. 연합국, 특히 미국이 스스로의 피해를 줄이기 위해 소련의 태평양전 참전을 적극 요구하고, 그 대신 소련의 이익이 충분히 확보될 수 있게 해준 것이다. 이로써 소련은 대전 이후 세계질서 운영에 적극 참여할 수 있게 되었다. 그래서 얄타회담은 미국이 세계체제의 파트너로 소련을 인정한 회담으로 인식되고 있다.

얄타회담에서는 한국 문제도 논의되었는데, 루스벨트가 한국에 대한 신탁통치를 소련에 제안했고, 스탈린은 이에 대해 신탁통치 기간은 짧을수록 좋다고 답함으로써 신탁통치에 대한 공감이 이루어졌다. 유엔과 관련해서도 얄타회담에서 안전보장이사회의 표결방법과 신탁통치제도 등 그동안 각국 대표들이 타결하지 못한 민감한 문제들에 대해 합의가 이루어졌다. 유엔은 1945년 4~6월 샌프란시스코 회의를 통해 공식 출범하게 된다. 국제연맹에 이어 집단안전보장체제를 다시 갖춘 것이다. 1945년 8월 역시 미국과 영국, 소련의 수뇌가 참석한 포츠담회담에서는 일본의 점령지 포기와 무장해제, 군수산업 금지, 그리고 미국에 의한 일본 영토 점령, 한국의 독립이 합의되었다. 한국의 독립과 관련해서는 1943년 11월 카이로회담에서 '한국은 적절한 시기에^{in} $^{due\ course}$ 독립한다'라고 합의했었는데, 포츠담회담에서 독립이 다시 한 번 확인된 것이다.

8. 냉전체제와 한국전쟁

국제사회가 운영되는 방식에는 크게 세 가지가 있다.[5] 첫째는 강대국의 지도체제이다. 몇몇의 열강들이 세계질서를 주도하면서 분쟁을 해결하고 평화를 유지하는 체제를 말한다. 1815년 빈 회의 이후 1871년 독일 통일까지 영국, 오스트리아, 러시아, 프로이센, 프랑스 중심의 지도체제로 운영되었다. 이와 같은 것이 강대국의 지도체제이다. 둘째는 동맹체제이다. 다양한 형태의 동맹을 통해 국제질서가 유지되는 형태이다. 비스마르크가 체결해 놓은 2중, 3중의 동맹에 의해서 유지되던 1871년부터 1914년 제1차 세계대전까지의 국제질서가 여기에 해당한다. 셋째는 집단안전보장체제이다. 한 나라가 침략받으면 공동으로 대처하는 시스템이다. 제1차 세계대전 이후의 베르사유 체제가 그 예이다.

제2차 세계대전 이후의 국제질서는 초기에는 미국과 영국, 소련의 지도체제였다. 또한 유엔을 통한 집단안전보장체제이기도 했다. 1950년대에 들어서면서 미국은 자본주의·민주주의 국가들과, 소련은 사회주의 국가들과 동맹을 형성해 동맹체제가 되었다. 냉전의 동맹체제가 된 것이다. 그런 점에서 보면 제2차 세계대전 이후의 국제체제는 지도체제와 집단안보체제, 동맹체제가 모두 나타나는 복합적 체제였다고 할 수 있다.

미국과 소련의 경쟁·갈등은 제2차 세계대전 막바지부터 이미 시작되었다. 폴란드 처리와 관련해서 폴란드를 점령하고 있던 소련은 기득권을 유지하려 했고, 미국은 자유선거를 주장했다. 미국의 주장이 받아들여지기는 했지만 소련은 선거 과정에 개입해 사회주의 정권을 세웠다. 이렇게 발원된 냉전은 점점 심화되는 단계를 거친다. 폴란드의 국경선을 두고도 폴란드 땅을 더 많이 차지하려는 소련과 이를 반대하는 미국이 대립했다. 핵무기를 두고도 미국은 독점하려 했고, 소련은 핵 불균형의 해소를 주장했다. 한반도를 두고는 미국과 소련이 38선을 분단선으로 나누어 점령했지만, 일본은 미국이 점령했다. 소련은 미국의 일본 단독점령도 반대했다.

---

5   이기택, 『국제정치사』(일신사, 2005), 437~438쪽.

이렇게 미국과 소련의 갈등이 점증하는 가운데 1947년 3월 트루먼 독트린^{Truman} Doctrine이 발표되었다. 전체주의 세력에 대항해 싸우는 자유주의 국가들을 지원하겠다는 내용이었다. 당시 그리스는 좌익 게릴라의 활동으로 곤경에 처해 있었고, 터키는 소련과 갈등을 겪고 있었다. 특히 그리스에서는 공산주의의 승리가 곧 눈앞에 있는 듯했다.[6] 이들 국가에 대한 지원이 트루먼 독트린의 실질적인 내용이었다. 1947년 6월에 나온 마셜 계획^{Marshall Plan}은 유럽에 대한 대대적인 투자로 유럽을 부흥시키려는 계획이었다. 소련의 팽창을 막으려는 미국의 정책이었고, 이는 소련의 반발을 샀다. 여기에 대응해 소련은 그해 10월 코민포름^{Kominform}을 설립했다. 소련과 폴란드, 유고슬라비아 등 공산주의 9개국이 상호원조를 하기 위한 기구였다. 이로써 유럽에서의 냉전체제는 선명한 모습으로 나타나게 되었다.

아시아 지역에서도 제2차 세계대전 이후 냉전체제가 형성되어 갔다. 1945년 8월 일본의 패색이 짙어진 가운데 소련은 9일 일본과의 전쟁에 참여하면서 같은 날 북한으로 진주했다. 미국은 이보다 조금 늦은 9월 8일 인천에 미군을 상륙시켜 남한을 점령한다. 1945년 12월 모스크바 3상회의에서 한국에 대한 신탁통치가 결정되었다. 하지만 이를 두고 좌·우익 간의 대립이 심화되고, 미소공동위원회도 신탁통치 기간의 임시정부에 참여할 정파의 범위를 두고 합의를 이루지 못해 결렬되었다. 결국은 남북이 1948년 8월과 9월 각각 정부를 세우게 되고, 38선을 경계로 한 한반도의 냉전체제도 성립하게 되었다.

그런가 하면 중국에서는 1949년 10월 마오쩌둥의 중국공산당이 장제스의 국민당을 타이완으로 몰아내고 중화인민공화국을 세운다. 미국은 국민당을 지원했는데, 결국 국민당이 패함으로써 중국과 미국 사이의 대립관계도 자연스럽게 성립된다. 중국은 1950년 2월 소련과 중소우호조약을 체결해 중-소 연합세력과 미국이 대립하게 된다. 여기에 대해 미국은 1948년부터 일본에 대한 경제적 지원을 통해 일본을 부흥시켜 공산주의의 팽창에 대항하는 정책을 취한다.

동서 간에 냉전이 고조되는 와중에 한반도에서도 남북한의 갈등이 심화되었다. 남

---

6   웨인 C. 맥윌리엄스·해리 피오트로브스키, 『현대국제정치사: 핵무기 시대의 정치, 전쟁 그리고 혁명』, 이재석·이명철 옮김(집문당, 1995), 61쪽.

북한 간의 체제경쟁이 심화되어 갔으며, 38선을 사이에 두고 작은 분쟁들이 끊임없이 계속되었다. 1950년 6월 25일 결국 북한이 남침을 감행하면서 한국전쟁이 시작되었다. 북한은 소련과 중국의 지원으로 남침을 하게 되었고, 한국은 미국의 지원을 받지 않을 수 없었다. 한반도가 동서 갈등이 군사적으로 충돌하는 장이 된 것이다. 3년간의 전쟁은 1953년 7월 27일 정전조약으로 휴전 상태에 들어갔다. 한국전쟁으로 남북 간의 갈등의 골은 더 깊어졌고, 북한-중국-소련의 북방삼각체제와 한국-미국-일본의 남방삼각체제 사이의 냉전구도는 더 분명하게 고착되었다. 미국은 한국전쟁의 와중인 1951년 9월 일본과 미일안보조약을 맺었는데, 이는 일본을 장기적으로 공산세력에 대항하는 전략적 기지로 활용하려는 차원이었다.

한국전쟁 전후로 세계적 냉전구도도 더욱 공고화되는 모습을 보인다. 1949년 4월 소련에 대한 집단방위체제인 북대서양조약기구NATO: North Atlantic Treaty Organization가 결성되고, 이에 맞서 소련과 동구 공산국가들은 1955년 5월 바르샤바조약기구Warsaw Treaty Organization를 설립한다. 동서가 군사적으로 대립하는 구조가 되는 것이다. 1962년에는 쿠바 미사일 위기가 발생한다. 소련이 핵미사일을 미국과 지근거리인 쿠바에 배치해 미국과 소련 간 전쟁 발생의 위기에 이른 것이다. 충돌 없이 마무리되긴 했지만 미국과 소련이 핵전쟁 일보 직전까지 간 위기의 순간이었다. 1970년대는 냉전이 약화되는 데탕트의 시대였다. 1971년 소련의 브레즈네프 서기장이 유럽에 대해 유화적인 태도를 취하고, 1972년 미중정상회담이 개최되는 등 화해의 분위기였다. 그러다가 1980년대가 되어 냉전의 시대가 다시 도래했다. 1981년 취임한 로널드 레이건Ronald Reagan 미국 대통령이 소련을 '악의 제국evil empire'으로 지목하면서 대소강경정책을 추진하고, 전략방위구상SDI: Strategic Defense Initiative을 통해 군비 강화에 나서면서 소련과의 경쟁, 갈등이 다시 시작된 것이다.

9. 탈냉전 시대의 세계외교

새로운 냉전의 와중에 소련에서는 1985년 미하일 고르바초프Mikhail Gorbachev가 소련 공산당 서기장에 올랐다. 고르바초프는 페레스트로이카perestroika와 글라스노스트

glasnost, 신사고 외교^{new thinking diplomacy}를 핵심 정책으로 추진했다. 페레스트로이카는 개혁을 의미하는 것으로, 정치와 경제 부분의 획기적인 개혁을 추진하는 정책이었다. 이에 따라 정치 부문의 개혁으로 일당독재에서 벗어나 복수정당제가 허용되고, 당이 국가를 운영하는 당정일치체제에서 당정분리체제로 변화되었다. 경제 부문 개혁으로 시장경제와 사유재산제도가 도입되었다. 글라스노스트는 개방의 의미로, 정부의 정보를 공개하고 언론의 자유를 보장하는 정책이었다. 새로운 사고는 국제정치를 계급투쟁적 관점에서 벗어나 상호의존적 관점으로 인식하고, 자본주의 국가들과의 전쟁 불가피론도 탈피해야 한다는 관점이었다. 그에 따라 서방세계와도 대화와 협력의 관계를 중심으로 외교를 펼치게 되었다.

이러한 고르바초프의 정책에 따라 소련의 동구권 공산주의 국가들에 대한 경제·군사적 지원과 압력도 약화되었다. 동독에서는 1980년대 후반이 되면서 서독으로 넘어가는 사람들이 많아지게 되었고, 결국 1989년 11월 9일 베를린장벽을 개방하게 되었다. 베를린장벽이 무너진 것이다. 이로써 얄타체제의 핵심인 독일의 분단구조가 해체되고, 얄타체제가 해체되었다. 독일은 미국과 소련, 영국, 프랑스 등과의 조정을 거쳐 1990년 10월 3일 통일을 이루게 되었다. 고르바초프의 개혁·개방 정책이 실행되면서 소련 내의 공화국에서는 민족주의가 부활하고 분리 독립 요구가 강해졌다. 이에 대한 반발로 소련공산당 내 보수강경파가 쿠데타를 일으키기도 했지만 진압되고, 1991년 8월 소련공산당은 해체되었다. 당의 해체는 연방의 해체를 가속화해 1991년 12월 소련은 붕괴하고 말았다. 이로써 제2차 세계대전 이후 미소 간의 대결 속에서 형성된 냉전체제도 해체되었다.

소련의 붕괴로 세계는 미국 중심이 되었다. 정치·군사적으로 미국의 단극체제^{unipolar system}가 된 것이다. 레이몽 아롱^{Raymond Aron}은 세계질서가 결국 제국체제로 갈 수밖에 없다고 주장했는데,[7] 그의 말처럼 미국이 단극의 중심이 되는 모습이 냉전 이후 나타났다. 이러한 현상을 단적으로 보여준 것이 1991년 걸프전쟁이다. 미국은 쿠웨이트를 침공한 이라크에 대한 공격에 나섰다. 러시아와 중국도 미국의 공격을 지지했다. 그

---

7   Raymond Aron, *La Paix et Guerre entre Nations — La Théorie des Relations Internationales*(Paris: Calmann-Levy, 1962); 이기택, 『국제정치사』, 673쪽 재인용.

래서 유엔 안전보장이사회 결의를 통해 공격에 나설 수 있게 된 것이다. 유엔 창설 이래 유엔이 회원국에 대해 무력 사용을 승인한 것은 걸프전쟁이 처음이었다. 이처럼 걸프전쟁은 세계가 더 이상 주요 양대 세력 간의 경쟁의 단계가 아니라 미국의 정치적 주도권이 보장된 체제임을 여실히 보여준 사례이다.

정치·군사적으로 미국이 중심인 단극체제가 탈냉전 시대의 국제체제라고 할 수 있지만, 미국이 세계적 패권을 보유해 왔다고 보기는 어렵다. 패권국은 그저 가장 강한 나라가 아니라 다른 모든 국가를 지배하는 나라이고, 어떤 강대국도 그 나라에 대해서 대항할 수 없을 정도로 월등한 국력을 가진 나라가 패권국인데, 탈냉전 시대의 미국이 그 정도의 국력을 가졌다고 보기는 어렵다. 그래서 실제로 세계적으로 분쟁은 증가했다. 체제 간의 갈등과 세계대전의 가능성은 적어졌지만, 저강도의 분쟁은 확대되었다. 발칸반도와 아프리카, 러시아 지역의 종족 간 분쟁, 동남아 지역의 종교분쟁이 계속 증가한 것이다. 이에 따라 분쟁의 해결기구로서 유엔의 역할이 중요해졌다. 실제로 유엔은 유엔평화유지군을 통해 이러한 분쟁을 해결하는 데에 많은 역할을 해왔다. 미국이 세계를 지배하지 못하는 모습은 탈냉전 시대 핵무기의 수평적 확산으로도 확인된다. 제5장에서 살펴본 것처럼 냉전 이후 인도와 파키스탄이 핵무기를 가졌고, 북한도 가지고 있는 것으로 추정된다. 미국은 이러한 핵의 확산을 막기 위해 NPT의 더욱 철저한 준수를 촉구하고, 핵물질 공급통로의 차단에 노력해 왔다. 하지만 여전히 이란이나 시리아 같은 나라들은 핵개발 의도를 완전히 버리지 않고 있다.

경제적 측면에서 보면 탈냉전 시대 세계는 다극체제multipolar system라고 할 수 있다. 먼저 일본이 미국의 지원을 바탕으로 경제부흥에 나서 한국전쟁과 베트남전쟁을 거치면서 경제대국이 되었다. 1980년대 말에는 일본이 미국을 넘어설 것이라는 전망까지 나오게 되었다. 실제로 이즈음에는 미국과 일본 사이의 통상분쟁도 심화되었다. 일본의 대규모 대미무역흑자와 미국의 대규모 대일무역적자가 분쟁상황을 만든 것이다. 미국은 일본시장의 조속한 개방을 촉구했고 일본이 여기에 쉽게 응하지 않으면서 분쟁이 심화된 것이다. EU도 경제적으로는 거대세력이 되었다. 지속적으로 통합의 과정을 진행해 온 유럽은 1993년 EU가 되면서 세계 최대의 단일경제공동체로 등장했다. 세계교역량의 40% 이상을 차지하게 되었다. 미국이 EU가 출범한 1993년 11월에 북미자유무역지대협정NAFTA을 비준·출범시킨 것은 EU에 대한 미국의 경계와 긴장을 보여주는 것이었다. 중국은 1978년 개혁개방정책 착수 이후 급속하게 성장을 거듭하면서 2010년에는 일본의 GDP를 추월해 미국에 맞서는 형국이 되었다.

　탈냉전의 상황에서 군사안보 못지않게 경제가 중요해지고, 경제적 다극시대의 국제질서에서 스스로의 경제적 이익을 확대하기 위해 세계의 각국은 외교의 초점을 군사안보에서 경제로 옮겨왔다. 군사안보 외교가 중요하지 않은 것은 아니지만 냉전시대가 군사안보 중심의 외교였다면, 탈냉전 시대에는 이와 비슷한 비중으로 경제외교가 중요해진 것이다. 국제무역질서를 규정하는 다자간 협상은 물론 양자 간의 자유무역협상도 활성화되어 왔다. 미국은 1993년 국가경제회의NEC: National Economic Council를 설치해 경제와 관련한 주요 국내외 문제를 논의하고 조정하고 결정하도록 했다. 국가안보상의 주요 문제를 다루는 국가안전보장회의NSC: National Security Council에 상응하는 기관을 새롭게 설립한 것이다. 냉전시대에 중시했던 안보외교는 적과 아군이 분명하고 무기의 숫자, 동맹의 관계 등 굵직한 사안 중심이어서 상대적으로 단순한 측면이 있었다. 하지만 경제는 전선이 불분명하고, 변동의 가능성이 많은 데다가, 경제의 운용 방법도 정보화에 따라 점점 첨단화되면서 복잡해지고 있기 때문에 이를 다루는 경제외교는 어려울 수밖에 없다. 그래서 미국뿐만 아니라 세계 대부분의 나라들도 경제외교를 중시하면서 다양한 양자·다자간 외교전략으로 대처해 오고 있다.

10. G2 시대의 국제질서와 외교

　중국의 GDP가 일본을 넘어선 것은 2010년이지만, 중국은 2000년대 중반부터 이미 미국에 버금가는 강대국으로 주목받기 시작했다. 그래서 생긴 용어가 'G2Group of Two'이다. 미국과 중국의 두 나라를 가리키는 용어로, 세계의 경제와 안보 질서를 두 나라가 이끌어가고 있음을 의미한다. G2라는 용어는 2005년 미국의 경제학자 프레드 버그스텐Fred Bergsten이 처음 사용했고, 2008년 그가 ≪포린 어페어스Foreign Affairs≫에 실은 논문을 통해 많이 알려지게 되었다. 그는 이 논문에서 앞으로의 세계질서에서 중국의 역할은 매우 중요하고, 미국과 중국의 협력이 중요한 만큼 G2의 방식으로 중국의 협력을 유도해야 한다고 주장했다.[8] 이후 2009년 베이징에서 열린 미중수교 30주년 기념 세미나에서 즈비그뉴 브레진스키Zbigniew Brzezinski가 'G2 회의' 개최를 주장하면서 G2라는 말은 세계인들에게 퍼지게 되었다. 비슷한 의미로 차이메리카Chimerica라는 용어도 사용되고 있다. 하버드대학교 역사학과 교수인 니얼 퍼거슨Niall Ferguson이 만든 용어로, 특히 그는 미국과 중국은 경제적인 공생관계에 있다는 의미로 차이메리카를 사용한다.

2019년 말 기준으로 중국의 GDP는 약 14조 1,000억 달러로 미국(약 21조 4,000억 달러)에는 아직 미치지 못하지만, 그 성장속도가 매우 빠르다. 실제로 개혁·개방을 시작한 1978년 이후 2017년까지 40년 동안 중국의 연평균 GDP 성장률은 9.59%로 세계 평균의 3배에 달했다. 중국의 국방예산도 크게 증가하고 있다. 그에 따라 경제와 안보 전반에 걸쳐 중국의 세계적 영향력은 급성장하고 있으며, G2시대라는 인식은 세계적으로 확산되어 있다. 반면에 미국은 2001년 9·11 테러를 당하고, 2008년 금융위기에 맞닥뜨리면서 경제·안보적으로 어려움을 겪어왔다. 금융위기 극복 이후 경제가 호전되었지만, 성장률이 중국에 미치지는 못하고 있다.

G2시대의 주인공 미국과 중국은 세계문제를 두고 양국 사이의 협력 필요성을 느껴왔고, 2009년부터는 구체적인 협력을 진행해 왔다. 양국의 외교·경제장관이 참석하는 경제전략대화를 매년 갖고 있는 것이다. 여기에서는 경제협력뿐만 아니라 핵확산 방지, 기후변화 대응방안 등 지구적 문제에 대한 해법을 논의하고 있다. G2시대의 주역 미국과 중국이 서로 필요한 부분에 대해 협력적인 태도를 보이고 있는 것이다.

하지만 미국의 초강대국 지위에 중국이 도전하는 양상이 되면서 양국의 경쟁도 심화되고 있다. 자원이 많은 아프리카를 두고 미국과 중국은 경쟁을 벌이고 있다. 남미에서도 경쟁양상은 비슷하게 나타난다. 이란 문제에 대해서도 미국은 핵개발을 방지하기 위해서는 국제사회가 적극 나서야 한다는 입장인 반면, 중국은 이란의 입장을 두둔하는 태도를 보여 왔다. 북한 핵문제도 미국은 압박과 제재를 앞세우는 반면, 중국은 대화우선주의를 견지하고 있다. 이처럼 미국과 중국은 대부분의 이슈를 놓고 서로의 입장을 주장하며 갈등하는 모습을 보이고 있다.

---

8 Fred Bergsten, "A Partnership of Equals: How Washington Should Respond to China's Economic Challenge," *Foreign Affairs*, Vol.87, No.4(Jul/Aug 2008), p. 64.

중국의 성장과 영향력 확대를 견제하면서 미국은 중국을 포위하고 봉쇄하려는 전략을 지속적으로 추진하고 있다. 오바마 행정부는 '아시아로의 회귀 전략'Pivot to Asia Strategy으로 일본과 한국, 인도, 베트남, 인도네시아, 싱가포르 등 아시아의 주요 국가들과의 양자외교관계를 강화하는 방안을 추진했다. 트럼프 행정부는 '인도태평양전략'Indo-Pacific Strategy을 통해 인도양과 태평양 지역에서 미국의 국가이익을 보다 분명하게 확보하려 하고 있다. 이 전략은 중국을 법치질서를 훼손하는 국가로 지목하면서 중국에 대한 견제의 의도를 숨기지 않고 있다. 일본, 호주, 인도와 연대해 중국을 봉쇄하겠다는 의도를 가지고 있는 것이다.

그뿐만 아니라 미국은 중국과 동남아 국가들 사이의 남중국해 영토분쟁에도 개입하고 있다. 남중국해는 중국과 대만, 베트남, 필리핀, 말레이시아, 브루나이에 의해 둘러싸여 오랫동안 분쟁지역이 되어왔다. 남중국해에는 난사南沙와 시사西沙, 중사中沙, 둥사東沙군도가 있는데, 이 군도 인근에 약 300억 톤의 원유와 약 190조 m³의 천연가스가 매장되어 있다. 남중국해는 원유 수송의 주요 통로이기도 해 전략적 가치가 매우 높다. 난사군도에 대해서는 6개국 모두 일부 영토를 주장하고 있고, 시사군도는 중국과 베트남 사이의 분쟁지역이다. 또한 중사군도를 두고는 중국과 타이완, 필리핀이 분쟁하고 있고, 둥사군도는 대만이 점유하고 있다. 3개 군도가 영토분쟁 중인 것이다. 이에 대해 미국은 2010년 힐러리 클린턴 국무장관이 '남중국해 안정은 미국의 이익에 부합한다'고 말하면서 적극 개입하고 있다. 실제로 미국은 베트남, 필리핀 등과 합동군사훈련도 실시하면서 중국을 계속 압박하는 전략을 구사하고 있다.

이와 같은 미국의 정책을 존 미어샤이머John Mearsheimer의 용어로 표현하면 역외균형전략offshore balancing strategy이다. 한 지역의 패권국이 다른 지역에서 패권국이 등장하는 것을 저지하려는 전략이다. 중국 서쪽의 키르기스스탄과 아프가니스탄, 파키스탄에 미군 기지를 설치하고, 인도와는 핵·군사협력을 강화하며, 중국 남쪽의 싱가포르에 군함을 배치하고, 호주에 해병대 병력을 배치하는 것도 이러한 전략의 일환이라고 할 수 있다.

이러한 미국의 중국 포위 전략에 대응해 중국의 외교도 점점 적극성을 띠고 있다. 덩샤오핑鄧小平 시대 이후 중국의 외교노선은 도광양회韜光養晦였다. '능력과 의지를 감추고 힘을 기른다'는 것이었다. 이것이 후진타오胡錦濤 시대에는 좀더 적극화되어 '할

일이 있으면 한다'는 유소작위有所作爲, '평화로운 가운데 일어선다'는 화평굴기和平崛起로
변화했다. 시진핑習近平 시대의 중국은 이보다 훨씬 적극적인 외교노선을 내세우고 있
다. 첫째는 주동작위主動作爲이다. '자신이 할 일을 주도적으로 한다'는 의미로, 중국 외
교부가 발행하는 주간지 ≪세계지식≫을 통해 2013년 초 제시된 노선이다. 중국이 할
일을 찾아서 하겠다는 의지가 담겨 있는 노선이다. 둘째는 분발유위奮發有爲이다. '떨쳐
일어나 성과를 거둔다'는 의미이다. 시진핑이 2013년 10월 주변국외교업무좌담회에
서 사용한 용어인데, 주동작위보다도 더 적극적인 의미를 담고 있다.

이를 기반으로 중국은 캄보디아, 라오스, 미얀마에 대한 지원을 확대하는 한편,
2009년에는 ASEAN에 150억 달러를 지원하기로 하는 등 ASEAN과의 협력도 강화하
고 있다. 또한 ASEAN 10개국과 중국, 한국, 일본, 호주, 뉴질랜드 등이 참여하는 자유
무역협정, 즉 역내 포괄적 경제동반자협정RCEP을 추진하고 있다. 러시아와는 2012년
부터 매년 합동군사훈련을 실시하고 있다. 동해와 오츠크해, 동중국해, 남중국해 등
에서 군사훈련을 실시하면서 미국을 군사적으로 견제하는 모습을 보이고 있다. 코로
나19가 세계를 강타한 2020년 초에는 양국의 정상이 방역을 위한 협력방안을 논의하
고, 중국이 러시아에 마스크 2천만여 개를 지원해 주기도 했다.

이와 함께 중국은 2013년부터 '일대일로전략'을 실행하고 있는데, 중국에서 서쪽방
향으로 해상·육상의 국가들을 연결해 경제·무역을 대폭 확대한다는 전략이다. 과거의
실크로드를 다시 구축해 미국을 넘어서는 대국이 되겠다는 계획을 실행하고 있는 것
이다.

이처럼 지금의 세계질서는 미국과 중국의 경쟁구도를 중심으로 움직이고 있다. 미
국은 중국 중심으로 외교를 하고, 중국은 미국 중심으로 외교를 할 뿐만 아니라, 세계
대부분의 국가들이 G2를 중심으로 외교를 전개하고 있다. EU도 경제 활성화를 위해
미국뿐만 아니라 중국과의 관계를 강화하려 하고 있다. 미국은 일대일로 확장을 억지
하려 하고 있지만, 이탈리아가 이미 일대일로 참여를 공식화했고, 프랑스는 일대일로
시범사업에 참여하기로 했다. 중국의 투자를 확보하기 위한 외교는 동유럽이나 아프
리카, 남미 국가들도 적극화하고 있다. 동시에 세계의 많은 국가들은 미국과의 안보
적 관계 또한 유지·발전시켜 나가려 하고 있다. G2시대의 세계외교는 G2 중심으로
전개되면서, 경제와 안보가 동시에 중시되는 가운데 진행되고 있다.

제15장

동북아 국제관계와 한국

1. 미중경쟁과 자조$^{self-help}$의 동북아 질서

　세계의 많은 지역 가운데 현재 동북아시아만큼 역동적인 모습을 가지고 있는 곳은 없다. 경제 규모에서 세계 2, 3위를 차지하고 있는 중국과 일본이 동북아의 핵심 세력으로 자리를 잡고 있고, 미국은 전통적으로 동북아 문제에 직접적으로 개입하면서 스스로를 동북아의 주요 행위자로 규정하고 또 그렇게 행동해 왔다. 세계적 영향력을 회복하기 위해 노력하고 있는 러시아, 지속적으로 성장세를 유지하고 있는 한국과 타이완, 많은 자원을 보유하고 있는 몽골, 국제질서에 도전적인 태도를 가지고 있는 북한 등 모두 8개국으로 구성된 동북아 지역은 경제적인 활력과 함께 안보적 변동의 가능성이 세계 어느 지역보다 높다. 그래서 세계질서에 미치는 영향도 크고, 국제사회의 관심 또한 높다. 현재 동북아 질서의 특징은 다음 세 가지로 정리할 수 있다.

　첫째, 미중경쟁의 심화이다. 제2차 세계대전 이후 동북아의 질서는 미국에 의해 좌지우지되어 왔다. 미국이 동북아의 패권국 역할을 해온 것이다. 하지만 지금은 중국이 미국의 패권에 도전하고 있는 양상이다. 중국은 경제적인 성장을 바탕으로 동북아에 대한 영향력 확대에 나서고 있고, 미국이 장악하고 있던 동북아 지역의 해상지배권에 대해서도 도전장을 내밀고 있다. 실제로 〈표 15-1〉에서 보는 것처럼 중국은 최근 국방비를 지속적으로 증가시키고 있다. 최근 5년 동안 연평균 6.3%를 늘려왔다. 미국이 최근 5년 동안 연평균 1.2%를 줄인 것과는 큰 대조를 이룬다. 특히 중국은 2012년

<표 15-1> 미국·중국의 최근 5년간 국방비 변화

(단위: 100만 달러)

	2014	2015	2016	2017	2018
미국	631,513 (-6.1%)	616,483 (-2.4%)	612,889 (-0.6%)	605,803 (-1.6%)	633,565 (+4.6%)
중국	191,627 (+8.6%)	204,202 (+6.6%)	215,718 (+5.6%)	227,829 (+5.6%)	239,223 (+5.0%)

주: 괄호 안의 수치는 전년 대비 증가율이다.
자료: Stockholm International Peace Research Institute, "Military Expenditure byCountry"(https://www.sipri.org/sites/default/files/Data%20for%20all%20countries%20from%201988%E2%80%932018%20in%20constant%20%282017%29%20USD%20%28pdf%29.pdf).

첫 항공모함 랴오닝호를 진수시킨 데 이어 2019년 두 번째 항공모함 산둥함을 해군 부대에 배치했다. 항공모함 수는 계속 늘릴 계획이다. 대형 수상함과 잠수함 대량 확보를 통해 원양작전 능력을 확보한다는 계획도 가지고 있다. 미국은 2018년 발표한 「국가방위략 National Defense Strategy」에서 중국이 단기적으로는 인도-태평양 지역의 패권을 차지하기 위해, 장기적으로는 미국을 넘어서는 세계적 지배력을 확보하기 위해 군 현대화 계획을 지속할 것으로 분석하고 있다.[1] 이와 같은 모습은 미국과 중국이 동북아의 패권을 놓고 경쟁하는 모습을 여실히 보여준다.

현재로서는 미국이 동북아에서 군사적 패권을 유지하면서 균형자 balancer 역할을 수행하고 있지만, 경제적 패권은 이미 중국으로 이전되었다고 할 수 있다. 한국의 교역량만 따져보아도 중국과의 교역량이 미국과의 교역량을 넘어선 지 오래고, 한중 교역량이 한미와 한일 교역량을 합친 것보다 많다. 이러한 상황에서 중국은 동북아의 경제적 패권을 넘어 군사적 패권까지 장악하기 위해서 점차 자신의 군사적인 역량을 키워가고 있는 것이다. 시진핑 정부가 들어선 이후 중국이 제시한 신형대국관계론新型大國關係論은 미중관계를 상호존중과 호혜협력, 상호이익의 관계로 발전시켜 나가자는 제안이다. 하지만 이는 중국의 성장에 따른 미국의 경계심을 완화하려는 전략으로 볼 수 있다.[2] 미국에 '지나치게 중국을 경계할 필요는 없다'는 메시지를 던져주기 위한 것

---

1   US Department of Defense, "Summary of the 2018 National Defense Strategy of the United States of America", p.2.

으로 볼 수 있다. 그러면서 중국은 실제로는 점점 강한 중국을 지향하고 있어 미국과 중국의 경쟁은 그 정도가 심해지는 모습을 보이고 있다.

특히 중국은 과거 조공질서를 유지하며 세계의 중심역할을 했던 중국의 영광을 되찾겠다는 목표를 세우고, '중국몽中國夢'으로 이름 붙여 실현을 꾀하고 있다. 중국공산당 창당 100주년이 되는 2021년에는 소강小康사회, 즉 의식주 문제가 해결된, 작지만 강한 사회를 이루고, 중화인민공화국 건국 100주년이 되는 2049년에는 사회주의 현대화를 완성하겠다는 것이다. 2049년이 되면 부강, 민주, 문명, 조화가 달성되도록 하겠다는 것인데, 결국 미국을 넘어서는 최강국이 되겠다는 것이다.

동북아의 패권을 두고 미국과 중국의 경쟁이 심화되는 현상은 이념적인 측면까지 가세해 그 깊이를 더해가고 있다. 미국적 가치는 민주주의와 시장경제이고, 워싱턴 컨센서스Washington Consensus라는 이름으로 각국의 정책노선으로 채택되고 있다.[3] 워싱턴 컨센서스는 신자유주의의 다른 이름으로, 자본시장 자유화와 외환시장 개방, 관세인하, 국가 기간산업 민영화, 탈규제화 등을 주요 내용으로 하고 있다. 중국의 경제성장에 따라 세계경제질서를 운영하는 노선으로 그동안 세력을 발휘해 오던 워싱턴 컨센서스에 베이징 컨센서스Beijing Consensus가 도전하는 양상이 나타나고 있다.[4] 베이징 컨센서스는 중국식 경제발전노선을 말하는 것으로, 정치적으로는 권위주의 체제를 유지하면서도 경제적으로는 시장경제를 수용해서 경제를 발전시키는 전략을 말한다. 경제발전을 주도하는 것은 정부이고, 점진적인 경제개혁과 다양한 계층의 균형적인 발전을 추구한다. 중국의 부상과 글로벌 금융위기에 따른 신자유주의 이데올로기에 대한 회의론에 영향을 받아 제3세계에서 이에 대한 관심을 확대하고 있다. 따라서 미

---

2 김성한, 「아태지역에서의 G2 체제: 미·중협력과 갈등 가능성 평가」, ≪전략연구≫, Vol.60(2013), 129쪽.

3 워싱턴 컨센서스는 1989년 경제학자 존 윌리엄슨John Williamson이 만들어낸 용어이다. 중남미 경제위기에 대한 처방으로 워싱턴 컨센서스를 제시한 것이다. 당시 윌리엄슨은 중남미에 대한 처방으로 재정긴축, 공공지출 삭감, 외환시장 개방, 시장의 자율 금리, 변동환율제, 무역자유화, 외국인 투자 개방, 탈규제, 기간산업 민영화, 재산권 보호 등 10가지를 제시했다. 이제는 IMF와 세계은행, 미국 재무부 등 워싱턴의 3대 기관이 추종하는 정책노선으로 자리를 잡았다. 반면에 반세계화운동단체들은 세계화의 핵심 이데올로기로 워싱턴 컨센서스를 지목·비판하고 있다.

4 베이징 컨센서스는 2004년 골드만삭스의 고문인 조슈아 라모Joshua Ramo가 처음 제시하고 개념화했다.

중 간의 경쟁은 패권 경쟁뿐만 아니라 이데올로기 경쟁의 양상도 동시에 가지고 있는 것이다.

동북아 질서의 두 번째 특징은 지역협력체의 부재이다. 동북아에는 특별히 제도화된 경제·안보협력체가 존재하지 않는다. 아태경제협력체APEC는 호주와 뉴질랜드, 베트남 등 아시아태평양 지역의 21개 나라를 아우르는 협력기구이고, 동아시아정상회의EAS도 아세안 10개국과 한국, 중국, 일본뿐만 아니라 미국과 러시아, 인도, 호주, 뉴질랜드까지 참여하는 회의체이다. 결국 동북아 지역의 국가들을 회원국으로 하면서 동북아의 경제나 안보 문제를 논의하는 지역기구는 존재하지 않는 것이다. 동북아 질서가 변동의 가능성이 높은 상태에서 지역기구가 없기 때문에 동북아 질서의 불안정이 심화되어 있다고 할 수 있다.

세 번째 특징은 자조self-help가 동북아 질서의 기본 원리가 되어가고 있다는 것이다. 미국과 중국의 경쟁이 심화되고, 지역의 제도화된 협력체가 없는 상황에서 동북아 국가들은 미국이나 중국에 의존하기보다는 스스로 생존의 방안을 찾아가는 '자조'의 경향을 보이고 있다. 카터Jimmy Carter 행정부에서 국가안보보좌관을 지낸 즈비그뉴 브레진스키Zbigniew Brzezinski가 이런 경향을 지적하고 있다. 미국의 힘이 약화되면서 미국의 핵우산 아래에 있는 한국, 타이완, 일본, 터키, 이스라엘 등은 중국이나 러시아, 인도 등의 핵무기에 의존하든지 아니면 스스로 핵무기를 만들려 할 수 있다는 것이다.[5] 중국이 경제적·정치적으로 성장세를 가속화할수록 동북아 국가들이 스스로 안보를 확보하려는 경향은 더 분명하게 나타날 것으로 보인다. 경쟁의 상황에서 어느 한쪽에 기대는 것은 자국의 안보를 보장하는 길이 될 수 없기 때문이다.

요컨대 미국과 중국의 경쟁이 심화되는 상황에서 체계화된 협력체는 존재하지 않고 현실주의적인 자조의 원칙이 지배적인 질서의 원리로 자리 잡아가고 있는 동북아에서 각국은 나름의 생존과 성장 전략을 추구하고 있다고 할 수 있다. 미국과 중국은 지배권을 장악하기 위해서, 일본은 중국의 성장을 막으면서 지역에서 기존의 영향력을 견고하게 유지하기 위해서, 러시아는 과거 소련과 같은 영향력을 회복하기 위해서,

---

5   Zbigniew Brzezinski, *Strategic Visions: America and the Crisis of Global Power*(New York: Basic Books, 2012), p.114.

한국과 타이완 등 중견국은 강대국에 휘둘리지 않으면서 안보와 경제를 동시에 안정적으로 확보하기 위해서, 북한·몽골과 같은 약소국은 우선 안보를 확보하고 이를 바탕으로 경제성장을 추진하기 위해서 노력하고 있다. 그러면서 동북아는 경제적인 역동성과 함께 높은 현상변경의 가능성을 동시에 보유하고 있는 지역으로 점점 더 세계의 주목의 대상이 되고 있다.

2. 동북아의 주요 이슈

1) 영토분쟁

동북아의 가장 큰 특징 중 하나가 역내 국가 사이에 영토분쟁이 심화되어 있다는 것이다. 그 가운데서도 세계적인 주목을 끌고 있는 것이 센카쿠尖角(중국명: 댜오위다오) 열도를 두고 벌어지고 있는 일본과 중국 사이의 분쟁이다. 센카쿠 열도는 8개의 무인도로 이루어져 있으며, 일본 오키나와에서 서남쪽으로 약 400km, 중국에서 동쪽으로 약 350km 떨어진 곳에 위치하고 있다. 실효적으로 지배하고 있는 나라는 일본이지만 중국이 영유권을 주장하고 있고, 타이완도 영유권을 주장하고 있다. 주로 문제가 되는 것은 일본과 중국 사이의 분쟁이다. 무엇보다 분쟁의 원인은 센카쿠 열도 인근에 매장 가능성이 높은 석유 때문이다. 1969년 유엔 아시아극동경제위원회ECAFE가 동중국해 일대의 해저 조사 결과를 발표했는데, 센카쿠 열도 인근에 석유매장 가능성이 확인되었고, 이때부터 영유권 분쟁이 시작된 것이다. 게다가 동중국해의 교통요충지라는 센카쿠 열도의 위치도 분쟁이 심화되는 원인으로 작용하고 있다.

센카쿠 열도를 점유하고 있는 일본은 센카쿠 열도가 류큐 왕국에 속하는 도서였고, 1879년 류큐 왕국을 오키나와현으로 편입하면서 센카쿠 열도 또한 일본의 영토가 되었다고 주장한다. 제2차 세계대전 이후 오키나와가 미국의 영토였지만 1972년 일본으로 반환되면서 센카쿠 열도도 일본에 반환되었다는 주장이다. 이에 대해 중국은 1403년 명나라 시대 댜오위다오를 발견해 타이완의 부속도서로 삼았으며 타이완이 중국 영토이니만큼 댜오위다오도 줄곧 중국의 영토였다고 주장한다. 1894년 청일전쟁으로 일본이 타이완을 점령했다가 제2차 세계대전 직후 타이완을 반환했기 때문에 댜오위댜오도 반환된 것이라는 주장이다. 결국 일본은 센카쿠 열도가 오키나와의 부속도서라고 주장하고 있는 것이고, 중국은 타이완의 부속도서라고 주장하고 있는 것이다.

영토분쟁이 시작된 이후 지속적으로 마찰이 발생하고 있는데, 1970년대에는 일본이 등대를 설치하려는 시도에 대해 중국, 타이완, 홍콩 등이 반대시위를 계속했다. 1996년에는 등대 설치에 대한 항의시위를 하던 홍콩인이 익사하는 사고가 발생하기도 했다. 1995년에는 중국이 센카쿠 열도 인근에 대한 자원탐사를 실시하여 분쟁이 고조되기도 했다. 2010년에는 센카쿠 열도 인근에 있던 중국 어선과 일본 해상보안청의 순시선이 충돌하는 사건이 발생했다. 일본이 어선 선장을 체포·조사하자 중국은 일본에 희토류 수출금지 조치를 발표해 결국 선장을 석방시키기도 했다. 2012년에는 일본이 개인소유인 센카쿠 열도 3개 섬을 사들여 국유화하기로 하면서 분쟁이 심화되었다. 중국에서 대규모 반일시위와 일본제품 불매운동이 발생하고, 중국 정부도 수시로 순시선을 파견하는 등 긴장이 고조되었다. 지금도 중국과 일본이 지속적으로 순시선과 정찰기를 파견해 주변지역을 감시하고 있다. 양국의 분쟁이 계속되고 있는 것이다.

센카쿠 열도 분쟁은 경제적으로 성장한 중국이 정치적 영향력 확대에 나서면서 발생한 동북아의 대표적인 분쟁이라고 할 수 있다. 경제력을 바탕으로 정치외교적 영향력을 확대하려는 중국이 기존의 동북아 강국 일본을 상대로 자신이 힘을 발휘하면서 발생한 분쟁인 것이다. 여기에는 미국도 개입되면서 분쟁이 중국과 미국 사이 경쟁의 연장선이 되어가고 있는 모습을 보이고 있다. 일본은 센카쿠 분쟁과 관련해서 미국의 지원을 요구해 왔다. 반면에 중국은 지역문제에 개입하지 말 것을 미국에 요청해 왔다. 이에 대해 미국은 결국 일본을 지지하는 입장을 분명히 했다. 2012년 센카쿠 열도가 미일상호방위조약의 적용대상이라고 공식적으로 밝힌 것이다. 유사시 미국이 일본을 도와서 방어를 해주어야 할 대상에 센카쿠 열도도 포함됨을 분명히 한 것이다. 미국의 의도는 역시 중국 견제이다. 경제력을 바탕으로 군사력을 확대하면서 동북아에서 영향력을 확대하는 중국을 미국이 견제하기 위한 방안으로 센카쿠 열도 분쟁에서 일본을 지지하고 나선 것이다. 더불어 미일동맹을 더욱 공고히 함으로써 미국·일본을 중심으로 동북아질서를 운영하겠다는 뜻도 분명히 하려는 것이 센카쿠 분쟁에서 일본을 지지하는 미국의 의도라고 할 수 있다.

센카쿠 분쟁은 더 큰 그림으로 보면 세계적인 신냉전의 현상과 맞물려 있다. 2014년 3월 러시아가 우크라이나의 크림반도를 병합하면서 미국은 러시아에 대한 경제제재에 나섰다. 이에 반해 중국은 러시아와 협력관계를 공고히 했다. 2014년 5월 중국은 러시아의 천연가스를 수입하는 협정을 체결했고, 센카쿠 열도가 있는 동중국해에서 양국의 대규모 합동훈련도 실시되었다. 이후에도 양국 합동훈련은 매년 계속되고 있다. 센카쿠 열도에서 군사적 충돌이 발생하면 러시아가 중국을 도울 수 있다는 메시지가 아닐 수 없다. 미국의 경제제재를 당하는 러시아를 중국이 돕고, 일본·미국과 경쟁관계인 중국을 러시아가 돕는 모습이 분명하게 나타나고 있는 것이다. 중-러와 미-일이 대칭을 이루면서 새로운 냉전의 구도를 형성하고 있는 것이다. 이렇게 세계적 차원의 신냉전구도와 맞물려 있기 때문에 센카쿠 열도 분쟁은 쉽게 해결되기 어렵고, 지속적으로 동북아의 긴장조성 요소로 남아 있을 가능성이 높다고 할 수 있다.

남쿠릴 열도 분쟁(또는 북방 4개 도서 분쟁)은 러시아와 일본 사이의 영토분쟁이다. 러시아 캄차카 반도와 일본 북부 사이의 4개 섬(에토로후, 시코탄, 하보마이, 구나시리)을 두고 벌어지고 있는 분쟁이다. 러시아가 실효적으로 지배하고 있지만 일본이 영유권을 주장하고 있다. 1905년 러일전쟁 승리로 일본은 이전부터 차지하고 있던 쿠릴 열도와 함께 사할린 남부지역을 획득하게 되었다. 북방 4개 섬이 모두 일본 점령하에 놓이게 된 것이다. 제2차 세계대전에서 일본이 패하면서 남사할린과 쿠릴 열도(에토로후, 시코탄 포함), 그 동쪽의 하보마이와 시코탄 섬까지 소련 영토가 되었다. 이때부터 영토분쟁은 시작되었다.

소련은 극동함대가 활용할 수 있는 전략적 요충지로, 일본은 대소련 봉쇄전략의 전진기지로 북방 4개 섬을 중요하게 여겼기 때문에 영토분쟁은 점점 심화되었다. 고르바초프 집권 당시인 1989년 북방 4개 섬 문제를 논의하기 위한 첫 회담이 열렸고, 1997년에는 일러 정상회담을 통해 북방 4개 섬 문제를 해결하기 위한 평화협정을 체결하기로 하기도 했지만 평화협정은 맺어지지 못했다. 러시아가 인근 해역에 대한 공동개발을 일본 측에 제안하기도 했지만 그것도 성사되지 못했다. 2010년에는 메드베데프 러시아대통령이 4개 섬 중 가장 남쪽에 있는 구나시리를 방문해 양국 간 긴장이

고조되기도 했다. 이후 러시아 정부인사들이 4개 섬을 방문하고 있고, 러시아가 일부 섬에 군사기지 설치도 추진하고 있어 분쟁의 격화 가능성이 잠재되어 있는 상태이다.

남쿠릴 열도 분쟁도 냉전의 산물이니만큼 동북아의 냉전구조가 얼마나 이완되느냐에 따라 그 진행 과정이 결정될 것으로 보인다. 제2차 세계대전의 결과로 4개 섬을 차지한 러시아와 이를 반환받으려는 일본 사이의 분쟁이지만, 냉전 당시 미국과 소련의 경쟁구도 속에서 일본은 소련에 대해 반환요구를 계속했다. 한때 소련이 시코탄과 하보마이 2개 섬을 반환하겠다고 했지만 이것도 거절하면서 강경한 입장을 지속했다. 미일과 중러의 신냉전체제가 가시화되고 있는 상황에서 남쿠릴 열도 분쟁도 이러한 상황에 영향을 받을 수밖에 없다고 하겠다. 앞으로도 러시아와 일본의 순조로운 영토 협상을 기대하기는 어려운 상황이어서 이 분쟁도 상당 기간 동북아 긴장의 주요요소로 남아 있을 것으로 보인다.

독도 문제도 동북아에서 지속적으로 문제가 되고 있는 이슈 가운데 하나이다. 한국은 기본적으로 독도는 분쟁지역이 될 수 없다는 입장이다. 하지만 일본이 계속적으로 문제를 제기하고 있기 때문에 국제사회는 하나의 분쟁지역으로 인식하고 있다. 일본은 무주지였던 독도를 일본이 1905년 다케시마라는 이름으로 시마네현의 관할지역으로 편입했기 때문에 무주지 선점의 원칙에 따라 독도는 일본의 땅이 되었다고 주장한다. 하지만 한국은 독도가 한국의 영토임에 이론의 여지가 없다는 입장이다. 크게 네가지 이유에서이다. 첫째, 일본의 무주지 주장은 어불성설이다. 조선시대 발간된『세종실록지리지』와『동국여지승람』,『성종실록』등 많은 역사적 기록들이 독도를 조선의 영토로 명기해 왔기 때문에 무주지일 수 없다. 게다가 1900년에도 독도에 대해 인구와 토지 조사를 실시해 지도와 관련 기록을 정리하기도 했다. 그 밖에도 서양에서 작성된 각종 지도에도 독도가 조선의 영토로 표시되어 있다. 둘째, 1905년 일본의 독도 편입은 제국주의적 침략의 일환으로 원인무효에 해당하는 행위이고, 제2차 세계대전에서의 일본의 패망과 한국의 독립으로 독도는 한국으로 원상 복귀되었다. 셋째, 한국이 실효적 지배를 하고 있다. 독도를 유효하게 점유하고 있으면서 구체적으로 국가의 기능을 미치게 해 통치를 하고 있는 것이다. 넷째, 지리적으로도 독도는 울릉도에서 87.4km, 일본 오키섬에서 157.5km로 울릉도에서 훨씬 가깝다.

위에서 제시한 사실만으로도 한국의 영토가 분명한 독도를 두고 일본이 지속적으로 영유권을 주장하는 것은 일본이 가지고 있는 정치적 이유 때문이다. 한국과의 영토분쟁을 통해서 일본 우익의 결속을 추진하고 있다고 할 수 있다. 일본의 집권세력은 제2차 세계대전 이후 오랫동안 자민당 중심이었고, 이들 집권세력은 자신의 지지기반인 보수세력을 결집시키려는 목적에서 수시로 영토분쟁을 일으키고 있다고 볼 수 있다. 영토문제는 그 속성상 국민을 한곳으로 모으는 데는 매우 좋은 소재이다. 일정 지역을 자기들의 영토라고 주장하면서 국민들의 지지를 호소할 때 다른 의견은 말하기 어렵고, 오히려 그 지역을 영토로 얻기 위한 운동과 투쟁에 국민들을 몰입하도록 하는 경향이 있다. 그래서 일본 정부는 중고등학교 교과서에도 독도를 일본 땅이라고 표기하고, 독도를 국제적인 이슈로 만들기 위해 대외적인 홍보활동도 강화하고 있는 것이다.

2) 역사분쟁

동북아 역사분쟁은 한국과 일본 사이, 중국과 일본 사이, 그리고 한국과 중국 사이에서 발생하고 있다. 물론 가장 문제가 되는 것은 일본의 역사왜곡이다. 한국과 관련한 역사에 대해 일본은 심한 왜곡을 하고 있다. 일제강점기 당시에도 임나일본부설이라는 왜곡된 역사를 주장해 한국 지배를 정당화하려 했던 일본은 자신들의 잘못된 역사를 부정하는 주장을 계속하고 있다. 가장 잘 알려진 것이 일본군 위안부 문제이다. 일제강점기 일본은 한국의 여성들을 조직적으로 강제 동원해 일본군의 성노예$^{\text{sex slave}}$로 삼는 만행을 저질렀고, 이를 증명하는 많은 자료들이 공개되었음에도 일본은 이를 부인하고 있다. 정부나 군이 조직적으로 동원한 적이 없다는 것이다. 창씨개명도 한국인들이 원해서 했다는 주장을 하고 있다. 한국에 대한 침탈 자체도 부인하고 있다. 오히려 한국을 돕고 근대화시켰다는 주장을 전개하고 있고, 그런 내용을 중고등학교 교과서에 싣고 있다. 그래서 한일 간의 역사분쟁은 끊임없이 계속되고 있다.

중국에 대한 침략에 대해서도 일본은 부인하고 있다. 대표적인 것이 난징대학살이다. 난징대학살은 일본군이 1937년 12월에서 이듬해 1월까지 당시 중국의 수도 난징에 진격하면서 약 30만 명을 살해한 사건이다. 무차별 사격과 생매장 등 잔혹한 방법으로 집단살상을 저질렀다. 제2차 세계대전 종전 후 당시 일본군 부대 총책임자가 교수형에 처해졌지만 일본 정부는 학살을 부정하고 있다. 중국은 이에 대해 공식사과와 배상을 요구하고 있다. 베이징을 포함한 중국 화북지역 침략에 대해서도 일본은 '진출'로 미화하고 있다. 중일전쟁의 계기가 된 1937년 노구교사건과 관련해서는, 일본군에게 누군가가 발포를 해서 중국과 일본 간의 전투가 시작되었다는 입장이다. 일본이 의도적으로 침략을 하지 않았다고 강변하고 있는 것이다. 이와 같은 일본의 왜곡된 주장이 끊이지 않으면서 중일 간 역사분쟁이 계속되고 있다.

침략의 역사를 왜곡하고 있는 일본은 그 연장선상에서 과거 동아시아에 대한 침략에 대해 진정한 사과의 의사를 보이지 않고 있다. 오히려 도조 히데키東條英機 등 제2차 세계대전 당시 A급 전범 14명의 위패를 놓고 제사를 지내는 야스쿠니 신사에 대한 총리와 고위관료의 참배가 계속되고 있다. 이는 제2차 세계대전 당시의 침략의 역사에 대한 반성과 사과라는 한국과 중국의 요구에 정면으로 배치되는 것이다.

일본의 이 같은 태도는 일본 사회 전반의 우경화 현상과 맞물려 있다. 1991년 이후 계속된 장기불황, 2011년의 동일본대지진과 그로 인한 후쿠시마 원전사고 등으로 일본 사회가 전체적으로 무기력해졌고, 그에 대한 반작용으로 역사왜곡, 야스쿠니 신사 참배, 평화헌법 개정 추진, 자위대의 군대 전환 추진 등의 보수적 움직임이 심화되고 있는 것이다. 특히 2012년 12월 출범한 아베 정권은 동맹국이 침략 받았을 때 전쟁에 돌입할 수 있는 집단적 자위권의 보유를 주장해 왔고, 결국 이를 행사할 수 있도록 헌법해석을 변경했다. 이에 대해서 미국도 인정을 하는 상황이 되었다. 일본의 우경화는 일본 사회의 전반적인 조규가 되다시피 한 만큼 조만간 사라질 가능성은 적고 상당 기간 지속될 가능성이 높다고 하겠다.

역사왜곡과 관련해서는 중국의 동북공정도 문제로 지적되고 있다. 2002년 시작된 동북공정은 기본적으로 중국 영토 내의 역사를 중국의 역사로 만들려는 목적하에 진행된 역사연구 프로그램이다. 중국의 동북지방 전반에 대한 역사연구이지만 고조선과 고구려, 발해를 중국의 지방정권으로 보고 이들 3국의 역사를 중국의 역사로 편입시키려는 목표를 가지고 있었다. 우선은 동북지방의 역사를 중국의 것으로 만들어 동북지역의 역사적 정체성을 중국의 역사로 규정하려는 전략이었던 것으로 보인다. 장기적으로는 한반도의 통일 상황에서 제기될 수 있는 영토분쟁의 가능성에 대비하는 측면도 가지고 있었다. 동북공정이 2007년 종료되긴 했지만, 이후에는 연구결과를 동

집단적 자위권

집단적 자위권right of collective self-defense은 밀접한 관계에 있는 국가가 공격을 당했을 경우 침략국에 대항해 전쟁을 할 수 있는 권리를 말한다. 유엔헌장 제51조가 인정하는 권리이다. 다른 나라가 자국을 공격했을 때 이에 대해 스스로 반격에 나설 수 있는 권리는 개별적 자위권right of individual self-defense 이라고 한다. 이 역시 유엔헌장 제51조가 보장하고 있다. 집단적 자위권은 한 나라의 침략에 대해서 공동 대응한다는 집단안전보장체제의 근본 취지에 부합하기 때문에 유엔이 인정하고 있는 것이다.

일본은 제2차 세계대전에서 패전한 직후 미국에 점령당한 상태에서 1946년 평화헌법을 제정했다. 평화헌법 제9조는 일본의 군대보유, 전쟁개입을 금지하고 있다. 일본이 다시는 전쟁을 일으키지 못하도록 하기 위해 이러한 조항이 만들어진 것이다. 이 평화헌법 규정에 따라서 일본은 집단적 자위권도 갖지 못하는 것으로 스스로 인식했다. 1972년에는 헌법해석을 통해 일본은 '집단적 자위권을 보유하고 있으나 헌법의 제약에 따라 행사할 수 없다'는 것을 공식 입장으로 정했다. 하지만 아베 정권은 2014년 5월 헌법의 해석을 변경해 집단적 자위권을 행사하겠다고 공식 천명하고, 7월 실제로 내각회의를 열어 집단적 자위권을 행사할 수 있는 것으로 헌법 해석을 변경했다. 헌법의 해석을 바꾸는 이른바 '해석개헌'이다. 아베 정권의 명분은 중국을 경계해야 할 상황이 되었고, 북한이 핵과 미사일로 일본을 위협하고 있다는 것이다. 하지만 실제 아베 정권의 의도는 이러한 상황을 계기로 필요시 일본이 전쟁을 할 수 있는 권리를 확보하고, 이를 통해 대외적인 영향력을 확보하면서, 국내적으로는 강한 일본을 보여줌으로써 일본 국민들을 보수 중심으로 단결시키려는 것으로 볼 수 있다.

이에 대해 미국도 일본의 집단적 자위권 행사를 포함한 방위력 강화 구상을 환영한다는 입장을 밝혔다. 오바마 대통령이 직접 일본의 집단적 자위권 행사를 지지한다는 입장을 밝히기도 했다. 미국은 동북아 질서의 안정적 관리에 대한 부담을 일본과 함께 지는 것을 지속적으로 원해왔다. 그래서 군사적인 능력을 키워 미국이 전쟁을 하게 될 때 직접 도움을 줄 수 있는 일본을 환영하고 있는 것이다.

북3성의 박물관, 대학 등에서 더 구체화하는 작업이 계속되고 있다. 이를 둘러싼 갈등이 표면화될 가능성이 여전히 존재하고 있는 것이다.

한국, 중국, 일본 사이에 벌어지고 있는 역사분쟁은 근본적으로는 동북아 지역에서 민족주의가 고조되어 있기 때문에 발생하는 현상이다. 한국은 일제강점기와 한국전쟁의 역경을 딛고 발전을 거듭해 이제 민족적 역량을 발휘할 때를 맞이하고 있다. 중국은 1840년 아편전쟁 이후 오랫동안의 서구 열강과 일본의 핍박과 침탈 과정, 중화

인민공화국 창설 초기의 경제적 곤경을 거쳐 경제적·정치적 융성기에 와 있다. 일본에서는 장기적 경기침체 이후 자존심이 많이 손상된 상태에서 이를 살려내려는 차원에서 보수세력이 중심이 되어 민족주의를 자극하려 하는 경향이 심화되어 있다. 민족적 감정에 호소해 일본의 활력을 부활시켜 보려는 이른바 '이야시 いやし 내셔널리즘(마음을 달래는 민족주의)'이 나타나고 있는 것이다.[6] 유럽의 경우 다양한 민족들이 가지고 있던 민족주의가 제1·2차 세계대전을 통해 폭발적으로 발현되어 제2차 세계대전 이후에는 민족 간에 화해와 협력의 분위기가 형성되었다. 그런 환경을 배경으로 유럽통합의 과정이 점진적으로 진행될 수 있었다. 하지만 동북아는 여전히 민족주의가 강하게 나타나는 상황이 지속되고 있는 것이다. 이러한 상황 때문에 동북아는 역동성과함께 정치 질서의 급격한 변동의 가능성을 가진 지역으로 인식되고 있는 것이다.

3) 북핵문제

한반도는 지금 2차 북한 핵위기의 와중에 있다. 1993~1994년에 있었던 1차 위기에 이어 2002년 발생한 북핵위기의 한가운데에 있는 것이다. 북한은 그동안 여섯 차례 핵실험을 했고, 그에 따라 실제로 핵무기를 가진 것으로 국제사회가 인식하고 있다. 북한 핵문제가 동북아 질서의 변동 가능성을 높이고 있다는 것이다. 동북아에서 현상변경이 발생한다면 그 원인은 북핵문제일 가능성이 높은 것이다.

이처럼 북핵문제가 동북아 질서에 중요한 영향을 미치고 있는 것은 이 문제가 미중경쟁의 연장선상에 놓여 있기 때문이다. 중국은 북핵문제 해결 과정에서 중국의 영향력을 확대해 동북아에서 중국의 입지를 공고히 하려는 입장을 가지고 있다. 그래서 중국은 2003년 6자회담을 처음 성사시킨 이후 의장국을 맡아서 북핵문제 해결을 위한 회담을 주도했다. 그러면서 동북아에서 영향력 확대를 추진해 왔다. 미국은 핵무기를 가진 중국의 우호세력 북한이 부담스럽고, 때문에 북한이 조기에 완전히 핵을 포기하도록 하는 데 주력하고 있다. 양국이 모두 북핵문제 해결을 추진하면서도, 한편

---

6 이야시 내셔널리즘은 서울대 국제대학원 박철희 교수의 용어이다("美 불편, 北 못 믿겠고, 日은 싫고, 中 두려워하는… 한국 전략 위기", ≪조선일보≫, 2012년 9월 1일 자).

으로는 구체적인 부분에서 서로 다른 의도를 가지고 있는 것이다.

북핵문제를 해결하는 방안을 놓고도 중국과 미국은 충돌하고 있다. 중국은 대화와 설득, 협상을 통해 문제를 풀어가야 한다는 입장이다. 중국은 북한과 전통적 혈맹관계를 유지해 왔고, 전략적으로도 북한을 미국의 세력을 막아줄 수 있는 완충지대 buffer zone로 여기고 있다. 미중경쟁이 심화되고 있는 상황에서 북한과의 관계는 더욱 긴밀하게 유지하면서 전략적 이익을 확보하고, 동시에 북한의 많은 자연자원을 경제적으로 활용하는 정책을 추진하고 있다. 반면에 미국은 당근과 채찍 stick and carrot 정책을 구사하면서 북한과의 대화를 배제하지는 않지만, 북한이 원하는 대로 협상을 하지는 않을 것이며 경제제재도 쉽게 해제하지는 않겠다는 입장을 견지하고 있다.

이러한 미중의 입장 차이는 한반도에 특별한 상황이 전개될 때, 북한이 도발적인 행동을 했을 때 첨예한 모습으로 나타난다. 중국은 핵실험과 미사일 시험발사 등 북한의 도발적 행동에 대해 우려를 표명하지만, 이에 대한 대응방안으로는 북한의 근본적인 요구가 무엇인지를 파악하고, 그 요구를 관리할 수 있는 정책을 강구해야 한다는 입장이다. 반면에 미국은 북한의 도발적인 행동에 대해서는 우선 제재를 가해야 한다는 접근 방식을 가지고 있다. 그래서 핵문제를 둘러싼 북한의 행동을 두고 미국과 중국은 갈등과 충돌을 거듭하고 있는 것이다.

게다가 북핵문제는 동북아에서 중국-북한-러시아의 북방삼각동맹과 미국-한국-일본의 남방삼각동맹 사이의 전선을 노골화하는 계기를 마련해 주고 있다. 핵실험에 대한 대응방안뿐만 아니라 추가적인 핵실험을 예방하는 방법을 두고도 양 진영은 갈등의 양상을 보이고 있다. 북방진영은 북한과 대화를 해야 한다고 주장하고 있다. 반면에 남방진영의 미국과 일본은 강력한 추가 제재를 경고함으로써 추가 핵실험을 막으려 하고 있다. 핵문제 자체의 중대성, 이를 둘러싼 주요 국가들의 갈등을 고려해 보면, 북한 핵문제도 그 해결방안을 찾는 데 상당한 시간이 소요될 것으로 보인다.

3. 한국의 주요 외교관계

1) 한미관계

1882년 조미수호통상조약이 체결된 이후 한국과 미국은 긴밀한 관계를 유지해 오고 있다. 특히 해방 후 미군의 진주와 함께 시작된 현대적 한미관계는 지금도 한국의 대외관계 가운데 가장 큰 비중을 차지하고 있다. 해방 직후 3년간의 미군정을 거쳐 이루어진 1948년 8월 15일 대한민국 건국 이후 한미관계사는 크게 세 시기로 구분된다.

1단계는 종속의 시기이다. 1948년부터 1963년까지를 1단계로 볼 수 있다. 이 시기에는 정치적으로 미국의 간섭과 후견을 받으면서 경제적으로 미국의 원조에 의존했다. 2단계는 현실주의적 영향의 시기이다. 1964년부터 1997년까지를 2단계로 볼 수 있다. 1964년 한국이 베트남에 파병을 하면서 미국에 일정 부분 요구사항을 제시하기도 하고, 한국이 가진 자원(군대, 전략적인 입지, 국제사회에서의 지지)을 활용해 미국에 영향을 미치기도 하는 시기이다. 한국이 가진 물질적인 힘을 이용해 어느 정도 영향을 미치는 시기였기 때문에 현실주의적 영향의 시기라고 할 수 있는 것이다.

3단계는 자유주의적 영향의 시기이다. 1998년 이후의 시기를 이른다. 이 시기에는 한국과 미국이 이전보다는 균형적인 관계 more balanced relations 를 형성하면서 한국이 미국의 협력 파트너로 역할을 하고, 일정한 이슈에서는 미국에 상당한 영향을 미치기도 한다. 특히 한국 관련 이슈를 놓고는 미국에 많은 영향을 미치면서 그 방식은 현실주의적인 것이 아니라 협의 consultation 라는 자유주의적인 방식을 활용하고 있다. 예컨대 미국이 대북정책을 결정하는 국면에서 한국 정부는 미국과 지속적으로 협의하면서 미국의 정책에 영향을 미치는 것이다. 한국의 입장에서 한미관계의 전체적인 흐름을 보면 종속에서, 현실주의적 영향, 자유주의적 영향으로 변화하면서 점차 비대칭적 성격이 완화되어 가는 경향을 보이고 있다고 할 수 있다.

한미관계는 크게 보면 안보와 경제 영역을 중심으로 운영되고 있다. 안보 영역에서 첫 번째 이슈는 동맹의 비대칭성 문제이다. 1953년 체결된 한미상호방위조약에 따라 미군이 한국에 주둔하게 되면서 미국이 한국의 안보에 많은 기여를 해왔고, 그에 따라 한국은 국가 자율성을 일부 양보하는 관계를 유지해 왔다. 비대칭 동맹 asymmetric alliance

인 것이다. 미국이 제공하는 안보 security 에 대한 대가로 한국은 국가 자율성 national autonomy 을 일부 내놓는 것이어서 안보와 국가 자율성이 맞바꾸어지는 교환동맹 trade-off alliance 의 대표적인 사례이기도 하다. 하지만 한국의 경제가 성장하고 외교에서 자기주장 assertiveness 이 점차 강해짐에 따라 한미동맹의 비대칭성은 변화의 시기를 맞고 있다. 전시작전권 전환도 비대칭성과 관련 있는 문제이다. 전쟁 발생 시 작전권이 한미연합사령관(주한미군 사령관)에게 주어져 있는 것은 비대칭성의 구체적인 부분이다. 따라서 이러한 부분에 대한 문제제기가 노무현 정부에 의해 이루어졌고, 노무현 정부와 부시 행정부 사이의 협상 끝에 2012년 4월 17일에 전시작전권을 한국으로 이전하는 것으로 합의가 이루어졌다.[7] 하지만 이명박 정부는 미국과 협상해 이를 2015년 12월 1일로 연기했다. 박근혜 정부는 이를 다시 연기했다. 한반도와 역내 안보환경, 한국군의 핵심 군사능력, 북한 핵·미사일에 대한 한국군의 대응능력 등을 평가해 전환 시기를 결정하기로 한 것이다.

안보 영역에서 또 하나 중요한 이슈는 확장핵억지 extended nuclear deterrence 이다. 확장핵억지는 미국이 핵무기를 이용한 억지의 효과를 자국뿐만 아니라 동맹국으로 확장해서 적용하는 것이다. 즉, 동맹국이 핵공격을 받을 염려가 있을 때 이를 억지해 주는 것을 말한다. 다른 말로 핵우산 nuclear umbrella 이라고 한다. 동맹국이 핵공격을 받지 않도록 우산을 씌워주는 것이다. 미국은 한국에 대해서 확장핵억지를 제공하고 있는데, 실제로 북한이 핵위협을 하는 상황에서 이를 어떻게 적용하느냐 하는 문제는 매우 복잡하고 민감한 문제들이 관련되어 있다. 북한이 핵공격을 위협한다고 할 때 어느 단계에서 한국에 미국 핵무기를 배치할지, 어느 순간에 북한에 대해서 공격을 할지 등에 대해서는 매우 정교한 합의가 필요하다. 그래서 한국과 미국은 확장억지정책위원회 EDPC: Extended Deterrence Policy Committee 를 설치해 양국 국방부의 고위관료들이 매년 두 차례 만나 이와 관련한 문제를 협의하고 있다.

한미관계에서 안보 영역 못지않게 중요한 것이 경제 영역이다. 경제협력을 강화하

---

7   2012년 4월 17일이라는 날짜는 나름 의미를 가지고 있다. 한국전쟁이 발생한 이후 이승만 대통령이 유엔군사령관 더글러스 맥아더 Douglas MacArthur 에게 전시작전권 이양을 내용으로 하는 서한을 보냈는데, 그날이 1950년 7월 14일이었다. 4월 17일은 7월 14일을 거꾸로 해서 정해진 날짜이다.

면서 서로의 이익을 추구하는 것이다. 그 가운데 핵심은 한미 FTA이다. 노무현 정부 당시 합의했으나 오바마 행정부의 재협상 요구로 이명박 정부에서 다시 협상을 한 끝에 타결되어 2012년 3월 발효되었다. 이후 트럼프 행정부의 요청으로 또다시 개정돼 개정된 한미FTA는 2019년 1월 발효되었다. 이에 따라 상품마다 시점은 다르지만 원칙적으로는 섬유제품을 제외한 모든 공산품에 대한 관세를 철폐하게 된다. 각종 서비스시장도 서로 문을 열게 되었다. 농산품에 대해서는 한국의 요구에 따라 쌀은 개방품목에서 제외되었고, 한국으로 들어오는 미국 쇠고기와 돼지고기 등에 대해서는 단계적으로 관세가 없어지게 되었다. 경제동맹이라고까지 일컬어지고 있는 FTA를 한미가 체결하면서 경제적인 연계와 상호의존은 훨씬 강화되게 되었으며, FTA는 군사동맹과 어우러져 한미관계를 강화하는 데 더욱 기여하게 될 것으로 보인다. 하지만 시장개방으로 인해 피해를 당하게 되는 농민층 등 취약계층에 대한 안전망의 확충은 한국 사회의 과제로 남아 있다.

2) 한중관계

근대적인 한중관계의 시작은 1882년 조선과 청나라 사이에 맺어진 조중수륙무역장정朝中水陸貿易章程으로 거슬러 올라간다. 하지만 현대적 의미의 한중관계의 본격적인 시작은 1992년 수교를 기점으로 한다. 세계적인 냉전의 종식, 한국의 적극적인 북방외교의 결과 이루어진 한중수교는 한국 입장에서 보면 두 가지 필요에 의해서 이루어졌다. 첫째는 정치적인 필요로, 사회주의 국가들과의 관계개선을 통한 북한과의 관계진전이었다. 헝가리와 폴란드 등 동유럽 국가들과의 수교, 소련과의 수교에 이은 중국과의 수교는 북한과의 관계진전을 위해 필요한 과정이었다. 이들 사회주의 국가와의 수교는 북한으로 가는 징검다리로서의 의미를 가지고 있었다. 둘째는 경제적인 필요로, 중국과의 수교를 통한 새로운 시장의 확대였다. 한국의 재계는 당시 임금상승과 민주화 이후 노사분규의 증가로 인한 난관에 봉착하면서 새로운 시장에 대한 강한 욕구를 가지고 있었다. 한국 정부는 이러한 재계의 욕구를 충족시켜 줄 필요가 있었다. 중국은 한국과의 수교로 1989년 천안문사태 이후의 외교적 고립에서 벗어나면서 경제적인 협력관계를 확대할 수 있다는 이점을 누릴 수 있었다. 이러한 한국과 중국 양측의 필요에 따라 한중수교가 이루어질 수 있었다.

수교 이후 한중관계는 전반적으로 발전의 과정을 겪어왔다. 1992년 수교 당시 '우호협력 관계'에서 출발해 김대중 정부에서는 '협력 동반자 관계', 노무현 정부에서는 '전면적 협력 동반자 관계,' 이명박 정부에서는 '전략적 협력 동반자 관계'로 발전했다. 박근혜 정부 들어서는 양국이 '전략적 협력 동반자 관계'의 기반 위에서 이를 내실화해서 관계를 한 차원 높은 수준으로 발전시키는 데 합의했다. 2016년 7월 사드 배치 결정 이후 한중관계는 악화되었지만, 문재인 정부 출범 이후 다시 관계가 회복되었다.

특히 경제 영역의 협력은 빠르게 확대되어 현재 중국은 한국의 제1무역상대국, 한국은 중국의 제3무역상대국(1위는 미국, 2위는 일본)이 되었다. 특히 중국은 2003년 이후 한국의 제1수출상대국이 되어 한국의 경제성장에 가장 중요한 나라로 역할을 하고 있다. 수교 이후 2000년대 초반까지 한중 경제관계는 상호보완 관계 속에서 상호이익을 추구해 왔다. 한국은 기술과 자본집약적인 상품에서, 중국은 노동집약적 상품에서 분명한 비교우위를 가지고 있었다. 한국은 옷과 신발을 수입하고 반도체와 자동차를 수출하는 식이었다. 이러한 상호보완 관계가 양국의 경제관계를 빠르게 진전시킨 주요 요인이었다. 하지만 중국이 2001년 WTO 가입을 계기로 산업구조를 점차 고도화하면서 한국과의 경쟁구도가 본격화되었다. 이제는 중국도 반도체, 무선통신, 정밀화학 등 기술과 자본집약의 산업에 집중 투자하면서 수출시장을 두고 한국과 경쟁관계가 형성되고 있는 것이다. 중국은 제12차 5개년 계획(2011~2015) 기간 GDP의 2.2%를 연구개발R&D 에 투자한 데 이어 제13차 5개년 계획(2016~2020) 기간에도 GDP의 2.5% 연구개발 투자를 실행해 오고 있어 앞으로 중국의 산업구조는 더욱 고도화되고, 그에 따라 한중 경쟁관계는 더욱 심화될 것으로 보인다.

안보 영역에서는 갈등 관계가 더욱 첨예하게 나타난다. 첫째는 북한문제, 둘째는 한미동맹을 둘러싼 갈등이다. 중국 입장에서는 북한이 혈맹이지만, 한국 입장에서는 북한이 군사분계선을 사이에 두고 대결하고 있는 존재이기 때문에(대화의 상대이기도 하지만) 관점이 같기는 어렵다. 한국의 정부가 진보정부일 때에는 그나마 갈등의 요소가 적어지지만, 보수정부일 때에는 갈등의 정도가 심해질 수 있다.

한미동맹과 관련해서 중국은 한국과 미국 사이의 군사동맹은 '냉전의 산물'이라는 인식을 가지고 있다. 중국 외교부가 직접 "한미동맹은 역사의 산물이며 냉전시대 군사동맹으로 현대 세계의 안보문제를 해결할 수는 없다"고 밝히기도 했다.[8] 이러한 인식이 중국 정부의 공식 입장인 것이다. 이 같은 입장은 안보를 미국과의 공조 속에서 확보하면서 한미동맹을 중시하는 한국의 입장과 충돌한다. 이는 경쟁하는 미국과 중국이 전략적 가치가 높은 한국을 놓고도 경쟁하는 모습이라고도 볼 수 있다. 문제는 추후 미중경쟁이 심화되면서 이처럼 한국의 입장을 난처하게 하는 상황은 여러 이슈 영역에서 발생할 가능성이 높다는 것이다.

한편, 중국에는 많은 탈북자가 거주하고 있는데, 이들에 대한 정책이 한중 간 갈등의 고리로 작용할 가능성 또한 높다. 중국은 자국법에 따라 탈북자는 북송한다는 원칙을 가지고 있지만, 한국은 이들의 인권을 고려해야 한다는 입장이어서 양측의 갈등이 증폭될 가능성이 상존하고 있는 것이다. 중국의 동북공정 또한 쉽게 멈출 성격이 아니어서 사태의 추이에 따라서 양국갈등을 언제든 재연시킬 수 있는 문제로 남아 있다.

3) 한일관계

1876년 강화도 조약을 계기로 근대적 관계를 형성하기 시작한 한국과 일본의 관계사는 그야말로 갈등과 충돌의 역사라고 할 수 있다. 식민지와 해방 이후 미수교의 단계를 거쳐 1965년 수교했지만 이후의 역사도 순탄하지만은 않았다. 경제와 안보 영역에서 때로는 협력하고 때로는 충돌하는 관계로 역사적 부침을 거듭하고 있다. 역사문제와 독도를 둘러싼 갈등, 일본의 수출규제 등으로 한일관계는 매우 소원해져 있다.

경제적 측면에서 양국은 긴밀한 관계를 유지해 왔다. 지리적으로 가깝고 서로에게 좋은 시장의 역할을 하면서 무역을 증대해 왔다. 현재 일본은 한국의 제5무역상대국(1위 중국, 2위 미국, 3위 베트남, 4위 홍콩), 한국은 일본의 제3무역상대국(1위 중국, 2위 미국)으로 자리를 잡고 있으면서 경제 영역에서 서로에게 없어서는 안 될 존재가 되었다. 그동안 한국은 일본을 경제발전 모델로 삼아 성장정책을 추진해 왔고, 일본과의

---

8 "외교부, 中 한미동맹 폄훼에 적극 대응하라", ≪문화일보≫, 2008년 5월 30일 자.

기술교류는 산업구조 고도화에 기여해 왔다. 일본도 한국을 시장으로 삼아 고도의 경제성장을 이루어왔고, 특히 한국전쟁은 일본이 제2차 세계대전 이후 폐허의 상태에서 벗어나는 데 결정적인 역할을 했다. 이와 같이 상보관계 속에서 한일 경제관계는 발전해 왔지만 일정한 문제의 소지도 안고 있다. 첫째는 1980년대 이후 나타나기 시작한 일본의 부메랑 효과에 대한 경계심리이다. 한국의 성장과 기술발전을 부담스러워하면서 일본이 기술적 협력과 기술의 이전에 소극적인 태도를 보이고 있는 것이다. 기술이전 이후 한국 상품에 의한 일본 산업의 피해, 즉 부메랑 효과를 경계하는 것이다. 둘째는 지속적인 한국의 무역적자 현상이다. 한국은 1960년대 이후 계속 대일수출보다 수입이 많아 무역적자를 기록하고 있고, 1980년대에는 연평균 35억 달러, 1990년대에는 연평균 100억 달러를 보이던 적자폭은 2000년대 들어서는 연평균 250억 달러에 이르게 되었다. 2019년의 경우를 보면 284억 달러를 수출하고 476억 달러를 수입해 192억 달러의 적자를 보였다. 이와 같은 지속적인 큰 폭의 대일적자는 한국 경제에 상당한 부담으로 작용하고 있다.

안보 영역에서는 한일 간의 협력이 긴밀하게 진행되지는 못해왔다. 20세기 초 일본의 침략에 의해 형성된 일본에 대한 부정적 인식이 여전히 한국인 사이에 남아 있고, 이로 인해 한국은 안보문제에 대해서는 일본을 협력의 대상으로 여기지 않고 있기 때문이다. 2012년 이명박 정부가 일본과 군사정보교류를 위한 군사정보보호협정[GSOMIA]을 체결하려다 여론의 비판에 밀려 포기했던 사례는 한일 간의 안보협력에 대한 한국인의 거부감을 여실히 보여주었다. 2012년 당시 무산된 GSOMIA는 박근혜 정부 당시인 2016년 11월 체결되었는데, 2019년 8월 일본의 수출규제에 대한 대응 차원에서 한국이 종료를 선언했다. 하지만 2019년 11월 한국이 최종 종료의 효력을 일시 중지하기로 하면서 현재는 유지되고 있다.

이 밖에도 안보 영역에서는 일본과 몇 가지 갈등의 요소들이 있다. 아베 정권이 행사방침을 결정한 집단적 자위권도 그 가운데 하나이다. 한국은 집단적 자위권 행사에 대해 원칙적으로 반대 입장을 가지고 있다. 한반도 유사시 일본이 군사적으로 개입할 가능성이 있기 때문이다. 나아가 일본의 이러한 입장은 일본의 군사적 재무장 강화로 연결될 수 있다고 판단하기 때문이다. 그래서 한국 정부는 유사시 한반도 주재 일본인 구출을 위한 경우라도 한국의 동의 없이는 일본 자위대가 한반도에 들어올 수 없다는 입장을 밝히기도 했다. 따라서 집단적 자위권은 추후에도 지속적으로 갈등의 진원지가 될 가능성이 높다.

방공식별구역air defense identification zone 문제도 갈등의 소지가 있다. 중국의 방공식별구역 확대에 대응해 한국도 2013년 12월 방공식별구역을 확대했는데, 이어도 상공 부분은 중국·일본의 방공식별구역과 중첩된다. 영토와 영공을 방어할 목적으로 자국 영공으로 접근하는 군용 항공기를 조기에 식별하기 위해 각국이 설정한 구역이 방공식별구역이다. 방공식별구역에 진입하는 군용 항공기는 비행계획을 사전에 제출해야 한다. 그러지 않으면 전투기를 출격시키게 되고 그에 따라 국가 간 긴장이 조성되기 때문이다. 그래서 방공식별구역이 겹치는 것은 양국이 문제를 삼기 시작하면 첨예한 갈등으로 연결될 수 있다.

북한 핵문제는 동북아 질서 변화에 매우 큰 영향을 줄 수 있는 문제이니만큼 공조를 통해 해결한다는 공감대가 한국과 미국, 일본 사이에 존재해 왔다. 또한 그러한 공감 속에서 북한에 대한 협상과 제재를 추진해 왔다. 하지만 일본은 그와 같은 공조보다는 일본인 납치자 문제 해결을 더 우선시하고 있음을 때때로 보여주고 있다. 6자회담 진행 중에도 핵문제 해결과 함께 납치자 문제 해결을 주장한 적이 있는 일본은 2018년 4월 남북정상회담 직전에도 정상회담에서 납치자 문제를 논의해 줄 것을 요청하기도 했다. 이러한 입장은 북핵문제 해결을 통한 한반도 정세의 안정이 일본의 주요 관심사항이 아님을 여실히 표현한 것이라 할 수 있을 것이다. 또한 국제적인 관심사보다는 일본인들의 관심사를 우선적으로 해결해 국내정치에 활용하려는 정략적인 접근이 아닐 수 없다.

전반적으로 보면 한일 양국이 서로를 경제적 동반자로 중시하는 것과는 대조적으로 한일 간의 정치적·안보적 관계는 매우 냉각되어 있다. 근본적으로는 역사적 앙금이 사라지지 않은 상태로 불신의 바탕 위에서 양국의 정치적·안보적 관계가 진행되고 있기 때문이다. 그래서 양국관계가 안정성을 확보하지 못하고 부침을 거듭하고 있는 것이다. 이러한 한일관계의 성격은 동북아의 다자간 협력체 형성에 결정적 장애로 작용하고 있다고 할 수 있다.

4. 동북아 국제관계와 한반도 통일

1) 한반도 통일에 대한 주변국의 입장

한반도 통일에서 가장 중요한 요소는 물론 남북한의 입장이다. 하지만 그에 못지않게 중요한 것이 주변국의 협력이다. 독일의 통일에 미국과 소련, 프랑스, 영국이 매우 중요한 역할을 했듯이 한반도의 통일에도 미국과 중국, 일본, 러시아의 태도는 중요하다. 통일의 여건 조성 과정에서, 또 실제 통일의 진행 과정에서 이들이 북한과 한국, 통일한국에 대해 취하는 입장과 태도는 통일에 크게 영향을 미칠 수 있다. 그런 만큼 이들 국가의 태도에 지속적으로 관심을 갖지 않을 수 없다. 기본적으로 미국이나 중국, 일본, 러시아 모두 한반도의 문제는 남북한이 주도적으로 해결해야 하고, 남북한이 평화적인 방법으로 통일되는 것을 환영한다는 공식적인 입장을 가지고 있다. 하지만 이들 국가가 한반도의 통일을 진정으로 원하고 있는 것인지, 한반도의 통일 상황에서 실질적인 도움을 줄 수 있는 것인지는 분명하게 확인하기 어렵다. 실제로 이들 국가가 어떤 의도를 가지고 있는지 미국, 중국, 일본, 러시아를 차례로 살펴보자.

미국은 남북한이 평화체제를 구축하고 그 기반 위에서 평화적인 방법으로 통일되는 것을 지지한다고 밝혀왔다. 하지만 좀 더 깊이 관찰하면 미국의 속내가 온전하게 한반도 통일 지향이 되기는 어려움을 알 수 있다. 지금의 미국이 처한 환경과 정책을 살펴보면, 트럼프 행정부는 인도-태평양전략을 대아시아 정책으로 추진하고 있다. 중국이 아시아 패권국이 되는 것을 막기 위한 것이다. 남북한에 대한 정책도 그 연속선상에서 추진되고 있다. 한국은 미국의 정책을 지지하면서 중국을 에워싸는 데 도움을 주는 존재로, 북한은 중국 포위를 정당화하는 소재로 활용되고 있다고 볼 수 있다. 미국은 적국의 미사일을 공중에서 쏘아 떨어뜨리는 미사일방어계획MD을 추진하고 있는데, 그 명분이 북한과 같은 적대국이 핵과 장거리 미사일을 개발하고 있다는 것이다. MD의 정당성을 북한에서 찾고 있는 것이다. 하지만 실제로는 미래의 적이 될 수 있는 중국에 대항하는 무기체계로 MD를 개발하고 있다고 보는 것이 옳을 것이다. 그러면서도 현재의 중국과의 관계를 고려해 중국이 아닌 북한을 명분으로 내세우고 있는 것이다. 이와 같이 남북한의 분단 상황은 미국의 대중전략 추진에 매우 유리한 환경을 제공하고 있다.

한국이 통일되면 인구는 7,000만 명, 경제 규모는 세계 7위 수준이 된다는 것이 일반적인 전망이다. 작은 나라 두 개로 분단이 되어 미국에 휘둘리는 단계와는 차원이 다른 단계로 진입하게 되는 것이다. 그러한 통일한국은 미국의 입장에서는 부담스러울 수 있다. 이데올로기적으로는 통일한국이 민주주의와 자본주의 체제를 가질 가능성이 높지만, 점진적 통일의 과정을 겪는다면 그 과정에서 평등의 가치는 통일한국의 정치체제에 상당 부분 반영될 가능성 또한 높다. 이는 현재의 한미동맹과는 차이 나는 한미관계로 이어질 공산이 있다. 규모가 커지고 미국적 가치를 그대로 추종하지만은 않는 통일한국일 가능성이 높다면, 이를 미국이 미리부터 적극적으로 지지하고 나설 이유는 그다지 없을 것이다.

미국의 입장에서 좀 더 실제적인 문제는 주한미군이다. 북한이라는 적이 사라진 상황에서 미군이 계속 한반도에 주둔하는 것을 통일한국이 원하지 않을 수 있다. 물론 동북아의 균형자balancer로 계속 주둔해야 한다는 주장도 있을 수 있지만, 철수 여론이 통일 이전보다는 높아질 가능성이 크다고 할 수 있다. 중국의 압력도 무시할 수 없을 것이다. 분명한 적이 없는 상황에서 통일한국에 주둔하는 미군을 중국은 중국견제용으로 인식할 것이다. 이처럼 미국에게 부담스러운 상황 전개가 동반될 한반도의 통일이 미국에 반가운 일이 되기는 어려울 것이다.

그렇다면 중국은 어떤가? 중국의 공식적인 입장도 한반도의 평화적 통일을 지지한다는 것이다. 그렇지만 중국이 실제로 원하는 상황은 동북아의 현상유지status quo라고 보는 것이 옳을 것이다. 한반도 급변사태도 통일도 아닌 지금의 상태가 유지되는 것이 중국에 더 유리하다는 판단을 하고 있는 것으로 보인다. 중국이 현상유지를 선호하는 첫 번째 이유는 경제발전에 진력하려 하기 때문이다. 경제 규모로 G2가 된 중국의 다음 목표는 세계 1위가 되는 것이다. 그러기 위해서는 주변정세가 안정되어야 한다. 한반도의 급변사태는 여기에 결정적 장애가 될 수 있다. 한반도가 통일되는 상황도 중국의 성장 매진이라는 전략에는 부담이 될 수 있다. 미국과 갈등, 경쟁, 조정, 협력 등의 과정을 겪어야 할 것이고, 대량의 탈북자가 중국의 사회문제가 될 수도 있다. 중국이 현상유지를 원하는 두 번째 이유는 한반도 통일로 미국의 중국 포위가 더욱 심화될 수 있다는 것이다. 통일한국은 중국보다는 미국과 가까운 나라가 될 가능성이 높고, 그렇게 되면 미국의 영향력이 중국의 턱밑까지 미치는 결과가 되는 것이다. 또한 통일한국이 미국, 일본과 연대를 강화해 중국 견제에 박차를 가하게 된다면 중국으로서는 동북아에서 자신의 영향력을 확장하기 어렵게 될 것이다.

그래서 중국은 북한에 대한 지원을 계속하고 있다. 북한은 더 이상 혈맹이 아니라 부담이라는 북한부담론이 중국 내에서도 등장하고 있지만, 그럼에도 불구하고 매년 북한에게 식량 10만 톤과 석유 50만 톤 정도를 지원하는 것은 북한의 붕괴를 막고 한반도에서 현 상태를 유지하기 위해서이다. 북한이 도발을 하는 경우에도 외교적 지지를 계속하는 것도 마찬가지이다. 그러면서 중국은 한국과의 경제적인 교류는 더욱 확대하고 있는데, 경제적 이익을 확보하면서 한국과의 우호적인 관계를 지속하기 위한 것이다. 북한을 지원하고 남한과는 호혜관계를 견지해 변화 없고 안정적인 한반도를 유지하고 싶어 하는 것이 중국의 입장이라고 할 수 있다.

일본도 남북한의 평화적 통일을 공식적으로 지지한다. 하지만 일본 역시 한국의 통일을 진정으로 원한다고 단언하기는 어렵다. 일본은 한반도를 식민지로 지배했던 경험이 있다. 자신이 지배했던 국가가 통일이 되어 강국으로 부상하는 것은 일본으로서는 부담이 아닐 수 없을 것이다.

한반도 정책 수행 과정에서 일본의 실제 의도는 표출되어 왔다. 한반도 평화와 통일의 기반이 될 수 있는 북핵문제 해결에 일본은 그다지 적극적으로 나서지 않는 태도를 보여왔다. 납치자 문제 우선 해결을 지속 주장하는 모습이 이를 잘 보여준다. 북한과 한국 사이에서 때로는 한국을, 때로는 북한을 지지하면서 남북한 분단을 활용하는 외교전략으로 미루어보아 일본의 진정한 의도 또한 통일보다는 현상유지를 하는 것이라고 할 수 있다.

동북아 4대 강대국 가운데 러시아는 비교적 한반도 통일에 대해 긍정적 관점을 가지고 있다고 볼 수 있다. 러시아는 과거 소련에 비해 동북아에서 세력이 약화되었고 이를 회복하려는 의도를 가지고 있다. 우선은 미국의 세력약화와 지역 내 세력균형, 또는 다자간 안보체제의 성립이 러시아의 운신의 폭을 넓혀줄 것으로 판단하고 있다. 한반도의 통일은 동북아의 냉전을 해체해 다자간 안보체제의 가능성을 높여준다. 그런 만큼 러시아 입장에서는 한반도의 통일이 동북아에서 영향력을 회복하는 기회가 될 수 있다. 경제적 측면에서도 통일한국은 러시아의 주요 협력대상이 될 수 있다. 시베리아의 천연가스와 석유를 통일한국과 공동으로 개발할 수 있고, 시베리아-한반도 철도 연결사업도 성사될 수 있으며, 임업과 수산업 분야에서도 협력을 강화할 수 있다. 그렇기 때문에 러시아는 한반도 통일에 대해 지지하는 입장을 가지고 있다고 할 수 있다.

2) 한국의 통일외교

위에서 살펴본 것처럼 동북아 주요 국가들은 한반도의 통일을 자국의 안보적·경제적 이익의 관점에서 바라보고 있다. "국제관계에서는 영원한 적도 영원한 친구도 없다. 오직 국가이익이 있을 뿐이다"라는 19세기 영국 정치가 파머스턴 자작Viscount Palmerston의 언명이 21세기 동북아 국제관계에도 그대로 적용되고 있는 것이다. 따라서 한국은 장기적인 관점에서 주변국을 이해시키고 통일에 대한 우호세력으로 만들기 위한 외교를 지속적으로 전개해야 할 것이다. 유엔과 국제사회를 향해서는 끊임없이 통일의 명분과 당위성을 설명하면서 주요 국가에 대해서는 구체적 방향성을 가진 외교도 해야 하는 것이다.

미국은 동북아에서 지속적으로 지배적인 영향력을 유지하기를 바라고 있다. 한반도 통일과 관련해서는 통일한국과의 동맹 유지, 주한미군, 통일한국-중국의 관계 등이 핵심적인 관심사이다. 이러한 문제들이 미국에 유리한 방향으로 전개될 때 한반도 통일을 지지할 수 있을 것이다. 따라서 전시작전권 전환 이후에도 한미동맹을 한미 양국이 모두 만족하는 방향으로 지속 발전시키는 것이 우선되어야 할 것이다. 양국이 새로운 시대에 맞는 발전적인 형태의 동맹관계를 정착시켜 그 속에서 서로의 국익을 실현하면서 공동의 정체성collective identity을 확대해 나간다면, 통일 국면에서 논제가 되는 민감한 문제들도 그 속에서 원만하게 합의될 수 있는 기반이 될 것이다.

대중외교와 관련해서는 우선 통일이 중국의 성장·발전과 양립 가능한 것임을 인식시키는 것이 중요할 것이다. 점진적인 통일방안이 추진되는 경우 중국에 대한 부담 발생 가능성이 없음을 이해시켜야 할 것이다. 통일한국이 이념적으로 친미가 되고 미국의 대중정책의 도구가 될 것이라는 우려에 대해서는 지금까지의 한중관계 진전을 바탕으로 추후 더 발전적인 모델을 제시함으로써 중국의 염려를 완화해 나가야 할 것이다. 특히 통일한국의 경제성장이 중국과 윈-윈 게임이 될 수 있음을 강조함으로써 경제가 다른 이슈를 지배하도록 하는 전략이 중요할 것으로 보인다.

일본은 북한이 있음으로 해서 그동안 안보 불안을 겪어왔다. 1998년 8월 북한이 대포동 미사일을 시험 발사했을 때 일본은 거의 공황 상태에 빠졌다고 할 만큼 북한발 위험요소에 대해서 민감하다. 북한 핵에 대한 우려도 그 어느 나라보다 크다. 따라서 한반도 통일이 가져올 수 있는 이러한 불안의 해소 효과를 인식시키는 것이 중요할 것이다. 나아가 한반도 통일이 동북아 군비경쟁도 완화하는 효과가 있음을 이해시키는 것도 중요할 것이다. 또한 한반도 통일에 대한 기여가 일본의 과거 침략에 대한 성찰과 치유의 기회가 될 수 있다는 것도 대일외교의 주요 초점이 되어야 할 것이다.

한반도 통일에 대해 비교적 우호적 태도를 갖고 있는 러시아와는 경제적 협력을 확대하면서 동북아 다자간 안보체제의 설립에 대한 논의를 깊이 진전시킬 필요가 있다. 러시아가 원하고 한국도 필요한 것이니만큼 지속적 협의를 통해 주도적으로 이 문제를 제시하면서 공감대를 확대할 필요가 있다. 이를 기반으로 러시아를 통일의 전략적 지원세력으로 활용하는 것이 중요할 것으로 보인다. 미국과 중국, 일본을 한반도 통일에 대한 분명한 지지세력으로 만드는 데 러시아를 적극 활용할 수 있는 것이다.

자국에 필요한 것을 설명하고 일정한 방향으로 설득하는 외교가 성과를 내기 위해서는 일관성과 지속성이 꼭 필요한 요소이다. 일관성 있는 입장을 지속적으로 설명할 때 비로소 결실이 맺어질 수 있는 것이다. 더구나 한국은 동북아에서 강대국이 아니다. 강대국 사이에서 한국이 원하는 바를 얻기 위해서는 더욱 전략적인 사고와 행동이 요구된다. 주변의 어떤 나라보다 조직적이고 전략적인 접근을 통해 안보적으로는 생존, 경제적으로는 성장을 위한 외교를 실행하면서도 동시에 통일의 여건을 명실상부하게 조성하는 외교도 전개해 나가야 하는 것이다.

참고문헌

1. 단행본

강준만. 2010. 『세계문화전쟁』. 인물과사상사.

구영록. 1977. 『인간과 전쟁: 국제정치이론의 체계』. 박영사.

_____. 1995. 『한국의 국가이익: 외교정치의 현실과 이상』. 법문사.

김열수. 2012. 『국가안보: 위협과 취약성의 딜레마』. 법문사.

김용구. 2006. 『세계외교사』. 서울: 서울대학교출판문화원.

김홍철. 1985. 『외교제도사』. 민음사.

니컬슨, 해럴드(Harold Nicolson). 1998. 『외교론』. 신복룡 옮김. 평민사.

마르틴·슈만(Hans-Peter Martin and Harald Schumann). 2003. 『세계화의 덫』. 강수돌 옮김. 영림카디널.

맥윌리엄스·피오트로브스키(Wayne C. McWilliams and Harry Piotrowski). 1995. 『현대국제정치사: 핵무기 시대의 정치, 전쟁 그리고 혁명』. 이재석·이명철 옮김. 집문당.

멜리센, 얀(Jan Melissen). 2005. 『신공공외교: 국제관계와 소프트파워』. 박종길 외 옮김. 인간.

박재영. 2008. 『국제정치 패러다임: 현실주의·자유주의·구조주의』. 법문사.

박준영. 2009. 『국제정치학』. 박영사.

백경남. 2001. 『국제관계사』. 법지사.

베일리스·스미스·오언스(John Baylis, Steve Smith and Patricia Owens). 2006. 『세계정치론』. 하영선 외 옮김. 을유문화사.

유현석. 2009. 『국제정세의 이해』. 한울.

이기택. 2005. 『국제정치사』. 일신사.

이상우. 2005. 『국제정치학강의』. 박영사.

조순구. 2006. 『국제문제의 이해: 지구촌의 쟁점들』. 법문사.

프리드먼, 토머스(Thomas Friedman). 2005. 『세계는 평평하다』. 김상철 외 옮김. 창해.

Arreguin-Toft, Ivan. 2005. *How the Weak Win Wars: A Theory of Asymmetric Conflict*. Cambridge: Cambridge University Press.

Art, Robert and Robert Jervis. 1991. *International Politics: enduring concepts and contemporary issues*, 3rd edition. Boston: Harper Collins.

Baylis, John and Steve Smith. 2001. *The Globalization of World Politics*, 2nd edition. Oxford: Oxford University Press.

Baylis, John, Steve Smith and Patricia Owens. 2011. *The Globalization of World Politics: An Introduction to International Relations*, 5th edition. New York: Oxford University Press.

Baylis, John, Steve Smith and Patricia Owens. 2020. *The Globalization of World Politics: An Introduction to International Relations*, 8th edition. New York: Oxford University Press.

Beard, Charles A. 1996. *The Idea of National Interest: An Analytical Study in American Foreign Policy*. Chicago: Quadrangle Books.

Bigelow, Robert Sidney. 1969. *The Dawn Warriors: Men's Evolution Toward Peace*. London: Scientific Book Club.

Brzezinski, Zbigniew. 2012. *Strategic Visions: America and the Crisis of Global Power*. New York: Basic Books.

Bull, Hedley. 2002. *The Anarchical Society: A Study of Order in World Politics*, 3rd edition. London: Mcmillan.

Buzan, Barry. 1991. *People, States & Fear: An Agenda for International Security Studies in the post-Cold War Era*, 2nd edition. London: Harvester Wheatsheaf.

Cameron, Fraser. 2005. *US Foreign Policy after the Cold War*. New York: Routledge.

Carr, Edward H. 1946. *The Twenty Years' Crisis, 1919-1939*. London: Macmillan.

Claude, Inis L., Jr. 1962. *Power and International Relations*. New York: Random House.

Clausewitz, Carl von. 1984. *On War*. edited and translated by Michael Howard Peter Paret. New Jersey: Princeton University Press.

Deutsch, Karl W. et al. 1957. *Political Community and the North Atlantic Area: International Organization in the Light of Historical Experience*. Princeton, NJ: Princeton University Press.

Dickinson, G. Lowes. 1916. *The European Anarchy*. New York: Macmillan.

Drew, Dennis M. and Donald M. Snow. 2006. *Making Twenty-First Century Strategy*. Maxwell AFB, AL: Air University Press.

Finnemore, Martha. 1996. *National Interest in International Society*. Ithaca, New York: Cornell University Press.

Giddens, Anthony. 1990. *The Consequences of Modernity*. Stanford: Stanford University Press.

Gilpin, Robert. 1981. *War and Change in World Politics*. Cambridge: Cambridge University Press.

_____. 1987. *The Political Economy of International Relations*. Princeton: Princeton University Press.

_____. 2001. *Global Political Economy*. Princeton: Princeton University Press.

Gingranelli, David Louis. 1993. *Ethics, American Foreign Policy and the Third World*. New York: St Martin's Press.

Goldstein, Joshua S. and Jon C. Pevehouse. 2009. *International Relations*, 8th edition. New York:

Longman.

Halperin, Morton H. 1974. *Bureaucratic Politics and Foreign Policy*. Washington, D.C.: The Brookings
　　Institution.

Hayter, Teresa. 1972. *Aid As Imperialism*. Baltimore: Penguin Books.

Hobbes, Thomas. 2008. *Leviathan*. edited by Marshall Missner. New York: Pearson Longman.

Jackson, Robert and Georg Sørensen. 1999. *Introduction to International Relations*. Oxford: Oxford
　　University Press.

Jensen, Lloyd. 1982. *Explaining Foreign Policy*. Englewood Cliffs, N.J.: Prentice-Hall.

Karns, Margaret P. and Karen A. Mingst. 2010. *International Organizations: The Politics and Processes
　　of Global Governance*, 2nd edition. Boulder, Co.: Rynne Rienner.

Kegley, Charles W., Jr. and Shannon L. Blanton. 2010. *World Politics: Trend and Transformation*, 12th
　　edition. Boston, MA: Wadsworth.

Keohane, Robert O. 1984. *After Hegemony*. Princeton: Princeton University Press.

_____. 1989. *International Institutions and State Power: Essays in International Relations Theory*.
　　Boulder: Westview Press.

Keohane, Robert O. and Joseph S. Nye, Jr. 2012. *Power and Interdependence*, 4th edition. New York:
　　Longman.

Koenig, Louis W. 1964. *The Chief Executive*. New York: Harcourt, Brace & World. 18쪽

Lipset, Seymour M. 1963. *Political Man: The Socialist Bases of Politics*. New York: Anchor Books.

Lumsdaine, David Halloran. 1993. *Moral Vision in International Politics: The Foreign Aid Regime, 1949-89*.
　　Princeton: Princeton University Press.

Mearsheimer, John. 2001. *The Tragedy of Great Power Politics*. New York: Norton.

Morgenthau, Hans. 1946. *Scientific Man and Power Politics*. Chicago: University of Chicago Press.

_____. 2006. *Politics Among Nations: The Struggle for Power and Peace*, 7th edition. New York:
　　McGraw-Hill.

Nef, John U. 1968. *War and Human Progress: An Essay on the Rise of Industrial Civilization*. New
　　York: Norton.

Nicholson, Michael. 1998. *International Relations*. London: Macmillan.

Nicolson, Harold. 1950. *Diplomacy*, 2nd edition. London: Oxford University Press.

Nuechterlein, Donald E. 1991. *America Recommitted: United States national Interest in a Reconstructed
　　World*. Lexington: University of Kentucky Press.

Nye, Joseph S., Jr. 2004. *Soft Power: The Means to Success in World Politics*. New York: Public Affairs
　　Press.

Nye, Joseph S., Jr. and David A. Welch. 2013. *Understanding Global Conflict and Cooperation: An Introduction to Theory and History*, 9th edition. New York: Pearson.

Organski, A. F. K. 1965. *The Stages of Political Development*. New York: Alfred A. Knopf.

Osgood, Robert E. 1953. *Ideas and Self-Interest in America's Foreign Relations*. Chicago: University of Chicago Press.

Puchala, Donald. 1971. *International Politics Today*. New York: Harper & Row. 14쪽에 있음

Rothstein, Robert. 1968. *Alliances and Small Powers*. New York: Columbia University Press.

Russet, Bruce. 1993. *Grasping the Democratic Peace*. Princeton: Princeton University Press.

Schultz, Richard H., Jr. and William J. Olson. 1994. *Ethnic and Religious Conflict*. Washington, D.C.: National Strategy Information Center.

Senese, Paul D. and John A. Vasquez. 2008. *The Steps to War: An Empirical Study*. New Jersey: Princeton University Press.

Shipley, Joseph T. 1984. *The Origins of English Words: A Discursive Dictionary of Indo-European Roots*. London: The Johns Hopkins University Press.

Susskind, Lawrence E. Susskind. 1994. *Environmental Diplomacy: Negotiating More Effective Global Agreements*. Oxford: Oxford University Press.

Todaro, Michael P. and Stephen C. Smith. 2012. *Economic Development*, 11th edition. New York: Addison-Wesley.

Walt, Stephen. 1987. *The Origins of Alliances*. Ithaca: Cornell University Press.

Waltz, Kenneth N. 1979. *Theory of International Politics*. Long Grove, Illinois: Waveland Press. 16쪽

Weber, Max. 1947. *The Theory of Social and Economic Organization*. New York: Oxford University Press.

_____. 1978. *Economy and Society*. Berkeley: University of California.

Wendt, Alexander. 1999. *Social Theory of International Politics*. Cambridge: Cambridge University Press.

Wohlforth, William C. 1993. *The Elusive Balance: Power and Perceptions during the Cold War*. Ithaca, NY: Cornell University Press.

Wolfers, Arnold. 1962. *Discord and Collaboration: Essays on International Politics*. Baltimore: Johns Hopkins University Press.

World Bank. 2000. *World Development Report 2000/2001: Attacking Poverty*. Washington, D.C.: World Bank.

Wright, Quincy. 1955. *The Study of International Relations*. New York: Appleton-Century-Crofts. 14쪽

_____. 1964. *A Study of War*. Chicago: Chicago University Press.

2. 논문

김상배. 2008. 「정보화와 세계정치」. 한국정치학회 편. 『정치학이해의 길잡이: 국제정치경제와 새로운 영역』. 법문사.

_____. 2012. 「소셜 미디어와 공공외교: 행위자-네트워크 이론으로 보는 미국의 전략」. ≪국제정치논총≫, Vol.52, No.2.

김성한. 2013. 「아태지역에서의 G2 체제: 미·중협력과 갈등 가능성 평가」. ≪전략연구≫, Vol.60.

김열수. 2008. 「탈냉전 후 유엔 안보리의 위상변화: 군사력 사용을 중심으로」. ≪국제정치논총≫, Vol.48, No.1

남궁곤. 2010. 「한국 외교정책과 한국 외교정책의 탐구」. 함택영·남궁곤 편. 『한국 외교정책: 역사와 쟁점』. 사회평론.

박건영. 2011. 「핵무기와 국제정치: 역사, 이론, 정책, 그리고 미래」. ≪한국과 국제정치≫, Vol.27, No.1.

박한규. 2013. 「세계빈곤 문제 해결을 위한 상향식 접근으로서의 역량강화」. ≪OUGHTOPIA≫, Vol.28, No.2.

안문석. 2008. 「북한 핵실험에 대한 한국의 대북정책 결정 과정 분석: 관료정치 모델의 적용」. ≪한국정치학회보≫, Vol.42, No.1.

_____. 2013. 「한국의 국제개발협력에 대한 국제정치이론 관점의 성찰: 구성주의적 대안을 중심으로」. ≪국제정치논총≫, Vol.53, No.4.

유현석. 2008. 「세계무역질서」. 한국정치학회 편. 『정치학이해의 길잡이: 국제정치경제와 새로운 영역』. 법문사.

이동선. 2011. 「21세기 분쟁의 새로운 양상과 국제적 대응: 이라크-아프간 전쟁을 중심으로」. 2011년도 한국국제정치학회 안보국방학술회의 발표문.

이왕휘. 2008. 「세계금융통화질서」. 한국정치학회 엮음. 『정치학이해의 길잡이: 국제정치경제와 새로운 영역』. 법문사.

최영종. 2008. 「국제금융질서의 변화와 새로운 국제금융체제의 형성」. ≪서석사회과학논총≫, Vol.1, No.1.

최진우. 2008. 「유럽통합」. 한국정치학회 편. 『정치학이해의 길잡이』. 법문사.

하경근. 1979. 「제3세계와 세계정치」. 김학준·사무엘 팔머·낫셀 외 『제3세계의 이해』. 형성사.

홍기준. 2008. 「유럽통합의 경로의존성과 창발성」. ≪국제정치논총≫, Vol.48, No.4.

Allison, Graham T. 1969. "Conceptual Models and the Cuban Missile Crisis." *American Political Science Review*, Vol.63, No.3.

Allison, Graham T. and Morton H. Halperin. 1972. "Bureaucratic Politics: A Paradigm and Some Policy

Implications." *World Politics*, Vol. 24.

Bergsten, Fred. 2008. "A Partnership of Equals: How Washington Should Respond to China's Economic Challenge." *Foreign Affairs*, Vol. 87, No. 4

Bull, Hedley. 1984. "The Emergence of a Universal International Society." in Hedley Bull and Adam Watson(eds.). *The Expansion of International Society*. Oxford: Oxford University Press.

Buzan, Barry. 1993. "From International System to International Society: Structural Realism and Regime Theory Meet the English School." *International Organization*, Vol. 47, No. 3.

Cox, Robert. 1981. "Social forces, states and world ordrers: beyond international relations theory." *Millennium: Journal of International Studies*, Vol. 10.

Doyle, Michael W. 1983. "Kant, Liberal Legacies, and Foreign Affairs, Part I." *Philosophy and Public Affair*, Vol. 12, No. 3

East, Maurice. 1973. "Size and Foreign Policy Behavior: A Test of Two Models." *World Politics*, Vol. 25, No. 3.

Finnemore, Martha and Kathryn Sikkink. 1998. "International Norm Dynamics and Political Change." *International Organization*, Vol. 52, No. 4.

Frankel, Jeffrey. 2009. "Globalization of the Economy." in Robert J. Art and Robert Jervis(eds.). *International Politics: Enduring Concepts and Contemporary Issues*, 9th edition. New York: Pearson Longman.

Gamble, Andrew and Anthony Payne. 1996. "Introduction." in Andrew Gamble and Anthony Payne (eds.). *Regionalism and World*. Basingstoke: Macmillan.

Grieco, Joseph. 1988. "Anarchy and the limits of cooperation: A realistic critique of the newest liberal institutionalism." *International Organization*, Vol. 42, No. 3.

Haas, Peter. 1992. "Introduction: epistemic communities and international policy coordination." *International Organization*, Vol. 46, No. 1.

Holsti, K. J. 1976. "The Study of Diplomacy." in James N. Rosenau, Kenneth W. Thompson and Gavin Boyds(eds.). *World Politics: An Introduction*. New York: Free Press.

Hurrell, Andrew. 1992. "Latin America in the New World Order: A Regional Bloc of the Americas?" *International Affairs*, Vol. 68, No. 1.

Jervis, Robert. 1989. "War and Misperception." in Robert I. Rotberg and Theodore K. Rabb(eds.). *The Origins and Prevention of Major Wars*. Cambridge: Cambridge University Press.

Keohane, Robert O. 1986. "Realism, Neorealism and the Study of World Politics." in Robert O. Keohane(ed.). *Neorealism and Its Critics*. New York: Columbia University Press.

Keohane, Robert O. and Joseph S. Nye, Jr. 1988. "Neorealism and Neoliberalsim." *World Politics*,

Vol.40, No.2.

Keohane, Robert O. and Lisa L. Martin. 1995. "The Promise of Institutionalist Theory." *International Security*, Vol.20, No.1.

Kile, Shannon N. 2013. "World Nuclear Forces." *SIPRI Yearbook 2013*. Oxford: Oxford University Press.

Krasner, Stephen D. 1983. "Structural causes and regime consequences: Regime as intervening variables." in Stephen D. Krasner(ed.). *International Regimes*. Ithaca: Cornell University Press.

Kurki, Milja and Colin Wight. 2010. "International Relations and Social Science." in Tim Dunne, Milja Kurki and Steve Smith(eds.). *International Relations Theories: Discipline and Diversity*. Oxford: Oxford University Press.

Lind, William S., Keith Nightengale, John F. Schmitt, Joseph W. Sutton and Gary I. Wilson. 1989. "The Changing Face of War: Into the Fourth Generation." *Marine Corps Gazette*(October, 1989).

Linklater, Andrew. 1996. "The Achievement of Critical Theory." in Steve Smith, Ken Booth and Marysia Zalewski(eds.). *International Theory: Positivism and Beyond*. Cambridge: Cambridge University Press.

Lipson, Charles. 1993. "International Cooperation in Economic and Security Affairs." in David A. Baldwin(ed.). *Neorealism and Neoliberalism: The Contemporary Debate*. New York: Columbia University Press.

Mattern, Janice Bially. 2005. "Why 'Soft Power' Isn't So Soft: Representational Force and the Sociolinguistic Construction of Attraction in World Politics." *Millennium: Journal of International Studies*, Vol.33, No.3.

Mearsheimer, John. 1990. "Back to the Future: Instability in Europe After the Cold War." *International Security*, Vol.15, No.1.

_____. 1994/1995. "The False Promise of International Institutions." *International Security*, Vol.19, No.3.

_____. 2006. "Conversation in International Relations: Interview with John J. Mearsheimer (Part I)." *International Relations*, Vol.20, No.1.

_____. 2006. "Conversation in International Relations: Interview with John J. Mearsheimer (Part II)." *International Relations*, Vol.20, No.2.

_____. 1990. "Back to the Future: Instability in Europe After the Cold War," *International Security*, Vol.15, No.1

Mitrany, David. 1948. "The Functional Approach to World Organization." *International Affairs*, Vol.24, No.3.

Moon, Bruce E. 1983. "The Foreign Policy of the Dependent State." *International Studies Quarterly*, Vol.27, No.3

_____. 1985. "Consensus of compliance?: Foreign Policy change and external dependency." *International Organization*, Vol.39, No.2

Morgenthau, Hans. 1952. "Another Great Debate: The National Interest of the United States." *American Political Science Review*, Vol.46, No.4.

_____. 1962. "A Political Theory of Foreign Aid." *American Political Science Review*, Vol.56, No.2.

Morrow, James. 1991. "Alliances and Asymmetry: An Alternative to the Capability Aggregation Model of Alliances." *American Journal of Political Science*, Vol.35, No.4.

National Security Council. 2002. "National Security Strategy of the United States of America"(September 17, 2002).

Nye, Joseph S., Jr. 1995. "The Case for Deep Engagement." *Foreign Affairs*, Vol.74.

Owen, John M. 1994. "How Liberalism Produces Democratic Peace." *International Security*, Vol.19

Pape, Robert A. 2003. "The Strategic Logic of Suicide Terrorism." *American Political Science Review*, Vol.97, No.3

Robertson, Roland. 1995. "Glocalization: Time-Space and Homogeneity-Heterogeneity." in Mike Featherstone, Scott Lash and Roland Robertson(eds.). *Global Modernities*. London: Sage.

Rose, Gideon. 1998. "Neoclassical Realism and Theories of Foreign Policy." World Politics, Vol.51

Rosenau, James N. 1966. "Pre-theories and Theories of Foreign Policy." in R. Barry(ed.). *Approaches to Comparative and International Politics*. Evanston, IL: Northwestern University Press.

Ruggie, John. 1998. "What Makes the World Hang Together? Neo-Utilitarianism and the Social Constructivist Challenge." *International Organization*, Vol.52, No.4

Rutherford, Kenneth. 2000. "The Evolving Arms Control Agenda: Implications of the Role of NGOs in Banning Antipersonnel Landmines." *World Politics*, Vol.53.

Sagan, Scott D. 1996~1997. "Why do states build nuclear weapons? Three models in search of a bomb." *International Security*, Vol.21, No.3.

Sagan, Scott D. and Josh A. Weddle. 2010. "Should the United States or the international community aggressively pursue nuclear non-proliferation policies? Yes." in Peter M. Haas, John A. Hird, and Beth McBratney(eds.). *Controversies in Globalization: Contending Approaches to International Relations*. Washington, D.C.: CQ Press.

Snidal, Duncan. 1991. "International Cooperation Among Relative Gains Maximizers." *International Studies Quarterly*, Vol.34, No.4

Snyder, Glenn H. 1990. "Alliance Theory: A Neorealist First Cut." *Journal of International Affairs*,

Vol.44, No.1.

Suhrke, Astri. 1973. "Gratuity or Tyranny." *World Politics*, Vol.25.

Schweller, Randall L. 2003. "The Progressiveness of Neoclassical Realism," in Colin Elman and Miriam Fendius Elman (eds.), Progress in International Relations Theory. Cambridge, Massachusetts: MIT Press.

Thompson, Kenneth W. and Roy C. Macridis. 1976. "The Comparative Study of Foreign Policy." in Roy C. Macridis(ed.). *Foreign Policy in World Politics*, 5th edition. Englewood Cliffs, N.J.: Prentice-Hall.

US Department of Defense. 2001. "Nuclear Posture Review"(December 31, 2001).

_____. 2014. "Quadrennial Defense Review Report"(March 4, 2014).

_____. 2018. "Summary of the 2018 National Defense Strategy of the United States of America"

Väyrynen, Raimo. 2003. "Regionalism: Old and New." *International Studies Review*, Vol.5, No.1.

Wallerstein, Immanuel. 1974. "The Rise and Future Demise of the World Capitalist System: Concepts for Comparative Analysis." *Comparative Studies in Society and History*, Vol.16, No.4.

Waltz, Kenneth N. 1988. "The Origins of War in Neorealist Theory." *The Journal of Interdisciplinary History*, Vol.18, No.4.

_____. 2003. "More may be better." in Scott D. Sagan and Kenneth N. Waltz(eds.). *The Spread of Nuclear Weapons: A Debate Renewed.* New York: Norton.

Wendt, Alexander. 1992. "Anarchy is What States Make of it: The Social Construction of Power Politics." *International Organization*, Vol.46, No.2.

Westing, Arthur H. 1986. "An Expanded Concept of International Security," in Arthur H. Westing(ed.), *Global Resources and International Conflict: Environmental Factors in Strategic Policy and Action.* Oxford: Oxford University Press.

_____. 1986. "Global Resources and International Conflict: An Overview." in Arthur H. Westing(ed.). *Global Resources and International Conflict: Environmental Factors in Strategic Policy and Action.* Oxford: Oxford University Press.

3. 신문

≪동아일보≫. 2011.12.2. "'물소비 증가 속도가 인구 증가의 2배'… 부산 개발원조총회 폐막".

≪문화일보≫. 2008.5.30. "외교부, 中 한미동맹 폄훼에 적극 대응하라"

≪세계일보≫. 2009.12.2. "인도양 몰디브·태평양 투발루 등 저지대 섬나라 2100년 해수면 상승으로 사라
진다".

≪연합뉴스≫. 2001.11.21. "미, 비밀 전술핵폭탄 '미니뉴크' 보유".

_____. 2008.2.13. "'얼빠진 美공군'… 2001년 後 핵무기 취급부주의 237건".

≪전자신문≫. 2013.4.8. "사이버전쟁이 미치는 영향".

≪조선일보≫. 2012.9.1. "美 불편, 北 못 믿겠고, 日은 싫고, 中 두려워하는… 한국 전략 위기".

_____. 2014.3.12. "'팬암機 폭파' 26년 만에 진실 밝혀지나 '리비아 아닌 이란 소행' 주장 나와".

_____. 2014.4.16. "페이스북이 노리던 드론社… 왜 구글의 품에 안겼을까".

_____. 2014.5.7. "이슬람 테러조직(보코하람) '납치한 나이지리아 소녀들 내다 팔 것'".

_____. 2014.5.8. "학교를 西歐문명의 통로로 여겨 학생 납치·살해… 범죄자들 끌어들이면서 惡質 범죄
단체로 전락".

_____. 2014.5.14. "南極빙하 급속도로 녹아… 200년 內 뉴욕市 잠긴다".

_____. 2014.6.24. "모디노믹스의 첫 정책… '철도요금 인상'".

≪중앙일보≫. 2003.11.14. "좌파 정치단체·노조·NGO 등 6만여 명 '세계화 대안' 모색한다".

≪한겨레신문≫. 2006.3.16. "아프리카 열대우림이 운다".

_____. 2014.5.21. "미, 중국군 '경제 스파이' 5명 기소".

4. 인터넷 자료

CIA. "The World Factbook". https://www.cia.gov/library/publications/the-world-factbook

International Monetary Fund. "World Economic Outlook Database – April 2014". http://www.imf.org/
external/pubs/ft/weo/2014/01/weodata/index.aspx

Kile, Shannon N. and Hans M. Kristensen, "World Nuclear Forces," https://www.sipri.org/yearbook/2019/
06

OECD. "Detailed final 2012 aid figures released by OECD/DAC". http://www.oecd.org/dac/stats/
final2012oda.htm

_____. "International Development Statistics". http://www.oecd.org/dac/stats/

Stockholm International Peace Research Institute. "Military Expenditure by Country". http://milexdata.

sipri.org/ files/?file=SIPRI+military+expenditure+database+1988-2013.xlsx

_____. "Military Expenditure Database". http://www.sipri.org/research/armaments/milex/milex_ database

_____."World Military Expenditure Grows to $1,8 Trillion in 2018". https://www.sipri.org/media/ press-release/2019/world-military-expenditure- grows-18-trillion-2018).

UN. "Statement of commitment of the Administrative Committee on Coordination for action to eradicate poverty"(June 22, 1998). http://unsceb.org/CEBPublicFiles/press/9818151e.pdf

_____. "The Millennium Development Goals Report 2014"(July, 2014). http://www.undp.org/content/ undp/en/home/librarypage/mdg/the-millennium-development-goals-report-2014.html

_____. "Sustainable Development Goals"(https://unstats.un.org/sdgs/report/2019/goal- 01/)

UNDP. "Human Development Report 1993". http://hdr.undp.org/en/reports/global/hdr1993

United States State Department. "Foreign Terrorist Organizations". http://www.state.gov/j/ct/rls/other/ des/123085.htm

_____. "Foreign Terrorist Organizations". https://www. state.gov/foreign-terrorist-organizations/

찾아보기

인명

용어

지은이

/

안문석

서울대학교 철학과를 졸업하고, KBS에 기자로 입사해 사회부, 통일부를 거쳐 정치부 외교 안보데스크로서 외교안보 문제를 총괄하는 일을 했다. KBS 재직 중 영국에 유학해 요크대학 교 The University of York 에서 정치학 석사학위를, 워릭대학교 The University of Warwick 에서 정치학 박사학 위를 받았다.

2012년부터 전북대학교 정치외교학과 교수로 국제정치를 가르치고 있다. 주요 관심은 국제정 치이론과 외교정책이론, 동북아 국제정치, 한국과 북한의 외교정책이다. 세계는 어떤 원리로 움직이고 있는지, 또 그 속에서 한국과 북한은 어떤 외교 전략을 활용해야 하는지가 전체적인 연구의 화두이다. 이런 맥락에서 『북한이 필요한 미국, 미국이 필요한 한국』, 『노무현 정부와 미 국』 등의 책을 써냈고, "A Nuclear South Korea?", "The Sources of North Korean Conduct" 등 의 논문을 국제학술지에 지속적으로 게재하고 있다.

북한 현대정치사로 관심을 확대해 『북한현대사 산책』(1~5권), 『무정 평전』 등을 저술했다. 이 는 통일의 대상인 북한을 더욱 심층적으로 이해하기 위한 노력의 과정이기도 하다.

한울아카데미 2233
글로벌 정치의 이해

ⓒ 안문석, 2020

지은이 | 안문석
펴낸이 | 김종수
펴낸곳 | 한울엠플러스(주)
편집책임 | 최진희
편집 | 정은선

초판 1쇄 발행 | 2014년 9월 10일
개정판 1쇄 발행 | 2020년 7월 30일

주소 | 10881 경기도 파주시 광인사길 153 한울시소빌딩 3층
전화 | 031-955-0655
팩스 | 031-955-0656
홈페이지 | www.hanulmplus.kr
등록번호 | 제406-2015-000143호

Printed in Korea.
ISBN 978-89-460-7233-6 93340

* 책값은 겉표지에 표시되어 있습니다.